基础会计理论与实务

Jichu kuaiji lilun Yu shiwu

主　编　蒋苏娅　徐宏峰

副主编　李永鹏　唐步龙　赵　玲

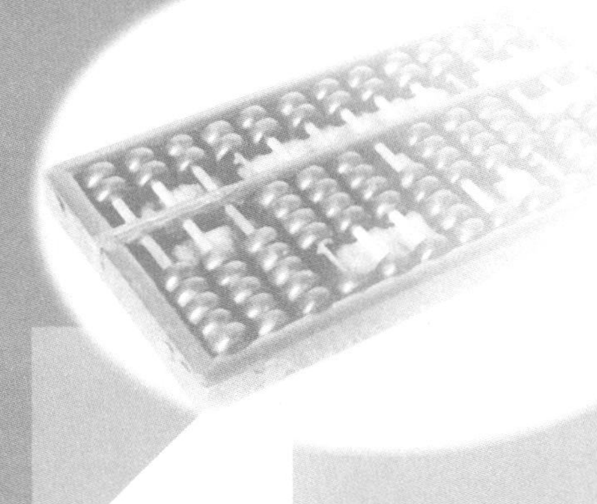

中国社会科学出版社

图书在版编目（CIP）数据

基础会计理论与实务／蒋苏娅，徐宏峰主编．—北京：中国社会科学出版社，2011.1

ISBN 978－7－5004－9532－1

Ⅰ.①基…　Ⅱ.①蒋…②徐…　Ⅲ.①会计学－教材　Ⅳ.①F230

中国版本图书馆CIP数据核字（2011）第020974号

出版策划　任　明
责任编辑　陈　琨
责任校对　成　树
封面设计　弓禾碧
技术编辑　李　建

出版发行　中国社会科学出版社
社　址　北京鼓楼西大街甲158号　　邮　编　100720
电　话　010－84029450（邮购）
网　址　http：//www.csspw.cn
经　销　新华书店
印　刷　北京奥隆印刷厂　　装　订　广增装订厂
版　次　2011年1月第1版　　印　次　2011年1月第1次印刷
开　本　710×1000　1/16
印　张　24.75　　插　页　2
字　数　481千字
定　价　48.00元

前　言

会计作为一项管理活动，其起点或基础工作是会计核算工作，而会计核算工作又是一项非常具体而细致的工作。学生虽然从书本或课堂教学中获得了会计核算知识，但并不一定就完全具备实际会计核算工作的技能，与会计实务操作还有一定的距离，所以加强会计实践教学就显得非常重要。本教材《基础会计理论与实务》是会计理论与会计实务的结合，是为了加强会计实务操作能力的培养。编写本书的目的是：在讲授基础会计学理论和基本方法的同时，强化应用性和操作性，使学生进一步加深对会计理论的理解和运用，满足应用型会计人才培养的需要。本教材是我们在总结长期教学改革的基础上编著的，共分五个部分：第一部分为基础会计原理篇；第二部分为基础会计实务篇；第三部分为基础会计记录篇；第四部分为基础会计报表篇；第五部分为基础会计实验篇。

本教材的特色主要体现在以下几个方面：

1. 内容新。本书遵循修订后的《中华人民共和国会计法》以及新颁布的《企业会计准则》等法规的基本准则，并且尽量从国际惯例出发，力图将国际上通行的一些会计理论融合进来，反映会计理论和实务的最新发展动态；融汇当前会计学科的最新理论和实践经验，用最新知识充实教材内容，按照基础会计教学的基本规律，由浅入深，涉及的会计基础知识面较宽，力图全面反映会计的基本理论和基本原理。

2. 体例新。本教材突出会计“基本功”的训练，在每一章后附有知识题、技能题、案例题，并将每一章的要点、难点通过本章小结体现出来，针对基础会计的各个环节，安排了相应实验，克服了其他教材操作性不到位的问题，便于学生按此教材在教师的指导下独立进行操作，大大缓解了实验课时普遍不足和会计实验用时长的矛盾。本教材便于学生自学把握重点，深入思考，打破了传统教材“单纯叙述”的模式，突出运用能力和创新能力培养。

3. 操作性和应用性强。在一套教材中完成理论教学和实务操作的结合，加大了实践教学的比重，并不断加强对学生实际动手能力的培养。实验内容与《基础会计理论与实务》教材内容同步，分为两部分，第一部分为手工会计模拟实验，第二部分为计算机会计模拟实验。会计实验内容是依据《基础会计理论与实务》教材中会计理论内容设计并按其章节顺序编写的，这既有利于教师在教学中运用实验部分进行理论联系实际教学，也便于学生在操作中加深对会计理论和会计核算方法的理解和掌握，能够提高学生的动手能力、分析能力和创新能力，具有较强的实用性和可操作性。

本书由蒋苏娅教授、徐宏峰教授担任主编，负责大纲制定、总纂和指导修改工作。具体编写分工如下：蒋苏娅编写第十一、十二章，手工会计模拟实验1、2、3、4、5、9，计算机会计模拟实验1、2、3、4；徐宏峰编写第一、二、三、四章；李永鹏编写第六、七、十章；唐步龙编写第八、九章；赵玲编写第五章，手工会计模拟实验6、7、8、10。

本书主要以学习会计的学生和从事会计工作的人员为使用对象，也可供各类经济管理人员使用。在编写过程中参阅了同行的研究成果，借鉴了宝贵的经验，引用了可靠资料，在此对其表示衷心的感谢。

由于编写时间紧、编者水平有限，本书在内容结构及资料使用等方面难免有不妥之处，敬请广大同仁及读者批评指正。

编 者

2011年1月

目　　录

第一篇　基础会计原理篇

第二篇　基础会计实务篇

第三篇　基础会计记录篇

第四篇 基础会计报表篇

第五篇 基础会计实验篇

第一篇　基础会计原理篇

※　导论
※　会计要素与会计等式
※　会计科目与会计账户
※　借贷记账法

第一章

导　论

学习目的与要求：

1. 理解会计在现代社会中的作用；
2. 掌握会计的对象、目的、任务；
3. 掌握会计核算程序和方法。

作为一个职业，会计可以说是无处不在。以各位读者都熟悉的故事《水浒传》为例。梁山上是否设有会计岗位？答案是肯定的。《水浒传》第七十回上，一百零八将受封，除了掌管钱粮总头领外，还有“考算、支出、纳入头领”等不同角色。一个以“打家劫舍”为“主营业务”的山寨上，为什么还要设立会计岗位？另一部经典名著《红楼梦》，说的是以贾家为主线的几大家族的悲欢离合。贾府里同样有会计，并且出任会计的王熙凤和探春都是书中的主要角色。推而广之，大到国家，小到家庭，都有会计的身影存在，甚至连“四大皆空”的寺庙，同样存在会计。据统计，我国会计从业人口超过1200万人，在所有专业技术岗位中，会计从业人口应当是从业人员总量最多的职业之一。

问题是：为什么每个组织都需要会计？会计为什么而存在？或者说，社会为什么需要会计？社会需要会计干什么？对这些问题的回答，将构成第一章的主要内容，它也是整个会计学入门课所要讨论的。对于会计初学者而言，只有理解了“会计为什么而存在”这一最基本问题，才能够比较好地把握会计在经济社会中的地位、作用，从而形成一个比较完整的关于会计的总体框架。

第一节　会计为什么而存在

社会在不断发展与进步。在这一发展过程中，社会变革、技术进步不断催生新的职业阶层，同时也不断淘汰那些不为社会所需的旧的职业阶层。“三百六十行，行行出状元”，如果认真分析从古到今的“行”，我们会发现“行”的变化非常大。即便从20世纪90年代起，也有很多“行”经历了由兴而衰或从萌芽到退出的过程。以互联网和数码技术为例，它们的出现、应用与普及，催生了很多新行业，也淘汰了很多旧行业。比如20世纪90年代初还非常流行的随身听（walkman），就因为mp3的普及而逐渐退出市场；与之相关，用磁带、CD销售音乐的方式也在经受冲击，传统的音乐销售渠道逐渐萎缩；数码技术应用到摄影领域，导致传统的胶片摄影技术、相关产品制造等被淘汰，其中佳能、尼康转型成功，仍然能够领潮于数码领域，但柯达就陷入困境，在相应的“行”内面临淘汰；即便计算机这一新的高科技产品，也在不断地更新换代，如U盘的出现，不仅彻底淘汰了软磁盘与驱动器生产厂家，也对计算机存储介质的其他生产厂商带来冲击；互联网的广泛应用同样催生了一些新的“行当”，包括直接依附于互联网的技术研发、互联网设备的研发与制造等，也包括因为互联网应用而间接产生的“行当”，如亚马逊、阿里巴巴之类的新商业模式；当然，一些行业也因此被淘汰，比如印刷行业的植字行业、电报收发等。20世纪90年代起，中国逐渐建立资本市场，到2008年12月31日，超过1 600家公司在上海和深圳两个证券交易所挂牌上市，同样引发了很多新兴的“行”，包括会计专业学生未来就业的会计师事务所。尽管会计师是国际上一个古老的职业，但在中国，却是一个比较新的“行当”，类似的还有证券分析师、基金经理人等。如此事例，不胜枚举。

从社会发展与演变的角度来看，社会在不断且逐步地淘汰不能顺应社会变化、不能继续为社会提供价值的行业或职业，同时，也在不断催生新的行业或职业，以满足不断变化的社会结构及其变化的社会需求。当然，也有一些职业非常古老，但至今仍然保持勃勃生机（如教师这一职业）。

对以会计学为专业的大学生来说，如果会计职业也是一种“流星雨”，显然不能为我们带来“终身依靠”。会计究竟是“流星雨”，还是“常青树”？要对这一问题做出准确、全面的回答，需要涉及的知识较多。下面，我们以一些基本的经济学知识为依据，用一个相对虚构的例子，尝试对其做出简单的回答。尽管会计在社会中可以说是无处不在，但为了简化讨论，下面所说的会计都是指企业会计（特别说明除外）。

一、信任：企业存在与发展的前提条件

在讨论会计学的一些基本问题时，离不开对现实经济环境的归纳和总结。但是，由于现实经济环境复杂、多变，不同的人所提及的经济环境，往往差异甚远。为了简化讨论，下面，我们首先从经济学和管理学共同关注的一个抽象概念——企业开始。

企业是什么？企业最本质的特征有哪些？对此，不管是经济学还是管理学，都没有形成一个一致的认识。为了简化，我们将企业界定为人的利益联合体。无论是企业作为一个整体，还是企业内的每一个成员，首先要面对的就是

有限资源的约束。

经济学的最基本前提是资源的有限性（limited resource）和稀缺性（resource scarcity）。如果社会资源无限，人人都能轻易地取得所有他（她）想要得到的份额，或者说，人类的需求能够完全满足，那么，就无所谓效用最大化或经济效益。正是由于社会资源是稀缺的，才促使人们尽一切可能地去提高经济效益，以最大化地满足各自的需求。

在现实经济社会中，资源有限性和稀缺性不是前提假设，而是现实。“鱼与熊掌，不可兼得”，本身就表明资源的有限性。资源有限不仅是指自然资源有限（如石油、土地等不可再生资源），也包括一些人为设定的有限性和稀缺性。比如，2008 年 8 月在北京召开的奥运会，金牌总数有限（总共只有 302 枚），且每个项目只有一枚金牌；同样，我们在人生道路上都需要经历各种各样的竞争，也都有胜负、高低等区别。自古以来人们所说的努力、追求、拼搏等，就是为了通过竞争来赢得有限的机会、有限的资源。企业竞争，优胜劣汰，同样因为市场容量有限，只有那些能够把握住市场变化的企业，才能获得生存所需要的资源。

资源稀缺不仅体现在现实世界物资资源的有限，还表现为人们没有足够的时间获取及消费物质资源。“吾生也有涯，而知也无涯”。生有涯，决定了不仅知“无涯”，其他各种活动也都“无涯”，即不可能全部实现。现代科学发展越来越复杂，分工越来越细致，大学里的专业设置越来越细，也是“知也无涯”的一种体现。

资源稀缺，表明企业必须要在激烈竞争的市场环境中获胜，以最大限度地取得原本就十分有限的资源；如果企业在竞争中失败，将会面临被淘汰的处境，没有资源可以分配；即便是那些在竞争中获胜的企业，最终能够用来分配给企业内部各成员的资源仍然是有限的。

一旦涉及资源分配，我们就必须考虑另外一个问题：企业内的各个成员在资源分配过程中的态度与价值取向问题。这又涉及经济学上所广泛关注的经济人（economic man）的概念。

与道德意义上的人不同，经济学假定人是理性经济人（rational economic man），他们通过各种努力追求自身利益最大化。这种“自身利益”，可以是通常意义上的物质利益或经济利益，如取得高额的经济报酬；也可以是精神上的，如求得社会认同或博得“留取丹心照汗青”。当然，经过长期的发展，社会已经形成了一套严格的法律制度来保护各种现存的利益关系。追求个人利益最大化，只能在法律框架内或法律没有明令禁止的范围内进行。如果采取违反法律规定的方式来实现个人利益最大化，会受到法律的严惩（包括法律的惩罚和社会道德舆论的谴责）。因此，任何经济人在追求自身利益最大化时，都必须理性地选择那些所得高于所费的行为，舍弃所费大于所得的方案。

理性经济人的另一个含义就是聪明。当经济人想方设法来追求个人利益最大化时，他们必然会发挥聪明才智，创造性地采取各种可能的方法和手段，就会出现日常生活中所说的“上有政策，下有对策”。日常生活中，这种现象俯拾皆是。

给定资源有限，我们可以推测，理性经济人在争抢有限资源的过程中，一定会为实现自我利益最大化而“殚精竭虑”。从企业角度来看，任何企业都是由很多理性且自利的经济人所组成，这些经济人如果都为了各自的利益最大化而随时准备损害或牺牲他人的利益，相互之间的信任就成为问题。试想：如果企业内的各个成员之间缺乏基本的信任，那么，他们就不可能合作；而没有合作，企业也就难以为继。具体而言，企业通常都需要相当量的资本，这些资本的提供者如何相信管理者？如果不相信管理者，他们显然不会将巨额的资本交给管理者来经营管理；同样，一个大规模的企业必然涉及多层次管理，总经理在将其权力分解并部分转授给低一级管理人员行使过程中，还是需要信任。不解决信任问题，企业就不可能顺利地生存、在竞争中存活，并不断发展、壮大。

在进一步讨论企业如何解决信任问题之前，我们还需要引入一个经济学上所广泛应用的术语，那就是有效市场假设（efficient market hypothesis）。在有效市场假设产生之前，人们认为股票价格主要受会计数据（如每股盈余等）的影响，经理人员通过操纵每股盈余等可以系统地控制股票价格。有效市场理论则认为，没有人能长期、系统地欺骗资本市场，市场能分辨出会计指标中真正反映公司业绩的部分和纯粹属于经理人员操纵的部分。

有效市场假设可进一步扩展到社会经济活动的很多领域，如人才市场。在一个相对比较长的时间段里，市场能识别“滥竽充数”的“南郭先生”、怀才不遇的“毛遂”。2008 年 12 月，华尔街曝出一个高达 500 亿美元的“庞氏骗局”，曾任纳斯达克主席的麦道夫（Bernard Madoff）承认，他之前所管理的私募基金，并没有真正获取投资收益，而是用新投资者的资金支付老投资者的投资收益。只要不断有新投资者加入，这种游戏就可以一直进行下去。由于从 2008 年 9 月起爆发了金融海啸，麦道夫无法吸引到新投资，使资金链突然断裂，这个长期维持的骗局最终曝光。等待麦道夫的，除了身败名裂，还有牢狱之灾。

将有效市场假设用于企业竞争与合作等问题上，就是要求企业之间不要做“一锤子买卖”，而是要从长久合作的角度考虑（这实际上就是博弈论中所讨论的重复博弈和一次博弈问题），否则，那些“目光短浅”的企业在市场上将成为“孤家寡人”，没有合作者。在市场经济时代，任何一个企业都只是整个市场运转中的一环，没有合作者，就意味着企业被孤立在市场运行链条之外。同样，如果仅仅是一次合作，企业内部员工之间必然缺乏基本的信任。有效市场假设表明，同事之间相互了解，任何欺骗行为（经济学上称之为“机会主义行为”）都只能逞一时之功，无法收长久之效。最终由他们自己承担其“机会主义行为”的后果。就像高喊“狼来了”的牧羊男孩，当狼真的来了，村民们已经不会再来帮助他，他最后自己承担被狼吃了的后果。

尽管有效市场的存在，使得企业内部各成员之间具有自我约束、自我克制的倾向，但这仍然不能有效地保证所有成员之间相互信任。而信任是合作的基础，没有信任，也就没有合作。企业家在实践过程中不断摸索，以期建立一个有效且低成本的信任机制。

二、会计的产生：一个思想实验

让我们以一个高度简化且推定的事例来说明会计的产生。

李雄是会计学专业大学三年级学生，自初中起就喜欢“玩计算机”，自己设计并编制一些较简单的程序。暑假期间，他自己开发出一套开放式的会计信息化软件。其设计思想不同于目前市面上所见的商业化会计软件，且功能更加齐全，增加了管理分析与产品控制系统、财务分析及预警系统等功能。该软件设计完成后，在当地一家企业运行，效果较好。李雄也因此取得了第一笔不菲的报酬。

受学校提倡创业计划的鼓励，李雄自己注册了一家专门以会计信息化软件的开发和应用及相关业务为主的咨询服务公司——金算子咨询服务公司（以下简称金算子公司），他本人是公司唯一的所有人。

在公司经营的第一个年度里，李雄利用原有的软件为多家小规模公司提供成套信息化会计软件，取得了相应的业务收入。如果不考虑税收因素（或者假定金算子公司实行的是定额税），李雄没有任何义务向他人解释、报告公司的运营情况及盈亏等，当然也就不需要编制反映金算子公司经营活动及成果的财务报表，因而，会计部门在金算子公司不是非设不可的。当然，如果李雄希望了解公司的经营情况，他可以设立一个会计岗位。也就是说，在一个完全私有、财产所有权与经营权两权合一的企业里，如果没有税收和贷款等因素的影响，会计只是一项附加职能，而不是一个必需的职能。

在经营一段时期后，李雄准备进一步扩大金算子公司的规模，增加开发能力和客户维护能力。扩大经营规模，需要一大笔资金。李雄有两个选择，一是向银行贷款，二是找一些出资人。无论采取何种方式，取得银行或出资人的信任是前提条件。如果银行或出资人不信任，李雄将很难取得资本，或者，取得资本所需要花费的代价就会很高。

历史资料表明，在这一过程中，企业家创造了很多种方法，包括交纳一定的保证金、让投资人委派财务负责人来控制资本的使用、给外部股东一定的认股价格优惠、随时向外部股东报告经营情况、重大投资决策必须经过外部股东同意等。经过数百年甚至更长时期的发展，有些方法被淘汰了，有些方法得以保留。其中，借助会计方法完整地描述公司以往的经营业绩和财务状况，并对未来的发展前景进行合理预计，这一方法被保留下来并得到普遍应用。这也足以证明它是一种有效的方法。

因此，李雄为了吸引外部投资人，就需要设立会计部门，向投资人详细介绍公司的经营情况。这样，会计就不再是一种“锦上花”的摆设，而像“雪中炭”一样成为必需品。从另外一个角度看，设立会计部门（包括聘请以严格著称的审计师），增加了李雄浪费或滥用公司财产的难度，等于向外界传递了一个积极的信号：李雄不会这样做。

假定李雄以比较满意的条件找到了出资人。增资后的公司名称不变，但所有权人从一人增加到五人，新加入的四人每人出资若干（假定共200万元），共享有50%股权，李雄自己享有另外50%的股权。这些股东（假定分别叫古栋贾、顾冬益、谷洞宾、辜东鼎）都在外地，无法参与公司的日常经营管理。

引入外部股权后，李雄的经营风险和收益情况与独资时相比发生了相应变化。独资经营时，李雄独享他的所有辛劳带来的超额回报；将50%股权让渡出去后，作为主要经营管理人员的李雄，只能享有50%的超额回报。同样，独资时，李雄的任何在职消费（比如，修建豪华的办公室、购买豪华轿车、出差住五星级宾馆等）全部由他自己承担，现在他只需承担50%，其余部分由另外四位股东分担。从理性经济人角度出发，他一定不会付出独资经营时的全部努力，也不会像独资时那样“精打细算”。当然，市场是有效的，外部股东知道李雄不再像独资时那样尽职尽责。并且，外部股东还要考虑投资的风险：如果金算子公司经营不佳，他们的投资可能会“血本无归”。

既然市场是有效的，李雄也就必定知道外部股东已经知道他有可能会牺牲外部股东的利益。为了金算子公司发展的需要，他又必须吸收外部投资，以解决资金问题。因此，他就必须采取一些有效的方式赢得外部股东的信任，让外部股东相信他不会采取损人利己的“机会主义行为”（opportunistic behavior）。注意，市场是有效的，这就要求李雄采取一种机制，能够获得外部投资人持续的信任，或者说，一种持续的信任机制。这里之所以强调持续信任，就在于一旦李雄认为他已经取得了外部投资人的信任，特别是无条件的信任，那么，他就有可能采取一些“机会主义行为”来损害投资人的利益。比如，美国Adelphia公司曾一度是位居美国第七大有线电视网络提供商，尽管该公司已经上市，但其创始人Rigas家族仍然绝对控股。在2002年美国系列公司丑闻事件中，Rigas 家族被发现大量挪用公司财产。这件事表明，即使投资者和委托人之间已经取得了较长久的信任关系，仍然需要有一种机制保证投资人的信任能够落到实处，或者说，一种具有刚性约束力的信任机制。

为了取得投资人持续的信任，实践中同样试验过多种方法，如管理者个人资产抵押、投资者直接委派自己人到一些关键岗位（如财务总监）等。但在现代社会，一方面，企业规模不断增大；另一方面，投资人分散程度高，因此这些方法的成本效益比不佳，它们只能收一时或一地之功效，很难长期、全面地应用。相比而言，通过会计方法，准确、完整地反映公司的经营情况，及时地向投资者报告，以增加他们对公司的了解和信任，同时也方便他们对公司进行监督和控制，是数百年来企业广泛采用的一种方法。从达尔文的生存检验理论来看，这也必然是一种相对有效的方法。

很显然，外部股东从考虑自身的投资安全以及担心代理人（李雄实际上是在代理经营外部股东的资本）的“机会主义行为”等角度出发，希望了解并随时控制企业的全部经营活动。其中，他们最为关心的，还是金算子公司最终的经营成果（是盈利还是亏损）、各自能分得的份额以及公司的发展前景等。通过了解金算子公司的经营情况，及时做出相应的决策（公司盈利状况较好时，要求分得必要的股利；公司经营状况不好时，对公司的经营活动进行必要的干预，如要求削减开支、改变销售策略、开发新的产品等），以使其在金算子公司的投资价值最大化。这些都以会计信息为基础。也就是说，当独资公司转变为合伙或股份公司时，会计成为内部管理者向外部股东传递公司经营情况最有效的手段。此时，会计不再是一个附加职能，而成为金算子公司能否正常运作的一个不可或缺的部分。

进而言之，只要我们承认经济人的自利属性，信任就是一个永恒的话题。正如民间的一句俗语，“亲兄弟，明算账”，即使至亲如兄弟，还需要将相互之间的经济往来算得清清楚楚、明明白白，只有这样，兄弟之间才不会产生很多不必要的矛盾和猜疑，兄弟之间的相互信任才有一个明明白白的基础。换言之，信任并不是无条件的，信任的基础条件就是了解企业运行与充分披露企业信息。对企业来说，了解企业运行及披露企业信息，会计均不可或缺。由此，会计成为现代经济社会人们相互信任的最重要条件之一。

第二节　会计在现代社会中的作用

在第一节中，我们以一个简化的思想试验说明，会计产生于财产的所有权和经营权相分离。在资本市场制度环境下，财产两权分离成为一个十分普遍的现象，这导致会计在现代社会中的作用越来越重要。让我们继续以第一节所假设的金算子公司为例，并进一步假定金算子公司改组为金算子股份公司，在经过有关部门批准后，成功地将股票在上海证券交易所上市出售。下面以金算子股份公司为例，说明会计在现代社会中的作用。

一、会计的作用：从一个公司的股票谈起

张文是一名大学三年级的学生，已学完了主要的会计课程，并具备经济、金融等相关课程的知识。他申请了暑期实习，希望通过接触实际工作，增加对经济生活的感性认识。暑假开始后，他应聘担任顾冬益（假设是一位颇富有但没有受过正规教育的个体工商业者）的经济顾问。顾先生拥有金算子股份公司500 000股的股票，但他不知道这些股票对他的真正含义，以及究竟应如何处理这些股票。为此，他向张文提出以下问题：如何确定股票的价值？这些股票是保留还是应该卖掉？下面是张文所作的解释。

（一）股东与股票

简单地说，股东就是企业的老板。独资企业的老板通常只有一个人，一般不使用股东这一术语；合伙企业的老板可以有多人，都是合伙人；严格意义上的股东是指股份公司的“老板”。作为股份公司的股东，他必须按规定向公司投入一定量的资本，公司则向其提供能证明其拥有该公司股份资本所有权的证书，这种证书就是股票。

股份公司的股东可多可少，这主要取决于股份公司的规模和性质。一个小规模的股份公司，其股东可以只有三五人不等；一个大规模的股份公司，其股东人数相应增加；如果公司规模达到一定程度并符合有关规定，其股票可以上市交易，则股东可以有数千人甚至更多。比如，中国石油（601857）2008年第三季度季报显示，该公司股东总数为1 879 663户，其中，A股股东1 873 699户，H股股东5 964户，而同期大华股份（002236）报告的股东数为2 250户。

从法律角度看，虽然股份公司的股东都是公司的所有者，但由于股东数量众多，单个股东所持有的股权比例低，他们无权直接处理公司的任何业务；这一权力由大股东组成的董事会承担。通常，董事会自己不直接处理公司的有关经营活动，而是将其委托给具有经营管理才能的专业经理人员负责，从而形成了公司的管理层。股东对股份公司经营方针的干预，主要是通过参加股东大会影响董事会进而影响管理层而完成的。对那些股票公开上市发行并可自由买卖的公司来说，由于其股东人数众多，因此，只有少数持有足够数量股票的股东，才能参加股东大会或董事会，直接或间接地影响公司的经营管理方针，而绝大多数小股东无法对公司的经营管理施加影响。如果他们认为公司的经营管理欠佳、前景不好，唯一可以做的就是将所持有的股票卖掉，“惹不起，躲得

起”，也就是通常所说的“用脚投票”。与之相对应，通过股东大会来干涉公司的经营，称为“用手投票”。

股东除了拥有直接或间接影响公司经营管理事务的权利外，还有凭股份领取报酬的权利，即通常所说的股利或股息。由于股利发放的前提是公司必须要有利润，所以，只有盈利的年份才能期望发放股利；如果经营亏损，通常是不会分发股利的。当然，即便公司具备了发放股利的条件，最终能否分发股利以及每股发放多少股利，仍取决于股东大会和董事会的决议。实际上，股份公司的所有重大决策，包括经营活动方面的重大决策，主要是由董事会决定的。假定本年度金算子股份公司决定每股分发 0.20 元股利。顾先生持有 500 000股，可领到股利 100 000元。

（二）如何确定股票的价值

这涉及两个问题：一是股票的面值或设定值；二是股票的市场价值。

作为有价证券的一种，股票可以有面值，即票面价值，如 1 元、3 元、5 元、10 元等。股票在上市流通后，受市场交易等因素影响，其价格一般会偏离原有的票面价值，有时，其偏离程度是相当大的。这时，原有的票面价值已没有什么意义。因此，很多公司所发行的股票，没有票面价值，成为通常所说的无面值股票。当然，股份公司为了便于核算与管理，并与有关法律相符，应该为无面值股票确定一个价格，即通常所说的“设定价值”。从作用上看，设定价值实际上等同于票面价值。顾先生当时是按每股 1 元购买了金算子股份公司的股票。

股票在证券交易所上市交易后，由于公司经营状况的好坏、供求关系以及其他各种因素的影响，股票的市场价值波动较大，可能高出面值，也有可能低于面值。对一种股票市场上买卖较为频繁、交易活跃的股票而言，它的市场价值就是指最新时点股票市场上的交易价格。

金算子股份公司的股票在市场上交易比较活跃，最新的成交价为每股 12 元，这表明，顾先生所持有的 500 000股，市场价值为 6 000 000元。

（三）这些股票是否应该卖掉

在决定如何处理这些股票之前，首先应该知道：金算子股份公司的股票是否“物有所值”？

由于股票市场复杂多变，到目前为止，还没有任何一种方法能准确地预测股票的前景，因此，才出现了各种不同的观点和方法。从目前各国发展的经验来看，可靠性程度较高并可进行量化比较的，还是借助于会计信息的判断。如麦道夫能编造高达 500 亿美元的骗局，一个非常重要的原因是：作为私募基金，麦道夫对外界披露的信息非常有限。他赢得信任的方法很简单：每年给投资者 10%—15% 的回报。而那些将钱投入麦道夫基金中的投资者，也只是因为麦道夫长期以来能够给客户提供稳定的回报。如果麦道夫能够提供详细的财务报表，充分披露麦道夫投资基金的运行和相应的收益来源，他就无法编造如此巨大的骗局。

张文对会计较为熟悉，因此，他借助了会计信息来向顾先生说明金算子股份公司股票的好坏。判断一家公司的股票是否有价值、是否具有发展前景，首先要看这家公司的财务状况是否良好。所谓财务状况，是指在某一时点上公司各项资产的分布、债务的构成等；而财务状况的好坏，不仅包括各项资产的分布是否合理、是否存在一些不良资产，如无法使用的商品、难以收回的应收款项等，还包括债务结构是否合理、公司举债规模是否过大、各项债务到期的时间间隔是否均匀等。这些信息可以通过资产负债表取得。金算子股份公司2009年12月31日的资产负债表见表1－1。

表1－1　　金算子股份公司资产负债表（2009年12月31日）　　单位：百元

资产		负债和所有者权益	
流动资产		负债	
现金	24 000	应付账款	25 000
应收账款	15 500	其他应付款	2 300
办公用品	17 800	负债合计	27 300
流动资产合计	57 300	业主权益	
非流动资产		股本	80 000
建筑物	66 000	留存收益	16 000
非流动资产合计	66 000	业主权益合计	96 000
资产总额	123 300	负债及所有者权益合计	123 300

说明：对于本章所列举的财务报表，应当注意的是：

1. 这张报表，也称为“财务状况表”，它反映的是某一时点企业所有财产的分布状况（会计上称为“资产”）以及它们的形成来源（可统称为“权益”，表示向企业提供资产的人所享有的要求权）。它们之间在数量上必须相等，即：资产＝权益。任何一个企业的资产，只可能有两种来源，一是借入，二是“老板”投入，这样，权益又分为“负债”和“所有者权益”（也可称为“所有者权益”、“股东权益”等）。从而上述的等式可展开为：资产＝负债＋所有者权益。如果等式两边不等，一定存在差错。

2. 资产、负债、所有者权益构成资产负债表的主体框架，它们被称为会计要素。

3. 为了简化，本表将各项目做了缩减，同时，金额也比较整齐。这与实际经济生活有一定的差距。

从这张报表可以看出，金算子股份公司的资产结构比较合理，其资产中，现金比重较高；负债比重不大。与同行业公司相比，金算子股份公司的财务状况较好。

资产负债表只能反映某一时点的财务状况，它不能反映在过去一段期间中公司的经营成绩。对经营成绩的反映，是通过利润表来完成的，见表1-2。

表1-2　金算子股份公司利润表（2009年度）　单位：百元

项目	金额
销售收入	136 000
销售成本	40 000
工资费用	50 000
办公用品费	9 800
其他费用	17 800
费用合计	117 600
净收益	18 400

说明：对本表，应该注意：

1. 这张表，也称为收益表，它反映的是某一时期企业经营活动的成果。其结构采用“收入-费用=利润（收益）”的等式。

2. 利润表的结构主要由收入、费用和利润构成，这些也是会计要素的一部分。

3. 与表1-1资产负债表相同，利润表的格式和数字都是充分简化的。

4. 为充分简化，这里，不考虑各环节税金的影响。

金算子股份公司的利润表表明，该公司的每股收益为0.23元（金算子股份公司的股份数由表1-1中股本为80 000元推算得出），在当期股票市场上属于业绩较好的股票。

张文在向顾先生解释完这些情况后还不能做出是否抛售这部分股票的决定，因为，在具体决定是出售还是持有这500 000股股票时，还须进一步考虑以下两种情况：

一种情况是，如果顾先生所持有的股票份额，在金算子股份公司的股东中属于持股数比较低的（其余的股票集中为一至两个股东所拥有），他没有干涉公司经营管理的权力。这时，如果他认为股票市场上有更好的投资机会（比如，存在其他的公司，其财务状况、每股收益、市盈率等都要优于金算子股份公司），他可能会将金算子股份公司的股票售出，转而买入他认为更有盈利空间的公司的股票。

另一种情况是，如果顾先生所持有的股票份额，是金算子股份公司的股东中持股比例最高的（假定其余的股份分布较分散），在股东会按股份投票时，他能较容易地将自己信任的人选进董事会，对公司可以施加重大影响，甚至控制该公司。这时，他就应该考虑公司的未来发展前景。显然，如果未来公司能迅速发展，他所持有的股票的价值将成比例升值。由于他能控制董事会，倘若认为公司经营管理不当，他就可以“另请高明”，要求董事会更换公司的管理人员。

当然，在实际经济生活中，做出持有或抛售股票的决策，除上述资料外，还会借助其他各种信息，诸如产品的生命力、企业产品的市场占有率、股票市场的总体发展趋势、公司其他各方面的情况，乃至宏观的政治、经济等因素。但是，一个理性的投资者，一定会借助会计信息。

总之，对股份公司的股东来说，会计信息系统的作用表现在：通过一套完整的财务报表（包括上述所列举的资产负债表、利润表，以及其他报表和报告）反映公司的财务状况和经营成果，为股东和其他投资人（包括债权投资人）制定投资决策提供有用信息；报告公司管理当局的经营管理业绩，以帮助公司的所有者合理评价管理当局的成绩。此外，会计信息系统还可以提供详细反映企业现金流入、流出及未来流量分布的信息，帮助股东评估企业未来经营过程中是否存在现金周转不畅所引发的财务风险。

进而言之，股份公司的大量资本来自股东和债权人，公司管理当局经营管理的主要是他人的资本，树立资本所有者对管理者的信心，从而维系这种资本所有权和经营权两权分离现象持续稳定发展，是股份公司这一企业组织形式得以顺利运行的关键所在。其中，会计信息系统发挥了极为重要的作用：通过及时地向投资者提供可靠、相关的信息，让他们随时了解其资本的运行情况，并准确地做出是否继续投资等的决策，保证资本市场稳定、有序地运行。这是会计信息系统在现代市场经济社会中发挥作用的更深层次的体现。美国所出现的安然等系列公司丑闻事件对美国经济的负面影响，并不仅仅限于少数几个“巨无霸”公司陷入困境、数以千计的员工失去工作，而是在相当程度上动摇了美国投资者对资本市场的信心。一旦投资者对资本市场及其未来没有信心，资本市场必然会萎缩，甚至倒闭。因而，美国国会的系列举措，包括出台2002年《萨班斯—奥克斯利法案》（Sarbanes-Oxley Act of 2002），其目的就是要重塑投资者对资本市场的信心。

二、会计的作用：公司的外部利益集团

金算子股份公司希望进一步拓展业务范围，除保持原有的会计信息化软件

项目外，还拟增加开发网上交互式数据格式提供的互联网财务报告系统（eXtensible Business Reporting Language，XBRL），包括财务报表的生成、传输、分析、利用，并同时将软件拓展到管理领域。为此公司需要一笔研发资金。经过董事会批准，公司拟向商业银行借款500万元，期限一年或更长。商业银行在接到金算子股份公司的贷款申请书时，必须考虑：金算子股份公司的财务状况是否良好？公司的长期经营能力如何？运用贷款所开发的项目是否具有盈利前景？贷款到期时，公司是否具有较好的偿债能力？等等。对这些问题的回答，当然需要多方面的信息来源，但其中最主要也最具客观性的来源之一，就是由会计信息系统所提供的信息。

对任何一个经济主体来说，它在经营活动过程中，必然要与方方面面打交道，逐步建立一个以企业为中心的“网络”，企业经营活动的成败与否，对这一网络上的各个点，或直接、或间接，都有着程度不同的影响。其中，我们将那些存在于企业外部、与企业在利益上有着一定关联性的单位与个人，统称为外部利益集团。

具体地说，一个正常从事经营活动的企业，在其营业过程中，会形成如下一些外部利益集团。

（一）股东

股份公司的股东一旦将资本投入公司中后，他与公司经营成败与否，有着最直接的利益关系：公司经营成功，股东不仅能收到股利，还可以享受股票价格上涨带来的资本利得；如果公司经营不成功，比如经营亏损，他就无法取得股利，其股票会相应贬值；公司经营失败，导致破产、倒闭，其股票将变得一文不值，他的投入资本将很难收回。比如，2008 年 1 月 1 日，雷曼兄弟的股票价格为每股接近 12 美元，但随着雷曼兄弟于 2008 年 9 月份申请破产保护，其股票价值大幅贬值。

按照目前西方一些国家特别是证券市场十分发达的美国的惯例，股东既指现有的持股者，也包括那些愿意购买股票的潜在投资者。对公司的现有股东而言，只有极少数股东持有较高比例的公司股票，他们会成为公司董事会成员，也有可能成为公司管理当局的一员，从而成为内部“知情者”。大部分股东持股比例很低，无法进入董事会或管理层。这部分股东尽管持有公司股票，但他们与市场上其他普通投资者一样，对公司具体运作和决策等一无所知，然而他们的利益又受到公司经营状况的影响。我们称这部分股东为公司外部利益集团的组成部分，他们对公司的了解，只能借助于公司定期对外发布的包括财务报表在内的各种信息。从人数上看，作为外部利益关系人的小股东，其数量要远远大于那些已成为内部知情者的股东。比如，前面提到过的中石油（601857）2008 年第三季度末股东共有 1 879 663户，其中，A 股股东 1 873 699户，H 股股东5 964户。对所有上市公司来说，绝大部分股东都是外部股东，无法参与公司内部运行，只能依赖公开信息披露来了解公司的具体情况。

（二）债权人

公司在正常的经营过程中，出于扩大经营规模或其他各种需要，都有可能会向外界借入一定量的资本，从而形成了债权人集团。一般而言，公司的债权人可以是银行等金融机构，也可以是持有公司所发行债券的一般公众，还可以是原材料供应商等。

债权人集团与公司之间也存在着直接的经济利益关系。公司是否具有持续经营的能力、是否能顺利地返本付息，是债权人特别是长期债权人所关心的。比如，美国雷曼兄弟等公司陷入困境，受损最重的是股东和公司员工，其次就是公司的各大债权人。一旦这些公司破产，债权人几乎“颗粒无收”。我国资本市场也是如此，早期的渝钛白（000515）因为经营困难，其所欠高达12亿元的银行债务无法偿还；同样，郑百文（600898）也是因为拖欠建设银行债务高达21亿元，而被信达资产管理公司起诉；啤酒花（600090）董事长失踪，高达18亿元的银行担保债务面临风险；而2004年年初德隆集团的危机，使得债权人上百亿的负债处于风险之中。此外，我国市场上，各大银行还饱受企业逃废债务的困扰。因此，从理性经济人的角度出发，银行等债权人在将资本借给企业经营之前，必须详细了解借款申请人的财务状况、经营能力；在将款项借给申请人之后，出于对自己财产安全关注的考虑，还必须随时了解借款人的经营情况及偿债能力，以便在借款人出现重大财产变化时，能及时采取行动、收回贷款。比如，2004年8月，因为担心中科健（000035）不能及时偿还到期债务，上海浦东发展银行提起诉讼，要求中科健提前清偿共1.8亿元的贷款。

当然，如果公司所需要的资本量相当大，债权人特别是那些专业的银行和金融机构会要求公司在正常对外发布信息的基础上，补充提供一些相关的信息，甚至可以列席公司的董事会。这时，债权人也从外部利益集团转变为内部“知情者”。在德国和日本，产业资本和金融资本结合得比较紧密，通常，各大公司的董事会中都有银行代表的一席之地。

（三）供应商与采购商

除极少数企业外，绝大多数企业所从事的生产或经营活动，都只是“社会再生产总链条”上的“一环”，它的前一环是原材料供应商，后一环是产品销售商。

对材料供应商来说，如果它所供应材料的常年“客户”因经营不善突然停产或因其他原因而短期内不再采购它所生产的材料，且这个客户所采购材料的比重相对较大，那么，这种突然中止采购的行为，极有可能导致它的生产活动的瘫痪，进而有可能将其推向破产的境地。同样，产品销售商也担心它的供应商突然中止供货，打乱其生产或经营活动。因此，它们从自身利益出发，必然会关注其上一环节或下一环节公司的经营活动，并及时做出更换供销商的决策，以免遭受损失。比如，当爱多公司于 1999 年突然陷入困境时，蒙受损失的不仅是爱多公司的创办人和拥有人，爱多公司的原材料供应商和经销商也同样遭受了较大的损失。2008 年年底，当国美电器创始人黄光裕因为经济问题被审查的消息见诸媒体后，国美的供应商也一定会担心他们的货款回收的风险。

在以某一企业为中心所形成的外部利益集团网络中，还存在其他许许多多的利益关系人。比如，工人不仅要考虑他的劳动是否得到相应的报酬（即工资与利润同步增长），还要关注他所在的企业的发展前景，或者寻找更有发展前景的企业去工作（显然，没有人愿意死守在一个即将破产的企业）；统计部门汇总局部或宏观的经济活动信息，确定一定范围内社会经济的发展情况，提出所存在的问题，以供相关决策部门参考等。

对这些外部利益集团来说，尽管他们的利益与企业经营活动存在直接或间接的关系，但他们都无法直接从企业内部获取信息，唯一的渠道就是企业向外界公开提供的财务报表。借助财务报表所提供的信息，及时做出持有或抛售股票、是否提供或提前中止贷款、是否继续维持供货关系、是继续受雇还是另谋出路等的决策。如果我们将这些利益关系集团视为以企业为中心所形成的“网络”，那么，会计信息系统所提供的财务报表，是维系这一网络稳定、有序运转的重要保证。

让我们再回到本部分开始所说的例子上。商业银行在收到金算子股份公司的贷款申请后，要求金算子股份公司提供当年的财务报表以及其他的相关资料（如拟投资项目的可行性研究报告、贷款使用计划书、还款计划等）。通过对财务报表的分析，并结合产业发展等相关分析，商业银行认为，金算子股份公司的经营情况较好，年盈利水平较高，拟开发的软件项目技术准备充足，产品市场前景较好；同时，该公司财务状况良好，近期内偿债能力不会出现大的变化。基于此，决定向金算子股份公司提供贷款。

三、会计的作用：政府管理部门

任何一个社会，政府作为社会经济活动的组织者和协调者，都程度不同地发挥着调节市场的作用。在一个纯粹以市场为中心的自由经济社会中，社会经济的运行主要由市场本身来调节，政府只在有限的范围内发挥着程度有限的宏观调控作用；而对一个政府作用相对较大的社会如中国、法国等，政府不仅要通过利率、税收等各种经济杠杆发挥对经济活动的调节作用，而且还会通过计划、政策等各种宏观手段，直接干预市场的运行。

无论政府管理部门在社会经济生活中的作用有多大，任何有关社会经济决策的制订，都应该建立在科学、合理的基础之上。而科学、合理的决策，不仅要求有较为科学的理论，还要求决策制订者充分了解、掌握社会经济活动的运行情况。其中，相当一部分运行情况可通过会计信息系统获取。

上面所举的金算子股份公司，从事的是商业数据库软件的开发与销售。政府在制订有关宏观政策时，就要考虑全国软件产业的发展情况、软件企业的地区分布与行业分布、最近几年软件业的经营情况和发展趋势等。这些信息，可以通过汇总软件行业各企业的财务报表，并经过一定的分析而获得。假定在经过分析后，管理部门发现，近两年软件业的发展存在一定的“滑坡”，原因在于各软件开发企业只注重行业管理与应用的专业软件开发，忽视了通用软件的开发，同时，软件业盗版现象严重，考虑到中国加入世界贸易组织，中国软件业面临的冲击可能更大。为了扶持中国自己的软件产业，政府决定采取相应的政策，如：加大反盗版软件的力度、向软件开发业提供一定的资金支持、鼓励软件开发企业开发目前市场上被忽视的软件等。显然，制订这种决策，必须大量依赖会计信息系统所提供的信息。

最近几年，我国政府特别关注国有大中型企业的发展问题，并为此采取了一系列措施，包括在政策、资金等方面给予支持。政府对国有大中型企业财务状况和经营成果的了解，主要是基于这些企业的财务报表，特别是资产负债表和利润表，前者可以反映国有大中型企业财务状况的好坏，后者能提供国有企业经营成果的信息（如盈利还是亏损等）。

政府管理部门在制定或修改公用事业的收费率时，也主要依靠财务报表信息。比如，对邮电、铁路、水、电、煤气等公共事业服务项目收费标准的确定，要求这些企业在保本的前提下，略有盈余。这样，确定收费率或收费标准，首先要了解其服务的各种成本，包括直接成本（如火力发电过程中所消耗的煤及人工成本、传输成本等）和间接成本（如各种发电设备等的折旧）等，再以此为基础，加上一定的盈利率，以保证税金和预期利润。这些信息同样也来自会计信息系统。

四、会计的作用：公司经营管理部门

上面所讨论的，都是会计信息系统对公司外部信息使用者的作用，那么，它对公司内部的经营管理部门有什么作用？还是以金算子公司为例。金算子股份公司为了提高其在市场上的竞争能力，准备切入到中小企业数据托管服务中，包括相应的软件开发、建立数据托管中心、培训相关的专业数据服务人员等。在决定开发这一项目之前，管理当局必须确定：这一软件项目的开发，前期开发成本是多少？市场潜力有多大？在多长时期内能为公司带来盈利？可能的盈利水平有多高？等等。

早期的商品生产过程简单，所需要使用的生产设备价格相对较低，市场上商品结构单一，企业生产的产品存在明确的市场价格且销量不受限制。在这种外部经济环境下，企业管理当局做出是否生产某一种产品以及生产多少的决策，相对较为容易：凭借商人的直觉，加上简单的心、脑计算即可，甚至可以不需要会计部门的帮助。但是，在高度发达的现代市场经济环境下，市场上各种商品结构复杂，替代商品多，价格波动性大；同时，随着现代科学技术的进步，产品生产过程日益复杂，生产设备更加精密、复杂，同时也更加昂贵，很多行业的进入门槛不断提高。仅仅凭管理者的经验或直觉，是很难制订出有效的管理决策的，管理当局必须借助各种科学、有效的方法和手段，通过合理的预测，帮助制订科学的决策。同时，由于市场从卖方市场逐渐发展成为买方市场，竞争激烈，企业要想在市场竞争中取得优势，避免被市场所淘汰，不仅要能随时提供满足市场需求的新产品，而且要尽可能地降低生产成本。随着生产过程日趋复杂，产品生产过程的环节越来越多，降低生产成本更趋复杂，牵涉的部门与环节也越来越多。这时，仅凭管理人员的大脑记忆和简单判断，很难有效地降低成本、提高企业产品的竞争能力。企业必须依靠会计信息系统，将生产各环节所发生的成本进行科学、合理的分解，进而确定每一环节或每一步骤的最佳成本，以此为标准来达到控制、降低企业产品成本的目的，提高企业产品在市场上的竞争能力。

金算子股份公司的会计部门根据管理当局的需要，对数据托管服务开发项目进行可行性分析。他们通过一系列复杂的分析，大致估计出公司开发这一项目的耗费，以及这一项目可能产生的收入，并将其提交给管理当局。管理部门在经过讨论后，决定开发这一项目。

管理部门在决定是否开发新的产品项目时，除了经济上的考虑外，可能还存在其他各种考虑，如：改善企业的产品结构，以增强企业的竞争能力和抵御风险的能力；通过增加软件产品，带动原有软件的销售等。

第三节 会计的对象、目的与任务

一、会计的对象

会计的对象是指会计工作的内容，也就是会计核算和监督的内容。前已述及，会计需要以货币作为主要计量单位，对一定主体的经济活动进行核算与监督。也就是说，凡是特定对象能够以货币表现的经济活动，都是会计所核算和监督的内容。在我国，虽然企业、政府及非营利组织的经营活动方式有所不同，但它们的所有财产物资都是以货币形式表现出来的，并在生产经营和收支活动中不断发生变化，而以货币表现的经济活动通常又称为价值运动或资金运动。资金运动是指资金从货币资金形态出发，经过循环周转，最终又回到货币资金形态的过程。它包括资金投入、资金运用、资金退出等过程，而具体到企业、政府及非营利组织又有较大差异。即使同样是企业，工业企业、农业企业、商品流通企业、交通运输企业、建筑企业及金融企业等也均有各自资金运动的特点，其中以产品制造企业最具代表性。

因此，下面着重介绍产品制造企业、商品流通企业以及政府和非营利组织的资金运动情况。

（一）产品制造企业的资金运动

产品制造企业是从事产品生产和销售的营利性经济组织。为了从事产品的生产与销售活动，企业必须拥有一定数量的资金，用于建造厂房、购买机器设备、购买原材料、支付职工工资、支付经营管理中必要的开支等，生产出的产品经过销售后，收回的货款还要补偿生产中的垫付资金、偿还有关债务、上交有关税金等。由此可见，产品制造企业的资金运动包括资金投入、资金循环与周转（包括供应过程、生产过程、销售过程三个阶段）和资金退出三个环节。从分析和研究问题的假定性出发，资金运动既可表现为一定时期内的显著运动状态（表现为收入、费用、利润等），也可表现为一定日期的相对静止状态（表现为资产与负债及所有者权益的恒等关系）。

资金投入，包括企业所有者投入的资金和债权人投入的资金两部分，前者属于企业所有者权益，后者属于企业债权人权益——企业负债。投入企业的资金一部分构成流动资产，另一部分构成非流动资产。流动资产是指在一年内或者超过一年的一个营业周期内变现或者耗用的资产。非流动资产是指除流动资产以外的资产。

前已述及，资金从货币形态出发，最后又回到货币形态的过程，称为资金循环；资金周而复始地循环，则称为资金周转。资金的循环和周转，分为供应、生产和销售三个阶段。在供应过程中，除了要购建厂房、机器设备等劳动手段外，还要购买原材料等劳动对象，发生材料买价、运输费、装卸费等材料采购成本，与供应单位发生货款的结算关系。

在生产过程中，劳动者借助于劳动手段将劳动对象加工成产品，发生原材料消耗的材料费、固定资产磨损的折旧费、生产工人劳动耗费的人工费等，构成产品使用价值与价值的统一体，同时，还将发生企业与工人之间的工资结算关系、与有关单位之间的劳务结算关系等。

在销售过程中，将生产的产品销售出去，发生有关支付销售费用、收回货款、交纳税金等业务活动，并同购货单位发生货款结算关系、同税务机关发生税金结算关系等。企业获得的销售收入，扣除各项费用成本后的利润，按规定缴纳所得税后，还要提取盈余公积，最后才向所有者分配利润。

资金的退出，包括偿还各项债务、上缴各项税金、向所有者分配利润等，使得这部分资金离开本企业，退出本企业的资金循环与周转。

上述资金运动的三个环节，构成了开放式的运动形式，是相互支撑、相互制约的统一体。没有资金的投入，就不会有资金的循环与周转；没有资金的循环与周转，就不会有债务的偿还、税金的上缴和利润的分配等企业的资金退出事项；而从理论上讲，没有资金的退出，就不会有新一轮的资金投入，也就不会有企业的进一步发展。产品制造企业的资金运动过程如图 1－1 所示。

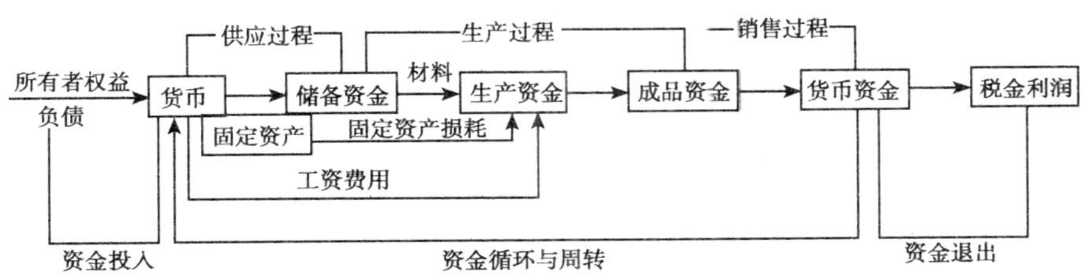

图 1－1　产品制造企业资金运动图

综上所述，不难看出，产品制造企业的资金运动过程，实际上是企业资产、负债、所有者权益发生增减变化的过程，也是企业发生费用、取得收入和获取利润的过程。因此，产品制造企业的资产、负债、所有者权益、收入、费用和利润都是会计核算与监督的具体内容。

（二）商品流通企业的资金运动

商品流通企业，虽然也属于企业性质，其资金运动同样包括资金投入、资金循环与周转、资金退出三个环节，但其资金循环与周转则与产品制造企业有所不同，它只在商品流通领域中进行循环与周转，不经过生产领域。因此，商品流通企业的资金循环与周转一般只有商品购进和商品销售两个过程，不存在生产过程。在商品购进过程，企业用货币去购买商品的同时，必须发生一定的采购费用，支付职工工资，发生固定资产损耗费用等。在商品销售过程中，企业将购进的商品在销售给消费者的同时，也必须向消费者收回货款、支付销售过程中发生的费用、按规定向国家缴纳税款等。企业获得的销售收入，扣除相关的各项费用后剩余的部分称为利润，按规定缴纳所得税后，企业再计提盈余公积金，最后向投资者分配利润。商品流通企业的资金运动过程如图 1－2 所示。

（三）政府和非营利组织的资金运动

政府和非营利组织与企业大不相同，它是一种预算管理性质的组织。其职能主要是执行国家预算、行使国家政府权力、管理国家事务、向社会提供公益

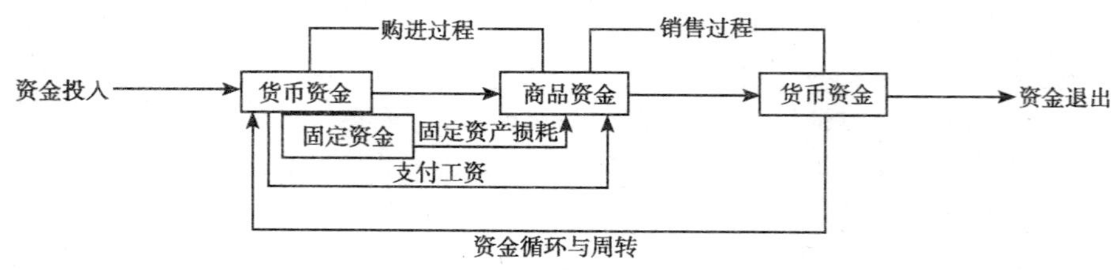

图 1－2 商品流通企业资金运动图

性服务等。因此，虽然其资金运动也包括资金投入、资金使用和资金退出三个环节，但在会计上表现为预算收入和预算支出两个过程。预算收入与预算支出相抵后为单位的结余。政府和非营利组织的资金运动过程如图 1－3 所示。

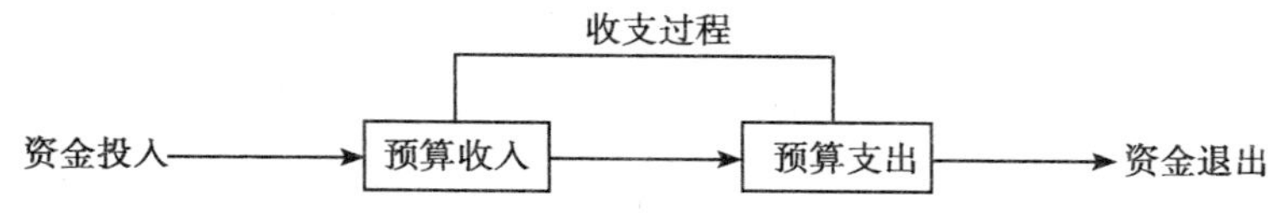

图 1－3 政府和非营利组织资金运动图

二、会计的目的

会计的目的是指在一定的社会条件下，在会计职能范围内会计工作所要达到的目标和要求。

会计目标包括总目标和具体目标两个层次。前已述及，会计是一种管理活动，会计目标是经济管理总目标下的子目标，子目标必须服从和服务于总目标。因为经济管理的总目标是提高经济效益，所以会计工作也应以提高经济效益为最终目标。在这个总目标下，会计的具体目标就是为会计信息使用者提供真实可靠的会计信息。无论是政府经济管理部门制定经济政策、进行宏观调控，还是股东、银行等投资者选择投资对象、衡量投资风险，都离不开会计信息的指导，都离不开财务会计报告的作用。因此，要求会计要提供真实可靠的会计信息。

三、会计的任务

会计的任务是指对会计对象进行核算和监督所应担负的责任和工作。会计的任务取决于会计对象的特点及会计职能和经济管理的要求。企业、行政和事业等单位会计的任务不尽相同。但是，由于各单位的会计对象有许多共同点，经济管理上的要求也有许多相同之处。因此，各单位会计的基本任务是相同的。概括地讲，会计的基本任务有以下几个方面。

（一）核算和监督各项经济业务

会计应当核算和监督本单位发生的各项经济业务，这是会计机构、会计人员的主要职责之一。通过从数量上连续、系统和完整地记录、计算和报告本单位的经济活动情况，做到使会计信息符合国家宏观经济管理的要求，满足有关各方了解企业财务状况和经营成果，了解行政、事业单位财务收支状况的需要，满足各单位加强内部经济管理的需要。通过会计监督，保证会计信息的真实、可靠。

（二）维护和遵守经济法规、会计准则和制度

会计应当维护和遵守会计法规和有关的经济法规。我国会计法规体系包括三个层次：第一层次是《中华人民共和国会计法》（以下简称《会计法》），它是指导我国会计工作的根本大法；第二层次是企业会计准则，它是体现《会计法》指导思想和要求的会计核算工作规范．第三层次是企业会计制度，它是根据会计准则的要求，结合企业生产经营活动特点制定的，是组织和进行会计工作的规则、方法和程序。与会计工作有关的经济法规指财政法规、金融法规、税法等。在社会主义市场经济条件下，会计工作应依法进行，这不仅是市场经济对会计的基本要求，也是会计维护市场经济秩序的职责。因此，各单位会计在对经济活动进行核算的同时，必须加强监督，要以经济法规、会计准则和制度为依据，严格审核各项经济业务是否合法。对于违反经济法规、会计法规的经济行为，必须及时揭露，加以制止，以保证经济法规、会计法规的贯彻执行。

（三）维护所有者权益和债权人权益

任何单位都必须拥有或控制一定的经济资源作为开展活动的物质基础。对企业来讲，其全部资产来自于两个方面：一是负债；二是投资人的投资及其增值。因此，债权人和投资人对企业的资产拥有要求权。企业必须维护所有者权益和债权人权益。对行政、事业单位来讲，它们所占用的资金和物资主要来自国家财政资金，实际上应维护以国家为所有者的权益。因此，会计在对本单位的经济活动进行核算和监督的同时，应有效地记录和控制各种财产物资的增减变化和结存情况，并监督其安全保管与合理使用。对于货币资金的收支和物资的收、发、存，都要加以审核，并及时登记入账，按期进行财产清查，做到账实相符。通过不断健全财产物资的管理制度，保证各单位财产的安全和完整，维护所有者权益和债权人权益。

（四）加强经济管理

会计管理是经济管理的重要组成部分，会计绝不能仅局限于记账、算账、报账，它应当参与拟订经济计划、业务计划，考核、分析预算与财务计划的执行情况，以便加强经济管理。在市场经济条件下，企业间的竞争日趋激烈，企

业为了生存和发展，防止盲目性，必须对自身的经济活动制定科学可行的计划。各个企业所制定的计划种类和内容不尽相同，但都要编制财务计划。财务计划是以货币为指标对其他各项计划的综合反映。各个行政、事业单位则要制定财政收支或经费领用及其他收支的预算。因此，会计在核算和监督各单位经济活动的同时，必须提供有关计划和预算完成情况的数据资料，并分析其完成或未完成的原因，以便采取措施，改进工作。如果会计核算资料表明计划指标严重脱离实际，或者实际情况比预计的情况有较大的变动，应及时调整计划或预算，使其更有效地指导实际。由此可见，通过会计可以加强经济管理，使各单位的经济活动达到预期的目标。

（五）提高经济效益

会计工作应将提高经济效益作为中心任务。在一切社会形态下，人们进行生产活动时，总是力求以尽可能少的劳动耗费取得尽可能大的劳动成果，即力求做到所得大于所费，提高经济效益。这就需要会计对劳动耗费和劳动成果进行记录和计算，并将耗费与成果加以比较和分析，借以掌握生产活动的过程和结果。

一切企业、行政和事业单位的计划与预算，从制订到执行，都应合理地、节约地使用人力、物力和财力，提高经济效益。因此，会计不仅要对各单位已经发生的各项收支和经营成果加以审核、记录和计算，并定期比较与分析，从中找到进一步提高经济效益的途径，而且要对未来的经济活动进行预测分析，力求经济决策正确无误。

第四节 会计假设与会计核算基础

一、会计假设

明确会计核算的基本前提，主要是为了让会计实务中出现一些不确定因素时能进行正常的会计业务处理，而对会计领域里存在的某些尚未确知并无法正面论证和证实的事项所作的符合客观情理的推断和假设。

会计假设的原因

会计工作所处的经济环境十分复杂，受很多不确定因素的影响，而会计基本假设是企业会计确认、计量和报告的前提，是对会计核算所处时间空间环境等所作的合理假定。会计假设虽然有人为假定的一面，但是并不因此影响其客观性。事实上，作为进行会计活动的必要前提条件，会计假设是会计人员在长期的会计实践中逐步认识、总结而形成的，绝不是毫无根据的猜想或简单武断的规定。离开了会计假设，会计活动就失去了确认、计量、记录、报告的基础，会计工作就会陷入混乱甚至难以进行。

（一）会计主体

会计主体。是指企业会计确认、计量和报告的空间范围，在经营上或经济上具有独立性或相对独立性的单位。如果是营利性经济组织，就是一个企业；如果是非营利性的单位，就是一个事业、机关、团体单位。会计主体假设把会计处理的数据和提供的信息，严格地限制在这一特定的空间范围，而不是漫无边际的，同时也从根本上确认了会计信息系统立足于微观，主要为微观经济服务的属性。

会计主体不同于法律主体。一般来说，法律主体必然是一个会计主体。例如一个企业作为一个法律主体，应当建立财务会计系统，独立反映其财务状况、经营成果和现金流量。但是，会计主体不一定是法律主体。例如，在企业集团的情况下，一个母公司拥有若干子公司，母子公司虽然是不同的法律主体但是母公司对于子公司拥有控制权，为了全面反块企业集团的财务状况、经营成果和现金流量，就有必要将企业集团作为一个会计主体，编制合并财务报表。再如，由企业管理的证券投资基金、企业年金基金等，尽管不属于法律主体，但属于会计主体，应当对每项基金进行会计确认、计量和报告。

例 1

某母公司拥有 10 家子公司，母子公司均属于不同的法律主体，但母公司对子公司拥有控制权，为了全面反映由母子公司组成的企业集团整体的财务状况、经营成果和现金流量，就需要将企业集团作为一个会计主体，编制合并财务报表。

例 2

某证券公司管理了 16 只证券投资基金。对于该公司来讲，一方面，公司本身既是法律主体，又是会计主体，需要以公司为主体核算公司的各项经济活动，以反映整个公司的财务状况、经营成果和现金流量；另一方面，每只基金尽管不属于法律主体，但需要单独核算，并向基金持有人定期披露基金财务状况和经营成果等，因此，每只基金也属于会计主体。

（二）持续经营

持续经营，是指会计信息系统的运行以会计主体继续存在并执行其预定的经营活动为前提。除非有充分的相反证明，否则，都将认为每一个会计主体能无限期地连续经营下去。在持续经营前提下，会计确认、计量和报告应当以企业持续、正常的生产经营活动为前提。

企业是否持续经营，在会计原则、会计方法的选择上有很大差别。一般情况下，应当假定企业将会按照当前的规模和状态继续经营下去。明确这个基本假设，就意味着会计主体将按照既定用途使用资产，按照既定的合约条件清偿债务，会计人员就可以在此基础上选择会计原则和会计方法。如果判断企业会持续经营，就可以假定企业的固定资产会在持续经营的生产经营过程中长期发挥作用，并服务于生产经营过程，固定资产就可以根据历史成本进行记录，并采用折旧的方法，将历史成本分摊到各个会计期间或相关产品的成本中。如果判断企业不会持续经营，固定资产就不应采用历史成本进行记录并按期计提折旧。

例 **3**

某企业购入一条生产线，预计使用寿命为 10 年，考虑到企业将会持续经营下去，因此可以假定企业的固定资产会在持续经营的生产经营过程中长期发挥作用，并服务于生产经营过程，即不断地为企业生产产品，直至生产线使用寿命结束。为此固定资产就应当根据历史成本进行记录，并采用折旧的方法，将历史成本分摊到预计使用寿命期间所生产的相关产品成本中。

如果一个企业在不能持续经营时还假定企业能够持续经营，并仍按持续经营基本假设选择会计确认、计量和报告原则与方法，就不能客观地反映企业的财务状况、经营成果和现金流量，会误导会计信息使用者的经济决策。

（三）会计分期

会计分期，是指将一个企业持续经营的生产经营活动划分为一个个连续的、长短相同的期间。会计分期的目的，在于通过会计期间的划分，将持续经营的生产经营活动划分成连续、相等的期间，据以结算盈亏，按期编制财务报告，从而及时向财务报告使用者提供有关企业财务状况、经营成果和现金流量的信息。

在会计分期假设下，企业应当划分会计期间，分期结算账目和编制财务报告。会计期间通常分为年度和中期。中期，是指短于一个完整的会计年度的报告期间。

（四）货币计量

货币计量是指会计核算以货币作为统一的计量尺度，而且假设货币本身的价值稳定不变。会计作为一个经济信息系统，主要是提供定量而不是定性的信息。这是因为会计信息系统主要用于接受、加工并发出在每个会计主体中进行的价值运动的信息。

会计确认、计量和报告选择货币作为计量单位。会计在选择货币作为统一的计量尺度的同时，要以实物量度和时间量度等作为辅助的计量尺度。

货币计量有两层含义：

一是会计核算要以货币作为主要的计量尺度，会计法规定会计核算以人民币为记账本位币，业务收支以人民币以外的货币为主的单位，可以选定其中一种作为记账本位币，但是编报的财务会计报表应当折算为人民币。在以货币作为主要计量单位的同时，有必要也应当以实物量度和劳动量度作为补充。

二是假定币值稳定，因为只有在币值稳定或相对稳定的情况下，不同时点上的资产的价值才有可比性，不同期间的收入和费用才能进行比较，并计算确定其经营成果，会计核算提供的会计信息才能真实反映会计主体的经济活动情况。

二、会计核算基础

（一）权责发生制与收付实现制原理

权责发生制是以应收应付作为标准来处理经济业务，确定本期收入和费用以计算本期盈亏的会计处理基础，在应计制下，凡属本期已获得的收入，不管是否已收到现款均作为本期的收入处理；凡属本期应负担的费用，不管是否付出了现款都作为本期的费用处理。反之，凡不应归属于本期的收入，即使现款已经收到并且已经入账也不作为本期收入处理；凡不属于本期的费用，即使已付了现款并且已登记入账也不作为本期费用处理。企业的会计核算应当以权责发生制为基础。

收付实现制又称现金制或实收实付制是以现金收到或付出为标准，来记录收入的实现和费用的发生。按照收付实现制，收入和费用的归属期间将与现金收支行为的发生与否，紧密地联系在一起。换言之，现金收支行为在其发生的期间全部记作收入和费用，而不考虑与现金收支行为相连的经济业务实质上是否发生。收付实现制是与权责发生制相对应的一种确认基础，它是以收到或支付现金作为确认收入和费用的依据。

（二）权责发生制与收付实现的比较

权责发生制，也称应计制或应收应付制。它是以权利或责任的发生与否为标准，来确认收入和费用。不论是否已有现金的收付，按其是否体现各个会计期间的经营成果和收益情况，确定其归属期。就是说凡属本期的收入，不管其款项是否收到，都应作为本期的收入；凡属本期应当负担的费用，不管其款项是否付出，都应作为本期费用。反之，凡不应归属本期的收入，即使款项在本期收到，也不作为本期收入；凡不应归属本期的费用，即使款项已经付出，也不能作为本期费用。

而收付实现制也称现金制。它是以现金收到或付出为标准，来记录收入的实现或费用的发生。就是说按收付日期确定其归属期，凡是属本期收到的收入和支出的费用，不管其是否应归属本期，都作为本期的收入和费用；反之，凡本期未收到的收入和不支付的费用，即使应归属本期收入和费用，也不能作为本期的收入和费用。

例：某企业本月份发生以下经济业务：

(1) 支付上月份电费 5 000 元;

(2) 收回上月的应收账款 10 000 元;

(3) 收到本月的营业收入款 8 000 元;

(4) 支付本月应负担的办公费 900 元;

(5) 支付下季度保险费 1 800 元;

(6) 应收营业收入 25 000 元，款项尚未收到;

(7) 预收客户货款 5 000 元;

(8) 负担上季度已经预付的保险费 600 元。

要求:

通过计算说明它们对收入、费用和盈亏的影响。

收入、费用的计量与盈亏的计算比较

<table>
<tr><th>项 目</th><th colspan="2">收 入</th><th colspan="2">费 用</th><th>本期收益</th></tr>
<tr><td rowspan="3">权责发生制</td><td>收到本月营业收入</td><td>8000.00</td><td>本月应负担办公费</td><td>900.00</td><td rowspan="3">31500.00</td></tr>
<tr><td>应收营业收入</td><td>25000.00</td><td>负担保险费</td><td>600.00</td></tr>
<tr><td>收入小计</td><td>33000.00</td><td>费用小计</td><td>1500.00</td></tr>
<tr><td rowspan="4">收付实现制</td><td>收到上月应收账款</td><td>10000.00</td><td>支付上月电费</td><td>5000.00</td><td rowspan="4">15300.00</td></tr>
<tr><td>收到本月营业收入款</td><td>8000.00</td><td>支付本月办公费</td><td>900.00</td></tr>
<tr><td>预收客户款</td><td>5000.00</td><td>支付下季度保险费</td><td>1800.00</td></tr>
<tr><td>收入小计</td><td>23000</td><td colspan="2"></td></tr>
</table>

第五节 会计的核算程序和会计方法

会计方法是指履行会计职能，实现会计目标，发挥会计作用的技术手段。会计学基础教材是讲述会计入门的知识，主要是会计的基本理论和技能，从奠定该学科的根基部分切入。所以我们在本教材中所论述的会计方法主要是财务会计的方法，也就是履行会计反映（核算）职能的方法，是个狭义的概念。

所谓会计方法主要是指会计核算的方法，即复式簿记的方法。它是在悠久的社会实践和商品经济的发展过程中所形成的一套科学、严密、成熟的专门程序和技术，是人类智慧的共同结晶，具有自然属性，没有国界限制，在各个国家具有相当程度的共性。由于该方法是种技术手段，是一个把会计数据加工成财务信息的过程，充分体现出了作为一种特定的信息系统的功能，所以随着经济的发展、管理的需求和科学技术的进步，尤其是计算机等信息技术的应用，其技术手段发生了重大的变化，理论界必须充分认识和肯定这个现状。

会计的核算方法通俗地讲就是如何进行记账、算账和报账，它是一个信息系统，是一个处理会计数据，加工、存储和输出财务信息的步骤和过程。它的操作程序有确认、计量、记录与报告四个环节；其中进行记录与报告的专门方法有七种，每个会计期间周而复始地应用这些专门方法所形成的流程一般称作"会计循环"。

一、会计的核算程序

一般把会计核算程序分为会计确认、会计计量、会计记录和会计报告四个基本环节。

（一）会计确认

会计确认是指对经济事项是否作为会计要素正式加以记录和报告所做出的认定。作为信息处理的过程，这是第一个环节，首先按着一定的标准确定、辨认哪些数据应该输入，何时输入到会计信息系统。会计确认主要是对输入会计信息系统的原始数据和输出的财务信息进行认定。根据会计职能的特点，会计信息系统主要提供以货币计量的经济活动信息数据，因而，不是所有发生的经济业务的原始数据都能进入到会计系统加以处理。会计所处理信息的具体内容是有关资产、负债、所有者权益、收入、费用和利润等会计要素的数据，只要符合会计要素的定义和特点的数据就能进入会计信息系统，这是一个基本的标准。至于进入会计信息系统的时间标准有收付实现制和权责发生制两种基础，需要按会计准则的要求来选择。会计确认的方法主要是审核会计凭证的合法性、合理性、真实性、准确性和完整性，以保证输入的数据是真实的、合法的、正确的。就信息输出来看，并不是所有经过会计信息系统加工的信息都应该传输给会计信息的使用者。哪些信息应当输出以及如何输出，必须以满足信息使用者的需求为原则。因此，会计信息系统对输出给信息使用者的会计信息的内容与方式必须进行再次确认。

会计确认应当以提供判定受托责任和决策有用的目标为原则，并遵循会计准则所规定的会计信息的质量标准。

（二）会计计量

会计计量是借助于货币形式对经济活动中财产、物质和收益的价值变化进行计算和衡量的过程。

会计计量是在会计确认的基础上，将经济活动的价值关系予以数量化，具体地说，是对会计要素的量化过程，也就是用统一的"金额是多少"的尺度来表述会计所反映的对象内容。就会计核算程序而言，会计确认是解决"定性"问题，而会计计量是解决"定量"问题。或者说，会计确认解决"是什么"问题，而会计计量解决"是多少"问题。会计计量要解决会计的计量尺度和计量属性两方面的问题。计量尺度在商品经济条件下，是以商品的价值尺度——货币来表示。计量属性按新会计准则规定，目前有历史成本、重置成本、可变现净值、现值、公允价值等。就企业而言，会计计量的核心内容主要是资产价值计量和利润计量（收益决定）。在对企业的经济活动进行会计计量时，企业可以选择历史成本（实际成本）、重置成本、可变现净值、现值、公允价值等不同的计量属性（计价标准）。但计量属性的选择必须符合会计信息质量特征要求，以确保会计目标的实现。

（三）会计记录

会计记录是将对经济活动进行确认和计量的结果在账户中予以登记和计算的过程，从而达到记录经济交易与事项，进而计算财务状况和经营成果的目的。

会计记录是对经过确认可以进入会计信息系统的数据，通过设置账户进行分类登记，会计记录在专门设置的账户中进行。账户是用来分类记录经济交易与事项的一种“工具”，依据复式记账原理编制会计分录，登记账簿，一般把这个过程和方法称作“复式簿记”方法。它起着对数据进行分类、登记、汇总、加工和存储的作用，是会计核算的一个主要环节。对企业经济交易与事项进行记录，必须采用复式借贷记账方法，这是一项国际惯例。采用复式记账法，可以确保企业的经济交易与事项得到全面、完整的记录，同时，根据交易与事项的记录结果还可以验证交易与事项记录过程的正确性。采用复式记账法对企业经济活动进行记录，也是保证会计信息质量、实现会计目标的基础。

（四）会计报告

会计报告是把登记在账簿上的分散的数据，按照会计准则要求的结构化程度很高的标准格式，形成指标体系，加工整理出的财务信息。它是对外提供的反映某一特定日期的财务状况和某一会计期间的经营成果、现金流量等会计信息的文件。

会计信息系统所输出的信息主要是以编制财务会计报告的形式体现出来的，企业、部门借助于财务会计报告（含会计报表）方式将财务信息提供（或披露）给信息使用者。会计信息的使用者主要包括企业外部的投资者、债权人、政府及其经济监管机构，以及顾客、社会公众等和企业内部经营管理者（企业管理层）。作为向使用者披露信息的主要方式，财务会计报告在内容、格式等方面必须充分考虑信息使用者的要求，必须符合会计信息的质量特征要求。

财务会计报告包括会计报表、附注及其他应当在财务会计报告中披露的相关信息和资料。会计报表是财务会计报告的主体内容，其主要由反映企业财务状况的资产负债表、反映企业经营业绩的利润表（或收益表）和反映企业财务状况变动的现金流量表，以及所有者权益（或股东权益）变动表所组成，这些报告能综合反映出企业的财务状况、经营成果和偿债能力。加上其他的内容，形成了财务信息，然后传递、披露给信息使用者。

会计确认和会计计量是进行会计数据处理的前提条件，会计记录是会计数据加工处理的过程，会计报告是会计信息的输出。所以会计核算的程序反映了会计信息系统从数据输入、信息加工处理到信息输出的整个运作过程。

会计确认、计量、记录和报告是企业财务会计的基本内容，其相互关联、相互影响，并构成会计信息系统运行的基本程序。

二、会计核算的方法

会计的核算方法主要是指会计核算程序中的会计记录和报告的方法。几百年来所形成的“复式簿记”这一方法，是一种独特、专门的程序和技术方法。这种方法在应用计算机等信息技术以后，发生了重大的变革，能更好地发挥会计的职能和作用。具体包括设置账户、复式记账、填制和审核凭证、登记账簿、成本计算、财产清查和编制财务报告等一系列专门的方法。本书作为会计学的基础教材，在后面的章节中将围绕着这些方法展开具体论述。

（一）设置账户

账户是对会计要素内容的分类，设置账户是根据会计要素不同的内容、特点和管理需求对会计要素的具体内容进行归纳、分门别类的一种专门方法。会计要素是一个反映会计对象大类的笼统的经济学概念和会计术语，其具体内容复杂多样，必须根据会计要素所反映的经济内容、特点以及满足对外披露和对内管理的要求，对其进行细致而科学地进一步划分，使每一个账户都能表示会计要素的一个具体内容，形成各个具体指标。有了账户体系，就能连续、系统地记录各项经济业务，形成所需要的财务指标体系。

（二）复式记账

复式记账是指对每一项经济业务，都要以相等的金额在两个或两个以上相互关联的账户中进行记录的一种记账方法。复式记账是会计最富有特色的核算技术，是一种专门的方法。这种记账方法使每一笔经济业务所涉及的两个或两个以上的账户之间产生相互的对应关系，对应账户中记录的金额又平行相等。通过这种对应关系可以了解每一笔经济业务的来龙去脉，所以通过复式记账能对任何一项经济业务既在有关账户中记载其来源，又能在有关账户中找到其去向，钩稽关系非常清晰。这种记账既可以完整地记录其经济业务的全貌，同时通过账户的平衡关系也便于检查账户记录是否正确。

（三）填制和审核凭证

会计凭证是记录经济业务、明确经济责任并作为记账依据的书面证明。会计凭证一般按填制的程序和用途可分为原始凭证和记账凭证。企业取得和填制原始凭证要经过会计部门和有关部门审核无误后，才能据以编制记账凭证。填制和审核会计凭证是会计核算的一种专门方法，它可以保证会计核算的质量，并为经济管理提供真实可靠的数据资料，也是实行会计监督的重要手段。填制和审核凭证的过程就是在审核经济业务是否合理、合法的基础上进行会计工作的起点，也是会计数据输入的一种特殊方法。

（四）登记账簿

登记账簿也叫记账。账簿是具有一定格式，相互联结的账页。在手工进行会计核算的条件下，账簿是纸制的。登记账簿就是将审核无误的会计凭证，在账簿上连续地、系统地、完整地记录和核算经济业务的一种专门方法，并定期进行对账、结账，为编制会计报表提供完整数据。登记账簿的过程是对会计数据进行加工、整理、存储的过程，这是一个繁杂并容易出错的过程。账簿在手工操作条件下，起到类似某种数据库的作用，账簿格式的设计都是从如何连续、系统、完整地登记数据，方便地进行计算，有利分工、检查和监督的角度考虑，使账簿具有多种格式。应用信息技术后，登记账簿的功能被计算机和数据库所取代，纸制账簿形式只在用于保存会计资料和用于检查时才由计算机打印出来。因此，“会计电算化”后，在记账过程中如何进行监督、检查和分工的方式也发生了变化。会计信息化以后，整个账务处理程序和方法发生了根本的变革。

（五）成本计算

成本计算是社会发展到机器化大工厂以及股份公司出现后，由于生产过程日益复杂，为了管理和控制产品生产所耗用的多种物力、人力，解决确定经营成果的盈亏所发明的方法。为了提供对外的财务报表，20 世纪初把它纳入到复式簿记系统中以向相关人员提供经营成果的信息。成本计算是按一定对象归集和分配在生产经营过程中发生的各种费用支出，以确定各个产品的总成本和单位成本的一种专门方法。成本会计是对财务会计的重大突破，奠定了管理会计的基础，国内外会计学界也有把成本会计或成本管理作为单独学科分支的做法。随着工业化的深入，成本计算方法日趋完善；随着信息技术的进步，成本信息的质量愈来愈高，以成本计算为基础的成本管理已经成为企业管理的重要组成部分。利用成本信息，可以确定价格，考核企业成本水平的变化情况，寻求降低成本、提高经济效益的途径，并为企业的生产经营和战略决策提供支持。

（六）财产清查

财产清查是指通过盘点实物、核对账目，对各种往来款项进行核对查询，以查明各项财产物资和资金的实有数，以保证账证、账账、账实之间相符的一种专门方法。在清查过程中，将货币资金和实物核查盘点的结果与账面结存数进行核对；将企业的债权、债务等往来款项逐笔与有关方面进行核对，如果发现账实不符，应立即查明原因，并上报领导，经批准调整账面记录使之做到账实相符。运用财产清查这一方法，可以查明各项财产物资、货币资金以及债权债务的保管和使用的情况；监督各类财产的安全与完整，明确经济责任和使用的合理性，以保证会计核算资料的正确性和真实性，并能促进挖潜节约和加速资金周转的管理。

（七）编制财务会计报告

财务会计报告包括会计报表、附注及相关资料，是企业、部门对外提供的反映某一特定日期和期间的财务状况、经营成果和现金流量的文件。编制财务会计报告是把日常核算的会计资料进行汇总和总结，将分散在账簿中的资料集中起来，通过归纳、加工整理，形成各种所需要的指标体系，以书面报告的形式向各有关方面提供所需要的有用信息的一种会计专门方法。财务会计报告的内容统称财务会计信息，编制财务会计报告是会计核算职能的集中体现，也是财务信息输出的一种表现形式。

三、“手工复式簿记系统”流程和“计算机会计信息系统”流程的比较

（一）“手工复式簿记”的流程——会计循环

采用手工操作进行核算，处理会计数据的步骤叫做会计循环，是每个会计期间周而复始的业务处理流程。会计循环的基本步骤如下：

1. 确认发生经济业务的原始凭证；

2. 依据复式记账原理，分析经济业务，在记账凭证或分录簿上作会计分录（作分录）；

3. 根据会计分录登记分类账，即按每笔会计分录所确定的应借记、贷记的金额，分别过入各总分类账和明细分类账的有关账户（过账）；

4. 根据各分类账户结账前的余额，编制结账前试算表，以检验记账、过账是否正确（试算平衡）；

5. 期末，对应调整项目，按权责发生制要求编制调整分录，并过入分类账（调整）；

6. 期末，对损益类账户编制结账分录；

7. 将结账分录过入到分类账有关账户，结清有关收入、费用账户，结算本期实现的利润，并结出资产、负债和所有者权益账户的本期发生额和期末余额（结账）；

8. 根据各分类账户结账后的余额，编制结账后试算表，以检验记账、结账是否正确；

9. 根据各有关分类账户的发生额和期末余额编制资产负债表、利润表和现金流量表等会计报表，并进一步完成财务报告。

会计循环过程如图 1－4 所示。

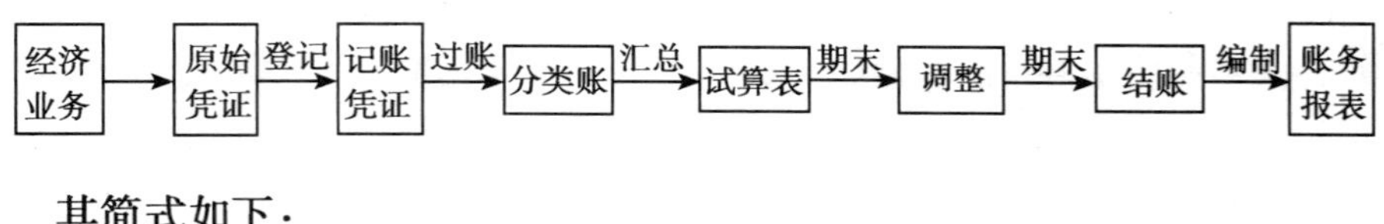

其简式如下：

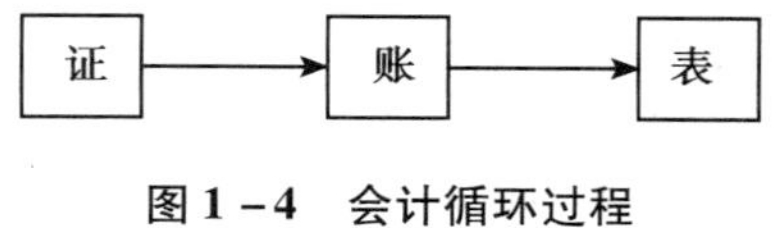

图 1－4 会计循环过程

上面所介绍的会计循环的过程，就是传统的“手工复式簿记”的流程，或叫做会计核算流程。整个过程是对上面所论述的会计核算方法的具体应用，揭示了在每个会计周期都是通过相互配合的采用设置账户、审核填制凭证、复式记账、登记账簿、货币计价、成本核算、财产清查和编制报表等流程，周而复始地循环进行，完成会计目标。这一套成型的技术方法构成了通过“复式簿记”系统，输入数据、加工处理、数据存储、输出信息的整个过程。这一科学方法的特殊技术是设置账户和复式记账，核算的关键环节是证、账、表。长期以来，人们借助填制凭证、登记账簿，对会计数据进行科学的分类、汇总，使原始数据浓缩成系统的指标体系，变成有用的财务信息，以报表的形式输出。这个数据处理的流程可以抽象成如图 1－5 所示。

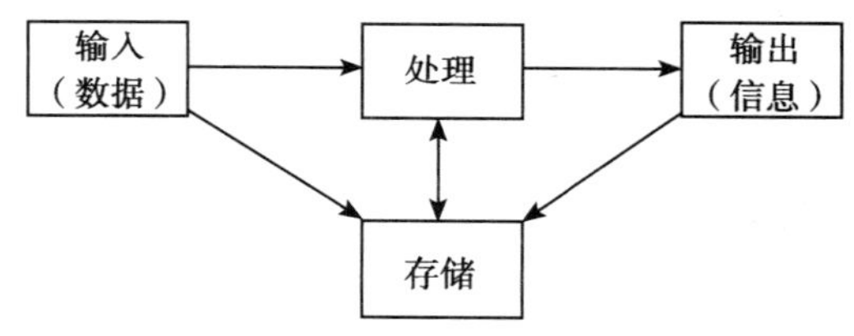

图 1－5 数据处理流程

（二）“初级计算机会计信息系统”流程

所谓“初级计算机会计信息系统”也叫“电算化会计系统”，是指独立的、没有与其他业务系统相互集成的会计核算软件系统，也就是我们平常所说的会计（财务）软件。在电算化会计系统中，输入会计凭证是系统工作的起点：会计人员依据复式簿记的理论和方法编制分录，手工填制会计凭证，再输入到计算机里；也可以直接在计算机上填制会计凭证，然后打印出纸质凭证。输入到计算机里的会计数据通常借助数据库系统进行存储和管理。数据处理是根据用户的需要由计算机进行的，处理的结果是财务信息的输出，它表现为不同格式的账簿或者报表。所以，电算化会计系统也是一个“电子数据处理系统”。

电子处理数据的过程具有普遍的规律性，我们可以把它的处理过程概括为“数据处理循环”。其循环过程可抽象分为三个阶段：数据输入，数据存储、处理，数据输出。

数据处理的循环过程如图 1－6 所示。

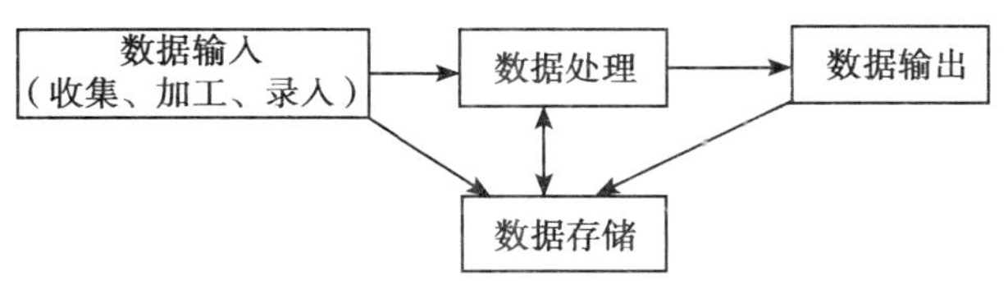

图 1－6　数据处理循环过程

数据处理的循环过程也可以进一步抽象为输入，存储、处理，输出三个环节，如图 1－7 所示。

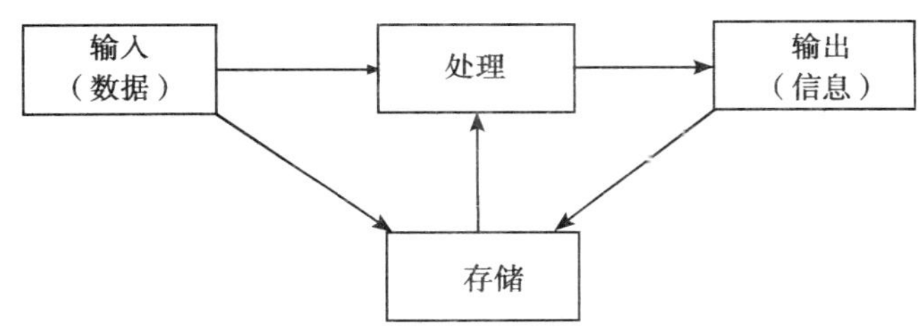

图 1－7　数据处理循环过程

采用“数据处理循环”这一术语有助于理解电算化会计系统运作的规律。会计的核算过程是一个循环过程，计算机数据处理过程也是一个循环过程，它们之间具有同构性。“手工复式簿记系统”正好符合上述数据处理循环过程的一般规律性，复式簿记系统从审核填制会计凭证开始，到登记账簿、编制报表，正好是一个完整的数据输入，存储、处理，输出的循环过程。与会计循环对比的关系如图 1－8 所示。

电算化会计系统的循环步骤是：

1. 在数据输入过程中，首先对采集的数据，也就是对反映经济业务的原始凭证进行审核、确认；然后按复式记账原理编写会计分录，登记在记账凭证上，完成了对经济业务按会计要素的初步分类，把各种各样复杂的经济业务数据转化为一定账户的借项和贷项；最后输入到计算机中去。

2. 在数据存储、处理过程中，根据记账凭证输入到系统内的会计数据通常是以序时账的形式存储在系统的数据库里的，与西方流行的序时账簿很相

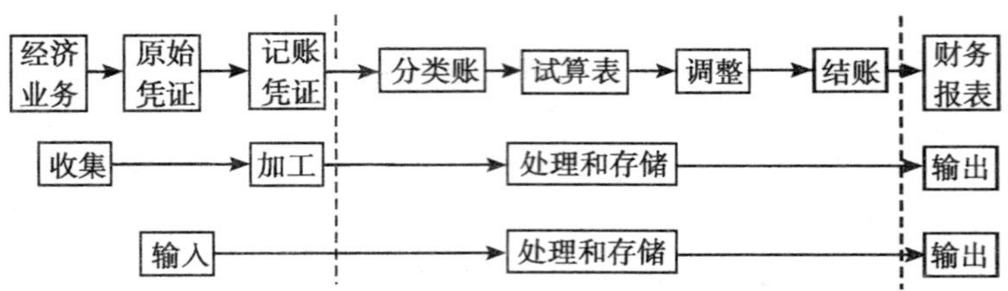

图 1-8 会计循环和数据处理循环的关系

似。电算化会计系统（电子数据处理系统）利用物理介质作为会计数据的基本载体，纸质凭证、纸质账簿仅作为按制度规定保留的辅助载体。随着计算机等信息技术的进步，电算化会计系统中存储在计算机里的会计数据并没有三栏账、多栏账、数量金额账、棋盘账等格式之分，也没有必要这样区分。在数据输出时遵照各种特定要求，系统可以随时按指定格式输出账簿。由于计算机具有计算准确的特点，因而账账核对、试算平衡等作为检验手工计算是否正确的步骤，都只是作为一种数据检查功能被保留着。数据处理的功能主要是对输入和存储的数据进行进一步的分类、汇总，浓缩数据；它可以根据会计的核算要求进行各种计算，如存货计价、固定资产折旧、费用分配、工资核算和上缴税款等；可以对数据进行各种比较，并可以为答复信息使用者的查询进行检索等。由于计算机具有计算速度快、准确，数据处理过程实际上是伴随着用户发出数据输出指令后才发生的。数据处理的过程是电算化会计系统的核心。

3. 信息输出的过程表现为输出各种格式的账簿和各种内容的会计报表。包括根据会计准则要求的、反映一定会计期间财务状况、经营成果和现金流量的报表；系统也可以根据管理的需要产生实时、随机调用的，用来进行分析、预测、控制和决策的报表，以满足外部、内部使用者所需要的信息。

采用计算机进行数据处理具有速度快、精度高、迅速传输、能连续工作的特点，具有记忆和选择、进行逻辑判断的功能，具有多功能的输入输出设备。所以，任何繁琐的数据处理，只要简化为一系列的算术或逻辑运算，计算机就能够进行迅速而准确的处理。

综上所述，在会计的实际工作中，凭证、账簿、报表是手工复式簿记系统的三个基本环节，也是会计信息系统中的输入、存储加工和输出的三个主要步骤；是会计与信息技术相互渗透和融合的关键技术部位，也是会计核算方法改革的切入点。信息技术应用到会计核算后，提高了工作效率，减少了人力和劳动强度，提高了信息加工的质量。可以说“会计电算化”是又快、又好、又省，会计电算化是会计信息化的第一步。

本章小结

本章是学习会计学的导论篇，对于会计初学者而言，只有理解了“会计为什么而存在”这一最基本的问题，才能比较好地把握会计在经济社会中的地位、作用。会计是人们为组织和管理生产的需要而产生的并得到不断发展的科学。会计在现代社会中的作用是非常重大的，作为经济社会中的重要经济体公司，公司的外部利益集团、政府等都要参考会计信息。而这种会计信息又是通过会计确认、会计计量、会计记录、会计报告这种专门的核算程序，利用设置账户、复式记账、填制和审核凭证、登记账簿、成本计算、编制会计报告等会计方法来提供会计信息的。在提供会计信息的过程中，必须要明确会计的对象、目的和任务是什么，只有这样，提供的会计信息才是真实和准确的。

练习思考题

一、知识题

（一）思考题

1. 简述会计在现代社会中的作用。
2. 简述会计的主要任务。
3. 简述会计核算的程序。
4. 简述会计核算的方法。

（二）判断题

1. 会计职能只有两个，即核算与监督。
2. 企业提供的会计信息应当与财务会计报告使用者的经济决策需要相关。
3. 会计核算主要从价值量上反映各单位的经济活动状况。
4. 会计核算的完整性是指对所有的经济活动都要进行计量、记录、报告。
5. 没有会计核算，会计监督就失去了存在的基础；没有会计监督，会计核算就失去了存在的意义。

（三）单项选择题

1. 会计的总体目标是（　　）。

A. 进行价值管理　　B. 提高经济效益
C. 提供会计信息　　D. 控制和指导经济活动

2. 会计的基本职能是（　　）。

A. 核算与监督　　B. 分析与考核
C. 预测和决策　　D. 核算与预测

3. 会计监督主要是通过（　　）来进行的。

A. 数量指标　　B. 价值量指标
C. 实物量指标　　D. 劳动量指标

4. 具体而言，会计对象为（　　）。

A. 会计科目　　B. 会计要素
C. 经济业务　　D. 以货币表现的经济活动

5. 资金的循环与周转过程不包括（　　）。

A. 供应过程　　B. 生产过程
C. 销售过程　　D. 分配过程

（四）多项选择题

1. 会计的任务包括（　　）。

A. 会计核算
B. 会计监督
C. 会计预测
D. 会计决策
E. 会计计量

2. 会计信息的使用者包括（ ）。

A. 股东
B. 政府部门
C. 投资者
D. 债权人
E. 其他使用者

3. 企业发生的下列经济活动中，属于资金取得活动的是（ ）。

A. 发行股票
B. 企业以银行存款购买原材料
C. 出售商品收到现金
D. 从银行借入款项

4. 企业经营所需的资金主要来源于（ ）。

A. 向投资者筹集资金
B. 向银行借入款项
C. 经营中实现利润
D. 从银行提取现金

5. 会计的核算程序主要包括（ ）。

A. 会计确认
B. 会计计量
C. 会计记录
D. 会计报告

二、案例讨论题

案例一

老李在社区内开了一家"李记"小吃部。刚开始的时候，老李自己进货，和老伴一起经营。为了将家里现金的收支和小吃部的现金收支分开，以计算杂货店的盈利情况，老伴的办法是将家里的钱和杂货店的钱分开放。很快，生意做起来了，老李发现资金不足，人手也不够，就邀请表弟陈青入伙，并请了一个叫李平的伙计来看店。现在又如何区分老李家里的收支和小吃部的收支呢？这时候，李平的办法是，拿一个账本将杂货店每天收入和支出的现金记录下来。

老李和陈青共同经营这个杂货店之后，他们的生意越做越大，每天需要进很多的货物，同时也要卖出很多的货物，于是他们发现：原来每天自己登记收入和支出的方式已经远远不能满足经营的需要了，而且他们都满意这种合作经营方式，都想将这个店稳定经营下去，而且要能逐步发展壮大。但问题是：在未来持续经营的期间内，如何公允地计算小吃部和杂货店的利润就成为一个问题。于是他们决定聘请一个会计代理记账，用来核算平时的经济业务和报税。

讨论题：

1. 会计为什么会产生和存在？
2. 会计的主要任务是什么？

案例二

2009 年 11 月 9 日，某市审计局财务审计组对市属水泥厂进行年度财务检查，查阅记账凭证时发现：该厂一张记账凭证上的会计分录为：借记燃料及动力66 400元，贷记应收账款66 400元。但是，经检查发现调入的烟煤没有原始发票，也没有入库单，只是在记账凭证下面附了一张由该厂开具给 A 公司的收款收据；经查，A 公司既不耗用也不经营烟煤。通过调查了解，原来是该厂以购烟煤为名，行以车抵债之实。进一步追问，得知 A 公司以一台吉普车抵还了欠该厂的货款，由于厂长叮嘱不要将其计入固定资产账，于是就做烟煤处理了。审计组就此责令市属水泥厂调整会计账务，并给予了经济处罚。

讨论题：

1. 会计核算的程序是什么?

2. 上述案例违反了会计任务中哪一个？为什么?

第二章

会计要素与会计等式

学习目的与要求：

1. 了解会计的主要对象；
2. 掌握会计要素的含义和内容；
3. 理解会计要素的确认与计量的方法；
4. 掌握会计等式及其实际意义。

第一节　会计对象与会计要素

一、会计的一般对象

（一）会计的一般对象的含义

会计对象是会计管理的客体，是会计核算和监督的内容，是经济社会中能以货币形式表现的数量方面。因此，凡是特定的会计主体能够以货币形式表现的经济活动都是会计的对象。

所以，会计的一般对象就是社会再生产过程中能够用货币形式表现的经济活动即资金运动，这是会计对象的共性。会计对象的个性表现为各会计主体的经济活动相异而形成的具体资金运动的差异。比如，工业企业的会计对象是工业企业在供、产、销过程中的资金运动。商品流通企业的会计对象是商品流通企业在购、存、销过程中的资金运动；行政事业单位的会计对象则是这些单位的预算资金和其他资金的运动。

二、会计的具体对象——会计要素

会计要素是对会计对象进行的基本分类，是构成会计客体的必要因素，是会计对象的具体化。会计必须对资金运动过程中所确认的会计事项按不同的经济特征进行归类，并为每一个类别取一个相应的名称，这就是会计要素。它是会计核算的具体内容，也是会计报表的基本项目。我国的《企业会计准则》列示了六类会计要素，即资产、负债、所有者权益、收入、成本费用和利润。

按照它们各自反映的内容可分为两类：第一类是从静态方面反映企业财务状况的会计要素：资产、负债和所有者权益，它们构成资产负债表的基本框架，所以又称为资产负债表要素。第二类是从动态方面反映企业经营成果的会计要素：收入、成本费用和利润，它们是构成利润表的基本框架，因此又称为利润表要素。

第二节 会计要素的含义及内容

一、反映企业财务状况的静态会计要素

（一）资产

1. 资产的含义及特征

资产是企业过去的交易或者事项形成的、由企业拥有或控制的、预期会给企业带来经济利益的资源。资产具有以下几个特征：

（1）资产的本质特征是能够预期给企业带来经济利益的资源。预期会给企业带来经济利益，是指直接或者间接导致现金和现金等价物流入企业的潜力，这种潜力在某些情况下可以单独产生净现金流入，而某些情况则需要与其他资产结合起来才能在将来直接或间接地产生净现金流入。按照这一基本特征判断，不具备可预期给企业带来未来经济利益流入的资源，便不能确认为资产。

（2）作为公司资产的资源必须为企业现在所拥有或控制。这是指企业享有某项资源的所有权，或者虽然不享有某项资源的所有权，但该资源能被企业所控制。拥有即所有权归企业，而控制则是由企业支配使用，但不等于企业取得所有权。资产尽管有不同的来源渠道，但是一旦进入企业并成为企业拥有或控制的财产，便置于企业的控制之下而失去了原来归属于不同所有者的属性，成为企业可以自主经营和运用、处置的法人财产。

（3）作为企业资产必须是由过去交易或事项形成的资源。企业过去的交易或者事项包括购买、生产、由企业建造行为或其他交易或者事项。预期在未来发生的交易或者事项不形成资产。

（4）作为资产的资源必须能够用货币计量其价值，从而表现为一定的货币额。

（5）资产包括各项财产、债权和其他权利，并不限于有形资产。也就是说，一项企业的资产，可以是货币形态的，也可以是非货币形态的。可以是有形的，也可以是无形的。只要是企业现在拥有或控制，并通过有效使用，能够为企业带来未来经济利益的一切资源，均属于企业的资产。

2. 资产的分类

企业的资产按流动性不同，可分为流动资产和非流动资产两大类。

（1）流动资产，是指满足下列条件之一的资产：

①预计在一个正常营业周期中变现、出售或耗用。

②主要为交易目的而持有。

③预计在资产负债表日起一年内（含一年，下同）变现。

④在资产负债表日起一年内，交换其他资产或清偿负债的能力不受限制的现金或现金等价物。

以上条件中的正常营业周期通常是指企业从购买用于加工的资产起至实现现金或现金等价物的期间。正常营业周期通常短于一年，在一年内有几个营业周期。但是，也存在正常营业周期长于一年的情况，如房地产开发企业开发用于出售的房地产开发产品，造船企业制造用于出售的大型船只等，往往要超过一年才能变现、出售或耗用，但仍应划分为流动资产。

流动资产按其性质不同，可分为库存现金、银行存款、交易性金融资产、应收及预付款项、存货等。

①库存现金，是指存放于企业财会部门、由出纳人员经管的货币性资产，是企业流动性最强的资产之一。

②银行存款，是指企业存放在银行或其他金融机构中的货币性资产，与库存现金一样是企业流动性最强的资产之一。

③交易性金融资产，主要是指企业为了近期内出售而持有的金融资产。比如，企业以赚取差价为目的从二级市场购入的股票、债券、基金等。它属于现金等价物。

④应收及预付款项，是指企业日常生产经营过程中发生的各种债权性资产，也属于货币性资产的范畴，包括各项应收款项和预付款项。

⑤存货，是指企业在日常活动中持有以备出售的产成品或商品、处在生产过程中的在产品、在生产过程或提供劳务过程中耗用的材料和物料等。

（2）非流动资产，是指流动资产以外的所有资产。非流动资产按其性质不同，可分为持有至到期投资、可供出售金融资产、长期应收款、长期股权投资、投资性房地产、固定资产、无形资产、长期待摊费用等。

①持有至到期投资，是指到期日固定、回收金额固定或可确定，且企业有明确意图和能力持有至到期的非衍生金融资产。如企业从二级市场上购入的固定利率国债、浮动利率公司债券等，符合持有至到期投资条件的，可以划分为持有至到期投资。

②可供出售金融资产，通常是指企业没有划分为以公允价值计量且其变动计入当期损益的金融资产、持有至到期投资、贷款和应收款项的金融资产。如

企业购入的在活跃市场上有报价的股票、债券和基金等，没有划分为以公允价值计量且其变动计入当期损益的金融资产或持有至到期投资等金融资产的，可归为此类。

③长期应收款，是指企业超过一年应当收回而尚未收回的款项，包括融资租赁产生的应收款项、采用递延方式具有融资性质的销售商品和提供劳务等产生的应收款项。

④长期股权投资，是指企业持有的对子公司、合营企业及联营企业的权益性投资以及企业持有的对被投资单位不具有控制、共同控制或重大影响，且在活跃市场中没有报价、公允价值不能可靠计量的权益性投资。

⑤投资性房地产，是指企业为赚取租金或资本增值，或两者兼有而持有的房地产。

⑥固定资产，是指为生产商品、提供劳务、出租或经营管理而持有的、使用寿命超过一个会计期间的有形资产。

⑦无形资产，是指企业拥有或者控制的没有实物形态的可辨认非货币性资产。可辨认标准有两个：一是该类资产能够从企业中分离或者划分出来，并能单独用于出售、转移、授予许可、租赁或者交换。二是该类资产源自合同性权利或其他法定权利，无论这些权利是否可以从企业或其他权利和义务中转移或者分离出来。无形资产包括专利权、非专利技术、商标权、著作权、土地使用权等。

⑧长期待摊费用，是指企业已经发生但应由本期或以后各期负担的分摊期限在一年以上的各项费用，如以经营租赁方式租入固定资产发生的改良支出等。

（二）负债

1. 负债的含义及特征

负债是指企业过去的交易或者事项形成的、预期会导致经济利益流出的企业的现时义务。负债具有以下三个基本特征：

（1）负债是企业承担的现时义务。现时义务是指企业在现行条件下已承担的义务，未来发生的交易或者事项形成的义务。如果不属于现时义务，就不应当确认为负债。

（2）负债是由过去的交易或者事项形成的。只有过去的交易或者事项才能形成负债，企业在未来发生的承诺、签订的合同等交易或者事项不形成负债。

（3）负债预期会导致经济利益流出企业，这是负债的本质特征。企业在履行现时义务清偿负债时，导致经济利益流出企业的形式多种多样，如用现金偿还或以实物偿还；以劳务形式偿还；以部分转移资产、部分提供劳务形式偿还等。

2. 负债的分类

负债按其流动性不同，可分为流动负债和非流动负债两大类。

（1）流动负债，是指满足下列条件之一的负债：①预计在一个正常营业周期中清偿。②主要为交易目的而持有。③在资产负债表日起一年内到期应予以清偿。④企业无权自主地将清偿推迟至资产负债表日后一年以上。以上条件中的正常营业周期同流动资产中的解释内容。企业的流动资产按其性质不同，可分为短期借款、交易性金融资产、应付及预收款项、应付职工薪酬、应交税费、应付利息、应付股利、其他应付款等。

（2）非流动负债。流动负债以外的负债应当归类为非流动负债。非流动负债按其性质不间，可分为长期借款、应付债券、长期应付款、专项应付款、预计负债等。

（三）所有者权益

所有者权益又称为股东权益，是指企业资产扣除负债后由所有者享有的剩余权益。

所有者权益的来源包括所有者投入的资本、直接计入所有者权益的利得和损失、留存收益等。

1. 所有者投入的资本

所有者投入的资本是指企业的股东按照企业章程或合同、协议，实际投入企业的资本。其中，以小于或等于注册资本部分作为企业的实收资本（股份公司为股本），超过注册资本部分的投入额计入资本公积。

2. 直接计入所有者权益的利得和损失

直接计入所有者权益的利得和损失，是指不应计入当期损益、会导致所有者权益发生增减变动的、与所有者投入资本或者向所有者分配利润无关的利得或者损失。①利得，是指由企业非日常活动所形成的、会导致所有者权益增加的、与所有者投入资本无关的经济利益的流入。②损失，是指由企业非日常活动所发生的、会导致所有者权益减少的、与向所有者分配利润无关的经济利益的流出。

3. 留存收益

留存收益，是指由企业利润转化而形成、归所有者共有的所有者权益，主要包括盈余公积和未分配利润。①盈余公积，是指企业按一定比例从净利润中提取的各种积累资金。它一般又分为法定盈余公积金、任意盈余公积金。②未分配利润，是指企业进行各种分配以后，留在企业的未指定用途的那部分净利润。

反映企业财务状况的上述三个会计要素的数量关系构成了会计恒等式：

资产 = 负债 + 所有者权益

二、反映经营成果的动态会计要素

（一）收入

1. 收入的定义及特征

收入是指企业在日常活动中形成的、会导致所有者权益增加的、与所有者投入资本无关的经济利益的总流入。根据收入的定义，收入具有以下三个特征：

（1）收入是企业在日常活动中形成的。日常活动是指是企业为完成其经营目标所从事的经常性活动以及与之相关的活动。例如，工业企业制造并销售产品、商品流通企业销售商品、保险公司签发保单、安装公司提供安装业务、软件公司为客户开发软件、租赁公司出租资产、咨询公司提供咨询服务等都属于企业的日常活动。界定日常活动是为了将收入与利得区分开来。企业非日常活动形成的经济利益流入不能确认为收入，而应当确认为利得。

（2）收入会导致所有者权益增加。与收入相关的经济利益应当导致企业所有者权益的增加，但又不是所有者的投入。不会导致企业所有者权益增加的经济利益流入不符合收入的定义，不能确认为收入。例如，企业向银行借入款项，尽管也导致了经济利益流入企业，但该流入并不导致所有者权益的增加，所以不应当确认为收入，而应当确认为一项负债。

（3）收入是与所有者投入资本无关的经济利益的总流入。收入应当导致经济利益流入企业，从而导致企业资产的增加。但是，并非所有的经济利益流入都是收入所至，如投资者投入资本也会导致经济利益流入企业，但它只会增加所有者权益，而不能确认为收入。

2. 收入的内容

企业的收入主要包括销售商品收入、提供劳务收入、让渡资产使用权收入和建造合同收入。

（1）销售商品收入，是指企业销售产品或商品导致的经济利益流入企业所形成的收入，如工业企业制造并销售产品的收入。商品流通企业销售商品的收入。工业企业出售多余原材料、包装物等日常活动带来的经济利益流入也属于该类收入。

（2）提供劳务收入，是指企业提供各类劳务导致的经济利益流入企业所形成的收入，如广告公司提供广告服务、旅游公司提供旅游服务、运输公司提供运输服务等日常活动导致的经济利益流入企业而形成的收入。

（3）让渡资产使用权收入，是指企业通过让渡资产使用权导致的经济利益流入企业所形成的收入包括利息收入、转让无形资产使用权形成的使用费收入、出租固定资产的租金收入。进行债权投资收取的利息、进行股权投资取得的现金股利等都属于让渡资产使用权收入。

（4）建造合同收入，是指为建造一项或数项在设计、技术、功能、最终用途等方面密切相关的资产而订立的合同形成的收入。它包括两个部分：①合同规定的初始收入。②因合同变更、索赔、奖励等形成的收入。

3. 主营业务收入与其他业务收入

收入按企业经营业务的主次不同，可分为主营业务收入和其他业务收入。

（1）主营业务收入，是指企业为完成其经营目标所从事的主营业务活动实现的收入，一般应当占企业收入的绝大部分，对企业的经济效益产生较大的影响。由于各类企业的主营业务不同，因此各自的主营业务收入的内容也不尽相同。如工业企业生产电梯并安装电梯，那么销售电梯的收入为主营业务收入，安装电梯业务不属于它们的主业，所以带来的收入为其他业务收入。而安装公司安装电梯则是公司的主营业务，其安装收入为这类公司的主营业务收入。

（2）其他业务收入，是指企业确认的除主营业务活动以外的其他经营活动实现的收入。其他业务收入占的比重较小。不同类型企业的其他业务收入的组成内容也不尽相同。如工业企业对外销售原材料、包装物。出租包装物、商品或者固定资产、对外转让无形资产等都属于其他业务收入。

（二）费用

1. 费用的定义及特征

费用是指企业在日常活动中发生的、会导致所有者权益减少的、与向所有者分配利润无关的经济利益的总流出。根据费用的定义，费用具有以下三个特征：

（1）费用是在企业日常活动中形成的。费用必须是企业在日常活动中所形成的，这些日常活动与收入的定义中涉及的日常活动的界定是一致的。将费用定义为日常活动形成的，其目的是为了将其与损失相区别，企业非日常活动所形成的经济利益流出企业不能确认为费用，而应当计入损失。

（2）费用会导致所有者权益的减少。与费用相关的经济利益流出企业会导致所有者权益的减少，不会导致所有者权益减少的经济利益流出企业不符合费用的定义，不应当确认费用。例如，企业用银行存款购买200万元原材料，该购买行为虽然使得企业的经济利益流出去了200万元，但是并不会导致企业的所有者权益减少，它使得企业的另外一项资产（存货）增加，所以在这种情况下经济利益的流出企业就不能确认为费用。

（3）费用是与向所有者分配利润无关的经济利益的总流出。费用的发生应当会导致经济利益流出企业，从而导致资产的减少或者负债的增加（最终也会导致资产的减少）。其表现形式包括：现金或者现金等价物的流出，存货、固定资产和无形资产等的流出或者消耗等。企业向所有者分配利润也会导致经济利益流出企业，但是，该经济利益流出企业显然属于所有者权益的抵减项目，不应当确认为费用，应当排除在费用的定义之外。

2. 费用的内容

企业的费用主要包括生产成本、主营业务成本、其他业务成本、营业税金及附加、销售费用、管理费用和财务费用，后三种费用合称为期间费用。

（1）生产成本，是指企业为生产商品和提供劳务等而发生的各项生产耗费，包括直接费用和间接费用。直接费用是企业为生产商品和提供劳务等发生的各项直接支出，包括直接材料、直接人工及其他直接支出。间接费用又叫制造费用，是企业为生产商品和提供劳务而发生的各项间接费用，通过分配计入生产成本。

（2）主营业务成本，是指企业确认销售商品、提供劳务等主营业务收入时应当结转的成本。

（3）其他业务成本，是指企业确认的除主营业务收入以外的其他经营活动所发生的支出，包括销售材料的成本、出租固定资产的折旧额、出租无形资产的摊销额、出租包装物的成本或者摊销额等。

（4）营业税金及附加，是指企业的经营活动应当负担的相关税费，包括应当缴纳的营业税、消费税、资源税、城市维护建设税和教育费附加等。

（5）管理费用，是指企业为组织和管理企业生产经营所发生的费用，包括企业在筹建期间内发生的开办费、董事会和行政管理部门在企业的经营管理中发生的或者应由企业统一负担的公司经费（包括行政管理部门职工工资及福利费、机物料消耗、低值易耗品摊销、办公费和差旅费等）、工会经费、董事会费（包括董事会成员的津贴、会议费和差旅费等）、聘请中介机构费、咨询费（含顾问费）、诉讼费、业务招待费、房产税、车船税、土地使用税、印花税、技术转让费、矿产资源补偿费、研究费用、排污费等。

（6）销售费用，是指企业销售商品和材料、提供劳务的过程中发生的各种费用，包括保险费、包装费、展览费和广告费、商品维修费、预计产品质量保证损失、运输费、装卸费等以及为销售本企业商品而专设的销售机构（含销售网点、售后服务网点等）的职工薪酬、业务费、折旧费等经营费用。企业发生的与专设销售机构相关的固定资产修理费用等后续支出也属于销售费用。

（7）财务费用，是指企业为筹集生产经营所需资金等而发生的筹资费用，包括利息支出（减利息收入）、汇兑损益以及相关的手续费、企业发生的现金折扣或收到的现金折扣等。

（三）利润

1. 利润的定义

利润是指企业在一定会计期间的经营成果。利润的大小代表了企业经济效益的高低。通常情况下，企业实现了利润，表明企业的所有者权益增加，业绩得到了提升。反之，企业发生了亏损（利润为负），表明企业的所有者权益减少，业绩下降。

2. 利润的来源构成

利润包括收入减去费用后的净额、直接计入当期利润的利得和损失等。

（1）收入减去费用后的净额，就是企业的营业利润，反映的是企业日常经营活动的业绩。

（2）直接计入当期利润的利得和损失，反映的是企业非经营活动的业绩。它是指应当计入当期损益、最终会导致所有者权益发生增减变动的、与所有者投入资本或者向所有者分配利润无关的利得或者损失。

3. 利润的内容

企业利润包括营业利润、利润总额和净利润。

（1）营业利润，是企业日常活动创造的经营成果。它等于营业收入减去营业成本、营业税金、营业税金及附加、销售费用、管理费用、财务费用、资产减值损失，再加上公允价值变动收益、投资收益后的金额。

（2）利润总额，是企业在日常活动和非日常活动中的全部业务活动创造的经营成果。它是在营业利润的基础上加上营业外收入、减去营业外支出后的金额。

（3）净利润，是利润总额扣除所得税费用后的余额。

反映企业经营成果的上述三个会计要素的数量关系构成了会计的另外一个等式：

收入 - 费用 = 利润

三、利得和损失

利得是指由企业非日常活动所形成的、会导致所有者权益增加的、与所有者投入资本无关的经济利益的流入。

损失是指由企业非日常活动所发生的、会导致所有者权益减少的、与向所有者分配利润无关的经济利益的流出。

利得和损失在会计处理中有两种计入方式：

（1）直接计入所有者权益的利得和损失，是指不应计入当期损益、会导致所有者权益发生增减变动的、与所有者投入资本或者向所有者分配利润无关的利得或者损失。如可供出售金融资产发生公允价值变动，计入资本公积账户，从而导致所有者权益的增加或减少。直接计入所有者权益的利得和损失一般都是通过“资本公积”账户进行核算的。

（2）直接计入当期利润的利得和损失，是指应当计入当期损益、会导致所有者权益发生增减变动的、与所有者投入资本或者向所有者分配利润无关的利得或者损失。如企业接受的财产捐赠、债务重组收益等计入营业外收入，导致利润的上升，最终导致所有者权益增加。而税收罚款、滞纳金等支出计入营业外支出，导致利润降低，从而减少企业的所有者权益。直接计入当期利润的利得和损失，是通过“营业外收入”和“营业外支出”两个账户核算的。

第三节 会计要素的确认与计量属性

财务会计是由确认、计量、记录和报告构成的一个有机整体。所以，确认与计量是财务会计的两个重要内容，企业在对会计要素进行确认和计量时必须遵循一定的规则与要求。

一、会计要素的确认

（一）会计要素确认的含义及条件

1. 确认的含义

确认是指确定将交易或事项中的某一项目作为一项会计要素加以记录和列入财务报表的过程，是财务会计的一项重要程序。确认主要解决某一个项目是否确认、如何确认和何时确认三个问题，它包括在会计记录中的初始确认和在会计报表中的最终确认。我国的《企业会计准则——基本准则》采用了国际会计准则的确认标准。

2. 初始确认条件

（1）符合会计要素的定义。有关项目要确认为一项会计要素，首先必须符合该会计要素的定义。

（2）与该项目有关的任何未来经济利益很可能会流入或流出企业，这里的“很可能”表示经济利益流入或流出的可能性在50%以上。

（3）该项目具有的成本和价值以及流入或流出的经济利益能够可靠地计量。如果不能可靠计量，确认就没有任何意义了。

满足了以上三个条件的项目就能够确认为某一会计要素。

3. 最终确认条件

经过确认和计量后，会计要素必须在财务报表中列示。而在报表中列示的条件是，符合会计要素的定义和会计要素确认条件的项目，才能列示在报表中，仅仅符合会计要素的定义，而不符合会计要素确认条件的项目，是不能在报表中列示的。

资产、负债、所有者权益要素列入资产负债表。

收入、费用、利润要素列入利润表。

（二）各会计要素的确认条件及报表列示

1. 资产要素的确认条件及列示

符合前述资产定义的资源，在同时满足以下条件时，确认为资产：

（1）与该资源有关的经济利益很可能流入企业。

（2）该资源的成本或者价值能够被可靠地计量。

符合资产的定义和资产确认条件的项目，应当列入资产负债表。符合资产的定义、但不符合资产确认条件的项目，不应当列入资产负债表。

2. 负债要素的确认条件及列示

符合前述负债定义的义务，在同时满足以下条件时，确认为负债：

（1）与该义务有关的经济利益很可能流出企业。

（2）未来流出的经济利益的金额能够被可靠地计量。

符合负债的定义和负债确认条件的项目，应当列入资产负债表。符合负债的定义、但不符合负债确认条件的项目，不应当列入资产负债表。

3. 所有者权益要素的确认条件及列示

所有者权益体现的是所有者在企业中的剩余权益，因此，所有者权益的确认主要依赖与其他会计要素，尤其是资产和负债的确认。所有者权益金额的确定也取决于资产和负债的计量。例如，企业接受投资者投入的资产，在该资产符合资产的定义且满足确认条件确认为资产后，就相应地符合了所有者权益的确认条件。当该资产的价值能够被可靠地计量，所有者权益的金额也就可以确定了。

所有者权益项目应当列入资产负债表。

4. 收入的确认条件及列示

企业收入的来源渠道很多，不同收入来源的特征有所不同，其收入确认条件也就存在差异。一般而言，收入只有在经济利益很可能流入从而导致企业资产增加或者负债减少、经济利益的流入额能够被可靠地计量时才能予以确认。即收入的确认至少符合以下条件：

（1）符合收入的定义。

（2）与收入相关的经济利益应当很可能流入企业。

（3）经济利益流入企业的结果会导致资产的增加或者负债的减少。

（4）经济利益的流入额能够被可靠地计量。

符合收入的定义和收入确认条件的项目，应当列入利润表。

5. 费用的确认及列示

费用的确认除了应当符合费用的定义外，只有在经济利益很可能流出从而导致企业资产减少或者负债增加、且经济利益的流出额能够被可靠地计量时才能予以确认。因此，费用的确认条件是：

（1）符合费用的定义。

（2）与费用相关的经济利益很可能流出企业。

（3）经济利益流出企业的结果是导致资产的减少或者负债的增加。

（4）经济利益的流出额能够被可靠地计量。

企业为生产产品、提供劳务等发生的可归属于产品成本、劳务成本等的费用，应当在确认产品销售收入、劳务收入等时，将已销售产品、已提供劳务的成本等予以确认并计入当期损益。

企业发生的支出不产生经济利益的，或者即使能够产生经济利益但不符合或者不再符合资产确认条件的，应当在其发生时确认为费用，计入当期损益。

企业发生的交易或者事项导致其承担了一项负债而又不确认为一项资产的，应当在其发生时确认为费用，计入当期损益。

符合费用的定义和费用确认条件的项目，应当列入利润表。

6. 利润的确认与列示

利润是收入减去费用、利得减去损失后的净额，因此利润的确认主要依赖于收入、费用、利得、损失的确认。利润金额取决于收入和费用、直接计入当期利润的利得和损失金额的计量。

利润项目应当列入利润表。

二、会计要素计量属性

（一）会计计量及计量属性的含义

1. 会计计量的含义

会计计量是指为了在会计账户中记录和财务报表中确认、计列有关会计要素，而以货币或其他度量单位确定其货币金额或其他数量的过程。它主要解决记录多少的问题，主要由计量单位和计量属性两个要素构成，这两个要素的不同组合形成了不同的计量模式。企业必须按照会计准则规定的会计计量属性对会计要素进行计量，确定相关金额。

2. 计量属性的含义

计量属性是指所计量的某一要素的特性方面，如原材料的重量、厂房的面积、道路的长度等。从会计角度讲，计量属性反映的是会计要素的确定基础。在基本会计准则中规定了五种计量属性，即历史成本、重置成本、可变现净值、现值和公允价值。

（二）会计计量属性的种类

1. 历史成本

历史成本又称为实际成本，是指企业取得或制造某项财产时所实际支付的现金或现金等价物。在历史成本计量下，资产按照购置时支付的现金或者现金等价物的金额，或者按照购置资产时所付出的对价的公允价值计量。负债按照因承担现时义务而实际支付的款项或者资产的金额，或者承担现时义务的合同金额、或者按照日常活动中为偿还负债预期需要支付的现金或者现金等价物的金额计量。

2. 重置成本

重置成本又称为现行成本，是指在当期市场条件下，重新取得同样一项资产所需支付的现金或现金等价物金额。在重置成本计量下，资产按照现在购买相同或者相似资产所需支付的现金或者现金等价物的金额计量。负债按照现在偿付该项债务所需支付的现金或者现金等价物的金额计量。在现实中，重置成本多用于固定资产盘算的计量等。

3. 可变现净值

可变现净值是指在正常生产经营过程中，以预计售价减去进一步加工成本和预计销售费用以及相关税费后的净值。在可变现净值计量下，资产按照其正常对外销售所能收到现金或者现金等价物的金额扣减该资产至完工时估计将要发生的成本、估计的销售费用以及相关税费后的金额计量。可变现净值通常应用于存货资产减值情况下的后续计量。

4. 现值

现值是指对未来的现金流量以恰当的折现率进行折现后的价值。在现值计量下，资产按照预计从其持续使用和最终处置中所产生的未来净现金流入量的折现金额计量。负债按照预计期限内需要偿还的未来净现金流出量的折现金额计量。现值通常应用于非流动资产可回收金额和以摊余成本计量的金融资产价值的确定等。

5. 公允价值

公允价值是指在公平交易中，熟悉情况的交易双方自愿进行资产交换或者债务清偿的金额。在公允价值计量下，资产和负债按照在公平交易中，熟悉情况的交易双方自愿进行资产交换或者债务清偿的金额计量。

（三）计量属性的应用原则

《企业会计准则——基本准则》第四十二条明确规定：“企业在对会计要素进行计量时，一般应当采用历史成本，采用重置成本、可变现净值、现值、公允价值计量的，应当保证所确定的会计要素金额能够取得并可靠地计量。”这就是会计准则对企业应用计量属性的原则性规范。

第四节 会计等式

一、会计等式的意义

会计等式也称为会计恒等式或会计方程式，它是一切会计核算的出发点和基础。它实际上是六大会计要素的数量关系表达式。如前所述，资产、负债、所有者权益、收入、费用、利润六大会计要素是会计的具体对象，然而，这六个会计要素并不是孤立地反映企业的经济活动，而是紧密联系在一起共同对企业的财务状况和经营成果加以反映的。但是，这六大要素是如何联系在一起的？它们彼此之间存在什么样的数量关系呢？

从企业生产经营活动过程的价值运动去考察，这些关系表现在三个方面：

（1）在相对静止的状态下，资产、负债、所有者权益之间的数量关系，构成静态的会计等式。

（2）在显著变动的状态下，收入、费用、利润之间的数量关系，构成动态的会计等式；

（3）在静态和动态结合的价值运动中，六个会计要素之间的综合数量关系，构成会计等式的扩展式。

二、资产、负债、所有者权益之间的数量关系

（一）会计基本等式的含义

任何企业要进行生产经营活动，必须首先拥有或者控制一定数量的、预期能够给企业带来经济利益的资源即资产。尽管各企业的资产在数量和结构上各不相同，但是企业资产的来源只有两个：一是所有者投入的；二是债权人提供的。只有当企业把所有者投入的资本和债权人提供的资金运用到生产经营活动中，才形成了企业所持有的各种形态的法人资产。但是，无论是所有者投入的资本还是债权人提供的资金都不是无偿的，前者要求企业按投资比例从所获净利润中支付其投资所得。后者要求企业在一定的时点上，支付利息并归还本金。这种对企业资产的要求权，在会计上称为“权益”。权益既反映了资产的两大来源，又表明了企业的各种资产以及运用资产产生的收益的归属。资产不能脱离权益而存在。没有无资产的权益，也没有无权益的资产。从数量上看，有一定数额的资产，就必定有一定数额的权益。反之，有一定数额的权益，也必定有一定数额的资产。从任何一个时点看，企业所拥有的资产总额与权益总额必然是相等的，保持着数量上的平衡关系。资产与权益的这种关系，可以用下面的公式表示：

$$资产 = 权益 \qquad (2-1)$$

在企业拥有和控制的资产总额中，一部分是归属于企业的债权人，另一部分归属于企业所有者。债权人对企业资产的要求权，从权益持有者来讲，是债权人的权益，而从企业角度讲，则是企业的债务，因此会计上将债权人的权益称为负债。所有者对企业资产的要求权，从权益持有者角度看，是所有者对企业的投资。而从企业的角度看，则表现为投资者对企业净资产的要求权，会计上把这种要求权称为所有者权益。所以，企业的权益就分为负债和所有者权益两项，公式2－1演变为：

$$资产 = 负债 + 所有者权益 \qquad (2-2)$$

公式2－2被称为"会计基本等式"或"会计恒等式"，它反映了在某一时点上企业的资产、负债、所有者权益三个会计要素之间的数量关系。

公式2－2之所以被称为会计恒等式，是因为无论企业的经济业务如何变化，都不会改变三者之间的平衡关系，亦即会计恒等式在任何情况下都不会被破坏。

（二）企业经济业务对会计基本等式的影响分析

企业在生产经营过程中，会发生各种各样的经济业务，进而引起各项资产、负债、所有者权益的变动。但是，这些经济业务的发生，只会影响它们各自数量的增减变动，不会改变这三者之间的平衡关系。下面通过实例说明企业的经济业务变化对资产、负债、所有者权益的数量变化关系以及会计基本等式的恒等关系的影响情况。

[例2－1] 光华机械有限责任公司（以下简称光华公司）是由张化和李米两个人共同组建，各占50%的股份。已经在工商行政管理局注册登记，注册资本1 500 000元。2008年1月2日，张化投入现金1 000 000元，李米投入现金400 000元，另投入设备一台，双方认定该设备价值600 000元，光华公司将现金1 300 000元存入银行。

分析：该项经济业务的发生，使得光华公司这一会计主体拥有200万元的资产。

其中，银行存款130万元，现金10万元，固定资产60万元。张化和李米作为企业的投资者，对这200万元的资产具有要求权即具有所有者权益200万元。该业务的发生引起了公司的资产和所有者权益同时增加。此时，光华公司的资产、负债、所有者权益以及它们之间的数量关系如表2－1所示。

表 2－1

资产		权益（负债＋所有者权益）	
项目	金额	项目	金额
库存现金	100 000	负债	0
银行存款	1 300 000	所有者权益	2 000 000
固定资产	600 000	实收资本	1 500 000
		资本公积	500 000
资产总计	2 000 000	负债及所有者权益总计	2 000 000

会计基本等式：

资产（2 000 000）＝负债（0）＋所有者权益（2 000 000）

[例 2－2] 1 月 3 日，光华公司向银行取得短期借款 500 000 元。

分析：该业务使得公司的资产：银行存款增加了 500 000元；同时，公司的负债：银行借款也增加了 500 000元。该业务引起资产和负债同时增加。1 月 3 日，光华公司的资产、负债、所有者权益以及它们之间的数量关系如表 2－2 所示。

表 2－2

资产		权益（负债＋所有者权益）	
项目	金额	项目	金额
库存现金	100 000	负债	500 000
银行存款	1 800 000	短期借款	500 000
固定资产	600 000	所有者权益	2 000 000
		实收资本	1 500 000
		资本公积	500 000
资产总计	2 500 000	负债及所有者权益总计	2 500 000

会计基本等式：

资产（2 500 000）＝负债（500 000）＋所有者权益（2 000 000）

由此可以看出，会计等式的两端，总额发生了变化，但等式的平衡关系并没有遭到破坏。

[例 2－3] 1 月 4 日，光华公司购买一批原材料已经入库，货款 1 500 000 元，款项尚未支付（暂不考虑增值税）。

分析：该业务与上例的性质相同，引起资产和负债同时增加。公司的资产原材料存货增加了 1 500 000元；同时，公司的负债：应付账款也增加了 1 500 000元。1 月 4 日，光华公司的资产、负债、所有者权益以及它们之间的数量关系如表 2 –3 所示。

表 2 –3

资产		权益（负债 + 所有者权益）	
项目	金额	项目	金额
库存现金	100 000	负债	2000 000
银行存款	1 800 000	短期借款	500 000
原材料	1 500 000	应付账款	1 500 000
固定资产	600 000	所有者权益	2 000 000
		实收资本	1 500 000
		资本公积	500 000
资产总计	4 000 000	负债及所有者权益总计	4 000 000

会计基本等式：

资产（4 000 000） = 负债（2 000 000） + 所有者权益（2 000 000）

由此可以看出，会计等式的两端，总额发生了变化，同时增加了 150 万元，但等式的平衡关系并没有遭到破坏。

[例 2 –4] 1 月 10 日，光华公司用银行存款支付之前拖欠的部分材料款 1 000 000元。

分析：该业务引起资产和负债同时减少。公司的资产：银行存款减少了 1 000 000元。同时，公司的负债：应付账款也减少了 1 000 000元。1 月 10 日，光华公司的资产、负债、所有者权益以及它们之间的数量关系如表 2 –4 所示。

表 2 –4

资产		权益（负债 + 所有者权益）	
项目	金额	项目	金额
库存现金	100 000	负债	1 000 000
银行存款	800 000	短期借款	500 000
原材料	1 500 000	应付账款	500 000
固定资产	600 000	所有者权益	2 000 000
		实收资本	1 500 000
		资本公积	500 000
资产总计	3 000 000	负债及所有者权益总计	3 000 000

会计基本等式：

资产（3 000 000）=负债（1 000 000）+所有者权益（2 000 000）

由此可以看出，会计等式的两端，总额发生了变化，同时减少了100万元，但等式的平衡关系并没有遭到破坏。

[例2-5] 1月15日，光华公司开出金额为500 000元、期限为3个月的无息商业承兑汇票，用来抵偿拖欠的材料款。

分析：该业务只引起公司负债内部两个项目的一增一减，即将应付账款转化为应付票据。公司的应付账款负债减少了50万元；同时，公司另一负债：应付票据却增加了50万元。1月15日光华公司的资产、负债、所有者权益以及它们之间的数量关系如表2-5所示。

表2-5

资产		权益（负债+所有者权益）	
项目	金额	项目	金额
库存现金	100 000	负债	1 000 000
银行存款	800 000	短期借款	500 000
原材料	1 500 000	应付账款	0
固定资产	600 000	应付票据	500 000
		所有者权益	2 000 000
		实收资本	1 500 000
		资本公积	500 000
资产总计	3 000 000	负债及所有者权益总计	3 000 000

会计基本等式：

资产（3 000 000）=负债（1 000 000）+所有者权益（2 000 000）

由此可以看出，会计等式的两端，总额没有发生变化，仍然是平衡的。

[例2-6] 1月25日，张化用现金追加投资500 000元，直接用于归还银行借款。（暂时不考虑利息支出）

分析：该业务引起公司权益内部两个项目的一增一减，即所有者权益项目：资本公积增加50万元；同时负债项目：短期借款减少50万元。1月25日，光华公司的资产、负债、所有者权益以及它们之间的数量关系如表2-6所示。

表2-6

资产		权益（负债+所有者权益）	
项目	金额	项目	金额
库存现金	100 000	负债	500 000
银行存款	800 000	短期借款	0
原材料	1 500 000	应付账款	0
固定资产	600 000	应付票据	500 000
		所有者权益	2 500 000
		实收资本	1 500 000
		资本公积	1 000 000
资产总计	3 000 000	负债及所有者权益总计	3 000 000

会计基本等式：

资产（3 000 000）=负债（500 000）+所有者权益（2 500 000）

由此可以看出，会计等式的两端，总额没有发生变化，仍然是平衡的。

[例2-7] 1月26日，光华公司用资本公积500 000元转增资本，使得注册资本达到2 000 000元，已在工商行政管理局变更。

分析：该业务引起公司所有者权益内部两个项目的一增一减，实收资本增加50万元，资本公积减少50万元，不影响会计等式的平衡关系。1月26日，光华公司的资产、负债、所有者权益以及它们之间的数量关系如表2-7所示。

表2-7

资产		权益（负债+所有者权益）	
项目	金额	项目	金额
库存现金	100 000	负债	500 000
银行存款	800 000	短期借款	0
原材料	1 500 000	应付账款	0
固定资产	600 000	应付票据	500 000
		所有者权益	2 500 000
		实收资本	2 000 000
		资本公积	500 000
资产总计	3 000 000	负债及所有者权益总计	3 000 000

会计基本等式：

资产（3 000 000）=负债（500 000）+所有者权益（2 500 000）

由此可以看出，会计等式的两端，总额没有发生变化，仍然是平衡的。

[例2-8] 1月27日，光华公司用10 000元现金购买原材料。

分析：该业务引起公司资产内部两个项目的一增一减，原材料增加 1 万元，库存现金减少 1 万元，不影响会计等式的平衡关系。1 月 27 日，光华公司的资产、负债、所有者权益以及它们之间的数量关系如表 2－8 所示。

表 2－8

资产		权益（负债＋所有者权益）	
项目	金额	项目	金额
库存现金	90 000	负债	500 000
银行存款	800 000	短期借款	0
项目	金额	项目	金额
原材料	1 510 000	应付账款	0
固定资产	600 000	应付票据	500 000
		所有者权益	2 500 000
		实收资本	2 000 000
		资本公积	500 000
资产总计	3 000 000	负债及所有者权益总计	3 000 000

会计基本等式：

资产（3 000 000）＝负债（500 000）＋所有者权益（2 500 000）

由此可以看出，会计等式的两端，总额没有发生变化，仍然是平衡的。

［例 2－9］1 月 28 日，光华公司用银行存款购买机器 1 台，价值 300 000 元（暂不考虑增值税）。

分析：该业务与上例一样引起公司资产内部两个项目的一增一减，固定资产增加 30 万元，银行存款减少 30 万元，不影响会计等式的平衡关系。1 月 28 日，光华公司的资产、负债、所有者权益以及它们之间的数量关系可如表 2－9 所示。

表 2－9

资产		权益（负债＋所有者权益）	
项目	金额	项目	金额
库存现金	90 000	负债	500 000
银行存款	500 000	短期借款	0
原材料	1 510 000	应付账款	0
固定资产	900 000	应付票据	500 000
		所有者权益	2 500 000
		实收资本	2 000 000
		资本公积	500 000
资产总计	3 000 000	负债及所有者权益总计	3 000 000

会计基本等式：

资产（3 000 000）＝负债（500 000）＋所有者权益（2 500 000）

由此可以看出，会计等式的两端，总额没有发生变化，仍然是平衡的。

从以上几个例子可以看出，光华公司发生的任何经济业务，都没有破坏资产与权益的平衡关系，我们将企业所有经济业务的发生对资产、负债、所有者权益的数量变化即对会计恒等式的影响归纳为四种类型若干种情况：

第一类经济业务引起资产和权益同时增加，且两者增加的金额相等，从而使得会计等式左右两边的总额等量增加，平衡关系不会被破坏。

（1）资产和所有者权益同时等量增加（如例1）。

（2）资产和负债同时等量增加（如例2和例3）。

第二类经济业务引起资产和权益同时减少，且两者减少的金额相等，从而使得会计等式左右两边的总额等量减少，平衡关系不会被破坏。

（1）资产减少的同时，负债也等量减少（如例4）。

（2）一般情况下，资产和所有者权益不会同时减少。因为在现代企业制度下，企业投入资本在经营期内，投资者只能依法转让，不得以任何方式抽回。转让只是所有者的变更，公司的所有者权益总额没有发生变化。

第三类经济业务只会引起资产内部项目的此增彼减，而且增减的金额相等，资产和权益总额保持不变，当然会计等式的平衡关系不会被破坏。

（1）流动资产内部项目的此增彼减（如例8）。

（2）流动资产与非流动资产项目的此增彼减（如例9）。

（3）非流动资产内部项目的此增彼减。（如在建工程完工转为固定资产）

第四类经济业务只会引起权益内部项目的此增彼减，而且增减的金额相等，资产和权益总额保持不变，当然会计等式的平衡关系不会被破坏。

（1）负债内部项目的此增彼减（如例5）。

（2）负债与所有者权益项目的此增彼减（如例6）。

（3）所有者权益内部项目的此增彼减（如例7）。

我们将上述四种类型的变化用图2－1描述如下：

三、收入、费用与利润之间的数量关系

企业拥有或控制了一定数量的资产后，就可以从事生产经营活动了。在生产经营活动过程中，企业一方面要生产出商品或者提供劳务，以满足其各种需要；当商品被销售出去或者提供了劳务后，就会发生现金（广义上的现金）流入企业或者现金要求权的增加，在会计上称为“收入”。另一方面，生产商品或提供劳务，又要发生各种资产的耗费，即发生了“费用”。当实现的收入大于发生的费用，其差额就是企业获得的利润；反之，收入小于费用，企业就

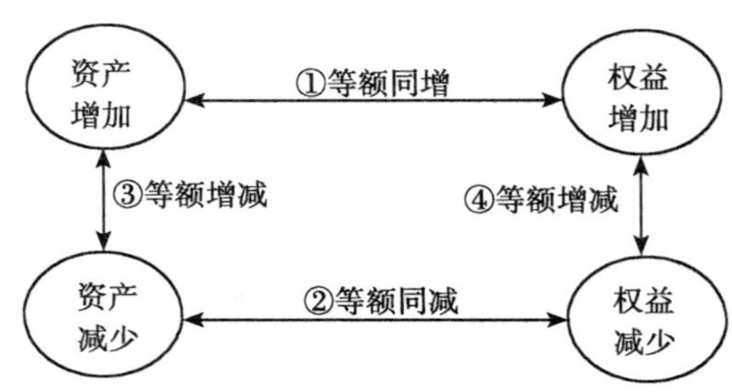

图 2－1

发生亏损。收入、费用、利润这三个基本会计要素在一定时期，就形成了下列公式表示的关系：

收入－费用＝利润　　（2－3）

这个等式是计算企业经营成果的直接依据，也是编制利润表的理论基础。

四、六大会计要素之间的数量关系

从前面的分析可知，“资产＝负债＋所有者权益”，是从企业资金运动的相对静止状态去研究这三个会计要素的数量关系而得出的数量表达式，它反映的是企业在某一时点上的财务状况；而“收入－费用＝利润”则是从资金运动的显著变化状态去研究这三个会计要素之间的数量关系而得出的数量表达式，它反映的是企业在某一时期的经营状态。企业的资金运动是静止与动态的辩证统一，以某一时点，如 1 月 1 日去考查，资金运动处于相对静止状态，企业在从所有者和债权人两个来源获得了资产后，形成了最初的会计等式“资产＝负债＋所有者权益”，反映在该时点上三个会计要素的平衡关系；但从某一时期，如从 1 月 1 日至 1 月 31 日这个期间去观察，企业资金发生了显著变化，企业利用其资产进行生产经营活动产生了收入，发生了成本费用，创造了利润，必然引起了资产、负债和所有者权益的变动，但是不会改变它们之间的平衡关系，只是在新的时点上，形成了在数量上与期初不同的、新的会计等式。所以，当我们在 1 月 31 日这个时点再去观察时，资金运动又处于相对静止状态，但资产、负债和所有者权益的内容已经不同于 1 月 1 日的资产、负债和所有者权益了，即旧的平衡关系被打破，新的平衡关系随之建立。因此，资产、负债、所有者权益、收入、费用、利润的数量关系存在着一种内在的有机联系，这种联系的综合反映，表现为会计等式的扩展式：

资产＝负债＋所有者权益＋利润（分配前）

资产＝负债＋所有者权益＋（收入－费用）

企业所获得的利润即为企业的纯收入，按一定比例在国家、企业和企业所有者之间进行分配，一部分以所得税形式上缴国家，一部分分配给投资者，一部分留给企业，作为企业扩大生产、改善职工福利的资金来源。这时，所有者权益就不仅是指所有者投入的资本，还包括企业规定从利润中提留的盈余公积、未分配利润与利得和损失形成的资本公积；相应的资产中也包括一部分企业新创造的价值。这样，资产、负债、所有者权益的数量关系又发生了变化，但平衡关系依然存在：

资产* = 负债* + 所有权益*

（*表示经过一个会计期间后，资产、负债和所有者权益的数量与期初的不同）从上式中可以看出各会计要素之间的增减对立关系：

（1）某项资产增加，将可能引起其他资产的减少、负债的增加、所有者权益的增加、收入的增加或费用的减少；

（2）某项负债减少，将引起其他负债的增加、资产的减少、所有者权益的增加、收入的增加或费用的减少；

（3）某项所有者权益减少，将引起其他所有考权益的增加、资产的减少、负债的增加、收入的增加或费用的减少；

（4）某项收入减少，将引起其他收入的增加、资产的减少、负债的增加、所有者权益的增加或费用的减少；

（5）某项费用增加，将引起其他费用的减少、资产的减少、负债的增加、所有者权益的增加、收入的增加。

本章小结

会计要素就是对会计内容的基本分类，即将会计内容分解成若干个要素。将会计内容划分为几个会计要素的根本目的是：便于进行会计核算和编制会计报表，分门别类地为企业外部的信息使用者和企业内部的管理者提供有用的经济信息。会计的六大要素是：资产、负债、所有者权益、收入、费用和利润。资产是指过去的交易、事项形成并由企业拥有或控制的资源，该资源预期会给企业带来经济利益；负债是指过去的交易、事项形成的现时义务，履行该义务会导致经济利益流出企业。所有者权益是指所有者在企业资产中享有的经济利益，其金额为资产减去负债后的余额。收入是指企业由于销售商品、提供劳务和让渡资产使用权等日常活动中所形成的经济利益的总流入，包括主营业务收入和其他业务收入。费用是指为销售商品、提供劳务等日常活动所发生的经济利益的流出。利润是指企业在一定会计期间内的经营成果，是企业的收入扣除成本和费用后的金额。

会计等式亦称会计恒等式或会计平衡公式，是指在会计核算中反映各个会计要素数量关系的等式。资产 = 权益（负债 + 所有者权益）这个等式表明企业在一定时点上资金运动的相对静止状态。

从企业的一定时期即动态来观察，企业在经营活动中要发生各种费用，也取得各种收入，因而会计平衡公式为：

资产 = 负债 + 所有者权益 + 收入 - 费用

练习思考题

一、知识题

（一）思考题

1. 会计的一般对象是什么？企业资金运动的内容包括哪些？

2. 什么是会计要素？为什么说它们是会计核算的具体对象？

3. 我国的《企业会计准则》规范了哪六类会计要素？各种会计要素的特征是什么？

4. 什么是利得和损失？它们与收入和费用有何不同？

5. 什么是会计计量和计量属性？我国的《企业会计准则》规范了哪五种计量属性？各种计量属性的含义是什么？

6. 会计等式的含义是什么？如何深刻理解会计等式对会计核算的意义？

7. 企业经济业务的发生对资产、负债、所有者权益的数量变化即对会计恒等式的影响可归纳为哪四种类型？

（二）单项选择题

1. 反映企业财务状况的会计要素是（　　）。

A. 收入　　B. 费用

C. 利润　　D. 所有者权益

2. 下列各项中属于所有者权益的有（　　）。

A. 房屋　　B. 银行存款

C. 借款　　D. 未分配利润

3. 下列各项中属于流动资产的有（　　）。

A. 现金　　B. 运输设备

C. 专利权　　D. 管理费用

4. 下列各项中属于负债的是（　　）。

A. 预付账款　　B. 预收账款

C. 投资净收益　　D. 实收资本（股本）

5. 未分配利润属于会计要素中的（　　）。

A. 负债　　B. 收入

C. 所有者权益　　D. 资产

6. 企业原有资产总额600万元，本月发生下列经济业务：①赊购材料10万元；②用银行存款偿还客户欠款50万元；③用银行存款购买机器设备35万元。月末资产总额为（　　）万元。

A. 560　　B. 660

C. 625　　D. 600

7. 企业原有资产总额20万元，本期用银行存款偿还短期借款2万元，预付购货款3万元，接受捐赠资金5万元，期末资产总额为（　　）万元。

A. 20　　B. 23

C. 26　　D. 28

8. 某企业期初资产总额50万元，期末负债比期初减少5万元，所有者权益比期初增加了15万元。该企业期末权益总额是（　　）万元。

A. 37　　B. 60

C. 57　　D. 40

9. 下列各项中，不属于资金退出企业的经济业务的是（　　）。

A. 缴纳税金　　B. 购买材料

C. 支付管理费用　　D. 支付工资

10. 企业以银行存款支付办公费用，会引起（　　）。

A. 资产与所有者权益同时减少　　B. 资产与负债同时减少

C. 资产与费用一减一增　　D. 资产与所有者权益同时增加

（三）多项选择题

1. 下列经济业务中，（　　）会引起会计恒等式两边同时发生增减变动。

A. 用银行存款偿还前欠应付货款　　B. 购进材料未付款

C. 从银行提取现金　　D. 向银行借款，存入银行

2. 下列经济业务中，引起资产一增一减的有（　　）。

A. 以银行存款购买设备　　B. 从银行提取现金

C. 以银行存款购买材料　　D. 以银行存款偿还前欠货款

3. 广义的权益概念包括（　　）。

A. 资产　　B. 负债

C. 所有者权益　　D. 收入

E. 费用

4. 收入的取得会影响下列（　　）要素。

A. 资产　　B. 负债

C. 费用　　D. 所有者权益

E. 利润

5. 下列各项工作以会计恒等式为理论依据的是（　　）。

A. 复式记账　　B. 成本计算

C. 编制会计报表　　D. 试算平衡

E. 财产清查

6. 下列各项中属于流动资产的有（ ）。

A. 设备　　B. 完工产品

C. 银行存款　　D. 应收账款

E. 专利权

7. 会计等式用公式表示为（ ）。

A. 资产 = 负债 + 所有者权益　　B. 资产 = 债权人权益 + 所有者权益

C. 资产 = 权益　　D. 资产 = 负债 + 权益（狭义）

E. 资产 = 负债 + 所有者权益 + （收入 - 费用）

8. 资产的特点可归纳为（ ）。

A. 企业所拥有或控制　　B. 带来经济利益的资源

C. 过去的交易、事项形成的　　D. 能以货币计量

E. 表示为一瞬间的费用

9. 下列各项中属于所有者权益的项目有（ ）。

A. 形成的利润　　B. 出现的亏损

C. 对利润的分配　　D. 投资者投入资本

E. 从银行取得货款

10. 下列经济业务中，引起会计恒等式左右两方同时发生增减变化的有（ ）。

A. 投资者投入资本　　B. 以存款归还借款

C. 收到应收款存入银行　　D. 从银行提取现金

E. 将取得的收入存入银行

11. 下列经济业务中，引起会计恒等式两方中一方变化的有（ ）。

A. 从银行取得贷款　　B. 以银行存款购进材料

C. 购进材料未付款　　D. 以借款直接还应付款

E. 提取盈余公积

二、技能题

（一）练习会计要素的划分。资料：如下

1. 房屋建筑物　300 000 元
2. 专利权　50 000 元
3. 库存材料　100 000 元
4. 存放在银行的款项　80 000 元
5. 运输设备　300 000 元
6. 在建的房屋　100 000 元
7. 应收取的销货款　120 000 元

8. 期末在产品 30 000 元
9. 机器设备 400 000 元
10. 银行贷款 400 000 元
11. 应付的购货款 100 000 元
12. 应交纳的税金 40 000 元
13. 投资者投入资本 900 000 元
14. 企业实现的利润 200 000 元
15. 对利润的分配 180 000 元
16. 提取的盈余公积 20 000 元

要求：根据上述资料，说明各项目属于哪一项会计要素，并计算资产总额、负债总额和所有者权益总额，说明会计恒等式的成立。

（二）练习经济业务发生后对会计恒等式的影响

资料：某企业5月30日的权益总额为8 500 000元，5月31日发生下列经济业务：

1. 从银行提取现金5 000元。
2. 投资者追加投资100 000元存入银行。
3. 以短期借款直接偿还前欠贷款50 000元。
4. 以银行存款偿还到期的长期借款200 000元。

要求：逐项说明每一项经济业务属于哪一种类型，对该企业的资产总额有无影响。如有影响，说明影响的方向和金额。

（三）练习经济业务发生后时会计恒等式的影响

资料：设某企业6月30日的权益总额为8 500 000元，7月份发生下列经济业务：

1. 销售商品取得收入2 000 000元存入银行。
2. 以银行存款50 000元支付管理费用。
3. 结转销售商品成本1 000 000元。
4. 向银行借款4 000 000元存入银行。
5. 某职工借备用金1 000元。
6. 以银行存款100 000元购入设备一台。

要求：逐步说明每一项经济业务属于哪一种类型，对该企业的资产总额有无影响。如有影响，说明影响的方向和金额。

（四）陈新原来是饭店报务员，年薪10 000元

一年前他辞去公职，个人投资50 000元，创办了梅林娱乐中心，主要经营宴席、酒会、随意小吃等饮食报务，同时兼营舞会、宴会等场地出租。该娱乐中心一年来的经营情况汇总如下：

（A）提供饮食服务收入 160 000 元

（B）出租场地租金收入 260 00 元

（C）各种饮食的成本支出共计 84 000 元

（D）支付广告费用10 000元

（E）支付雇员工资60 000元，陈新生活费10 000元

（F）耗用清洁卫生用品等共计4 000元，水电费6 000元。其他杂费2 000元

试确定陈新一年来的经营成果，并评定其辞职搞个体经营是否更有利可图？

三、案例讨论题

2001 年 7 月 12 日，A 有限公司在深圳证券交易所上市交易，从 2004 年开始，A 在经营上开始亏损，2005 年度报表亏损总额为 3 136万元，2006 年 4 月 29 日 A 公布了 2005 年度财务报告部分，刊登了重庆会计师事务所于 2006 年 3 月 8 日出具的否定意见审计报告。

为什么重庆会计师事务所会对 A 公司签发否定意见审计报告呢？注册会计师在审计中发现：

1. 2005 年应计入财务费用的借款即应付债券利息 8 064万元，A 公司将其资本化计入工程成本；

2. A 公司欠付中国银行重庆市分行的美元借款利息 89. 8 万元（折人民币 743 万元）未计提入账。

该案例中，A 公司的建设工程于 2002 年下半年开始投产，2003 年已经可以生产合格产品，2004 年全年共生产 1 680吨，这虽与设计能力 1. 5 万吨还相差很远，但主要原因是缺乏流动资金，而不是工程尚未达到设计能力，因此，为该项目建设借款的应付债券 2005 年度发生的利息 8 064万元，不能计入建设工程成本中，而应该计入财务费用。

虽然 A 公司欠付中国银行重庆市分行的美元借款利息 89. 8 万元（折人民币 743 万元）是 1987 年 12 月原改制前的 B 工厂为上 PVC 彩色地板生产线而向中国银行重庆市分行借入的美元贷款 60 万元造成的（该生产线在改制时已作为未使用资产），而在 2005 年度 A 公司未能与银行核对，但按照权责发生制和谨慎性的原则，A 公司应该把此项利息确认为当期费用。

重庆会计师事务所在与 A 公司的管理当局发生严重意见分歧后，坚持签发了否定意见的审计报告，这也标志着中国注册会计师社会责任意识的加强和中国注册会计师行业的成熟。

［要求］

请根据以上案例，讨论会计要素的确认以及资产和费用要素之间的关系。

第三章

会计科目与会计账户

学习目的与要求：

1. 了解设置会计科目和账户的意义；
2. 掌握会计科目的内容和级次划分；
3. 掌握会计账户的设置并明确会计科目与账户的区别与联系；
4. 了解记账方法及种类；
5. 掌握复式记账的原理，会应用借贷记账方法进行简单业务的账务处理。

第一节　会计科目

一、设置会计科目的意义和原则

（一）会计科目的含义

会计科目是对会计对象的具体内容进行分类核算所规定的项目。

会计的主要功能是从价值量上核算和监督企业经济活动的状况，也就是说，会计对象是各基层单位能以货币表现的经济活动。会计要素从会计的角度解释了构成企业经济活动的各个必要因素，即前述章节所描述的资产、负债、所有者权益、收入、费用和利润六个会计要素。

会计工作如果只是记录每一笔经济业务而不加以分类归纳，就无法反映由于生产经营过程的进行而引起的每项资产、负债和所有者权益以及收益、费用的增减变化情况及其结果。为了系统地、分门别类地、连续地核算和监督各项经济业务的发生情况以及由此引起的各项会计要素的增减变化情况，为企业内部经营管理和企业外部有关方面提供一系列具体的分类的数量指标，把价值形式的综合核算和财产物资的实物核算有机地结合起来，有效地控制财产物资的实物形态，就必须将会计要素按其经济内容或用途作进一步的分类，并赋予每一类别一个含义明确、简明扼要的名称。这种对会计对象的具体内容，即会计要素进一步分类的项目或标志就是会计科目。每一个会计科目都代表着特定的经济内容，如将资产中的房屋、建筑物、机器设备等劳动资料归为一个类别，称它们为“固定资产”。在这里，固定资产就是一个会计科目，代表房屋、建筑物、机器设备等劳动资料。

（二）设置会计科目的意义

1. 设置会计科目是会计核算工作中一项极为重要的工作，它是填制会计凭证、设置账户、进行账务处理的依据，也是正确组织会计核算的一个重要条件，同时还是编制会计报表的基础。

2. 通过设置会计科目，可以对纷繁复杂、性质不同的经济业务进行科学的分类，进而将复杂的经济信息处理成为有规律的、易识别的经济信息，并为将其转化为会计信息准备条件。

3. 通过设置会计科目，可以为会计信息使用者提供各种科学的、详细的分类核算指标。在会计核算的各种方法中，设置会计科目占有重要的位置。各单位在会计核算中必须根据会计科目来决定账户的开设、报表结构的设计。可见，设置会计科目是一种基本的会计核算方法。

4. 通过设置会计科目，可以加强对会计工作的有效监督。一般来说，会计科目的名称、会计科目的分类、会计科目的内容等决定着各单位会计核算的详略程度，决定着各单位对内、对外会计报表的要求和内容。各单位只有按照有关会计科目的规定处理会计业务，才能防止会计核算内容上的混乱，防止不合理、不合法的经济业务被随意记入会计核算系统中。

（三）设置会计科目的原则

设置会计科目是正确组织会计核算的一个重要前提条件。一个企业单位应如何设置会计科目以及设置多少会计科目，要和这个企业单位的经营特点、经营规模和业务繁简以及管理要求相适应；既不要过分复杂繁琐，增加不必要的工作量，又不能简单粗糙，使各项经济内容混淆不清。因此，具体设置时应遵循以下原则：

1. 会计科目的设置必须符合会计准则的规定

《企业会计准则——应用指南》专门对会计科目作了具体的规定，企业设置会计科目时必须遵循这些具体规定。

2. 会计科目必须结合本单位会计对象的特点设置

设置会计科目，是对会计对象的具体内容进行分类。因此，必须根据单位会计对象的特点来确定应设置的会计科目。虽然《企业会计准则——应用指南》原则上统一了会计科目的名称和设置方法，但各类企业的经济活动不同，设置的会计科目也有所不同。例如，工业企业是从事商品生产经营的经济组织，它除了设置和使用监督资产与权益情况的会计科目外，还必须按照生产经营过程的各种劳动耗费设置“生产成本”和“制造费用”科目，而商品流通企业没有制造产品的任务，就没有必要设置这些会计科目。在不影响会计核算要求和会计报表指标汇总，以及对外提供统一的财务会计报告的前提下，可以根据实际情况自行增设、减少或合并某些会计科目。

3. 会计科目的设置应符合经济管理的要求

会计科目的设置，既要考虑会计对象的特点，又要符合经济管理的要求。因为会计是经济管理的重要组成部分，不仅为管理提供资料，而且本身也要参与管理。由此，设置的会计科目所提供的会计资料不仅要满足管理的需要，而且要有利于对经济活动进行分析、预测、控制和考核。例如：为了掌握企业生产规模和生产能力，为了计算折旧和固定资产利用提供依据，会计上就要设置“固定资产”科目，以反映固定资产的原始价值；为了综合说明企业拥有固定资产的新旧程度，便于有计划地安排固定资产的更新改造，会计上就需要设置“累计折旧”科目，用来备抵原始价值，以反映固定资产净值。

4. 会计科目的设置既要保证统一性，又要保持灵活性

由于社会主义市场经济是一个统一的整体，企业单位是整个国民经济的基层环节。为了保证同类企业的会计核算指标口径一致，便于会计资料的综合汇总和分析利用，满足宏观经济管理的需要，企业的主要会计科目应由财政部通过会计准则予以统一规范。在使用会计科目时，除会计准则允许变动的以外，会计人员不得任意增减或合并会计科目，也不得任意改变会计科目的名称、编号、核算内容和对应关系。但在保证统一性和符合有关会计准则规定的前提下，会计科目的设置也应保持一定的灵活性，以便于各地区、部门和企业单位能根据自己的具体情况对统一规定的会计科目进行必要的补充或兼并，从而使会计科目的运用能够更加切合实际。但对会计科目的兼并或增补，必须持慎重态度。既要防止会计科目设置过多的繁琐倾向，又要防止不顾实际需要和宏观管理的要求，随意兼并会计科目的简单作法。

5. 会计科目的设置要含义明确、通俗易懂并保持相对稳定

为了正确无误地使用会计科目，所设置的会计科目要符合会计本身的规律，既有利于记账、算账，又有利于根据其数据指标编制会计报表和科学地组织会计核算。

会计科目不是一成不变的，随着经济环境和管理要求的变化，会计科目体系也会相应地做出修改；在一定时期，保持会计科目的相对稳定，既便于会计核算的综合汇总和不同时期资料的对比分析，也符合事物发展的规律，有利于提高会计工作的质量和效率。

二、会计科目的分类

为了了解每类会计科目所反映的具体内容，便于明确区分不同科目的性质，以便正确运用会计科目，为管理提供必要的数据资料，需要按一定标志对会计科目进行分类。

（一）会计科目按其经济内容分类

会计科目按其经济内容划分，可分为资产类、负债类、共同类、所有者权益类、成本类和损益类六大类。

1. 资产类科目

资产类科目根据资产的流动性划分为流动资产科目和非流动资产科目。属于流动资产的会计科目主要有库存现金、银行存款、应收账款、其他应收款、预付账款、原材料、库存商品等；属于非流动资产的会计科目有固定资产、累计折旧、长期股权投资、无形资产、长期待摊费用等。

2. 负债类科目

负债类科目根据债务期限的长短和负债的构成划分为流动负债科目和非流动负债科目。属于流动负债的会计科目主要有应付账款、其他应付款、短期借款、应付职工薪酬、应交税费、应付利息、预收账款等；属于非流动负债的会计科目主要有长期借款、应付债券、长期应付款等。

3. 共同类科目

共同类科目是指既有资产性质，又有负债性质的科目。共同类科目多为金融、保险、投资、基金等公司使用。目前新会计准则规定的“共同类科目”有清算资金往来、外汇买卖、衍生工具、套期工具、被套期项目五个科目。

4. 所有者权益类科目

所有者权益类科目是按所有者权益的具体构成来划分的会计科目，包括实收资本、本年利润、利润分配、资本公积、盈余公积等。

5. 成本类科目

成本类科目是生产性企业根据成本类别划分的会计科目，包括生产成本、制造费用等科目。

6. 损益类科目

损益类科目按照企业经营损益的形成内容及不同性质划分为反映营业损益和反映营业外损益两类会计科目。前者包括：主营业务收入、主营业务成本、营业税金及附加、销售费用、管理费用、财务费用、其他业务收入、其他业务成本；后者包括营业外收入、营业外支出、投资收益、所得税费用。

（二）会计科目按其反映信息详细程度分类

会计科目按照其所提供核算资料详细程度划分，可分为总分类科目与明细分类科目两大类。

1. 总分类科目

总分类科目又称为总账科目或一级科目，是对经济业务的具体内容进行总括的分类。它所提供的总括性指标，必须以货币作为统一的计量单位。如“库存现金”、“固定资产”、“利润分配”等。

2. 明细分类科目

明细分类科目又称为明细科目，是在某个总分类科目下按核算内容的更详细的分类，是总分类科目的具体化。它所涉及的明细分类指标，除了以货币为计量单位外，有时还需要使用实物数量或其他计量单位。有些总分类科目所统驭的明细科目数量很多，又可以分成二级科目、三级科目甚至四级科目。如在“原材料”一级科目下可设“原材料及主要材料”、“辅助材料”、“燃料”等二级科目，在“燃料”这个二级科目下，可再分设“汽油”、“柴油”、“原煤”等三级科目。

总分类科目与明细分类科目核算的内容相同，都反映同一会计对象的增减变化；两者核算的依据相同，都要根据相同的证明经济业务发生和完成情况的原始依据进行核算，两者的资料相互补充。总分类科目提供总括的货币指标，对所属明细分类科目起着统驭作用；明细分类科目提供详细具体的货币和非货币指标，对总分类科目起着补充作用。

三、《企业会计准则——应用指南》对会计科目的规范

（一）对会计科目的总说明

1. 会计科目编号的规定

统一规定了会计科目的编号，以便于编制会计凭证、登记账簿、查阅账目以及实行会计电算化。企业不应当随意打乱会计科目的编号。某些会计科目之间留有空号，供增设会计科目之用。

2. 设置和使用会计科目的规定

企业应当按会计准则的具体规定设置和使用会计科目。但是，企业在不违反会计准则中确认、计量和报告规定的前提下，可以根据本单位的实际情况自行增设、分拆、合并会计科目。并且，企业可以根据本企业的具体情况在不违背会计科目使用原则的基础上，确定适合于本企业的会计科目名称。

3. 会计科目填列的规定

企业在填制会计凭证、登记账簿时，应当填列会计科目的名称，或者同时

填列会计科目的名称和编号，不应当只填会计科目的编号，不填会计科目的名称。

（二）制定了会计科目名称和编号表

《企业会计准则——应用指南》通过制定会计科目名称和编号表，不仅统一规范了企业主要会计科目的编号和名称，而且将企业应该设置的基本会计科目按其经济内容进行了分类，将其分为资产类、负债类、共同类、所有者权益类、成本类、损益类六大类。

在会计科目名称和编号表中采用了科学的四位数＋后位数的编号法来为会计科目编号。前面四位数表示一级会计科目：第一位表示一级会计科目的类别号，1 表示资产类、2 表示负债类、3 表示共同类、4 表示所有者权益类、5 表示成本类；6 表示损益类。用 2—4 位三个数字来表示一级会计科目的代号。在一级会计科目编号后的位数表示明细科目：5—6 位代表二级科目；7—8 位两个数字代表三级科目；以此类推。

例如：

2221：第一位数字 2——表示该会计科目属于负债类；

第 2—4 位数 221——是一级科目“应交税费”的代号。

222101：01——是“应交税费”会计科目的第一个二级科目，即“应交增值税”。

22210102：02——是“应交税费”会计科目的第一个二级科目“应交增值税”下的三级科目“已交税金”。

会计科目名称和编号表对规范企业的会计行为具有重要的指导意义，该表有三个显著的特点：

（1）科学性：即会计科目名称和编号表是建立在采用科学的方法对会计科目进行科学分类的基础上；

（2）完整性：即会计科目名称和编号表全面地反映了会计对象的具体内容，为全面核算企业的经济活动奠定了基础；

（3）统一性：这是该表的最大特点，它保证了企业会计核算和会计账户体系的统一性，使其会计信息资料在全国范围内口径一致，满足各方面对会计信息的需要。

会计准则是对我国所有企业的规范，其会计科目涉及所有企业。本教材主要以工商企业为例，所以，我们根据工商企业的特点，将《企业会计准则——应用指南》中的会计科目名称和编号表，整理出适合工商企业的会计科目表，如表 3－1 所示。

表3-1 **会计科目名称和编号表**

顺序号	编号	会计科目名称	顺序号	编号	会计科目名称
		一、资产类	45	2101	交易性金融负债
1	1001	库存现金	46	2201	应付票据
2	1002	银行存款	47	2202	应付账款
3	1012	其他货币资金	48	2203	预收账款
4	1101	交易性金融资产	49	2211	应付职工薪酬
5	1121	应收票据	50	2221	应交税费
6	1122	应收账款	51	2231	应付利息
7	1123	预付账款	52	2232	应付股利
8	1131	应收股利	53	2241	其他应付款
9	1132	应收利息	54	2401	递延收益
10	1221	其他应收款	55	2501	长期借款
11	1231	坏账准备	56	2502	应付债券
12	1401	材料采购	57	2701	长期应付款
13	1402	在途物资	58	2702	未确认融资费用
14	1403	原材料	59	2711	专项应付款
15	1404	材料成本差异	60	2801	预计负债
16	1405	库存商品	61	2901	递延所得税负债
17	1406	发出商品			三、所有者权益类
18	1407	商品进销差价	62	4001	实收资本
19	1408	委托加工物资	63	4002	资本公积
20	1411	周转材料	64	4101	盈余公积
21	1471	存货跌价准备	65	4103	本年利润
22	1501	持有至到期投资	66	4104	利润分配
23	1502	持有至到期投资减值准备	67	4201	库存股
24	1503	可供出售金融资产			四、成本类
25	1511	长期股权投资	68	5001	生产成本
26	1512	长期股权投资减值准备	69	5101	制造费用
27	1521	投资性房地产	70	5201	劳务成本
28	1531	长期应收款	71	5301	研发支出
29	1532	未实现融资收益			五、损益类
30	1601	固定资产	72	6001	主营业务收入
31	1602	累计折旧	73	6051	其他业务收入
32	1603	固定资产减值准备	74	6061	汇兑损益
33	1604	在建工程	75	6101	公允价值变动损益
34	1605	工程物资	76	6111	投资收益
35	1606	固定资产清理	77	6301	营业外收入
36	1611	未担保余值	78	6401	主营业务成本
37	1701	无形资产	79	6402	其他业务成本
38	1702	累计摊销	80	6403	营业税金及附加
39	1703	无形资产减值准备	81	6601	销售费用
40	1711	商誉	82	6602	管理费用
41	1801	长期待摊费用	83	6603	财务费用
42	1811	递延所得税资产	84	6701	资产减值损失
43	1901	待处理财产损溢	85	6711	营业外支出
		二、负债类	86	6801	所得税费用
44	2001	短期借款	87	6901	以前年度损益调整

（三）制定了会计科目使用说明

会计科目使用说明对各个会计科目的核算内容、范围、账务处理及明细科目的设置和使用等都作了明确、细致的说明和规定，不仅规范了企业各个会计科目的具体内容，而且对企业的实际会计工作能起到实实在在的指导作用，便于会计人员实际操作。

第二节　会计账户

一、会计账户的意义

设置会计科目只是对会计对象的具体内容进行分类，规定每一类的名称。但是，如果只有分类的名称，而没有一定的结构，还不能把会计科目本身所代表的经济内容的增减变动情况完整地表现出来。因此，在设置会计科目的基础上，还要开设具有一定结构的账户，以便对经济业务进行连续、系统、全面的记录，为管理提供各种有用的会计信息。

账户是按照规定的会计科目对各项经济业务进行分类并系统、连续记录的形式。实际上它是根据会计科目在账簿中开设户名，用来记录资产、负债、所有者权益、收入、费用、利润等会计要素增减变动情况，提供各类别静态指标和动态指标的工具。

账户的名称是根据会计科目来定的，所登记的内容与有关会计科目所规定的经济内容也是一致的。在实际工作中也常把会计科目称为账户。

但是，会计科目与账户是两个不同的概念。会计科目只是一个名称，表示一定经济业务内容；而账户不仅说明经济内容，还有一定结构格式，可以连续、系统地记录和监督经济业务的增减变化。因此，为了正确地在账户中登记各项经济业务，不仅要明确各个账户的经济内容，而且还要掌握各种账户的结构。

二、账户的基本结构

账户结构是指账户要设置哪些部分，每一部分反映什么内容，即反映监督会计要素增减变化及其结果的具体格式。

企业经济业务引起资产、负债、所有者权益等会计要素的增减变动虽然错综复杂，但从数量看，不外乎增加和减少两种情况，所以账户都分为左右两部分，分别记录会计对象具体内容的增加和减少的数额。

至于哪一方记增加，哪一方记减少，结余额在哪一方，都要由账户的性质和企业采用的记账方法来决定。

但无论何种性质的账户，都必须包括以下四项内容：①账户的名称，即会计科目；②日期和摘要，概括说明经济业务的内容；③凭证号数，即据以记账的凭证编号；④增加和减少的金额及结余额。

按照会计分期的基本前提的要求，会计上必须分期结账。所以，账户记录的金额表现为四个指标，即期初余额、本期增加发生额、本期减少发生额和期末余额四项。

账户的本期增加额合计和本期减少额合计称为本期发生额，它反映一定时期的资产、负债和所有者权益增减变化的情况，为管理提供动态指标；账户的期初余额加本期增加发生额，再扣减本期减少发生额，即为期末余额，它反映一定日期会计要素增减变动的结果，为管理提供静态指标。期初余额与期末余额是相对而言的，本期的期初余额即为上期的期末余额。会计上计算期末余额主要是为了保证经济业务的连续性，同时也是为编制会计报表和为经济管理提供综合性指标奠定基础。

上述四项指标之间的相互关系是：

期末余额 = 期初余额 + 本期增加发生额 − 本期减少发生额

账户的一般格式如表 3 − 2 所示。

表 3 − 2 **账户名称（会计科目）**

年		凭证		摘要	借方金额	贷方金额	借或贷	余额
月	日	种类	号数					
				期初余额				
				本期发生额及余额				

为了便于教学和练习，常常使用一种最简单的账户格式，称为“丁”字式账户，又称“T”型账户，如表 3 − 3 所示。

表 3 − 3 **账户名称**

借方	贷方
期初余额	本期发生额
期末余额	本期发生额

“T”型账户分为左右两方，左边称为借方，右方称为贷方。发生经济业务时将日期、摘要和金额分别记在各账户的左右两方。这种账户格式虽然简单、不符合实务上的使用要求，但它显示了账户的基本记账方向和平衡图像，

所以在会计教学中经常作为示意图使用。

三、总分类账户与明细分类账户

账户是根据会计科目设置的，会计科目按其提供核算资料的详细程度分为总分类账科目和明细分类科目。因此，账户也可以相应地分为总分类账户和明细分类账户。

总分类账户简称总账或者一级账户，它是根据总分类科目来设置的，是以货币为计量单位，对企业经济业务的具体内容进行总括核算的账户。它能够提供会计对象某一类具体内容的总括核算指标，只能用货币量度计量；同时，总账无法提供说明企业各方面详细的会计信息，因此还必须设置明细分类账户。明细分类账户简称明细账，是既可以用货币进行量度，也可以采用其他计量单位（如实物单位）对企业的某一经济业务进行详细核算的账户。它能够提供某一具体经济业务的明细情况，除了提供货币价值量的会计信息外，还可以提供实物量或者劳动量表示的各种信息资料。

总分类账是所属明细分类账的统驭账户，对所属明细账起着控制作用；而明细账是有关总账的从属账户，对总账起辅助作用。某一总分类账户及其所属明细分类账户核算的内容是相同的，但前者提供的资料是总括的，后者提供的资料是具体详细的。如果某一总分类账户所属明细分类账户的层次较多，还可以按会计科目的细分方法，将明细账进一步分设为二级账户、三级账户……有关账户划分的问题将在第八章中介绍。

本章小结

会计科目就是对会计要素的具体内容进一步分类的项目。设置会计科目应遵循的原则主要有：会计科目必须全面反映会计对象的内容；会计科目应当符合经济管理的需求；国家宏观调控的需要；企业内部管理的要求；内容明确，繁简适宜。

会计账户是根据会计科目开设的，具有一定的格式和结构，用于分类反映会计要素增减变动及其结果的一种工具。会计科目与会计账户的关系可以表达为：会计科目 + 账页 = 会计账户。

练习思考题

一、知识题

（一）思考题

1. 什么是会计科目？为什么要设置会计科目？设置会计科目一般应遵循哪些原则？

2. 《企业会计准则》对会计科目做了哪些统一规定？

3. 什么是账户？账户和会计科目有何区别与联系？

4. 总分类账户与明细分类账户是什么样的关系？

5. 简述复式记账法的原理。

（二）单项选择题

1. 企业的会计科目必须反映（　　）的特点。

A. 会计对象　　B. 会计职能

C. 会计本质　　D. 会计定义

2. 每一项经济业务的发生，都会影响（　　）项目发生增减变化。

A. 一个　　B. 两个

C. 两个或两个以上　　D. 全部

3. 会计科目是（　　）。

A. 会计要素的名称　　B. 报表的项目

C. 账簿的名称　　D. 账户的名称

4. 账户结构一般分为（　　）。

A. 左右两方　　B. 上下两部分

C. 发生额、余额两部分　　D. 前后两部分

5. 会计科目是对于会计对象的具体内容进行分类核算的（　　）。

A. 标志　　B. 账户

C. 结果　　D. 指标

6. 账户是根据（　　）开设。

A. 会计准则　　B. 会计制度规定

C. 会计报表　　D. 会计科目

7. 反映资产情况的账户有（　　）。

A. 利润分配　　B. 实收资本

C. 累计折旧　　D. 主营业务成本

8. 资产类账户的发生额反映（　　）情况。

A. 资产的增减变动　B. 负债的增减变动
C. 资产的结存　D. 费用的发生
9. 负债类账户的余额反映（　　）情况。
A. 资产的结存　B. 实际的负债
C. 负债的增减变动　D. 负债的形成和偿付
10. 所有者权益是（　　）之和。
A. 投入资本与负债　B. 投入资本与利润
C. 利润与负债　D. 投入资本、留存收益
11. 反映企业收益情况的账户有（　　）。
A. 本年利润　B. 营业外收入
C. 利润分配　D. 盈余公积
12. 反映企业成本费用的账户有（　　）。
A. 材料采购　B. 原材料
C. 实收资本　D. 财务费用
13. （　　）总分类账户可以不设置明细分类账户。
A. 利润分配　B. 本年利润
C. 实收资本　D. 物资采购
14. 反映企业所有者权益的账户有（　　）。
A. 盈余公积　B. 短期借款
C. 累计折旧　D. 主营业务收入

（三）多项选择题

1. 一般需要设置明细分类账的总分类账户有（　　）。
A. 累计折旧　B. 本年利润
C. 应交税费　D. 库存商品
2. 设置会计科目应遵循的原则有（　　）。
A. 将统一性与灵活性结合起来　B. 经过审计人员的批准
C. 结合会计对象的特点　D. 保持相对稳定性
3. 反映成本费用的账户有（　　）。
A. 生产成本　B. 制造费用
C. 管理费用　D. 主营业务成本
4. 下列项目中，属于会计科目的有（　　）。
A. 固定资产　B. 运输设备
C. 原材料　D. 未完工产品
5. 账户一般应包含（　　）要素。
A. 账户名称　B. 日期和摘要

C. 凭证号数　　D. 增加或减少金额

6. 账户中的各项金额应包括（　　）。

A. 期初余额　　B. 期末余额

C. 本期增加额　　D. 本期减少额

7. 设置会计科目是一种基本的会计核算方法，它决定着（　　）。

A. 账户开设　　B. 报表结构设计

D. 成本计算　　D. 填制凭证

8. 账户的特点可归纳为（　　）。

A. 按相反方向记录增加额和减少额

B. 账户的余额一般与记录的增加额在同一方向

C. 期初余额与上期的期末余额在同一方向

D. 上期的期末余额等于本期的期初余额

9. 反映非流动资产的账户有（　　）。

A. 固定资产　　B. 累计折旧

C. 实收资本　　D. 库存商品

10. 反映负债的账户有（　　）。

A. 预收账款　　B. 预付账款

C. 应收账款　　D. 应付账款

11. 反映所有者权益的账户，按照权益的来源划分，又可分为反映(　　)的账户。

A. 投入资本　　B. 从利润中提取盈余公积

C. 未分配利润　　D. 收益性

12. 反映资产情况的账户有（　　）。

A. 固定资产　　B. 本年利润

C. 应收账款　　D. 利润分配

13. 反映所有者权益情况的账户有（　　）。

A. 短期借款　　B. 实收资本

C. 本年利润　　D. 利润分配

14. 反映收益情况的账户有（　　）。

A. 本年利润　　B. 利润分配

C. 主营业务收入　　D. 营业外收入

二、技能题

（一）资料

1. 房屋及建筑物　　2. 工作机器及设备

3. 运输汽车
4. 库存生产用钢材
5. 库存燃料
6. 未完工产品
7. 库存完工产成品
8. 存放在银行的款项
9. 由出纳人员保管的款项
10. 应收某厂的货款
11. 暂付职工差旅费
12. 从银行借入的短期款项
13. 应付给光华厂的材料款
14. 欠交的税金
15. 销货商品
16. 投资者投入的资本
17. 预收的押金
18. 欠付的利润
19. 支付的销售费用
20. 销售产品的成本
21. 支付的办公费
22. 应付给职工的工资
23. 支付的违约罚款
24. 收取的违约罚款
25. 提取盈余公积
26. 计算应交的所得税

要求：根据以上项目，说明并列示其所属的会计科目，从会计要素的角度分析各会计科目的类别。

（二）练习账户的分类

资料：库存现金、银行存款、应收账款、其他应收款、原材料、库存商品、预付账款、应付账款、短期借款、固定资产、累计折旧、应付职工薪酬、应交税费、应付股利、预收账款、其他应付款、实收资本、盈余公积、本年利润、利润分配、生产成本、主营业务收入、主营业务成本、营业税金及附加、营业外收入、营业外支出、管理费用、材料采购、销售费用、所得税费用。

要求：说明账户按会计要素分类属于哪一类。

（三）熟悉账户的基本结构

资料：

	记录在账户的借方	记录在账户的贷方
例：“库存现金”账户增加	✓	
（1）“实收资本”账户金额增加		
（2）“应收账款”账户金额增加		
（3）“应付账款”账户金额减少		
（4）“主营业务收入”账户金额增加		
（5）“销售费用”账户金额增加		
（6）“应交税费”账户金额增加		
（7）“预付账款”账户金额增加		
（8）“库存商品”账户金额减少		
（9）“长期借款”账户金额减少		

要求：根据账户的基本结构，完成上表的填制。

（四）熟悉会计科目的设置

资料：

序号	经济业务	总账科目	明细科目	
		一级科目	二级科目	明细科目
1	库存主要材料——甲材料			
2	企业拥有的电脑			
3	库存辅助材料——润滑油			
4	应收上海地区 A 公司的欠款			
5	向工商银行借入 6 个月的借款			
6	应付华东地区 B 公司的购货款			
7	存放在开户银行的款项			
8	应收采购员小王预借的差旅费			
9	应交所得税			

要求：根据所给的资料，确定相应的总账科目和明细科目并填入表内。

三、案例讨论题

现有五家投资人决定合股投资 500 万经营一家商店，其主要经营服装、家用电器和百货商品，并开一个快餐店。已租一四层楼房一栋：一楼经营家用电器，二楼经营服装，三楼经营百货，四楼经营快餐。现已办妥一切开业手续。

（1）除五家合股投资人外，还准备向银行贷款和吸收他人投资，但他人投资不作为股份，只作为长期应付款，按高于同期银行存款利率的 15% 付息。

（2）商场和快餐店均需要重新装修才能营业。

（3）需要购入货架、柜台、音响设备、桌椅、收银机等设备，还需要购入运输汽车一辆。

（4）房屋按月交租金。

（6）快餐店的收入作为附营业务处理。

（6）商场购销活动中，库存商品按售价记账，可以赊购赊销。

（7）公司要求管理费用等共同费用应在商场和快餐店之间进行分摊。

（8）雇用店员若干人，每月按计时工资计发报酬，奖金视销售情况而定。

（9）公司按规定交纳所得税和增值税（其他税种从略），税率按国家规定执行。

（10）利润按商场和快餐店分别计算；税后利润按规定提取公积金和公益金。

（11）公司已在银行开立账户。

（12）购进商品的包装物卖给废品公司。

（13）本公司名称为鼓浪有限责任公司。

要求：根据以上资料设计该公司的会计科目并对会计科目使用作出说明。

第四章

借贷记账法

学习目的与要求：

1. 掌握复式记账的原理及内容；
2. 掌握利用复式记账法编制会计分录；
3. 掌握试算平衡原理；
4. 掌握试算平衡表的编制。

第一节　记账方法

一、单式记账法

单式记账法是指只记录现金的收付业务以及应收、应付款的结算业务，并且只在一个账户中进行记录的记账方法。除对于有关现金收支、银行存款收付业务，在两个或两个以上有关账户中登记外，其他经济业务，只在一个账户中登记或不予登记的方法。其特点是平时只登记现金、银行存款的收付业务和各种往来账项。例如，用银行存款购买材料，只记“银行存款”账，不记“原材料”账；购买材料，货款未付时，只记“应付账款”账，不记“原材料”账；收到应收款或偿付应付款时，则同时登记“现金”或“银行存款”账和“应收账款”账。对于固定资产折旧、材料物资的耗用等经济业务，因不涉及现金或银行存款的收付，故而不予登记。

单式记账法是一种不完整的简易记账方法。记录银钱收付和债权债务结算业务，有时也登记实物。需要什么资料登记什么资料，账户与账户之间没有必然的内在联系，也没有相互对应平衡的概念。单式记账法只能反映经济业务的一个侧面，会计记录之间不存在相互钩稽关系，因此，不能全面、系统地反映经济业务的来龙去脉，也不便于检查账簿记录的正确性。随着企业经营规模的扩张，经济业务的复杂化，在现代企业中，单式记账法已经被复式记账法所取代。

二、复式记账法

所谓复式记账法，是指以资产与权益平衡关系作为记账基础，对于每一项经济业务，都要在两个或两个以上的账户中相互联系进行登记，系统地反映资金运动变化结果的一种记账方法。

复式记账法的特点是：①账户设置完整、全面，构成了一个账户体系。对于每一笔发生的经济业务都有相应的账户做相关联的记录。根据记录的结果，可以了解每一项经济业务的来龙去脉，可以通过会计要素的增减变化全面、系统地了解经济活动的过程和结果。例如，用现金10 000元购买原材料，企业利用复式记账法应该在账务处理中借记原材料10 000元，贷记现金10 000元。通过这笔会计分录，我们就可以了解企业是利用现金10 000元购买了原材料，而在单式记账法中企业只需登记现金减少10 000元。②每笔经济业务要根据其内容，用相等的金额在相互联系的两个或两个以上账户进行登记。③能按一定的计算公式进行试算平衡，以检查全部会计记录是否正确。

复式记账法的理论依据是会计基本等式。资金运动中产生的各种经济业务发生以后，起码影响会计等式中的两个会计要素（或者同一会计要素中的两个项目）发生增减变化。运用会计的方法把两个或两个以上的变动记录下来，就是复式记账。

这种增减变化具有以下两个规律：①影响会计等式双方要素同增同减，增减金额相等。例如，用银行存款10 000元归还银行借款，应借记短期借款10 000元，贷记银行存款10 000元，会计等式中资产项目减少10 000元，负债项目减少10 000元。②影响会计等式单方要素有增有减，增减金额相等。例如，用现金10 000元购买原材料，借记原材料10 000元，贷记现金10 000元，资产项目中原材料增加了10 000元，现金减少了10 000元。

复式记账按记账符号、记账规则、试算平衡方法的不同，可分为借贷记账法、增减记账法和收付记账法。借贷记账法是一种最复杂、当今运用最广泛的复式记账法，也是目前我国法定的记账方法。至于哪一方记增加金额，哪一方记减少金额，则取决于账户所要反映的经济内容和业务性质。

第二节　借贷记账法的基本原理

一、借贷记账法的含义

借贷记账法是以“资产＝负债＋所有者权益”会计等式为理论依据，以“借”和“贷”作为记账符号，按照“有借必有贷，借贷必相等”的记账规则来记录经济业务的一种复式记账方法。

借贷记账法起源于13世纪左右资本主义开始萌芽的意大利，最初为单式记账法，到15世纪才逐步形成比较完备的复式记账法，最后由于意大利富兰西斯库《圣菩济》教会修道士巴其阿勒，通过其著作《技术、几何与比例概要》在理论上对借贷记账法进行确认和论述后，借贷记账法的优点和使用方法才为世人所认识，并且在欧洲乃至全世界推广。

借贷记账法特有的记账符号、记账规则以及在记账符号和记账规则下账户基本结构及设置、试算平衡等内容，是区别于其他记账方法的关键所在。

我国的《企业会计准则——基本准则》明确规定，企业采用借贷记账法记账。

二、借贷记账法的内容

借贷记账法的内容主要包括记账符号、账户结构、记账规则和试算平衡。

（一）借贷记账法的记账符号

记账符号是在会计核算中采用的一种抽象标记，表示经济业务的增减变化应当计账户中的方向。借贷记账法的记账符号是“借”和“贷”。

在借贷记账法下，借（英文简写为Dr）、贷（英文简写为Cr）两个记账符号对六会计要素的增减变动计入账户的方向作了具体的规定。

“借”和“贷”二字最早的原意是：人欠我记“借”，我欠人记“贷”，表现为债权（应收款）和债务（应付款）的增减变动，亦即从借贷资本的角度来解释的。凡是我欠（借）别人的，对方就是借主（债务人），付出的款项记在借主账户的左边，借方归还时就记在右边，表示抵消；凡是别人欠（借）我的，对方就是贷主（债权人），从对方借来的钱记在贷主账户的右边，偿还债务时则记在账户的左边，予以冲销。

后来将借主略称为“借”，贷主略称为“贷”，随着社会经济的发展，借主和贷主的含义，逐渐由人扩大到物，再由人与物扩大到一切资金的来路和去路，记账的对象逐渐扩大到全部会计要素的增减变化和计算经营损益，所以这时的“借”和“贷”二字已失去了原来的含义，而转化为一种纯粹的记账符号，其用词演变就是：

Debtor（债务人）——Dedt（债务）——Debit（借方）

Creditor（债权人）——Crebit（债权）——Credie（贷方）

西方会计传入东方，首先传入日本，日本人将账户左方翻译为借方，将账户的右方翻译为贷方。我国在引进借贷记账法时，也就沿用了下来。

由于“借”和“贷”已成为一个纯粹的记账符号，究竟是表示增加还是表示减少，要根据所在账户的性质来确定。

（二）借贷记账法的账户结构

在借贷记账法下，所有账户都分为借方和贷方两个部分，通常左方为借方、右方为贷方。记账时，账户的借贷两方必须作相反的记录，即对于每一个账户来讲，如果借方登记增加额，那么贷方必然登记减少额；反之，如借方登记减少额，贷方就登记增加额。下面我们将六大类账户分为两类：一类是增加额登记在借方的账户，包括资产类和费用类账户；另一类是增加额登记在贷方的账户，包括负债类、所有者权益类、收入类和利润类账户。

1. 借方登记增加额的账户

（1）资产类账户的结构，如表4－1所示。

表4－1　　资产类账户结构表

借方	贷方
期初余额 本期发生额	本期发生额
本期借方发生额（增加额）合计	本期贷方发生额（减少额）合计
期末余额	

资产类账户的借方登记资产的增加额，贷方登记资产的减少额；余额在借方，表示目前企业所拥有或控制的该项资产额。该类账户内四个指标之间的关系为：

借方期末余额＝借方期初余额＋借方本期发生额－贷方本期发生额

（2）费用类账户的结构，如表4－2所示。

表4－2　　费用类账户结构表

借方	贷方
本期增加额	本期减少额或转销额
本期借方发生额（增加额合计）	本期贷方发生额（减少额合计）

企业在生产经营过程中发生的各种耗费，大多是由资产转化而来的，所以费用在抵消收入之前，可视同为一种特殊资产。费用类账户的结构与资产类账户的结构基本相同，借方登记费用的增加额，贷方登记费用的减少额或转销额；不同之处在于费用类账户一般没有余额。

费用的增加额记入该类账户的借方，减少额（或转销额）记入该类账户的贷方；费用类账户期末一般无余额。如有余额，必定为借方余额，表示期末尚未转销的费用额。

2. 贷方登记增加额的账户

（1）权益类账户的结构。该类账户包括负债类账户和所有者权益类账户。负债和所有者权益都是企业的权益，所以这两类账户的结构是完全相同的，如表4－3所示。

表4－3　　权益类账户结构表

借方	贷方
本期减少额	期初余额　本期增加额
本期借方发生额（减少额合计）	本期贷方发生额（增加额合计）
	期末余额

权益类账户的借方登记负债或所有者权益的减少额，贷方登记负债或所有者权益的增加额；余额在贷方，表示目前企业所承担的负债额或所有者权益。该类账户内的四个指标之间的关系为：

贷方期末余额＝贷方期初余额＋贷方本期发生额－借方本期发生额

（2）收入类账户的结构。由于企业收入的增加可以视同所有者权益的增加，所以，收入类账户的结构应与权益类账户的结构基本相同；不同之处在于收入类账户一般没有余额。

收入的增加额记入账户的贷方，收入的减少额（或转销额）记入账户的借方；期末结束时，本期收入的增加额减去本期收入的减少额后的差额，转入权益类账户，期末没有余额。其格式如表4－4所示。

表4－4　　收入类账户结构表

借方	贷方
本期减少额或转销额	本期增加额
本期借方发生额（减少额合计）	本期贷方发生额（增加额合计）

（3）利润类账户的结构。由于利润最终也是归属于所有者权益，所以其账户结构与权益类账户的结构基本相同。

利润类账户的借方登记利润的减少额或转销额，贷方登记利润的增加额；期末如为贷方余额，表示企业实现的利润；期末如为借方余额，则表示企业发生的亏损。利润账户的结构如表4－5所示。

表 4－5 利润类账户结构表

借方	贷方
期初余额（亏损）本期减少额	期初余额（盈利）本期增加额
本期借方发生额（减少额合计）	本期贷方发生额（增加额合计）
期末余额（亏损）	期末余额（盈利）

根据以上对各类账户结构的说明，可以把一切账户的借方和贷方所记录的经济内容加以归纳，如表 4－6 所示。

表 4－6 借贷记账法下各类账户的结构汇总

借方		贷方	
期初余额	资产 利润（亏损）	期初余额	负债 所有者权益 利润（盈利）
本期发生额	资产增加 负债减少 所有者权益减少 收入减少 费用增加	本期发生额	资产减少 负债增加 所有者权益增加 收入增加 费用减少
期末余额	资产 利润（亏损）	期末余额	负债 所有者权益 利润（盈利）

3. 双重性质账户

从上述各账户的结构汇总表可以看出，根据账户余额的所在方向，可以判断账户的性质，即账户的余额在借方，则为资产账户；反之，账户的余额在贷方，则为负债账户或所有者权益账户。

在实际工作中，企业就可以根据借贷记账法的这个特点，设置双重性质账户。该账户既可以用来核算资产或费用，又能够核算负债、所有者权益或收入。比如，不设置“预收账款”账户的企业，设置的“应收账款”账户就兼有债权性资产和债务性负债的双重性质。企业设置的双重性质账户还包括“内部往来”、“应付账款”、“待处理财产损溢”、“投资收益”、“汇兑损益”、“财务费用”等。

由于一个双重性质的账户往往是由两个或两个以上的相关账户合并形成的，并同时具有这些被合并账户的功能，所以有利于企业简化账户设置和会计核算手续。

4. 虚账户和实账户

记录费用和收入的账户，只是定期汇总费用或收入，以便取得所需要的财务资料，期末一般无余额。在会计中将期末一般无余额的账户称为虚账户，又称为临时性账户，相对而言，期末有余额的账户，如资产、负债和所有者权益账户就称为实账户，又称为永久性账户。

（三）借贷记账法的记账规则与会计分录

1. 借贷记账法的记账规则

借贷记账法的记账规则是“有借必有贷，借贷必相等”，即对发生的每一笔经济业务都以相等的金额，借贷相反的方向，在两个或两个以上相互联系的账户中进行登记，在一个账户中记借方，同时在另一个或几个账户中记贷方；或者在一个账户中记贷方，同时在另一个或几个账户中记借方，记入借方的金额同记入贷方的金额相等。

记账规则是通过会计分录表现出来的。

2. 账户的对应关系

在借贷记账法下，运用其记账规则记录的每一项经济业务，都是以相同的金额记入两个（或两个以上）彼此相关联的账户，而这些彼此相关联的账户之间就形成了应借、应贷的相互关系。账户间的这种相互关系，就叫做“账户的对应关系”。具有这种对应关系的账户，相互称为“对应账户”。通过账户的对应关系，不仅可以了解经济业务的内容，还可以发现对经济业务的处理是否合理、合法。

例如，借记“应付账款”1 000元，贷记“短期借款”1 000元。这两个账户的对应关系表明是以银行借款来偿还购货时的未付款，对这项经济业务所作的账务处理并无错误，但不符合银行信贷规定。因为根据贷款物资保证性原则，银行贷款不得用于无物资保证的欠款偿付业务。

3. 会计分录

（1）会计分录的含义。在实际工作中，为了保证记账正确，并不是经济业务一发生就直接记入有关账户，而是先审查经济业务的内容，根据原始凭证编制记账凭证，再记入有关账户。而记账凭证的核心是根据经济业务所引起的会计要素变化来确定应记入账户的名称、方向（借或贷）和金额，即编制会计分录。所以，会计分录就是指明经济业务应记入的账户名称、登记方向和金额的记录。

在实际工作中，会计分录是在记账凭证上编制的，并要增加经济业务摘要和发生的日期及其登记依据等内容。编制会计分录，要以反映经济业务发生的原始凭证为依据，以保证会计记录的客观性，便于事后分析和检查。

（2）按照对应关系的复杂程度，会计分录分为简单分录和复合分录两种。

简单分录，是指某项经济业务只涉及两个对应关系账户的分录，即一个借方账户与另一个贷方账户对应组成的分录。

［例4－1］某公司用库存现金500元和转账支票1 500元购买办公用品。

用库存现金购买办公用品的会计分录为：

借：管理费用　　　　500
　贷：库存现金　　　　500

用转账支票购买办公用品的会计分录为：

借：管理费用　　　　1 500
　贷：银行存款　　　　1 500

复合分录，是指某项经济业务同时涉及两个以上的账户，形成一贷多借、一借多贷或多借多贷对应关系的会计分录。它实际上是由相同经济业务的几个简单会计分录合并而成。所以，复合分录也可以分解为几个简单分录。

［例4－2］以上例的资料为例，就可以将两个简单分录合并为一个一借二贷的复合分录：

借：管理费用　　　　2 000
　贷：库存现金　　　　500
　　　银行存款　　　　1 500

［例4－3］企业生产产品领用A原材料5 000元，车间一般耗用领用A原材料1 000元，管理部门领用A原材料500元。

根据这项经济业务可编制一贷三借的复合分录：

借：生产成本　　　　5 000
　　制造费用　　　　1 000
　　管理费用　　　　500
　贷：原材料　　　　6 500

［例4－4］企业购买材料一批，价值20 000元，进项增值税为3 400元，公司用银行存款支付了10 000元，余款暂欠。

该笔经济业务就可以编制二借二贷的复合分录：

借：原材料　　　　20 000
　　应交税费－应交增值税（进项税额）　　　　3 400
　贷：银行存款　　　　10 000
　　　应付账款　　　　13 400

编制复合会计分录，可集中反映一项业务的对应关系，便于了解经济业务的全貌，简化记账工作，节省记账时间。

（四）借贷记账法的试算平衡

借贷记账法的试算平衡，是指根据会计等式的平衡原理，按照记账规则的要求，通过汇总计算和比较，编制试算平衡表，来检查账户记录的正确性和完整性的方法。

借贷记账法的试算平衡有账户发生额试算平衡法和账户余额试算平衡法两种。前者是根据借贷记账法的记账规则来确定的，后者是根据“资产 = 负债 + 所有者权益”的平衡关系的原理来确定的。

任何经济业务发生后都要根据原始凭证编制会计分录，然后按照会计分录指出的账户、方向、金额分别记入有关账户，并在此基础上根据账户的期初余额和本期发生额计算账户的期末余额。由于借贷记账法是以“资产 = 负债 + 所有者权益”的会计等式为依据，按照“有借必有贷，借贷必相等”的记账规则记账，就保证了每一项会计分录的借贷双方的发生额必然相等，因而过账以后，全部账户的借方发生额合计，必然要等于全部账户的贷方发生额合计，从而全部账户的借方余额合计与贷方余额合计就必然相等。其平衡公式如下：

余额平衡法：

全部账户期末（初）余额借方合计 = 全部账户期末（初）余额贷方合计

发生额平衡法：

全部账户本期发生额借方合计 = 全部账户本期发生额贷方合计

根据这种平衡关系，对账户记录进行检查和验证，就可以发现记账过程中存在的借贷方向和余额的某些错误。

试算平衡是以总分类账户所记录的期初余额、期末余额和本期发生额为依据，编制“总分类账户本期发生额试算平衡表”和“总分类账户余额试算平衡表”进行的。企业大都是将这两个表合二为一，成为“总分类账户本期发生额及余额试算平衡表”。该表如第 98 页表 4 – 13 所示。

第三节 借贷记账法的运用

本节我们将根据借贷记账法的基本原理，以光明公司 2009 年 1 月发生的部分经济业务为例进行会计处理。

一、编制会计分录并登记账簿

根据借贷记账法的记账规则和账户结构的特点，对以下发生的经济业务编制会计分录并登记账户（以“T”型账户代替）。

［例 4 – 5］永化公司用一批设备向光明公司投资，该批设备价值

30 000元。

这是一项资产和所有者权益同时增加的业务，它涉及“固定资产”这个资产类账户和“实收资本”这个所有者权益类账户，使两者都增加了30 000元。由于资产类账户的借方表示增加，所有者权益类账户的贷方表示增加，因此，双方增加的数额应分别记入“固定资产”账户的借方和“实收资本”账户的贷方。编制会计分录如下：

借：固定资产　　　　　　30 000

　贷：实收资本　　　　　　30 000

将这项经济业务在这两个账户中登记，账户的对应关系如表4－7所示。

表4－7

［例4－6］光明公司从银行借入短期借款100 000元，存入银行。

这是一项负债和资产同时增加的业务。它涉及“短期借款”和“银行存款”这两个账户，流动负债增加了100 000元，流动资产也减少了100 000元。由于负债类账户的贷方表示增加，资产类账户的借方表示增加，因此，负债增加的数额应记入“短期借款”账户的贷方，资产增加的数额应记入“银行存款”账户的借方。编制会计分录如下：

借：银行存款　　　　　　100 000

　贷：短期借款　　　　　　100 000

将这项经济业务在这两个账户中登记，如表4－8所示。

表4－8

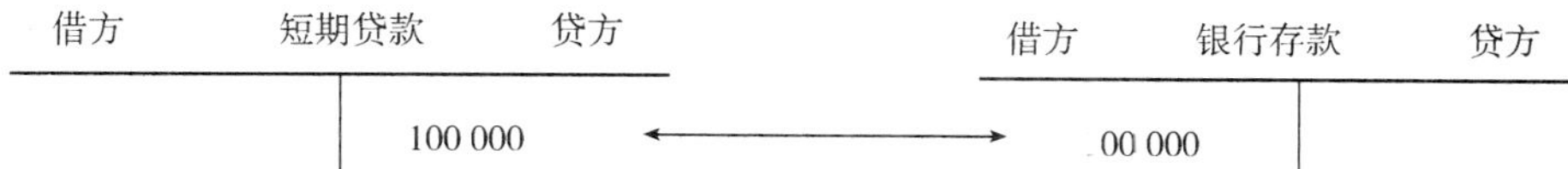

［例4－7］光明公司用银行存款10 000元购入生产用材料。

这是一项资产内部有关项目此增彼减的业务。它涉及“银行存款”和“原材料”这两个资产账户，前者减少10 000元，后者增加了10 000元。由于资产类账户的借方表示增加，贷方表示减少，因此，增加的数额应记入“原材料”账户的借方，减少的数额应记入“银行存款”账户的贷方。编制会计分录如下：

借：原材料 10 000

贷：银行存款 10 000

将这项经济业务在这两个账户中登记，如表4－9所示。

表4－9

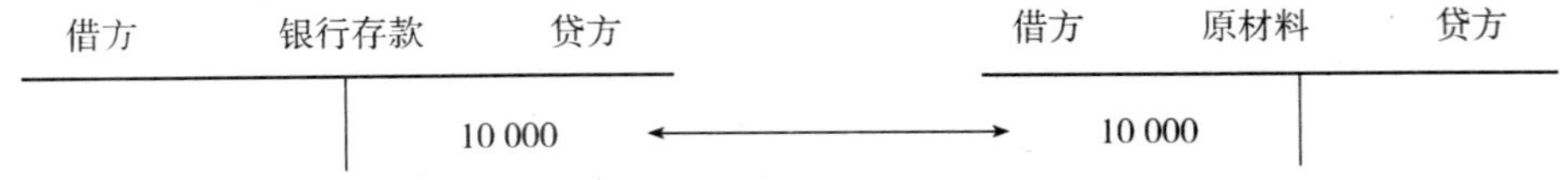

［例4－8］光明公司生产领用材料5 000元。

这是一项资产和费用一增一减的业务，它涉及“原材料”这个资产类账户和“生产成本”这个费用类账户，前者减少5 000元，后者增加5 000元。由于资产类账户和费用类账户都是借方表示增加，贷方表示减少，因此，增加的金额应记入“生产成本”账户的借方，减少的金额应记入“原材料”账户的贷方。编制会计分录如下：

借：生产成本 5 000

贷：原材料 5 000

这项经济业务在这两个账户中登记，如表4－10所示。

表4－10

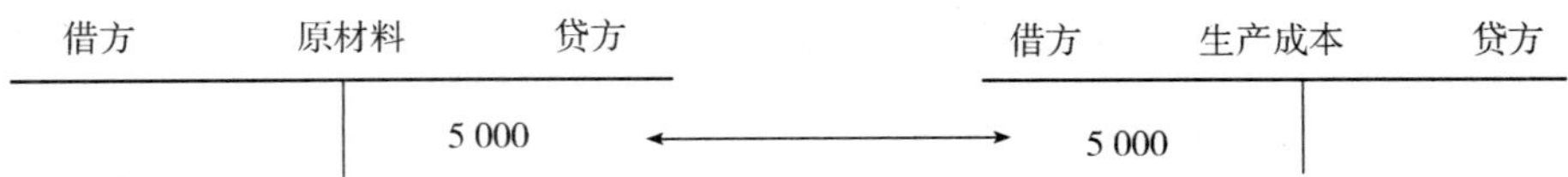

［例4－9］光明公司销售甲产品，开出增值税专用发票，发票上注明，价款金额100 000元，增值税额17 000元，对方用银行汇票支付100 000元，其余尚欠。

这项经济业务涉及资产类的“银行存款”账户增加100 000元，计入借方；涉及资产类账户的“应收账款”账户增加17 000元，计入借方；涉及负债类账户的“应交税费——应交增值税”账户增加17 000元，计入贷方；涉及收入类账户的“主营业务收入”增加100 000元，计入贷方。编制会计分录如下：

借：银行存款 100 000

应收账款 17 000

贷：主营业务收入 100 000

应交税费——应交增值税（销项税额） 17 000

根据这四类账户的结构，该项业务在账户中登记如表4－11所示。

表 4－11

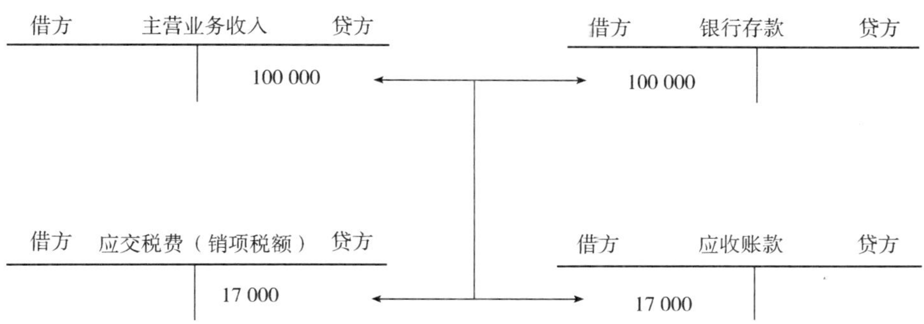

［例 4－10］经协商，光明公司将资本公积 50 000元转增资本。

这项经济业务的发生，导致所有者权益类账户内部的两个项目一增一减，其中资本公积减少、实收资本增加。根据所有者权益类账户结构的特点，增加计入账户的贷方，减少计入账户的借方。因此，编制会计分录如下：

借：资本公积　　　　　　50 000

　贷：实收资本　　　　　　50 000

这项经济业务在两个账户中登记，如表 4－12 所示。

表 4－12

从以上的例子可以看出，经济业务发生后，一方面要记入一个账户的借方，同时又记入另一个账户的贷方——有借必有贷；又由于每项经济业务所引起的数额变化都是等量的，所以记入一个账户借方的金额与记入另一个账户贷方的金额必然相等——借贷必相等。在某些复杂经济业务的处理中，虽然出现了一个账户的借方和几个账户的贷方，或者几个账户的借方和一个账户的贷方相对应，但“有借必有贷，借贷必相等”的记账规则仍然成立。

二、试算平衡

根据光明公司的期初余额和上述［例 4－5］至［例 4－12］的业务账务处理编制试算平衡表，如表 4－13 所示。

表4-13 总分类账户本期发生额及余额表（试算平衡表）2009年1月

账户名称	期初余额		本期发生额		期末余额	
	借方	贷方	借方	贷方	借方	贷方
固定资产	100 000		30 000		130 000	
原材料	75 000		10 000	5 000	80 000	
库存现金	10 000				10 000	
银行存款	140 000		150 000	10 000	280 000	
应收账款	55 000		17 000		72 000	
短期借款		25 000		100 000		125 000
应付账款		45 000				45 000
应交税费		10 000		17 000		27 000
实收资本		200 000		80 000		280 000
资本公积		100 000	50 000			50 000
生产成本			5 000		5 000	
主营业务收入				100 000		100 000
合计	380 000	380 000	312 000	312 000	627 000	627 000

从上表中的合计数可以看出，所有账户的期初、期末余额，借贷两方是相等的，所有账户的本期发生额借贷两方也是相等的，这就表明各账户中的记录基本上是正确。如果借贷不平衡，可以肯定账户记录发生了错误，就需要及时查明原因并按规定的方法加以更正。

应当指出的是，借助试算平衡表借贷两方的合计数字的平衡，只能大体判断总分类账户记录是正确的，但不能绝对肯定记账没有错误。因为借贷双方平衡只能证明记入某些账户的金额等于记入另外某些账户的金额，并不能发现以下错误：

（1）漏记或重复记录了某项经济业务；

（2）一笔经济业务在编制会计分录时，应借应贷账户方向颠倒，或者误用了账户名称；

（3）一笔经济业务的借贷双方在编制会计分录时，金额上发生同样的错误；

（4）一项错误的记录恰好抵消了另一项错误的记录。

当试算平衡表借贷两方的合计数失去平衡时，可能只有一种错误存在，也可能有几种错误同时存在。如果错误不止一项，就需要进行全面检查。首先按经济业务发生的顺序核对每一项经济业务的记录是否错误，然后检查账户记录的登记和计算是否有误，最后核算在将账户记录抄录到试算平衡表上时是否出现了差错。

本章小结

所谓复式记账法，是指以资产与权益平衡关系作为记账基础，对于每一项经济业务，都要在两个或两个以上的账户中相互联系进行登记，系统地反映资金运动变化结果的一种记账方法。

复式记账法的主要原理是：不论是发生与现金、银行存款有关的经济业务，还是发生与现金或银行存款无关的经济业务，都必须在两个或两个以上的有关账户中同时登记。复式记账法是由资产等于负债加所有者权益这一平衡原理所决定的。任何一笔经济业务的发生，都会引起至少两个项目的资金增减变动，而两个项目的变动金额相等。经营业务中客观存在的这种现象，通过会计核算把它全面地反映出来，就需要在两个以上相互联系的账户中进行对等的登记。复式记账法的主要优点在于：（1）可以了解每一项经济业务的来龙去脉，全面了解经济活动的过程和结果；（2）可以对账户记录的结果进行试算平衡，以检查账户记录的正确性。

练习思考题

一、知识题

（一）思考题

1. 什么是借贷记账法？借贷记账法的主要内容有哪些？
2. 在借贷记账法下，企业的账户分为哪几类？各类账户的结构如何？
3. 借贷记账法的记账规则是什么？如何在会计核算中正确应用记账规则？
4. 什么是会计分录？为什么要编制会计分录？
5. 借贷记账法下的试算平衡原理是什么？如何进行试算平衡？

（二）单项选择题

1. 资产类账户的借方登记（　　）。

A. 负债的增加　　B. 资产的增加
C. 资产的减少　　D. 负债的减少

2. 负债及所有者权益类账户的期末余额一般在（　　）。

A. 借方　　B. 借方和贷方
C. 贷方　　D. 借方或贷方

3. 预付供应单位材料货款，可将其视为一种（　　）。

A. 负债　　B. 所有者权益
C. 收益　　D. 资产

4. 所有者权益类账户的期末余额根据（　　）计算。

A. 借方期末余额＝借方期初余额＋借方本期发生额－贷方本期发生额
B. 借方期末余额＝借方期初余额＋贷方本期发生额－借方本期发生额
C. 贷方期末余额＝贷方期初余额＋贷方本期发生额－借方本期发生额
D. 贷方期末余额＝贷方期初余额＋借方本期发生额－贷方本期发生额

5. 收益类账户的结构与所有者权益类账户的结构（　　）。

A. 完全一致　　B. 相反
C. 基本上相同　　D. 无关

6. 收益类账户期末（　　）。

A. 一般没有余额　　B. 为借方余额
C. 为贷方余额　　D. 为借贷方均有余额

7. 下列会计分录中，属于简单分录的有（　　）的会计分录。

A. 一借一贷　　B. 一借多贷
C. 一贷多借　　D. 多借多贷

8. 存在着对应关系的账户，称为（　　）。

A. 联系账户　　B. 平衡账户

C. 恒等账户　　D. 对应账户

9. 账户发生额试算平衡法是根据（　　）确定的。

A. 借贷记账法的记账规则　　B. 经济业务的内容

C. “资产＝负债＋所有者权”的恒等式

D. 经济业务的类型

10. 收益类账户的借方登记（　　）。

A. 负债减少　　B. 收益增加

C. 收益转销　　D. 费用增加

11. 下列项目中属于会计科目的有（　　）。

A. 在产品　　B. 未完工产品

C. 生产成本　　D. 月末在产品成本

12. 账户余额一般与（　　）在同一方向。

A. 增加额　　B. 减少额

C. 借方发生额　　D. 贷方发生额

13. 通过复式记账可以了解每一项经济业务的（　　）。

A. 合理性　　B. 合法性

C. 来龙去脉　　D. 经济业务类型

14. 借贷记账法账户的基本结构是，左边为（　　）。

A. 增加方　　B. 减少方

C. 借方　　D. 贷方

15. 下列错误中能够通过试算平衡查找的有（　　）。

A. 重记经济业务　　B. 漏记经济业务

C. 借贷方向相反　　D. 借贷金额不等

16. 复式记账法对每项经济业务都以相等的金额，在（　　）中进行登记。

A. 一个账户　　B. 两个账户

C. 全部账户　　D. 两个或两个以上的账户

（三）多项选择题

1. 复试记账法的优点包括（　　）。

A. 进行试算平衡　　B. 了解经济业务的来龙去脉

C. 简化账簿登记工作　　D. 检查账户记录的正确性

2. “借”字表示（　　）。

A. 资产的增加　　B. 负债的减少

C. 收益的转销　　D. 费用成本的增加

3. “贷”字表示（　　）。

A. 资产的增加　　B. 负债的增加

C. 所有者权益的增加　　D. 收益的增加

4. 借贷记账法下的试算平衡公式有（　　）。

A. 借方科目金额 = 贷方科目金额

B. 借方期末余额 = 借方期初余额 + 本期借方发生额 − 本期贷方发生额

C. 全部账户借方发生额合计 = 全部账户贷方发生额合计

D. 全部账户借方余额合计 = 全部账户贷方余额合计

5. 下列错误中（　　）不能通过试算平衡发现。

A. 某项经济业务未入账　　B. 应借应贷的账户借贷方向颠倒

C. 借贷双方同时多计了经济业务的金额

D. 借贷双方中一方多计金额，一方少计金额

6. 通过账户对应关系可以（　　）。

A. 检查经济业务处理的合理合法　　B. 了解经济业务的内容

C. 进行试算平衡　　D. 登记账簿

7. 每一笔会计分录包括（　　）。

A. 会计科目　　B. 记账方向

C. 金额　　D. 对应关系

二、技能题

（一）某工业企业2009年3月份发生如下经济业务

1. 收到货币投资100 000元，存入银行。
2. 收到甲方作为投资的机器设备，价值50 000元。
3. 用银行存款购买一批生产急需的原材料，价值5 000元。
4. 销售商品一批，价值50 000元，款项存入银行。
5. 赊销商品一批，价值3 500元。
6. 用银行存款偿还上月所欠客户款10 000元。
7. 用银行存款支付本月水电费1 500元。
8. 本月应付营业员工资10 000元（销售费用）。
9. 从银行提取现金10 000元发放工资。
10. 以现金10 000元发放工资。
11. 结转本月已销商品成本35 000元。

要求：根据上述经济业务，编制会计分录。

（二）康平公司 2009 年 5 月编制的部分会计分录如下：

1. 借：银行存款　　100 000
　　贷：短期借款　　100 000

2. 借：原材料　　30 000
　　贷：银行存款　　10 000
　　　　应付账款　　20 000

3. 借：销售费用　　5 000
　　贷：银行存款　　5 000

4. 借：银行存款　　3 500
　　贷：应收账款　　3 500

5. 借：银行存款　　150 000
　　　　应收账款　　5 000
　　贷：主营业务收入　　155 000

6. 借：销售费用　　14 000
　　贷：应付职工薪酬　　14 000

7. 借：资本公积　　100 000
　　贷：实收资本　　100 000

8. 借：固定资产　　20 000
　　贷：应付账款　　20 000

9. 借：主营业务成本　　110 000
　　贷：库存商品　　110 000

10. 借：应付账款　　35 000
　　贷：银行存款　　35 000

要求：根据上述会计分录，说明各项经济业务的内容，并计算康平公司 2008 年 5 月资产净增加额。

（三）A 公司 7 月份的有关资料如下

1. 2009 年 7 月 1 日有关账户的期初余额如下表所示（单位：元）。

资产类账户	金额	负债及所有者权益类账户	金额
库存现金	1 000	短期借款	60 000
银行存款	135 000	应付账款	8 000
应收账款	10 000	应交税费	2 000
生产成本	40 000	实收资本	860 000
原材料	120 000		
库存商品	24 000		
固定资产	600 000		
总计	930 000	总计	930 000

2. 7 月份该公司发生下列各项经济业务（不考虑增值税）：

（1）购进原材料 11 700 元，材料验收入库，货款以银行存款支付。

（2）生产车间向仓库领用材料 40 000 元，投入产品生产。

（3）开出现金支票一张，从银行提取现金 1 000 元。

（4）以银行存款购入新汽车一辆，价款 100 000 元。

（5）用银行存款偿还应付供货单位材料款 3 000 元。

（6）生产车间向仓库领用材料 25 000 元，投入产品生产。

（7）收到购货单位前欠货款 3 000 元存入银行。

（8）以银行存款归还欠银行的短期借款 12 000 元及欠客户的账款 4 000元。

（9）接受投资者货币投入资本 20 000元，存入银行。

（10）收到购货单位前欠货款 4 000元，其中支票 3 600元存入银行，现金 400 元。

要求：

1. 根据 7 月份该公司发生的各项经济业务，编制会计分录。

2. 开设“T”型账户，登记期初余额。根据 7 月份编制的会计分录，逐笔登记“T”型账户。

3. 编制试算平衡表。格式如下表所示：

会计科目	期初余额		本期发生额		期末余额	
	借方	贷方	借方	贷方	借方	贷方
合计						

4. 根据试算平衡表的数据，为康华公司编制2008 年7 月31 日的资产负债表。

（四）伟强公司公司有关资料如下

1. 2009 年 4 月 30 日“银行存款”、“库存商品”、“应付账款”总分类账户余额及“应付账款”明细分类账户余额如下表所示。

总分类账户		“应付账款”明细分类账户	
银行存款	50 000（借方）	华中公司	18 000
库存商品	150 000（借方）	永丰公司	9 300
应付账款	27 300（贷方）		

2. 5 月份该公司发生下列经济业务：

（1）5 月 3 日，向永丰公司购进商品一批，计 4 000 元，货款暂欠。

（2）5 月 8 日，向华中公司购进商品一批，计 12 000 元，货款暂欠。

（3）5 月 10 日，以银行存款偿还欠华中公司账款 14 000 元和欠永丰公司的账款 9 300 元。

（4）5 月 12 日，5 月 8 日向华中公司购进的商品中有一部分质量不好，经与对方协商，决定退货。退货部分价值 1 400元，从应付账款中扣除，余款 10 600元以银行存款支付。

（5）5 月 18 日，向华中公司购进商品 6 300元，向永丰公司购进商品 7 500元，货款未支付。

（6）5 月 25 日，以银行存款偿还应付华中公司的欠款 4 000元。

要求：

1. 根据 5 月份该公司发生的经济业务编制会计分录。

2. 根据会计分录对“应付账款”总分类账户及“应付账款”明细分类账户平行登记。

三、案例讨论题

小甄从某财经大学会计系毕业刚刚被聘任为启明公司的会计员。今天是他来公司上班的第一天。会计科里那些同事们忙得不可开交，一问才知道，大家正在忙于月末结账。“我能做些什么？”会计科长看他那急于投入工作的表情，也想检验一下他的工作能力，就问：“试算平衡表的编制方法在学校学过了吧？”“学过。”小甄很自然的回答。“那好吧，趁大家忙别的时候，你先编一下我们公司这个月的试算平衡表。”科长帮他找到了本公司所有的总账账簿，让他在早已为他准备的办公桌上开始了工作。不到一个小时，一张“总分类账户发生额及余额试算平衡表”就完整地编制出来了。看到表格上那相互平衡的三组数字，小甄激动的心情难以言表，兴冲冲地向科长交了差。

“呀，昨天车间领材料的单据还没记到账上去呢，这也是这个月的业务啊！”会计员李媚说到。还没等小甄缓过神来，会计员小张手里又拿着一些会计凭证凑了过来，对科长说：“这笔账我核对过了，应当记入‘原材料’和‘生产成本’的是 10 000元，而不是 9 000元。已经入账的那部分数字还得改一下。”

“试算平衡表不是已经平衡了吗？怎么还有错账呢？”小甄不解地问。

科长看他满脸疑惑的神情，就耐心地开导说：“试算平衡表也不是万能的，像在账户中把有些业务漏记了，借贷金额记账方向彼此颠倒了，还有记账方向正确但记错了账户，这些都不会影响试算表的平衡。像小张才发现的把两个账户的金额同时记多了或记少了，也不会影响试算表的平衡。”

小甄边听边点头，心里想：“这些内容好像老师在上《基础会计》课的时候也讲过，以后在实践中还得好好琢磨呀。”经过一番调整，一张真实反映本月业务情况的试算平衡表又在小甄的手里诞生了。

要求：根据上述案例讨论下列问题

1. 编制试算平衡有什么作用?

2. 试算平衡表已经平衡了，是否就意味着没有错帐？案例中小甄的错误之处主要在哪里?

第二篇　基础会计实务篇

※　企业主要经济业务核算

※　财产清查

※　会计核算组织程序

第五章

企业主要经济业务核算

学习目的与要求：

1. 了解企业主要经济业务核算的内容；

2. 了解企业资金筹集环节、生产准备环节、生产环节、销售环节、利润实现及分配环节所涉及的基本经济业务，掌握企业主要经济业务核算的方法；

3. 熟练掌握资金筹集业务、供应过程业务、生产过程业务、销售过程业务、利润形成与分配业务等的基本账务处理。

第一节　企业基本经济业务概述

会计主体从大类来看可以分为企业单位、事业单位和政府单位。不同的会计主体发生的会计事项有着比较大的不同。其中，企业单位会计核算所涵盖的范围最广，尤其是制造企业，业务包含了资金筹集过程、生产准备过程、生产过程以及销售过程等整个链条，经营业务完成之后还需要进行经营成果的核算和分配。

制造企业的生产经营过程包括取得货币资金、组织生产资料供应、组织产品生产、组织产品销售和财务成果的形成与分配等。货币资金的取得主要是通过所有者投资和向银行借款，以确保生产所需的资金，它是生产经营活动的开始。组织生产资料供应主要是购买设备、原材料等，以保证生产所需的基本条件，亦即保证生产经营的设备更新和原材料的供应，以及其他方面的供给和需要。产品的生产和销售也是企业生产经营过程中的两个环节，通过产品的生产和销售形成企业的经营成果，供企业分配。这就形成一个完整的会计循环。

从业务流程来看，制造企业主要是以生产过程为中心，实现供应过程、生产过程和销售过程的统一，从价值形态来看，是经济要素交换和商品交换的统一。这一过程包括取得货币资金、组织生产资料供应、组织产品生产、组织产品销售和财务成果的形成与分配等方面。货币资金的取得主要是通过所有者投资和向银行借款，以确保生产所需要的资金，它是生产经营活动的开始。组织生产资料供应主要是以购买设备、原材料等，以保证生产所需的基本条件，即保证生产经营的设备更新和原材料的供应，以及其他方面的正常供给和需要。产品的生产和销售也是企业生产经营过程中的两个环节，不断发生最后形成了一定的经营成果，供企业分配。所以，从制造企业生产经营的各个方面来看，它实际上是资金的运动，是资金占用形态的相互转化。

首先，企业要从各种渠道筹集生产经营所需要的资金，其筹资的渠道主要包括接受投资者的投资和向债权人借入各种款项。完成筹资任务即接受投资或形成负债，资金筹集业务的完成意味着资金投入企业，因而，企业就可以运用筹集到的资金开展正常的经营业务，进入供、产、销过程。

在供应阶段，企业用其取得的货币资金购买各种材料，形成货币资金向材料储备资金的转化。

在生产阶段，企业要发生各种耗费，如投入原材料，支付生产工人工资，负担固定资产的损耗费用等，从物质形态上看，它将原材料等消耗形成产成品，但从资金运动角度看，实际上是将储备资金转化成了生产资金，并向产成品资金转化。

在销售阶段，企业将生产出来的产成品销售出去，取得销售收入，从资金运动的角度看，这是将占用在产成品上的资金形态转化成了货币资金形态。

企业在生产经营过程中所获得的各项收入遵循配比原则抵偿了各项成本、费用后的差额，形成企业的所得，即利润。企业实现的利润，一部分要以企业所得税的形式上缴国家，形成国家的财政收入，另一部分即税后利润，要按照规定的程序进行合理的分配。如果是发生了亏损，还要按照规定的程序进行弥补。通过利润分配，一部分资金要退出企业，一部分资金要以公积金形式继续留在企业，参与企业的资金周转。

所以，工业企业从采购材料到实现销售完成了一次主要的经营活动，也实现了一次资金循环，这种经营活动的不断进行，便形成了企业资金的周转。接下来我们将结合企业资金转化的形态，主要对工业企业的供应过程、生产过程、销售过程和财务成果的分配过程的业务核算进行说明。

第二节 资金筹集业务的核算

筹集资金是企业经营的起点，也是企业生产经营的必要前提。及时足额地筹集企业生产经营所需资金，加强其会计核算是财务部门的任务。资金筹集业务是指企业根据国家的有关方针、政策和生产经营的需要，并考虑资金使用效果的要求，从各种筹资渠道获得所需资金的活动。企业的筹资渠道很多，目前我国企业的资金来源主要是企业所有者投入和企业债权人借入。从企业所有者处筹集的资金即所有者投资，属于企业的权益资金，通常称之为实收资本；从企业债权人处筹集的资金，属于企业的负债，如短期借款、长期借款等。本节主要介绍如何运用借贷记账法对企业所有者（即投资人）投入的资本金和短期借款等经济业务进行核算。

一、权益资金筹集业务的核算

（一）实收资本业务的核算

1. 实收资本的含义

实收资本是指企业实际收到投资者的投入资本，在一般情况下无需偿还，企业可以长期周转使用。它是企业所有者权益中的主要部分。实收资本按投入主体不同分为国家投入资本、法人投入资本、个人投入资本和外方投入资本等。投入资本按物质形态不同分为货币投资、实物投资、债券投资、无形资产投资等。

2. 实收资本确认和计量的基本要求

为了反映监督实收资本增减变动情况，股份公司应当设置“股本”账户，其他各类企业应设置“实收资本”账户。其贷方登记实收资本的增加数额，借方登记实收资本减少数额，期末贷方余额反映企业实收资本的实有数额。投资者可以用现金投资，也可以用现金以外的其他有形资产投资，符合国家规定比例的（全体股东货币出资额不得低于有限责任公司注册公司资本的30%，无形资产一般不能超过注册资本的20%，投资者应按投资合约规定出资），还可以用无形资产投资。企业收到投资时，一般应作以下会计处理：收到投资人投入的现金，应在实际收到或者存入企业开户银行时，按实际收到的金额，借记“银行存款”科目，以实物资产投资的，应在办理实物产权转移手续时，借记有关资产科目，以无形资产投资的，应按照合同、协议或公司章程规定移交有关凭证时，借记“无形资产”科目，按投入资本在注册资本或股本中所占份额，贷记“实收资本”或“股本”科目，按其差额，贷记“资本公积——资本溢价”或“资本公积——股本溢价”等科目。

【例题5－1】化林公司注册成立，接受华云公司投入现金40万元，款项已通过银行转入。

化林公司接受投资者投入资金，获得一笔银行存款，故“银行存款”增加这一资产，记入其借方；同时，华云公司接受投资者投入的资本增加，即“实收资本”这一所有者权益增加，记入其贷方。化林公司会计人员应根据业务内容编制会计分录如下：

借：银行存款　　400 000

　贷：实收资本——华云公司　　400 000

【例5－2】A公司、B公司、C公司共同出资设立海通有限责任公司，注册资本2 000 000元，A公司出资1 000 000元，B公司出资600 000元，C公司出资400 000元。款项已汇入海通公司账户。

这项经济业务一方面使得海通公司的银行存款增加2 000 000元，另一方面使得公司股东对公司的股本投资增加2 000 000元。会计分录如下：

借：银行存款 2 000 000
　贷：实收资本——A公司 1 000 000
　　　　　　——B公司 600 000
　　　　　　——C公司 400 000

【例5－3】收到甲公司投入不需要安装的设备一套入股，合约确认其价值为2 000 000元，不允许抵扣的增值税进项税额为340 000元。

这项业务一方面使得公司的固定资产增加2 340 000元，另一方面使得公司的实收资本增加2 340 000元。固定资产的增加，应记入“固定资产”账户的借方，实收资本的增加，应记入“实收资本”账户的贷方。其会计分录如下：

借：固定资产 2 340 000
　贷：实收资本——甲公司 2 340 000

【例5－4】收到乙公司作为资本投入的一批原料，合约确认其价值为2 000 000元，允许抵扣的增值税进项税额340 000元。

借：原材料 2 000 000
　　应交税费——应交增值税（进项税额） 340 000
　贷：实收资本——乙公司 2 340 000

【例题6－5】收到丙公司作为资本投入的专利权及土地使用权，投资合约确定的价值分别为1 000 000元和1 500 000元。

借：无形资产——专利权 1 000 000
　　　　　　——土地使用权 1 500 000
　贷：实收资本——丙公司 2 500 000

（二）资本公积的核算

资本公积是指企业收到投资者出资超出其在注册资本或股本中所占的份额以及直接计入所有者权益的利得和损失。资本公积从来源上看，它不是由企业实现的利润转化而来的，从本质上讲应该属于投入资本的范畴。同时，资本公积与实收资本又有所不同，实收资本一般是投资者投入的，为谋求价值增值的原始投资，而且属于法定资本，与企业的注册资本一致。因此，实收资本无论是在来源上还是金额上，都有比较严格的限制；资本公积在金额上没有严格的限制，而且在来源上也相对较多，它可以来源于资本溢价、股本溢价、被投资单位所有者权益除净损益外所有者权益的其他变动、出售金融资产的公允价值高于其账面余额的差额等。

为了反映和监督企业“资本公积”的增减变动及余额情况，应该设置“资本公积”科目。该账户属于所有者权益类账户。该账户的贷方登记资本公积的增加数，借方登记资本公积的减少数，期末为贷方余额，反映资本公积的结余数额。“资本公积”科目应当分别设置“资本溢价”、“其他资本公积”进行明细核算。

有限责任公司在新的投资者加入时，新股东的出资额往往会大于其在注册资本中所占份额。因此，公司在收到新投资者的出资额时，应该根据实际出资额，借记“银行存款”等科目，根据其在注册资本中所占的份额，贷记“实收资本”等科目；根据两者之间的差额，贷记“资本公积”科目。

【例5－6】某股份有限公司发行股票5 000 000股，面值1元，实收到款项6 000 000元。

这项经济业务一方面使得公司的银行存款增加6 000 000元，另一方面使得公司实收资本增加5 000 000元，资本公积增加1 000 000。会计分录如下：

借：银行存款　　　　6 000 000

　贷：实收资本　　　　5 000 000

　　　资本公积　　　　1 000 000

二、借入资金筹集业务的核算

企业自有资金不足以满足企业经营运转需要时，可以通过从银行或其他金融机构借款的方式筹集资金，并按借款协议约定的利率承担支付利息及到期归还借款本金的义务。因此，企业借入资金时，一方面银行存款增加，另一方面负债也相应增加。为核算企业因借款而形成的负债，企业应设置“短期借款”和“长期借款”两个科目。

（一）短期借款的核算

“短期借款”科目用于核算企业向银行或其他金融机构等借入的期限在1年以下（含1年）的各种借款。企业从银行或其他金融机构借款时，应贷记本科目；企业归还借款时，借记本科目；本科目期末贷方余额反映企业尚未偿还的短期借款的本金。企业应当按照借款种类、贷款人和币种进行明细核算。

实际工作中，由于银行一般于每季末收取短期借款利息，企业的短期借款利息一般采用月末预提的方式进行核算。短期借款利息属于筹资费用，月末预提时应记入“财务费用”，同时记入“应付利息”这个负债账户。季末时可不预提，直接列为财务费用。

【例5－7】化林公司1月1日从银行借入半年期借款20 000元，年利率7.2%，本金到期一次归还，利息按月预提，按季支付。有关账务处理如下：

（1）借入款项时

借：银行存款 20 000

贷：短期借款 20 000

（2）1、2 月末预提应计利息，作相同会计处理：

借：财务费用 120

贷：应付利息 120

（3）3 月末支付一季度利息，3 月份不再预提，直接列为财务费用，同时冲销 1、2 月份预提的借款利息 1 200元：

借：财务费用 120

应付利息 240

贷：银行存款 360

（4）归还本金时：

借：短期借款 20 000

贷：银行存款 20 000

（二）长期借款的核算

"长期借款"，负债类科目，用来核算企业向银行或其他金融机构借入的期限在 1 年以上（不含 1 年）的各项借款，一般用于固定资产的构建、改扩建工程、大修理工程、对外投资等。

企业借入长期借款及计提借款利息时，贷记本科目；归还长期借款本金及利息时，借记本科目；本科目期末贷方余额，反映企业尚未偿还的长期借款本金及利息的余额。企业还应当按照贷款单位进行明细核算。

长期借款利息费用按以下原则计入有关成本、费用：属于筹建期间的，计入财务费用；属于生产经营期间的，计入财务费用。如果长期借款用于构建固定资产，在固定资产尚未达到预定可使用状态之前，所发生的应当资本化的利息支付，计入在建工程；固定资产达到预定可使用状态后发生的利息支出，以及按规定不能予以资本化的利息支出，计入财务费用。应付未付的利息，记入"应付利息"贷方。偿还借款、支付利息时借记"长期借款"账户，贷记"银行存款"账户。

【例 5 - 8】化林有限公司为购置一条生产线，购建期间一年，于 2010 年 1 月 1 日向银行借入期限三年的借款 100 000元，存入银行，并于 2010 年 1 月 1 日将该存款投入到生产线的购建中去。贷款年利率 8%（利息按年支付，单利计息），于 2013 年 1 月 1 日归还借款本金。

这项经济业务的发生，一方面使得公司的银行存款增加 100 000元，另一方面使得公司的长期借款增加 100 000元。针对以上业务，化林公司应做如下账务处理。

（1）2010 年 1 月 1 日借入款项时：

借：银行存款　　　　　　　　100 000

　贷：长期借款—本金　　　　　　100 000

（2）2010 年末计息，偿付利息：

借：财务费用　　　　　　8 000

　贷：应付利息　　　　　　8 000

借：应付利息　　　　　　8 000

　贷：银行存款　　　　　　8 000

（3）2010 年年末计息，偿付利息：

借：在建工程　　　　　　8 000

　贷：应付利息　　　　　　8 000

借：应付利息　　　　　　8 000

　贷：银行存款　　　　　　8 000

（4）2013 年 1 月 1 日归还借款本金：

借：长期借款——本金　　　　　　100 000

　贷：银行存款　　　　　　　　　100 000

第三节　生产准备业务的核算

生产准备过程也叫供应过程，这是企业获得资金后进入生产经营的第一个过程。企业从不同渠道筹集到各种资金后，便将这些资金投入到企业正常的生产经营活动中去，保证企业经营活动的正常运行，为企业生产产品做好物质上的准备，并为企业谋取新的发展机会、创造更大的收益奠定物质基础。在采购阶段，企业主要经济业务是用货币资金购买建筑物、机器设备、无形资产、原材料等。采购阶段的主要任务是：核算与监督固定资产的购置价值和购置费用，确定材料的采购成本，检查材料采购计划执行情况，核算和监督储备资金占用量，考核储备资金使用情况。

一、材料采购业务的核算

（一）材料采购的基本业务

企业要进行正常的生产经营活动，就必须购买和储备一定品种和数量的材料，原材料是产品制造企业生产产品不可缺少的物质要素，在生产过程中，材料经过加工而改变原来的实物形态，构成产品实体的一部分，或者实物消失而有助于产品的生产。因此，产品制造企业要有计划地采购材料，在保证及时、保质保量地满足生产需要的同时，又要避免由于储备过多存货，过多地占用企业资金，而造成不必要的浪费。

材料是指直接用于制造产品并构成产品的实体，或有助于产品形成但不构成产品实体的物品，它包括原材料及主要材料、辅助材料、外购半成品、修理备用件、包装材料、燃料等。材料是存货的一种。在材料采购的过程中，一方面是企业从供应单位购进各种材料，另一方面企业要支付材料的买价和各种采购物资，包括运输费、装卸费和入库前的整理挑选费用等，并与供应单位发生货款结算关系。

关于原材料成本的确定，不同方式取得的原材料，其成本的确定方法不同，成本构成内容也不同，其中购入的原材料，其实际采购成本由以下几项内容组成。

1. 买价，是指购货发票所注明的货款金额。

2. 采购过程中发生的运输费、包装费、装卸费、保险费、仓储费等。

3. 材料在运输途中发生的合理损耗。

4. 材料入库之前发生的整理挑选费用。

5. 按规定应计入材料采购成本中的各种税金，如从国外进口材料支付的关税，但不包括国内采购时支付的增值税。

原材料的日常核算，可以按照实际成本计价核算，也可以按照计划成本核算。具体采用哪一种方法，由企业根据自身具体情况决定。

材料成本的日常核算有计划成本和实际成本两种，材料品种繁多的企业一般采用计划成本进行日常核算，对某些品种不多，但占产品成本比重较大的原料及主要材料也可以单独采用实际成本进行日常核算。规模较小、材料品种简单、采购业务不多的企业，也可全部采用实际成本进行日常核算。原材料按实际成本计价方法进行日常的收发核算，材料明细分类账和总分类账全部按实际成本计价。

(二) 账户设置

1. “在途物资”账户

“在途物资”账户用于实际成本法核算；“材料采购”账户适用于采用计划成本核算的情形下。它们都是用来核算采购过程中（材料入库之前）所发生的实际成本。

本科目核算企业采用实际成本（或进价）进行材料、商品等物资的日常核算、货款已付尚未验收入库的在途物资的采购成本。本科目可按供应单位和物资品种进行明细核算。

在途物资的主要账务处理：

(1) 企业购入材料、商品，按应计入材料、商品采购成本的金额，借记本科目，按实际支付或应支付的金额，贷记“银行存款”、“应付账款”、“应付票据”等科目。涉及增值税进项税额的，还应进行相应的处理。

（2）所购材料、商品到达验收入库，借记“原材料”、“库存商品”等科目，贷记本科目。

本科目期末余额借方，反映企业在途材料、商品等物资的采购成本。

2. “原材料”账户

本科目核算企业库存的各种材料，包括原料及主要材料、辅助材料、外购半成品（外购件）、修理用备件（备品备件）、包装材料、燃料等的计划成本或实际成本。

本科目可按材料的保管地点（仓库）、材料的类别、品种和规格等进行明细核算。

原材料的主要账务处理：

（1）企业购入并已验收入库的材料，按计划成本或实际成本，借记本科目，按实际成本，贷记“材料采购”或“在途物资”科目，按计划成本与实际成本的差异，借记或贷记“材料成本差异”科目。

（2）自制并已验收入库的材料，按计划成本或实际成本，借记本科目，按实际成本，贷记“生产成本”科目，按计划成本与实际成本的差异，借记或贷记“材料成本差异”科目。

委托外单位加工完成并已验收入库的材料，按计划成本或实际成本，借记本科目，按实际成本，贷记“委托加工物资”科目，按计划成本与实际成本的差异，借记或贷记“材料成本差异”科目。

本科目期末借方余额，反映企业库存材料的计划成本或实际成本。

3. “应付账款”科目

“应付账款”账户是负债类账户，用来核算企业因采购材料、商品和接受劳务供应而应付给供应单位的款项。它的贷方登记应付未付款项的数额，借方登记实际归还款项的数额，其贷方余额表示尚欠供应单位的款项。

为了具体反映应付各个供应单位的款项增减变动情况，“应付账款”账户需按供应单位设置明细分类账户。

4. “应付票据”账户

“应付票据”账户是负债类账户，用来核算企业购买材料、商品和接受劳务供应等开出、承兑的商业汇票，包括银行承兑汇票和商业承兑汇票。它的贷方登记开出、承兑商业汇票的数额；借方登记支付到期商业汇票及银行承兑汇票手续费的数额；贷方余额表示企业尚未到期的应付票据的数额。

5. “预付账款”账户

“预付账款”账户是资产账户，用来核算企业按照合同规定预付给供应单位的款项。它的借方登记因购货而预付的款项；贷方登记收到所购货物的成本数额，其借方余额表示已经预付货款但尚未收到货物的数额。此账户需按供应单位设置明细分类账户。

预付账款发生情况不多的企业，也可不设置账户，将预付的货款直接记入“应付账款”的账户。

6. “应交税费”账户

“应交税费”账户是负债类账户，用来核算企业应交纳的各种税金，包括增值税、消费税、营业税、所得税、资源税、土地增值税、城市维护建设税、房产税、土地使用税、车船使用税、个人所得税等。“应交税费”账户下设“应交增值税”明细账户，借方发生额反映企业购进货物或接受应税劳务支付的进项税额和实际已交纳的增值税；贷方发生额反映企业销售货物或提供应税劳务应交纳的销项税额，转出已支付或应分担的增值税。纳税人从销项税额中抵扣进项税额后向税务部门交纳增值税。期末借方余额，反映多上交或者尚未抵扣的增值税；期末贷方余额，反映企业尚未交纳的增值税。增值税率一般为17%及13%，但小规模纳税人按销售额征收（税率一般为3%）的增值税，不扣抵进项税额。

（三）主要账务处理

供应过程的主要经济业务是采购材料，在购进材料时，一般有：材料已经验收入库，货款尚未支付；材料验收入库的同时支付货款；支付材料采购费用；结转材料实际采购成本等经济业务。原材料的日常核算，可以按照实际成本计价核算，也可以按照计划成本核算。具体采用哪一种方法，由企业根据自身具体情况决定。“在途物资”账户用于实际成本法核算；“材料采购”账户适用于采用计划成本核算的情形下。它们都是用来核算采购过程中（材料入库之前）所发生的实际成本。采用计划成本核算材料的企业，应设置“材料成本差异”科目。该科目借方登记实际成本大于计划成本的超支差异及节约差异的转出数，贷方登记实际成本小于计划成本的节约数及超支差异的转出数。期末余额在借方表示材料的成本差异为超支差异，在贷方为节约差异。本书中只介绍实际成本法的处理方法。

【例5-9】化林公司2010年12月发生下列经济业务（原材料按实际成本核算）。

（1）向外地某单位购入甲材料4 000千克，每千克10元；共计划40 000元，进项增值税税率17%，计6 800元。材料已验收入库，货款以商业汇票一张付讫。

这笔经济业务的发生，一方面表明甲、乙两种材料的买价是40 000元，应记入“在途物资”账户的借方，进项增值税额6 800元记入“应交税费”账户的借方；另一方面表明货款以商业汇票支付，形成企业对供应单位的债务，应记入“应付票据”账户的贷方。其会计分录如下：

借：在途物资　40 000
　应交税费——应交增值税（进项税额）　6 800
贷：应付票据　46 800

（2）上述甲材料运抵企业，验收入库。

甲材料运抵企业后，企业的材料增加，故应在“原材料”账户借方登记，同时结转采购材料的实际成本，从“在途物资”账户的贷方转出，其会计分录如下：

借：原材料——甲材料　40 000
贷：在途物资　40 000

（3）从M公司购入甲材料3吨，单价1 200元，增值税进项税额612元；乙材料2吨，单价1 000元，增值税进项税额340元，发生运费500元（按材料重量比例分配）。材料已到，款项尚未支付。

借：在途物资——甲材料　3 900
　　　　——乙材料　2 200
　应交税金——应交增值税（进项税额）　952
贷：应付账款——M公司　7 052

（4）上述甲、乙材料运抵企业，验收入库，同时以银行存款偿付原材料价款。

借：原材料——甲材料　3 900
　　　——乙材料　2 200
贷：在途物资——甲材料　3 900
　　　　——乙材料　2 200
借：应付账款——M公司　7 052
贷：银行存款　7 052

二、固定资产购置业务的核算

固定资产是指同时具有下列特征的有形资产：为生产商品、提供劳务、出租或经营管理而持有；使用寿命超过一个会计年度。固定资产的确认应满足以下条件：一是符合固定资产的定义；二是与该项资产相联系的未来经济利益很可能流入企业；三是取得该项资产的成本能够被可靠地计量。

固定资产取得时的入账价值，包括企业为购建某项固定资产达到预定可使用状态前所发生的一切合理的、必要的支出，这些支出既有直接发生的，如支付的固定资产的价款、运杂费、包装费和安装成本等，也有间接发生的，如应予以资本化的借款利息和外币借款折合差额以及应予分摊的其他间接费用等。

由于固定资产的来源不同，其价值构成的具体内容也有所差异，固定资产取得时的入账价值应当根据具体情况分别确定。

（一）账户设置

为了对固定资产进行会计核算，企业一般需要设置“固定资产”、“累计折旧”、“工程物资”、“在建工程”、“固定资产清理”等科目，核算固定资产取得、计提折旧、处置等情况。

1. “固定资产”科目

该科目借方登记企业增加的固定资产原价，贷方登记企业减少的固定资产原价，期末借方余额，反映企业期末固定资产的账面原价。“固定资产”科目一般分为三级，企业除了应设置“固定资产”总账科目，还应设置“固定资产登记簿”和“固定资产卡片”，按固定资产类别、使用部门和每项固定资产进行明细核算。

（1）“固定资产”总账科目。“固定资产”总账科目总括反映固定资产原值的增减变动和结存情况。

（2）固定资产登记簿，即固定资产二级账。固定资产二级账一般按固定资产类别开设账页，账内按照使用和保管单位开设专栏。月末，应将固定资产登记簿与固定资产总账进行核算，各类固定资产登记簿的余额之和，应与“固定资产”总账科目余额核对相符。

（3）固定资产明细账。固定资产明细账即固定资产卡片账。应按照每一项独立的固定资产设置，登记固定资产的原值、预计净残值、预计使用年限、月折旧率、开始使用时间、使用期间内的停用记录和大修理记录以及其他与该项固定资产相关的纪录，并按照固定资产的类别和使用、保管单位的顺序排列。月末，应将固定资产卡片账与固定资产登记簿进行核算，各类固定资产卡片账的原值合计数，应与该类固定资产登记簿余额核对相符。

2. “累计折旧”科目

该科目贷方登记计提的固定资产折旧，借方登记减少的固定资产转出的累计已提折旧，期末贷方余额反映企业提取的固定资产折旧累计数。

3. “工程物资”科目

该科目的借方登记企业购入工程物资的实际成本，贷方登记领用工程物资的实际成本，期末借方余额反映企业为工程购入但尚未领用的专用物资的实际成本。

4. “在建工程”科目核算企业进行建造工程、安装工程等发生的实际支出，包括需要安装的设备的价值。

该科目的借方登记企业各项在建工程的实际支出，贷方登记完工工程转出的实际支出，期末借方余额反映企业在建工程发生的实际支出。

5. “固定资产清理”科目核算企业因出售、报废和毁损等原因转入清理的固定资产价值及其在清理过程中所发生的清理费用和清理收入的情况。

该科目借方登记转入清理的固定资产净值、清理过程中发生的清理费用以及应交的税金，贷方登记清理固定资产的变价收入、保险公司或过失人的赔偿款等。该科目应按被清理的固定资产设置明细账，进行明细核算。

（二）主要账务处理

外购固定资产，应按实际支付的价款、相关税费、使固定资产达到预定可使用状态前所发生的可归属于该项资产的运输费、装卸费、安装费和专业人员服务费，作为固定资产取得成本。需要安装的固定资产，应先通过“在建工程”核算，待工程完工，再从“在建工程”转入“固定资产”。固定资产出售、报废等应通过“固定资产清理”账户核算。固定资产发生的后续支出，满足固定资产确认条件的，应计入固定资产的成本，不满足固定资产确认条件的，发生时计入当期损益。

固定资产在使用寿命内，应按确定的方法对应计折旧进行系统分摊。除已提足折旧、提前报废和当月新增的固定资产不计提折旧外，其他情况一般需要计提折旧。固定资产计提折旧的方法主要有年限平均法、工作量法、双倍余额递减法和年数总和法等。

【例5-10】化林公司（增值税一般纳税人，适用17%的税率）2010年2月发生如下经济业务：

（1）3日购入生产设备一台，价款合计200 000元，增值税专用发票上记载的进项税额为34 000元，货款尚未支付，设备需要进一步安装调试。

该业务是购入需要进一步安装的固定资产使公司的“在建工程”增加；货款尚未支付，使公司的“应付账款”也增加。会计分录如下：

借：在建工程　200 000
　　应交税费——应交增值税（进项税额）　34 000
　贷：应付账款　234 000

（2）4日通过安装调试，达到预期可使用状态，并结转固定资产，为此发生安装调试费10 000元，相应增值税1 700元，以银行存款支付。

这项业务一方面使得“在建工程”的成本继续增加，另一方面支付安装调试费会导致银行存款的减少，同时需要支付增值税，使企业的应缴增值税减少（假设是消费型增值税）。会计分录如下：

借：在建工程　10 000
　　应交税费——应交增值税（进项税额）　1 700
　贷：银行存款　11 700

设备通过安装调试已达到可使用状态，因而需要将在建工程结转到固定资产以备生产。此时，“在建工程”账户的借方余额为210 000元。会计分录为：

借：固定资产 210 000

贷：在建工程 210 000

（3）5 日购入一台不需要安装的设备，设备价款 200 000元，增值税 34 000元，包括运杂费 3 000元，全部以银行存款支付，设备当即投入使用。

借：固定资产 203 000

应交税费——应交增值税（进项税额） 34 000

贷：银行存款 237 000

第四节 生产过程业务的核算

生产过程是制造企业经营活动的第二阶段，是连接供应过程和销售过程的中心环节。生产过程既是产品的制造过程，又是物化劳动（劳动资料和领导对象）和活劳动的耗费过程。一方面劳动者利用劳动资料对劳动对象进行加工、制造产品，以满足社会需要；另一方面，为了制造产品，必然要发生各种耗费，如消耗的各种材料，支付人员工资，以及由于使用厂房、机器设备等劳动资料所发生的折旧费、修理费等。企业发生的费用中，凡是一定时期产品生产过程中发生或支出的各种耗费，称为生产费用；凡是为某生产经营期间而发生或支出的、为了维持一定生产经营能力的费用为期间费用。企业为制造一定种类和一定数量的产品所支付的各项生产费用的总和，称为产品制造成本。

按照有关规定，企业生产过程中实际消耗的直接材料、直接工资、其他直接支出和制造费用，构成产品制造成本的内容，应计入产品的制造成本。对于发生的期间费用（销售费用、管理费用、财务费用）则不构成产品制造成本的内容，应直接计入当期损益。因此，生产过程核算的任务，主要是核算和监督企业各项费用的支出，确定产品的生产成本，同时核算和监督生产资金的占用。也就是说，生产过程的主要会计业务是生产费用的发生、归集和分配。产品成本的形成以及和各方面的结算关系是生产过程核算的主要内容。

概括地说，产品生产过程的核算，主要包括以下五个方面的内容：

1. 生产领用原料及主要材料、辅助材料和燃料等；
2. 分厂、车间发生的职工工资费用和职工福利费；
3. 分厂、车间发生的固定资产的折旧费用和修理费；
4. 生产过程中发生的其他费用；
5. 计算和结转完工产品成本。

一、生产过程账户设置

对产品生产业务的核算应设置如下账户：

“生产成本”账户：资产类账户，用来归集、分配产品生产过程中所发生的各项生产费用、确定产品的实际制造成本。其借方登记月内发生的各项生产费用（直接费用平时发生时，直接记入该账户的借方；间接费用平时发生时，先在“制造费用”账户中归集，期末分摊后记入“生产成本”账户的借方），贷方登记应结转到“库存商品”账户中去的完工产品的实际制造成本。期末余额在借方，表示尚未完工的产品成本，即在产品成本。为了具体反映每种产品生产费用的归集、分配情况，确定各该种产品的实际生产数量和实际制造成本，在“生产成本”账户下还应按成本计算对象即产品的品种或类别设明细账，进行明细核算。

“制造费用”账户：资产类账户，用来核算与生产产品和提供劳务有关的各项间接费用，如工资和福利费、固定资产折旧费、修理费、办公费、水电费、机物料消耗、劳动保险费、季节性或修理期间的停工损失费用等，是一个成本类账户。企业发生制造费用时，记入该账户的借方，制造费用分配转出时记入贷方，月末将“制造费用”账户的借方发生额全部转入“生产成本”账户的借方之后，“制造费用”账户应无余额。为了具体反映制造费用的发生情况，本账户还要按不同的车间并分项目设置明细账户，进行明细核算。

“管理费用”账户：费用类账户，用来核算行政管理部门为组织和管理生产经营活动而发生的各项管理费用，如管理部门的人员工资和福利费、固定资产折旧费、修理费、办公费、水电费、业务招待费、劳动保险费、职工教育经费等，是一个费用类账户。各项管理费用发生时记入借方，期末结转当期利润时记入贷方，结转后无余额。

“累计折旧”账户：固定资产在生产过程中，由于使用而逐渐损耗的价值称为折旧，折旧的货币表现称为折旧费。计提折旧时记入其贷方，转销时记入其借方，余额在贷方，反映现有固定资产累计计提的折旧额。“固定资产”账户的借方余额减去“累计折旧”账户的贷方余额等于固定资产的账面净值。

“应付职工薪酬”账户：负债类账户，其贷方登记应由本期负担尚未支付的职工工资总额，借方登记实际支付的职工工资总额，期末如有余额，余额可能在借方，也可能在贷方，表示提前支付的职工工资总额或已经预提但尚未支付的职工工资总额。

“库存商品”账户：它是资产类科目，用来核算制造企业生产完工并验收入库产品的实际成本、因销售或其他原因转出产品的实际成本及期末结存的库存产成品的实际成本。借方登记企业入库产品的实际成本，贷方登记企业转出（销售）产品的实际成本，期末余额表示企业库存产品的实际成本。

企业在生产经营过程中耗用的材料成本，应按具体用途计入有关成本费用中。其中，产品生产直接耗用的材料，借记“生产成本”账户；生产车间耗用的材料，借记“制造费用”账户；企业行政管理部门一般耗用的材料，借记“管理费用”账户。同时，按照本期耗用的材料成本总额，贷记“原材料”账户。

二、生产过程经济业务的核算

下面举例说明生产过程经济业务的核算。

【例5-11】以化林公司2010年3月为例，仓库根据当月领料凭证，编制本月材料耗用汇总表如表5-1所示：

表5-1 **材料耗用汇总表2010年3月份** 单位：吨

用途	甲材料			乙材料			丙材料			金额合计
	数量	单价	金额	数量	单价	金额	数量	单价	金额	
生产产品领料										
A产品	30	508.50	15 255	1 000	31	31 000				46 255
B产品	20	508.50	10 170	1 000	31	31 000				41 170
小计	50	508.50	25 425	2 000	31	31 000				87 425
车间一般耗用							400	50.20	20 080	20 080
全厂行政耗用							100	50.20	5 020	5 020
合计	50	508.50	25 425	2 000	31	62 000	500	50.20	25 100	112 525

从表中的材料用途可以看出，3月份A产品直接耗用材料46 255元，B产品直接耗用材料41 170元，应记入“生产成本”总分类账户及其所属A、B产品两个明细分类账户的借方中。车间耗用的材料20 080元，应记入“制造费用”账户的借方。管理部门耗用的材料5 020元，应记入“管理费用”借方。这笔经济业务的会计分录如下：

借：生产成本——A商品 46 255
　　　　　　——B商品 41 170
　　制造费用 20 080
　　管理费用 5 020
　贷：原材料——甲材料 25 425
　　　　　　——乙材料 62 000
　　　　　　——丙材料 25 100

企业在生产经营过程中支付人员工资的费用，按照享受工资人员所在的部门和从事的具体工作，计入有关成本费用中，也就是通常所说的结转（分配）工资。其中，直接从事产品生产的工人工资，借记“生产成本”账户；车间管理人员的工资，借记“制造费用”账户；企业行政管理部门人员的工资，借记“管理费用”账户。同时，按照应付工资总额，贷记“应付工资”账户。

此外，企业按职工工资总额的14%计提职工福利费时，原则上与结转（分配）工资的方向相同，按职工工资对象分别借记“生产成本”、“制造费用”、“管理费用”账户，贷记“应付福利费”账户。

【例5－12】化林公司本月应付工资总额128 000元，其中A产品生产人员工资50 000元，B产品工人工资50 000元，车间管理人员工资为8 000元，企业行政管理人员工资为20 000元。编制会计分录如下：

借：生产成本——A产品　　50 000
　　　　　　——B产品　　50 000
　　制造费用　　8 000
　　管理费用　　20 000
　贷：应付职工薪酬　　128 000

以上例资料为例，按职工工资总额的14%提取应付福利费的会计处理如下：

借：生产成本——A产品　　7 000
　　　　　　——B产品　　7 000
　　制造费用　　1 120
　　管理费用　　2 800
　贷：应付职工薪酬——福利费用　　17 920

企业用于生产经营的固定资产随着其损耗而逐渐转移其价值，这部分转移的价值要以折旧费用的形式计入有关成本费用中。其中，车间的固定资产折旧应借记“制造费用”账户，企业行政管理部门的固定资产折旧应借记“管理费用”账户。同时，还要按本期固定资产折旧总额，贷记“累计折旧”账户。

【例5－13】化林公司月初按照规定计提本月制造部门固定资产折旧额1 500元。编制会计分录如下：

借：制造费用　　1 500
　贷：累计折旧　　1 500

企业各生产单位为组织和管理生产而发生的间接生产费用。这些费用平时通过“制造费用”账户归集，月末，将本月发生的制造费用汇总后，按照一定的分配标准在各种产品之间进行分配，将各种产品应负担的制造费用由“制造费用”账户转入“生产成本”账户。即借记“生产成本——某产品”账户，贷记“制造费用”账户。

【例5－14】化林公司3月末将本月归集的制造费用63 000元分配转入生产成本。其中A产品应负担的制造费用27 000元，B产品应负担的制造费用36 000元。编制的会计分录如下：

借：生产成本——A产品　　27 000

——B 产品 36 000

贷：制造费用 63 000

生产过程中的产品生产完工后，要验收入库，并结转其实际制造成本，借记“库存商品”账户，贷记“生产成本”账户。

【例 5－15】化林公司 2010 年 3 月份 A 产品已全部完工 100 只，其实际成本 123 455元，B 产品完工 200 件，其实际成本 127 700元。完工产品已全部验收入库。编制会计分录如下：

借：库存商品——A 商品 123 455

——B 商品 127 700

贷：生产成本——A 产品 123 455

——B 产品 127 700

第五节 销售业务的核算

销售过程是工业企业生产经营过程的第三阶段。企业通过产品的销售收入获取货币资金，以保证企业再生产的进行。在销售过程中，工业企业的产品资金转化为货币资金，从而完成一次资金周转，并应该有所增值。

销售过程的主要核算内容是企业售出产品，产品只有通过销售才能获得收入从而抵补各项费用，实现经营利润。商品销售过程，包括发出商品和结算货款两个方面的内容。在会计核算上，一方面要按商品的售价，反映商品销售收入和销货款的收取情况；另一方面应同时按已销商品的成本价结转商品的销售成本并注销库存商品。同时，为了把商品销售出去还会发生各种销售费用，如运输费、包装费、广告费，以及为销售商品而专门设置的销售机构的职工工资、福利费、业务费等经常性费用。此外企业还应从营业收入中抵补按照税法规定应缴纳的各种税金及附加，如城市维护建设税和教育费附加等。

一、账户设置

为了全面正确地反映和监督企业在销售过程中，有关产品销售收入的形成，销售货款的结算，销售成本和销售费用的发生以及企业有关税金的核算情况，企业应设置以下账户进行分类核算：

（一）“主营业务收入”账户

损益类账户，用以核算企业销售商品、提供劳务及让渡资产使用权等日常活动中产生的收入。贷方登记实现的主营业务收入，借方登记销货退回以及期末转入“本年利润”账户的主营业务收入，结转后该账户期末无余额。本账户按主营业务的种类设置明细账，进行明细核算。

（二）“主营业务成本”账户

损益类账户，用以核算企业销售商品、提供劳务及让渡资产使用权等日常活动而发生的实际成本。借方登记已经销售商品、提供劳务等主营业务的实际成本，贷方登记期末转入“本年利润”账户的主营业务成本，结转后该账户期末应无余额。本账户按主营业务的种类设置明细账，进行明细核算。

（三）“营业税金及附加”账户

损益类账户，用以核算企业日常活动应负担的税金及附加，包括营业税、消费税、资源税、城市维护建设税和教育费附加等。借方登记按规定计算应由主营业务负担的税金及附加；贷方登记收到的先征后返的营业税、消费税等税金以及期末转入“本年利润”账户的主营业务税金及附加，结转后期末应无余额。

（四）“其他业务收入”账户

损益类账户，用以核算企业除产品销售以外的其他销售或其他业务的收入，如材料销售、代购代销、包装物出租等收入。贷方登记实现的其他业务收入，借方登记月末转入“本年利润”账户的其他业务收入，结转后本账户应无余额。

（五）“其他业务成本”账户

损益类账户，用以核算企业除产品销售以外的其他销售或其他业务所发生的支出，包括销售材料、提供劳务而发生的相关成本、费用，以及相关税金及附加等，借方登记发生的其他业务支出数额，贷方登记期末结转“本年利润”账户的其他业务支出数额，结转后本账户应无余额。

（六）“销售费用”账户

损益类账户，用以核算企业在销售商品过程中发生的费用，包括运输费、装卸费、包装费、保险费、展览费、广告费，以及为销售本企业产品而专设销售机构的职工工资、福利费、业务费等经常费用。借方登记发生的营业费用，贷方登记期末转入“本年利润”账户的营业费用，结转后期末应无余额。本账户应按费用项目设置明细账，进行明细核算。

（七）“应收账款”账户

资产类账户，用以核算企业因销售商品、提供劳务等业务，应向购货单位或接受劳务单位收取的款项。不单独设置“预收账款”账户的企业，预收的账款也可在本账户核算。借方登记发生的应收款项，贷方登记收回应收款项、转作商业汇票结算的应收款项和已发生坏账损失注销的应收款项。期末借方余额表示尚未收回的应收款项。该账户应按不同购货单位或接受劳务单位设置明细账，进行明细核算。

（八）“应收票据”账户

资产类账户，用以核算企业因销售商品、提供劳务而收到的商业汇票，包括商业承兑汇票和银行承兑汇票。借方登记应收票据的增加；贷方登记应收票据的减少；期末借方余额，反映企业持有的商业汇票的票面价值和应计利息。本账户应按不同的票据种类设置明细账。企业还应设置“应收票据备查簿”，逐项登记应收票据。应收票据到期结清票款后，应在备查簿内逐项注销。

（九）“预收账款”账户

负债类账户，用以核算企业按照合同规定向购货单位预收的货款。贷方登记向购货单位预收的货款；借方登记销售实现时所实现的收入和应交增值税销项税额，以及退回购货单位多付的货款；期末贷方余额，反映企业尚未实现收入的预收货款；期末如为借方余额，反映应由购货单位补付给企业的款项。该账户应按购货单位设置明细账，进行明细核算。

（十）“应交税费”账户

属于负债类账户，用以核算企业应交纳的各种税金，如增值税、营业税、城市维护建设税、房地产税、车船税、土地使用税、所得税、资源税、消费税等。贷方登记应交纳的税金，借方登记已交纳的税金，期末贷方余额表示未交的税金，借方余额表示多交纳的税金。该账户应按税种设置明细账，进行明细核算。

二、产品销售过程具体的业务核算

【例5－16】化林公司（增值税一般纳税人，适用增值税率17%）将一批产品售出，价款100 000元，收到款项。

分析：企业将产品售出，款项也已收到，表明企业营业收入增加，同时银行存款增加；另外，作为增值税一般纳税人，应按收入的一定比率计算应缴纳的增值税额，即在企业营业收入增加的同时，还应同时确认一笔负债（应交税费）。故化林公司应计算该笔业务应缴纳的增值税并编制分录如下：

应缴纳的增值税＝100 000×17%＝17 000（元），主营业务收入100 000元

借：银行存款 117 000

　贷：主营业务收入 100 000

　　　应交税费——应交增值税（销项税额） 17 000

企业通过销售商品，一方面要确认销售商品而实现的收入；另一方面还要将所销售商品的生产成本转入费用。在确认销售收入和销售成本时，应以权责发生制为判断基础。对因同一事项或在同一期间实现的收入和发生的费用必须计入相同的会计期间，以确保收入与费用在计算口径上的一致性，使当期确认

的收入与费用具有配比性，以确保会计信息的可靠与有用。

【例5－17】假设上例中所售出库存商品的生产成本为80 000元。

分析：企业为获得收入，将库存商品的所有权出让、并交付了商品，表明企业库存商品减少，获得收入的代价、即主营业务成本增加。故化林公司应编制如下会计分录：

借：主营业务成本　　80 000

　贷：库存商品　　80 000

【例题5－18】化林公司（一般纳税企业，适用增值税率17%）将一批原材料售出，售价（不含税）100 000元，货款尚未收到。

分析：企业通过材料销售业务，取得了收取货款及增值税税款的权利，实现了收入的增长，同时还产生一笔应纳税负债（应交税费）。故化林公司应计算该笔业务应缴纳的增值税并编制分录如下：

应缴纳的增值税＝100 000×17%＝17 000（元），应收账款＝100 000＋17 000＝117 000（元）

借：应收账款　　117 000

　贷：其他业务收入　　100 000

　　应交税费—应交增值税（销项税额）　　17 000

【例5－19】假设上例中所售出材料的账面成本为50 000元。

分析：企业为获得收入，将库存材料的所有权出让、并交付了材料，表明企业库存材料减少、“其他业务成本”这一费用增加。故化林公司应编制如下会计分录：

借：其他业务成本　　50 000

　贷：原材料　　50 000

【例5－20】为销售上述材料，化林公司以现金支付销售运费500元。

分析：销售产品和材料发生的销售费用均应通过“销售费用”科目核算。一方面企业的费用增加，同时库存现金减少。故化林公司应编制分录如下：

借：销售费用　　500

　贷：库存现金　　500

【例5－21】化林公司以银行存款支付销售产品（或材料）的运费2 000元。

分析：企业以现金支付销售运费，一方面现金减少，同时销售费用增加。故化林公司应编制分录如下：

借：销售费用　　2 000

　贷：银行存款　　2 000

【例5－22】期末，经计算，企业当期销售商品及材料应缴纳的消费税共计为4 000元、城市维护建设税1 000元。

分析：企业因销售商品及材料必须承担相应的纳税义务，由此而产生的费用增加应记入“营业税金及附加”科目；同时，由于只是产生的纳税义务，税款并未实际缴纳，故产生了纳税债务（应交税费）。故化林公司应编制分录如下：

借：营业税金及附加 5 000

贷：应交税费——应交消费税 4 000

应交税费——应交城市维护建设税 1 000

第六节 财务成果及利润分配的核算

财务成果是指企业在一定会计期间所实现的最终经营成果，也就是企业所实现的利润或亏损总额。利润是按照配比原则的要求，将一定期间内存在因果关系的收入与费用进行配比而产生的效果，收入大于费用支出的差额部分即为利润，反之则为亏损。利润是综合反映企业在一定时期内生产经营成果的重要指标。企业各方面的情况，诸如劳动生产率的高低、产品是否适销对路、产品成本和期间费用的节约与否，都会通过利润指标得到综合反映。

一、利润的构成和分配

企业的利润包括收入减去费用之后的净额、直接计入当期损益的利得和损失等。

企业销售商品获得的主营业务收入是最主要的收入来源。不过，除此之外，企业可能还会销售一些原材料或其他资产而获得其他业务收入，甚至还有可能获得其他一些偶然性的收入，例如政府补助、盘盈利得、捐赠利得等。这些不同的收入有些是与企业的经营活动有关的，有些则是无关的。与此对应的，企业发生的为获取收入而付出的成本、费用以及直接计入当期利润的损失等也需要分开核算，这样才能准确地核算出各项经营活动的效益。基于此，工业企业的利润按其层次不同可分为营业利润、利润总额和净利润。各自的构成及利润的分配如下：

（一）营业利润

营业利润是企业利润的主要来源。它是指企业在销售商品、提供劳务等日常活动中所产生的利润。相关计算公式如下：

营业利润＝营业收入－营业成本－营业税金及附加－销售费用－管理费用－财务费用－资产减值损失＋/－公允价值变动损益＋/－投资收益

营业收入包括了主营业务收入和其他业务收入。其中，主营业务收入是由企业的主要经营收入带来的收入；其他业务收入指除了主营业务之外的其他业务活动实现的收入。其计算公式为：

营业收入＝主营业务收入＋其他业务收入

营业成本包括了主营业务成本和其他业务成本。其中，主营业务成本是指企业从事主要的经营活动所发生的耗费，且这些耗费与相应的主营业务收入有直接的因果关系；其他业务成本是指企业从事其他业务活动发生的耗费，而且这些耗费与相应的其他业务收入也有因果关系。

营业成本＝主营业务成本＋其他业务成本

企业在经营过程中除了发生营业收入和营业成本，还会发生各种税费和期间费用，例如财务费用、管理费用等；以及直接计入当期利润的利得和损失，如投资收益、资产减值损失等。

（二）利润总额

营业外收支的发生属于偶发性的收入或支出，其与企业的生产经营活动没有任何关系，因而不能将其归为企业的经营活动进行核算。其中，营业外收入是指企业发生的与生产经营活动无直接关系的各项收入。如罚款收入、固定资产盘盈、出售固定资产净收益等。营业外支出是指企业发生的与生产经营活动无直接关系的各项支出，如罚款支出、固定资产盘亏、出售固定资产净损失、非常损失等。

营业利润加上营业外收入再减去营业外支出，就构成了企业的利润总额。计算公式如下：

利润总额＝营业利润＋营业外收入－营业外支出

（三）净利润

企业实现的利润还需要按照税法规定缴纳企业所得税。企业可以真正自由支配的是扣除向国家缴纳的所得税款之后的余额，也即企业的净利润。计算公式如下：

净利润＝利润总额－所得税费用

（四）利润分配

利润分配是企业根据国家有关规定和投资者的决议，对企业的净利润所进行的分配。

企业的年度净利润和历年分配积存余额，由于董事会或类似机构提出分配方案，请股东大会或类似机构批准后进行分配，用于提取盈余公积、公益金、储备基金、企业发展基金、职工奖励和福利基金、股利分配及归还投资等方面。

《公司法》规定，企业当年实现的净利润，一般应按照以下内容、顺序和金额比例进行分配：

（1）提取法定盈余公积金。法定公积金按照税后净利润的10%提取。法定公积金已达注册资本的50%时可不再提取。提取的法定公积金可用于弥补以前年度亏损或转增资本。但转增资本金后留存的法定公积金不得低于注册资本的25%。

（2）提取任意盈余公积金。公司从税后利润中提取了法定公积金后，按公司章程或经股东会决议，还可提取任意公积金。

（3）向投资者分配利润。

经过这些分配之后如果还有剩余，则形成了企业的未分配利润，留待以后分配。

另外，企业发生的年度亏损，可以用下一年度实现的税前利润弥补；下一年度税前利润不足弥补的，可以在连续的5年内弥补；5年还不足弥补的，就需要改用税后利润弥补。企业发生的年度亏损以及超过抵补期限的也可以用盈余公积金弥补。

二、常用账户的设置及其基本用法

为了能够完整地核算以上各项业务，需要设置以下账户。

（一）“其他业务收入”账户

“其他业务收入”账户是损益类账户，用来核算企业除主营业务收入以外的其他销售业务收入，如材料销售、代销、包装物出租、提供劳务等收入。它的贷方登记本期各项其他业务收入的发生数；借方登记期末转入“本年利润”账户的数额，结转后无余额。

（二）“其他业务成本”账户

“其他业务支出”账户是损益类账户，用来核算主营业务成本以外的其他销售或其他业务所发生的支出。包括销售材料、提供劳务而发生的相关成本、费用，以及相关税金及附加等。它的借方登记本期各项其他业务支出的发生数；贷方登记期末转入“本年利润”账户的数额，结转后无余额。

“其他业务收入”与“其他业务成本”两个账户的差额，即为其他业务利润。该账户应按其他业务种类如材料销售、包装物出租、提供劳务等设置明细分类账。

（三）“营业外收入”账户

“营业外收入”账户是损益类账户，用来核算企业发生的与企业生产经营无直接关系的各项收入，包括固定资产盘盈、处理固定资产净收益、非货币性交易、出售无形资产收益、罚款净收入等。

（四）“营业外支出”账户

“营业外支出”账户是损益类账户，用来核算企业发生的与企业生产经营无直接关系的各项支出。如固定资产盘亏、处理固定资产净损失、出售无形资产损失、债务重组损失、计提的固定资产减值准备、罚款支出、捐赠支出、非常损失等。借方登记发生的各项营业外支出，贷方登记期末转入“本年利润”账户的营业外支出，结转后无余额。

（五）“投资收益”账户

“投资收益”账户是损益类账户，用来核算企业对外投资所取得的收益或发生的损失。

期末，应将本账户余额转入“本年利润”账户，本账户结转后应无余额。

（六）期间费用

期间费用是指企业当期发生的从当期的收入中得到补偿的费用。因为这些费用只与当期收入有关，根据收入与成本、费用配比的原则，必须计入当期损益，故称之期间费用。主要包括：管理费用、财务费用和营业费用。

管理费用和营业费用已分别在本章前几节中述及，这里主要介绍“财务费用”账户。

“财务费用”账户是损益类账户，用来核算企业为筹措生产经营所需资金等而发生的费用，包括利息支出、汇兑损失以及相关的手续费等。它的借方登记财务费用的发生数；贷方登记期末转入“本年利润”账户的数额，结转后应无余额。

（七）“本年利润”账户

“本年利润”账户是所有者权益类账户，用来核算企业在本年度内实现的净利润。它的贷方登记由“主营业务收入”、“其他业务收入”、“营业外收入”等账户转入的余额；借方登记由“主营业务成本”、“营业费用”、“管理费用”、“财务费用”、“其他业务成本”、“营业税金及附加”、“营业外支出”账户及“所得税费用”账户转入的余额。期末，企业应将本期的收入和支出相抵后结出累计余额。贷方余额表示本期的利润总额，借方余额表示本期的亏损总额。年度终了，根据本期（年度）“利润总额”计算出应纳所得税，从“本年利润”账户中减去。利润总额减除“所得税费用”后的余额为“净利润”，“净利润”的余额全部转入“利润分配”账户的贷方。年度结转后，“本年利润”账户应无余额。

（八）“所得税”费用

“所得税”账户是损益类账户，用来核算企业按规定从本期损益中减去的所得税。它的借方登记应纳所得税额；贷方登记期末转入“本年利润”账户的数额，结转后应无余额。

（九）“利润分配”账户

“利润分配”账户是所有权益类账户，核算企业利润分配和历年分配（或弥补）后的累计余额。借方登记利润分配的去向和从“本年利润”账户转入的亏损数额，利润分配去向包括：提取法定盈余公积、提取法定公益金、应付利润（或应付股利）、提取任意盈余公积等；贷方登记从“本年利润”账户转入的全年实现的净利润以及亏损的弥补情况；年末余额在贷方，反映企业历年积存的未分配利润；年末余额在借方，为未弥补亏损。

（十）“盈余公积”账户

“盈余公积”账户是所有者权益类账户，核算企业从净利润中提取的盈余公积，包括法定盈余公积、任意盈余公积和法定公益金的使用情况。贷方登记从本年实现的净利润中提取的法定盈余公积、法定公益金以及盈余公积；借方登记用盈余公积弥补亏损或转增资本；余额在贷方，反映公司提取的盈余公积和公益金累计结存余额。

（十一）“应付利润”账户

“应付利润”账户是负债类账户，是用来反映企业向投资者（包括国家、其他单位以及个人）支付利润情况的账户。贷方登记企业计算出的应支付给投资者的利润；借方登记实际支付给投资者的利润；期末余额如在贷方，表示应付而尚未支付的利润，如在借方，表示多支付的利润。

三、利润和利润分配的业务核算

【例5－23】出售材料一批，价值3 500元，应交销项税，增值税税率17%，计595元，货款已收到，存入银行。

分析：这笔经济业务属于产品销售以外的其他销售，应分别记入“其他业务收入”、“应交税金”账户的贷方和“银行存款”账户的借方。

借：银行存款　　4 095
　贷：应交税费——应交增值税（销项税额）　　595
　　　其他业务收入　　3 500

【例5－24】结转出售材料的实际成本3 000元。

分析：这笔经济业务一方面表明销售材料实际成本增加，应记入“其他业务支出”账户的借方；另一方面表明库存材料减少，应记入“原材料”账户的贷方。

借：其他业务成本　　3 000
　贷：原材料　　3 000

【例5－25】支付应由本月负担的短期借款利息600元。

分析：短期借款利息属于财务费用，按季支付，因此这笔经济业务应记入“财务费用”账户借方和“银行存款”账户的贷方。

借：财务费用　　600

　贷：银行存款　　600

【例5－26】以现金支付交通违章罚款450元。

分析：罚款支出属于营业外支出。这笔经济业务表明企业营业外支出增加450元，应记入“营业外支出”账户的借方和“库存现金”账户的贷方。

借：营业外支出　　450

　贷：库存现金　　450

【例5－27】收到购货单位违反合同而交来的罚款净收入128.21元。

分析：罚款净收入属于营业外收入。这笔经济业务表明企业营业外收入增加128.21元，应记入“营业外收入”账户的贷方和“库存现金”账户的借方。

借：库存现金　　128.21

　贷：营业外收入　　128.21

【例5－28】出售A产品100台，每台售价921元，计92 100元，产品已发出，货款尚未收到。该项产品应交纳增值税，税率17%。

分析：这笔经济业务的发生，一方面表明销售产品收入92 100元及应交增值税15 657元（92 100×17%），应分别记入“主营业务收入”及“应交税费——应交增值税”账户的贷方；另一方面表明应收回销货款及增值税107 757（92 100＋15 657），应记入“应收账款”账户的借方。

借：应收账款　　107 757

　贷：主营业务收入　　92 100

　　　应交税费——应交增值税（销项税额）　　15 657

【例5－29】计算已销A产品应交纳的消费税，按销售收入的10%计算，税金为9 210元。

分析：这笔经济业务的发生，一方面表明增值税金支出9 210元，记入“主营业税金及附加”账户的借方；另一方面，因为税金尚未交纳，按照税金核算原则，应计入“应交税金”账户的贷方。

借：营业税金及附加　　9 210

　贷：应交税费——应交消费税　　9 210

【例5－30】以银行存款支付A产品包装费用148元。

这笔经济业务的发生，一方面表明销售费用增加了148元，应记入“销售费用”账户的借方；另一方面表明银行存款减少，应记入“银行存款”账户的贷方。

借：销售费用 148

贷：银行存款 148

【例5－31】结转已销售A产品100台的实际成本53 552元。

分析：这笔经济业务的发生，一方面表明库存产品减少，应记入“库存商品”账户的贷方；另一方面表明销售成本增加，应记入“主营业务成本”账户的借方。

借：主营业务成本 53 552

贷：库存商品 53 552

【例5－32】以现金支付销售部门业务费300元。

分析：这笔经济业务的发生，一方面表明销售业务费增加，应记入“销售费用”账户的借方；另一方面表明现金减少，应记入“库存现金”账户的贷方。

借：销售费用 300

贷：库存现金 300

根据上述例题的资料，企业的主营业务利润为29 338元（92 100－53 552－9 210）。

【例5－33】以现金支付行政管理部门费用11 500元。

分析：这笔业务的发生，一方面表明管理费用增加，应记入“管理费用”增加的借方；另一方面表明现金减少，应记入“库存现金”账户的贷方。

借：管理费用 11 500

贷：库存现金 11 500

【例5－34】计算并结转本期利润总额。

分析：根据利润总额计算公式及前例有关资料，本期收入总额为：

3 500＋128.21＋92 100＝95 728.21

本期成本费用总额为：

53 552＋9 210＋3 000＋448＋11 500＋600＋450＝78 760

因此，本期利润总额为95 728.21－78 760＝16 968.21

（1）借：主营业务收入 92 100

其他业务收入 3 500

营业外收入 128.21

贷：本年利润 95 728.21

（2）借：本年利润 78 760

贷：主营业务成本 53 552

营业税金及附加 9 210

其他业务成本 3 000

销售费用　448
管理费用　11 500
财务费用　600
营业外支出　450

【例5－35】按利润总额16 968.21元（95 728.21－78 760）计算应交所得税，所得税税率为25%。

分析：按利润总额16 968.21×25%计算即为应交所得税额4 242.05元。这笔经济业务一方面表明所得税增加4 242.05元，应记入“所得税费”账户的借方；另一方面表明应交所得税增加4 242.05元，应记入“应交税费”账户的贷方。

应交所得税＝16 968.21×25%＝4 242.05（元）

借：所得税费用　4 242.05
　贷：应交税费——应交所得税　4 242.05

【例5－36】将“所得税费用”账户余额结转“本年利润”账户。

借：本年利润　4 242.05
　贷：所得税费用　4 242.05

【例5－37】年末，结转全年实现的净利润12 726.16元。

分析：这项结转业务，就是将企业实现的净利润12 726.16元从“本年利润”账户借方转入“利润分配”账户的贷方。因此，应编制如下会计分录：

借：本年利润　12 726.16
　贷：利润分配——未分配利润　12 726.16

【例5－38】按税后利润12 726.16（16 968.21－4 242.05）的10%计算提取盈余公积。

分析：应提取的盈余公积＝12 726.16×10%＝1 272.62（元）

这项经济业务的发生，一方面使利润分配的数额增加1 272.62元，另一方面使企业的盈余公积的数额增加1 272.62元。利润分配的增加，实际上就是企业利润的减少，因此应登记在利润分配的借方，计提盈余公积是所有者权益盈余公积的增加，应登记在盈余公积的贷方，这笔经济业务引起了所有者权益内部两项资金的互相变动。因此应作如下分录：

借：利润分配——提取盈余公积　1 272.62
　贷：盈余公积　1 272.62

【例5－39】按税后利润的5%计算提取公益金。

应提取的公益金＝12 726.16×5%＝636.3（元）

分析：这项经济业务的发生，一方面使利润分配的数额增加636.3元，另一方面使企业的盈余公积下的公益金增加636.3元。计提公益金是所有者权益盈余公积的增加，应登记在盈余公积的贷方，这笔经济业务也是引起所有者权益内部互相变动，应作如下分录：

借：利润分配——提取公益金　　636.3

　贷：盈余公积　　636.3

【例5－40】年末，企业决定向投资者分配利润7 000元。

分析：这笔经济业务的发生，一方面使利润分配的数额增加了7 000元，另一方面使企业应付利润增加7 000元，涉及“利润分配”和“应付利润”两个账户。利润分配的增加是所有者权益的减少，应记在“利润分配”账户的借方，应付利润的增加是负债的增加，应记在“应付利润”的贷方。分录如下：

借：利润分配——应付利润　　7 000

　贷：应付利润　　7 000

【例5－41】年末，结算企业最终的未分配利润。

分析：将“利润分配”账户其他明细账户的借方发生额结转到“利润分配——未分配利润”账户的借方，这样得出的该明细账的余额就是企业最终留下来的供后期分配的利润。分录如下：

借：利润分配——未分配利润　　8 908.92

　贷：利润分配——提取盈余公积　　1 272.62

　　　　　　——应付利润　　7 000

　　　　　　——提取公益金　　636.3

本章小结

制造企业的经营过程主要分为资金筹集过程、生产准备过程、生产过程、销售过程、利润结算及利润分配过程。在这些基本过程中，企业的资产、负债、所有者权益、收入、费用以及利润六大会计要素会不断地进行相互转化，形成了经营过程的主要经济业务。

企业要从各种渠道筹集生产经营所需要的资金，其筹资的渠道主要包括接受投资者的投资和向债权人借入各种款项。完成筹资任务即接受投资或形成负债，资金筹集业务的完成意味着资金投入企业，因而，企业就可以运用筹集到的资金开展正常的经营业务，进入供、产、销过程。

在供应阶段，企业用其取得的货币资金购买各种材料，形成货币资金向材料储备资金的转化。

在生产阶段，企业要发生各种耗费，如投入原材料，支付生产工人工资，负担固定资产的损耗费用等，从物质形态上看，它将原材料等消耗形成产成品，但从资金运动角度看，实际上是将储备资金转化成了生产资金，并向产成品资金转化。

在销售阶段，企业将生产出来的产成品销售出去，取得销售收入，从资金运动的角度看，这是将占用在产成品上的资金形态转化成了货币资金形态。

企业在生产经营过程中所获得的各项收入遵循配比原则抵偿了各项成本、费用后的差额，形成企业的所得，即利润。企业实现的利润，一部分要以企业所得税的形式上缴国家，形成国家的财政收入，另一部分即税后利润，要按照规定的程序进行合理的分配。如果是发生了亏损，还要按照规定的程序进行弥补。通过利润分配，一部分资金要退出企业，一部分资金要以公积金形式继续留在企业，参与企业的资金周转。

练习思考题

一、知识题

（一）思考题

1. 制造业企业的主要经济业务内容包括哪些？
2. 实收资本在核算上有哪些要求？
3. 资本公积金的主要用途是什么？
4. 材料采购成本由哪些项目构成？
5. 产品生产成本由哪些项目构成？
6. 如何确认和计量产品的销售收入？
7. 什么是财务成果？反映企业财务成果的主要指标有哪些？
8. 如何计算企业的营业利润？
9. 如何结转收入和费用？
10. 企业进行利润分配的顺序是怎样的？

（二）单选题

1. 企业实际收到投资者投入的资金属于企业所有者权益中的（　　）。

A. 固定资产　　B. 银行存款

C. 实收资本　　D. 资本公积

2. 通过供应阶段，工业企业的资金（　　）。

A. 由货币资金转化为储备资金和固定资金

B. 由储备资金转化为生产资金

C. 由生产资金转化为成品资金

D. 由成品资金转化为货币资金

3. 企业收到所有者的投资都应（　　）。

A. 按双方认可的估价数额入账　　B. 按实际投资额入账

C. 按原始成本入账　　D. 按计划成本入账

4. 产品制造企业因采购材料而发生的装卸搬运费，支付时应计入(　　)。

A. “原材料”账户　　B. “物资采购”账户

C. “管理费用”账户　　D. “营业外支出”账户

5. 下列项目中不构成材料采购的实际成本的是（　　）。

A. 材料买价　　B. 采购费用

C. 应负担的税金　　D. 增值税

6. 为了反映企业库存材料的增减变化及其结存情况，应设置（　　）

账户。

A. 物资采购　B. 原材料

C. 存货　D. 库存材料

7. 某企业“应付账款”账户期初借方余额为3 000元，本期增加应付账款5 000元，减少应付账款1 000元，则该账户期末余额为（　）。

A. 借方7 000元　B. 贷方7 000元

C. 借方1 000元　D. 贷方1 000元

8. 生产过程中的各项耗费是依据（　）原则进行计量的。

A. 历史成本　B. 现行成本

C. 可变现价值　D. 现值

9. 收入的入账金额一般是按销售产品的（　）确认。

A. 售价　B. 进价

C. 销售产品成本　D. 销售产品的制造成本

10. 企业销售产品实现了收入，应（　）。

A. 借记“主营业务收入”账户　B. 贷记“主营业务收入”账户

C. 贷记“本年利润”账户　D. 贷记“营业外收入”账户

11. 企业期末结转已销售产品的制造成本时，应借记（　）

A. 借记“主营业务收入”账户　B. 借记“本年利润”账户

C. 借记“主营业务成本”账户　D. 借记“库存商品”账户

12. 购入材料的市内运杂费，一般应计入（　）。

A. 物资采购成本　B. 产品生产成本

C. 制造费用　D. 管理费用

13. 下列项目中属于营业外收入的有（　）。

A. 销售产品的收入　B. 销售材料的收入

C. 固定资产盘盈收入　D. 出租固定资产的收入

14. 期间费用账户期末应（　）。

A. 无余额　B. 有借方余额

C. 有贷方余额　D. 同时有借、贷方余额

15. 下列项目不应记入“管理费用”账户的是（　）。

A. 劳动保险费　B. 无形资产摊销

C. 退休人员工资　D. 编外人员工资

16. 下列人员的工资中，通过“管理费用”科目核算的是（　）。

A. 生产车间工人工资　B. 车间管理人员工资

C. 企业管理人员工资　D. 福利部门职工工资

17. 生产成本账户月末余额表示（　）。

A. 产品生产成本　　B. 自制半成品成本
C. 主营业务成本　　D. 在产品成本

18. 费用通常是为取得某项营业收入而发生的耗费，这些耗费可以表现为（　　）。
A. 资产的减少或负债的增加　　B. 资产的增加或负债的减少
C. 资产和负债的同时增加　　D. 资产和负债的同时减少

19. 下列应计入产品成本的费用是（　　）。
A. 车间机器设备的修理费　　B. 工会经费
C. 企业行政管理部门设备的折旧费　　D. 业务招待费

20. 下列材料耗用不得列入产品成本，也不得列入期间费用的是（　　）。
A. 厂部领用修理用材料　　B. 车间设备维修耗用材料
C. 生产某种产品领用材料　　D. 厂基建部门进行房屋改建领用

21. 基本生产车间支付的车间管理人员工资，应借记（　　）科目。
A. 管理费用　　B. 营业费用
C. 生产成本　　D. 制造费用

22. 直接用于某种产品生产并构成产品实体的原材料费用，应借记(　　)总账科目。
A. 生产成本　　B. 制造费用
C. 待摊费用　　D. 营业费用

23. 下列费用发生后不能直接从当期收入中补偿的是（　　）。
A. 车间设备的日常修理费　　B. 销售产品发生的包装费
C. 无形资产推销
D. 企业行政管理部门的固定资产折旧费

24. 能够直接确定并计入某种产品成本的费用，称为（　　）。
A. 期间费用　　B. 间接费用
C. 直接费用　　D. 制造费用

25. 需要按照一定标准分配计入有关产品成本的费用称为（　　）。
A. 财务费用　　B. 间接费用
C. 直接费用　　D. 期间费用

26. 企业为筹集生产经营所需资金而发生的费用，称为（　　）。
A. 财务费用　　B. 管理费用
C. 营业费用　　D. 制造费用

27. 企业已经支付，但应由本期和以后各期（一年内）分别负担的各项费用为（　　）。
A. 预提费用　　B. 财务费用

C. 间接费用　　D. 待摊费用

28. 销售产品应交税金时，应贷记的科目是（　　）

A. “主营业务收入”　　B. “所得税费用”

C. “应交税费”　　D. “营业税金及附加”

29. 企业取得的利息收入应记入（　　）。

A. “其他业务收入”账户　　B. “营业外收入”账户

C. “财务费用”账户　　D. “投资收益”账户

30. 企业计算应交所得税时，应借记的科目是（　　）

A. “利润分配”　　B. “所得税费用”

C. “应交税费”　　D. “营业税金及附加”

31. 企业主营业务收入应负担的各种税金，除了（　　）外，均在“营业税金及附加”科目核算

A. 消费税　　B. 城建税

C. 增值税　　D. 教育费附加

32. 企业支付为销售本企业产品而专设销售机构的经费应计入（　　）。

A. 财务费用　　B. 经营费用

C. 管理费用　　D. 营业费用

33. 某企业4月30日“本年利润”账户贷方余额为160 000元，它表示（　　）。

A. 1—4月份累计利润数额　　B. 4月份利润总额

C. 4月份应付利润总额　　D. 4月份投资收益

34. 从企业所有者的角度看，只有交纳（　　）后的利润才是企业最终的财务成果。

A. 增值税　　B. 所得税费用

C. 消费税　　D. 城建税

35. 出售废旧物资取得的收入应计入（　　）账户。

A. 投资收益　　B. 营业外收入

C. 主营业务收入　　D. 其他业务收入

36. 下列各项收入中不属于其他业务收入的是（　　）。

A. 出售包装物取得的收入　　B. 销售多余材料取得的收入

C. 销售产品取得的收入　　D. 出租固定资产的租金收入

37. 下列收入项目中，与企业生产经营有直接关系的收入是（　　）。

A. 确实无法支付的应付款项　　B. 固定资产盘盈收入

C. 处理固定资产的净收入　　D. 出租包装物的租金收入

38. 库存原材料因受自然灾害等非常原因发生损失，应列入（　　）。

A. “管理费用”账户借方
B. “制造费用”账户借方
C. “营业外支出”账户借方
D. “其他业务成本”账户借方

(三) 多选题

1. 产品制造企业的主要经营过程包括（ ）。
A. 预测过程
B. 供应过程
C. 决策过程
D. 生产过程
E. 销售过程

2. 下列费用中不应计入外购材料采购成本的有（ ）。
A. 买价
B. 运杂费
C. 采购人员工资费用
D. 材料储备保管费
E. 一般纳税人支付增值税的进项税额。

3. 材料采购的实际成本主要包括（ ）。
A. 买价＋仓库管理费
B. 买价＋采购费用
C. 买价＋采购机构经费
D. 买价＋运杂费
E. 买价＋采购人员差旅费

4. 按照投入资本的不同物质形态，分为（ ）。
A. 货币投资
B. 实物投资
C. 法人投资
D. 资产投资
E. 证券投资

5. 产品制造企业供应过程采购业务核算应设置的主要账户有（ ）。
A. “物资采购”
B. “原材料”
C. “应付账款”
D. “应收账款”

6. 下列各业务中，通过“应付账款”科目核算的经济业务有（ ）。
A. 应付租入固定资产的租金
B. 应付在途物资款
C. 收取的包装物押金
D. 应付供货方代垫的运费

7. 资本公积包括（ ）等内容。
A. 投入资本
B. 接受捐赠
C. 法定财产重估增值
D. 资本溢价

8. 某车间领用材料一批，价值36 000元，直接用于产品生产。作相应的会计分录时，应使用的会计科目有（ ）。
A. 制造费用
B. 物资采购
C. 原材料
D. 生产成本

9. 产品制造企业的期间费用包括（ ）。
A. 管理费用
B. 制造费用
C. 营业费用
D. 财务费用

10. 财务费用是指企业为筹集生产经营所需资金而发生的费用，包括(　　)。
A. 利息支出
B. 广告费
C. 汇兑损失
D. 差旅费
E. 金融机构手续费
11. 与“物资采购”账户发生对应关系的账户有（　　）
A. “银行存款”
B. “应付账款”
C. “原材料”
D. “预付账款”
E. “应交税金”
12. 企业分配工资费用，应贷记“应付工资”科目，借记以下有关科目的是（　　）。
A. 生产成本
B. 制造费用
C. 营业外支出
D. 财务费用
E. 管理费用
13. 计提固定资产折旧时，与“累计折旧”账户对应的账户为（　　）
A. 生产成本
B. 制造费用
C. 管理费用
D. 财务费用
E. 银行存款
14. 对于应计入产品成本的费用可进一步划分为（　　）三个主要的产品成本项目。
A. 直接材料
B. 直接工资
C. 制造费用
D. 财务费用
E. 预提费用
15. 下列各项不应计入产品成本的费用有（　　）。
A. 差旅费
B. 生产工人工资及福利费
C. 车间设备折旧费
D. 厂部固定资产修理费
E. 广告费
16. 下列各项费用中，能在发生的当期就直接计入当期损益的有（　　）。
A. 产品生产耗用直接材料
B. 广告费
C. 差旅费
D. 利息
E. 车间设备的日常修理费
17. “生产成本”账户借方登记生产过程中发生的各项生产费用，包括（　　）。
A. 直接材料
B. 直接工资
C. 管理费用
D. 制造费用

18. 下列各项属于销售费用的有（　　）。

A. 送货运杂费　　B. 产品广告费用

C. 企业销售产品代垫运杂费　　D. 随产品销售不单独计价的包装物

E. 坏账损失

19. 以下应在“主营业务税金及附加”账户核算的是（　　）。

A. 增值税　　B. 印花税

C. 消费税　　D. 城建税

E. 教育费附加

20. 对于应交教育费附加，应通过（　　）科目核算。

A. 营业税金及附加　　B. 管理费用

C. 应交税金　　D. 其他应交款

21. 下列各项在“主营业务收入”账户中核算的有（　　）。

A. 销售产品所取得的收入　　B. 出售多余材料所取得的收入

C. 出售包装物所取得的收入　　D. 出售废旧物资取得的收入

E. 月末转入“本年利润”账户的当月主营业务收入

22. 产品制造企业的主要经营过程的成本计算有（　　）。

A. 供应过程的采购成本的计算

B. 生产过程的主营业务成本的计算

C. 基建工程成本的计算

D. 销售过程的主营业务成本的计算

E. 固定资产安装工程成本的计算

23. 固定资产的实际成本包括（　　）

A. 买价　　B. 运杂费

C. 包装费　　D. 安装费

E. 税金

24. 下列账户中，属于所有者权益类的账户有（　　）。

A. 本年利润　　B. 利润分配

C. 盈余公积　　D. 应付利润

E. 投资收益

25. 企业的利润总额由（　　）三部分构成。

A. 营业利润　　B. 投资净收益

C. 营业外收支净额　　D. 所得税费用

26. 主营业务净收入中扣除（　　）后形成主营业务利润。

A. 主营业务成本　　B. 营业费用

C. 管理费用　　D. 主营业务税金及附加

27. “其他业务收入”账户核算除产品销售以外的其他业务取得的收入，包括（　　）等。

A. 确实无法支付的应付款项　　B. 出租包装物的租金收入

C. 出售包装物的收入　　D. 对外投资的收入

E. 固定资产盘盈的收入

28. 营业外支出是指企业发生的与本企业生产经营无直接关系的各项支出，包括（　　）。

A. 固定资产盘亏的损失　　B. 利息支出

C. 非常损失　　D. 对外投资损失

E. 处理固定资产净损失

29. 下列项目中，属于利润分配的内容有（　　）。

A. 计缴所得税　　B. 提取盈余公积金

C. 支付工人工资　　D. 提取公益金

E. 向投资者分配利润

30. 下列项目中，与“本年利润”账户的贷方对应的账户有（　　）。

A. 营业外收入　　B. 主营业务成本

C. 主营业务收入　　D. 营业外支出

二、技能题

（一）练习工业企业供应过程的核算和采购成本的计算

1. 资料：××工厂为一般纳税人，××年7月份内发生以下有关在途物资的经济业务：

（1）4日，采购员王明预借差旅费1 500元，以现金支付。

（2）6日，向东方工厂购进下列原材料，已验收入库，货款尚未支付。增值税率17%。

甲种材料	1 600千克	单价10元	计16 000元
乙种材料	800千克	单价16元	计12 800元
合计			28 800元

同时，以现金支付上述材料运费480元，运达仓库的装卸费240元。材料按实际成本转账。

（3）15日，以银行存款归还前欠东方工厂材料款及增值税款。

（4）17日，从外地光明工厂购入材料11 100元，计甲种材料550千克，单价10元；乙种材料350千克，单价16元，货款以银行存款支付，材料未到（增值税率17%）。

（5）20日，上述材料运到，以现金支付运费180元，以银行存款支付装卸搬运费 540 元。

(6) 上述材料按实际成本转账。

(7) 23 日，采购员王明出差归来，报销差旅费 1 350 元，退还现金 150 元。

2. 要求：

(1) 根据上列材料采购的经济业务，编制会计分录；

(2) 登记“物资采购”和“原材料”总分类账户以及“物资采购”明细分类账户（运费和装卸搬运费按材料重量比例计入材料采购成本）。

(二) 练习制造费用的归集和分配

1. 资料：新华工厂 5 月份发生下列经济业务：

(1) 用现金购买办公用品 450 元，其中车间办公用品 150 元，企业管理部门办公用品 300 元。

(2) 以银行存款支付水电费 1 000元，其中车间水电费 700 元，企业管理部门水电费 300 元。

(3) 领用材料 6 000元，其中车间一般消耗 5 500元，企业管理部门消耗 500 元。

(4) 分配管理人员工资 4 000元，其中车间管理人员工资 2 500元，企业管理部门人员工资 1 500元。

(5) 按上述工资的 14% 的比例计提职工福利费。

(6) 开出转账支票支付固定资产日常修理费 4 000元，其中车间设备的修理费 3 000元，企业管理部门设备的修理费为 1 000元。

(7) 提取本月固定资产折旧 12 000元，其中车间使用固定资产应提折旧 7 000元，企业管理部门用固定资产应计提折旧 5 000元。

(8) 假定上述车间发生的间接费用是为了管理和组织 A、B 两种产品生产而发生的。将本月发生的制造费用按 A、B 两种产品生产工时比例进行分配，已知 A、B 两种产品所耗工时分别是 10 000小时、5 000小时。

2. 要求：根据资料编制会计分录。

(三) 练习工业企业生产过程核算和生产成本的计算

1. 资料：某工厂 7 月份发生以下各项经济业务：

(1) 生产车间从仓库领用各种原材料进行产品生产。其中用于生产 A 产品的甲材料 150 千克，单价 10.50 元，乙材料 100 千克，单价 16.50 元；用于生产 B 产品的甲材料 120 千克，单价 10.50 元，乙材料 80 千克，单价 16.50 元。

(2) 结算本月份应付职工工资，按用途归集如下：

A 产品生产工人工资 5 000 元

B 产品生产工人工资 4 000 元
车间职工工资 2 000 元
行政管理部门职工工资 3 000 元

（3）按规定根据职工工资总额 14% 计提职工福利费。

（4）计提本月份固定资产折旧，计车间使用的固定资产折旧 600 元，管理部门固定资产折旧 300 元。

（5）车间报销办公费及其他零星开支 400 元，以现金支付。

（6）车间管理人员出差报销差旅费 237 元，原预支 300 元，余额归还现金。

（7）将制造费用总额如数转入“生产成本”账户，按生产工人工资的比例摊配计入 A、B 两种产品成本中去。

（8）结算本月份 A、B 两种产品的生产成本。本月 A 产品 100 件，B 产品 80 件，均已全部制造完成，并已验收入库，按其实际成本入账。

2. 要求：根据上列产品生产的经济业务编制会计分录。

（四）练习产品生产业务的核算

1. 资料：某工厂 2 月份发生以下各项经济业务：

（1）生产车间本月耗用甲材料 10 400元，其中：生产 A 产品耗用 4 000 元，生产 B 产品耗用 5 500元，生产车间一般耗用 500 元，行政管理部门耗用 400 元。

（2）本月应付职工工资 47 500元，其中：生产 A 产品的生产工人工资 18 000元，生产 B 产品的生产工人工资 22 000元，车间管理人员工资 2 500元，行政管理部门人员工资 5 000元。

（3）按本月工资总额的 14% 计提职工福利费。

（4）计提本月固定资产折旧 5 000元，其中车间使用的固定资产折旧 3 500元，企业管理部门使用的固定资产折旧 1 500元。

（5）从银行提取现金 47 500元，以备发放工资。

（6）用现金发放职工工资 47 500元。

（7）以银行存款支付生产车间水电费 1 200元。

（8）预提本月应负担的短期借款利息 1 200元。

（9）摊销应由本月负担的保险费 800 元，其中应由车间负担的保险费 500 元，应由企业管理部门负担的保险费 300 元。

（10）用现金购买办公用品 2 000元，其中车间办公用品 800 元，行政管理部门 1 200元。

（11）以转账支票预付下年度的财产保险费 9 600元。

（12）将本月发生的制造费用按 A、B 两种产品生产工人的工资比例进行分配。

(13) 本月生产的产品全部完工验收入库，结转完工产品的实际生产成本。

2. 要求：根据资料编制会计分录。

(五) 练习工业企业销售过程的核算

1. 资料：××工厂××年7月份发生有关销售经济业务如下：

(1) 4日，向甲工厂出售A产品500件，每件售价60元，增值税率17%。货款已收到，存入银行。

(2) 7日，向乙公司出售B产品300件，每件售价150元，增值税率17%。货款尚未收到；同时，以现金代垫运费250元。

(3) 8日，以银行存款支付上述A、B两种产品在销售过程中的运输费800元、包装费200元。

(4) 15日，收到乙公司支付的B产品的货款和增值税款，存入银行。

(5) 30日，按出售的两种产品的实际销售成本转账（A产品每件40元，B产品每件115元）。

(6) 30日，按本月流转税的一定比例计提应交城建税为1 050元，应交教育费附加460元。

2. 要求：

1. 根据上列各项经济业务编制会计分录；

2. 计算主营业务利润。

三、案例讨论题

(一) 资料

安安公司1月份发生的全部经济业务如下：

1. 商店购买并收到商品存货5 000元，答应在30天内付款。

2. 成本为1 500元的商品存货售出，得到现金收入2 300元。

3. 成本为1 700元的商品存货售出，销售价格为2 620元，客户同意在30天内支付货款2 620元。

4. 商店购买了一份3年期火灾保险合同，支付现金1 224元。

5. 商店购置了两块同样大小的土地，共计24 000元，其中现金支付6 000元，其余18 000元为10年期抵押付款。

6. 商店把其中一块土地卖出去，售价12 000元；收到现金3 000元，另外，买方承担9 000元抵押付款；换言之，安安公司对这一半不再承担责任。

7. 商店收到化林公司捐款13 000元。

8. 老板从商店的银行存款账户上取走了1 000元现金，以供个人消费之用。

9. 老板从商店的存货中取走了成本为750元的商品，以供个人消费。

10. 老板得知买了那块土地（第6笔交易）的人又把它以14 000元的价格卖出去了。安安公司所有的这块土地在价值上与那块土地相同。

11. 商店还清了6 000元的短期借款（不计利息）。

12. 老板将他拥有的安安公司1/3的股票转让出去得到现金11 000元。

13. 现金销售成本为850元的商品存货，售价为1 310元。

（二）要求与讨论

1. 分析以上发生的会计事项对会计等式或资产负债表的影响。

取一张纸，以文中描述的最后一笔交易（1月4日）发生后的时点为准，先用铅笔草编安安公司的资产负债表，注意在各项目之间留下足够的空间。然后，分析下列事项对资产负债表是否有影响，若有，把它们记录下来，你可以修改表上现存的数据（划去重写但不要擦去原数据）。若有必要，也可以增加新项目。其中至少有一项事件对资产负债表不产生影响。请注意基本方程式，资产＝负债＋所有者权益，必须始终保持平衡。你可以把每笔交易的影响单独列示出来。用＋或－标出其变动的数量与方向，这样可尽量减少错误的发生。

2. 登记完这些事项后，请用正确的格式为安安公司编制一张资产负债表。

第六章

财 产 清 查

学习目的与要求：

1. 理解财产清查的意义、种类；
2. 掌握财产清查的基本知识和技能；
3. 熟悉存货和固定资产清查的程序和方法；
4. 掌握银行存款余额调节表的编制及其财产清查结果的账务处理。

第一节　财产清查的含义和种类

一、财产清查的含义

在前面几章的学习中我们已经知道，企业单位的各项财产物资的增减变动和结存情况，都是通过会计账簿记录来反映的，账簿上的结存数与实存数应当一致。但在实际工作中，可能会有种种原因使各项财产物资的账面数与实际结存数之间发生差异，造成账实不符。

其主要原因有如下几点：

（一）在管理和核算方面，由于手续不健全或不严密而发生的计算上或登记上的错误。如凭证或账簿中出现漏记、重记、错记或计算错误；

（二）在收发财产物资时，由于计量或检验不准确，造成品种、数量或质量上的差错；

（三）由于管理不善或责任者的过失，造成财产物资毁损、短缺等；

（四）由于财产物资保管中发生自然损耗或遭受自然灾害造成财产物资损失；

（五）由于不法分子贪污盗窃、营私舞弊而发生财产物资损失。

因此，为了保证会计账簿记录真实、可靠，就需要企业在编制会计报表以前，要通过一种专门的方法使企业账实相符。这种方法就是本章要学习的内容：财产清查。

所谓财产清查是指通过对实物、现金的实地盘点和对银行存款、债权债务的核对，确定各项财产物资、货币资金、债权债务的实存数，以查明账存数与实存数是否相符的一种专门方法。各单位应当定期将会计账簿记录与实物、款项及有关资料进行核对，保证会计账簿记录与实物及款项的实有数额相符、会计账簿记录与会计凭证的有关内容相符、会计账簿之间相对应的记录相符、会计账簿记录与会计报表的有关内容相符。

财产清查的意义在于：

1. 通过财产清查，确定各项财产的实存数，查明实存数与账存数之间的差异以及发生差异的原因和责任，以便及时调整账面记录，使账实相符，从而保证会计核算资料的真实可靠；

2. 通过财产清查，查明各项财产物资储备和利用情况，以便根据不同情况，分别采取不同措施，对于储备不足的，应及时加以补充，确保生产经营的需要；对于超储、积压或呆滞的，应及时处理，防止盲目采购，提高资金使用效率，加速资金周转。

3. 通过财产清查，建立健全财产物资保管的岗位责任制，保证各项财产物资安全完整。通过财产清查，促使经办人员自觉遵守财经纪律和结算制度，及时结清债权债务，避免发生坏账损失。

二、财产清查的种类

财产清查的对象和范围往往是不同的，在时间上也有区别，一般有以下几种分类。

（一）按照清查对象和范围分类

财产清查按照清查对象和范围的大小不同，分为全面清查和局部清查。

1. 全面清查

全面清查是指对属于本单位或存放在本单位的全部财产物资、货币资金和各项债权债务进行盘点和核对。全面清查的对象一般包括：

（1）货币资金，包括现金、银行存款等。

（2）财产物资，包括在本单位的所有固定资产、库存商品、材料物资、包装物、低值易耗品；属于本单位但在途中的各种在途商品、在途材料物资；存放在本单位的代销商品、材料物资等。

（3）债权债务，包括各项应收款项、应付和应交款项以及银行借款等。

全面清查范围广，内容多，花费的时间长。一般在以下几种情况下，才需进行全面清查。

（1）年终决算前，需进行一次全面清查。

（2）单位撤销、合并或改变隶属关系时，需进行全面清查，以明确经济责任。

（3）中外合资、国内联营，需进行全面清查。

（4）开展清产核资，需进行全面清查，摸清家底，准确地核定资金。

（5）单位主要负责人调离工作，需要进行全面清查。

2. 局部清查

局部清查是指根据需要对一部分财产物资进行的清查。其清查对象主要是流动性较大的财产，如现金、库存商品、材料物资、包装物等。

局部清查范围小，涉及人员少，但专业性较强，一般包括：

（1）现金出纳人员应于每日业务终了时清点核对。

（2）银行存款出纳人员每月至少同银行核对一次。

（3）各种有价证券和贵重的物资。每月应清查盘点一次。

（4）一般的库存商品、材料物资、包装物等。年内应轮流盘点或重点抽查。

（5）债权债务。每年至少应同对方核对一至二次。

（二）按照清查时间分类

财产清查按照清查的时间不同，分为定期清查和不定期清查。

1. 定期清查

定期清查是指按规定或预先计划安排的时间对财产物资进行的清查。这种清查通常是在年末、季末、月末结账前进行，这样可以在编制会计报表前发现账实不符的情况，据以调整有关账簿记录，使账实相符，从而保证会计报表资料的客观真实性。这种清查对象，可以是全面清查，也可以是局部清查。一般年末进行全面清查，季末、月末进行局部清查。

2. 不定期清查

不定期清查是指根据需要所进行的临时清查。一般在以下情况下进行不定期清查。

（1）更换财产、现金保管人员，为了分清经济责任，要对其所保管的财产、现金进行清查。

（2）发生自然灾害或意外损失，为了查明损失情况，要对受灾损失的有关财产进行清查。

（3）有关财政、审计、银行等部门对本单位进行会计检查，为了验证会计资料的可靠性，要按检查要求和范围进行清查。

（4）进行临时性清产核资，对某些要求清查的资产进行清查。

（5）单位撤销、合并或改变隶属关系时，应对本单位的各项财产物资、货币资金、债权债务进行清查。

需要注意的是，这里所讲的不定期清查，可以是局部清查，也可以是全面清查。

第二节 财产清查的组织与方法

一、财产清查的组织

财产清查是一项极其复杂的工作，特别是全面清查，涉及的部门多，人员多，工作内容多，清查对象范围广。因此，必须有计划、有组织地进行。财产清查的组织主要指财产清查前的准备工作，包括组织准备和业务准备，然后才能按科学、合理的方法进行财产清查。

（一）组织准备

财产清查，尤其是全面清查，必须专门成立清查组织。清查组织应在有关主管厂长和总会计师的领导下，成立由财会部门牵头，有生产、技术、设备、行政及其他各有关部门参加的财产清查领导小组，具体负责财产清查的领导和组织工作。财产清查领导小组的主要任务是：

1. 在财产清查前，研究制订财产清查计划，确定清查的对象和范围，安排清查工作的进度，配备清查人员，确定清查方法；

2. 在清查过程中，做好具体组织、检查和督促工作，及时研究和处理清查中出现的问题；

3. 在清查结束后，将清查结果和处理意见上报领导和有关部门审批。

（二）业务准备

为做好财产清查工作，会计部门和有关业务部门要在清查领导小组的指导下，做好各项业务准备工作，主要有：

1. 会计部门和会计人员，应在财产清查之前，将有关账目登记齐全，结出余额，做到账簿记录完整、计算准确、账证相符、账账相符，为账实核对提供正确的账簿资料。

2. 财产物资保管部门和保管人员，应在财产清查之前，登记好所经管的各种财产物资明细账，结出余额。将所保管和使用的物资整理好，挂上标签，标明品种、规格、结存数量，以便盘点核对。

3. 准备好必要的计量器具，进行检查和校正，保证计量的准确性。

4. 银行存款、银行借款、结算款项以及债权债务的清查，需要取得对账单、有关的函证资料等。

5. 印制好各种清查登记的表册，如现金盘点报告表、盘存单、实存账存对比表等。

二、财产清查的方法

财产清查是一项涉及面广、工作量大的工作，为了保证财产清查工作的质量，提高工作效率、达到财产清查的目的，确定各项财产物资清查的方法是很有必要的。

（一）货币资金清查的方法

1. 现金的清查

现金的清查，是通过实地盘点的方法，确定库存现金的实存数，然后与现金日记账的账面余额核对，查明账款是否相符以及具体情况。对现金进行盘点时，出纳人员必须在场；在清点时不能以不具法律效力的借条、收据充抵库存现金。盘点结束后，应根据现金盘点结果，编制“现金盘点报告表”，并由盘点人员和出纳员签章。“现金盘点报告表”是反映现金实有数和调整账簿记录的重要原始凭证，其格式见表6－1所示。

表6－1　　现金盘点报告表

单位名称：　　　　　　年　月　日

实存金额	账存金额	实存与账存对比		备注
		长余	短缺	

盘点人签章：　　　　　　出纳员签章：

2. 银行存款的清查

银行存款的清查，与现金的清查方法不同，它是采用与开户银行核对账目的方法进行的。在同银行核对账目之前，应先详细检查本单位银行存款日记账的正确性和完整性，发现有错记或漏记的，应及时更正、补记。然后与从银行转来的对账单逐笔核对。若发生错账或漏账，应及时查清更正。同时，由于本单位同开户银行之间，因为结算凭证传递时间的差异，可能发生“未达账项”，致使本单位银行存款日记账的余额与银行对账单的余额不相一致。所谓未达账项是指单位与银行双方之间由于结算凭证传递的时间不同，而造成一方已经入账，而另一方尚未收到结算凭证从而尚未入账的款项。

未达账项有以下四种情况：

（1）企业已收款入账，而银行尚未收款入账。如企业将销售产品收到的支票送存银行，根据银行盖章退回的“进账单”回单联登记收款入账；而银行则不能马上记增加，要等款项收妥后才能记账。如果此时对账，则形成企业已收，银行尚未收款入账的未达账款。

（2）企业已付款入账，而银行尚未付款入账。如企业开出一张现金支票购办公用品，企业根据现金支票存根、发货票及入库单等凭证，登记付款入账；而持票人此时尚未到银行兑现，银行因尚未收到付款凭证，没有付款入账。如果此时对账，则形成企业已付，银行尚未付款入账的未达账款。

（3）银行已收款入账，企业尚未收款入账。如外地某单位给企业汇来货款，银行收到汇款后登计入账，而企业由于尚未收到汇款凭证而未登计入账。如果此时对账，则形成银行已收，企业尚未收款入账的未达账款。

（4）银行已付款入账，企业尚未付款入账。如银行在季末已将短期借款利息划出，并已付款入账，而企业尚未接到付款通知，而未付款入账。如果此时对账，则形成银行已付，企业尚未付款入账的未达账款。

上述任何一种情况发生，都会使单位和银行的账簿记录出现不一致。因此，在核对账目时必须注意有无未达账项。如果发现有未达账项，应编制“银行存款余额调节表”，对未达账项进行调整，再确定单位与银行双方记账是否一致，双方的账面余额是否相符。

一般来说银行存款余额调节表编制方法如表 6－2。

表 6－2　　银行存款余额调节表

年　月　日

项　目	金额	项　目	金额
银行对账单余额 加：企业已收银行未收款 减：企业已付银行未付款		企业银行存款日记账余额 加：银行已收企业未收款 减：银行已付企业未付款	
调整后余额		调整后余额	

调整后余额左方要等于右方，否则要查找相关原因。

下面举例说明“银行存款余额调节表”的编制方法。

【例 6－1】某企业 2010 年 1 月 31 日银行存款日记账账面余额为 35 000 元；银行对账单余额为 37 250元。经查发现有以下未达账项：

（1）1 月 28 日企业送存银行一张转账支票，金额 3 000元，银行尚未入账；

（2）1 月 29 日银行收取企业借款利息 550 元，企业尚未收到付款通知；

（3）1 月 30 日企业委托银行收款 3 150元，银行已入账，企业尚未收到收款通知；

（4）1 月 30 日企业开出转账支票一张，金额 2 650元，持票单位尚未到银行办理手续。

根据以上资料，编制银行存款余额调节表如下表所示。

表 6-3 银行存款余额调节表

2010 年 1 月 31 日

项 目	金额	项 目	金额
银行对账单余额	37 250	企业银行存款日记账余额	35 000
加：企业已收银行未收款	3 000	加：银行已收企业未收款	3 150
减：企业已付银行未付款	2 650	减：银行已付企业未付款	550
调整后余额	37 600	调整后余额	37 600

表 6-2 的编制方法是补记式，即企业与银行双方都在本身余额的基础上，补记对方已记账，本身未记账的未达账项。经调整后，双方余额相等，说明双方记账相符，否则说明记账有错误应予以更正；调整后余额理论上是企业当时实际可以动用的存款数额。

需要注意的是：对于长期存在的未达账项应及时查明原因，予以解决；"银行存款余额调节表"只起对账作用，不能作为调整账面余额的凭证，应待有关结算凭证到达后，再登记银行存款日记账。

（二）实物资产清查的方法

实物资产包括原材料、在产品、库存商品和固定资产等。实物资产的核算涉及数量和金额两个方面。确定实物资产账面结存数量的方法通常有实地盘存制和永续盘存制两种。确定实物资产金额的核心是单价。特别是购入商品或材料的单价，可能每次不同，这就涉及存货用什么单价计算的问题。计算存货的单价通常有先进先出法、后进先出法、加权平均法、移动加权平均法、个别计价法等方法。

1. 确定存货账面结存数量的方法

确定存货账面结存数量的方法有两种，即实地盘存制和永续盘存制。

（1）实地盘存制

实地盘存制又称定期盘存制，是指平时根据会计凭证在有关账簿中只登记存货的增加数，不登记减少数，月末通过实地盘点，将盘点的实存数作为账面结存数，然后倒挤推算出本期发出数的一种存货核算方法。其计算公式为：

期初结存数 + 本期收入数 - 期末实地盘存数 = 本期发出数

这样期末实地盘点数，就成为有关账簿登记减少数的唯一根据。采用实地盘存制，虽然平时能简化记账工作，但核算手续不严密，不能通过账簿随时反映和监督各项存货的增加、减少和结余情况，工作中如出现差错、毁损、盗窃、丢失等情况，均计入本期发出数，从而不利于发挥账簿记录对存货的控制作用，不利于加强存货的管理和保护财产的安全。因此，实地盘存制一般只适用于一些价值低、品种杂、进出频繁的材料物资。其他存货一般不宜采用实地盘存制。

（2）永续盘存制

永续盘存制又称账面盘存制，是根据账簿记录，计算期末存货账面结存数量的一种存货核算方法。采用这种方法，对存货的增加和减少，平时都要在账簿中连续加以记录，并随时结出账面结存数。在永续盘存制下，期末账面结存数的计算公式如下：

期初结存数 + 本期收入数 - 本期发出数 = 期末结存数

这种方法，虽然能在账簿中及时反映各项存货增减变动及结存情况，但也有可能发生账实不符的情况。因此，也需要对各项存货进行实地盘点，以查明账实是否相符及账实不符的原因。

采用永续盘存制，虽然加大了日常核算工作量，但手续严密，通过明细账簿可以随时了解存货的收入、发出和结存情况，有利于加强存货管理。因此，在实际工作中，除少数特殊情况外，一般都应采用永续盘存制。

2. 确定存货实际数量的方法

由于各种存货的实物形态、体积大小和堆放方式不尽相同，因而对其实际数量的确定可采用实地盘点和技术推算盘点两种方法。

（1）实地盘点。实地盘点是对存货堆放现场进行逐一清点数量或用计算仪器确定实存数的一种方法。多数存货的清查均可采用这种方法。

（2）技术推算盘点。技术推算盘点是利用量方、计尺等技术方法，来推算存货的结存数量。对大量成堆、难以逐一清点的存货实存数量的确定可采用技术推算盘点方法。

对于实物质量的检查方法，可根据不同实物采用物理方法或化学方法等来检查。

为了明确经济责任，在进行盘点时，实物保管人员必须在场并参加盘点工作。对盘点的结果，应如实登记“盘存单”，并由盘点人员和实物保管人员签章。“盘存单”是记录实物盘点结果的书面证明，也是反映财产物资实有数的原始凭证。其一般格式见表 6 - 4 所示。

表 6 - 4　　**盘存单**

单位名称：　　盘点时间：5 月 30 日

财产类别：甲材料　　存放地点：2 号仓库　　编号：116

序号	名称	规格型号	计量单位	实存数量	单价（元）	金额（元）	备注
5	甲	12	千克	500	1.5	750	

盘点人签章：　　实物保管人签章：

为进一步查明盘点结果与账面结存是否一致，确定盘盈或盘亏情况，在盘点出各种存货的实存数以后，会计人员还要根据“盘存单”和有关账簿记录，填制“实存账存对比表”，分析各种存货实存同账存之间的差异及产生差异的原因，明确经济责任。

该表是调整账簿记录的原始凭证，其一般格式见表6-5所示。

表6-5 **实存账存对比表**

单位名称： 2010年5月30日

序号	名称	规格型号	计量单位	单价（元）	实存		账存		实存与账存对比				备注
									盘盈		盘亏		
					数量	金额	数量	金额	数量	金额	数量	金额	
5	甲	12	千克	1.5	500	750	510	765			10	15	
金额合计					500	750	510	765			10	15	

对于委托外单位加工、保管的财产物资、出租的固定资产，可通过信件询证的办法来证实。对代其他单位保管的物资和受托加工的物资，应认真履行受托和代管责任。在清查盘点后，对发生盘盈、盘亏情况，应分清责任，分别处理。如属本单位造成的损失，应由本单位负责处理和赔偿；如属于对方交货时数量不实或属于自然损耗，应通知对方核实，并在有关账簿中作出相应的记录，调整有关数字，保证账实相符。

3. 确定存货单价的方法

日常工作中，企业发出的存货，可以按实际成本核算，也可以按计划成本核算。如采用计划成本核算，会计期末应调整为实际成本。

（三）结算往来款项清查的方法

各项结算往来款项的清查，一般采用函证核对方法进行清查。也就是在检查本单位各项往来结算账目正确、完整的基础上，按每一个经济往来单位编制“往来款项对账单”，送往对方单位进行账目核对。该对账单一式两联，其中一联作为回联单，对方单位核对相符后，在回联单上加盖公章退回，表示已核对；如发现数字不符，对方单位应在对账单中注明情况，或另抄对账单退回本单位，进一步查明原因，再行核对，直到相符为止。

“往来款项对账单”的一般格式和内容见表6-6所示。

表 6-6　**往来款项对账单**

×××单位：

你单位 201×年 9 月 12 日到我公司购 A 产品 800 件，货款 29 800元尚未支付，请核对后将回联单寄回。

清查单位：（盖章）

年　月　日

沿此虚线裁开，将以下回联单寄回！

往来款项对账单（回联）

×××清查单位：

你单位寄来的“往来款项对账单”已收到，经核对相符无误。

×××单位：（盖章）

年　月　日

第三节　财产清查结果的账务处理

财产清查后，如实存数与账存数不一致，会出现两种情况：一是实际数大于账存数，称为盘盈；二是实存数小于账存数，称为盘亏。当实存数与账存数一致，但实存的财产物资有质量问题，不能按正常的财产物资使用，称为毁损。不论是盘盈、还是盘亏或毁损，都需要进行账务处理，调整账存数，使账存数与实存数一致，以保证账实相符。因此，一旦发现账存数与实存数不一致时，应该核准数字，分析产生差异的原因，明确经济责任，提出相应的处理意见，按规定的程序批准后，才能对差异进行处理。

一般来说财产清查结果的账务处理分两步进行：

第一步：根据已查明属实的财产盘盈、盘亏或毁损的数字，编制“实存账存对比表”，填制记账凭证，据以登记账簿，调整账簿记录，使各项财产物资的账存数与实存数一致。在做好各项账簿调整工作后，将财产清查结果报送有关领导和部门批准。

第二步：根据有关领导和部门批复的意见进行账务处理，编制记账凭证，登记有关账簿，并追回由于责任者个人原因造成的损失。

为了核算和监督财产清查中查明的各种财产的盘盈、盘亏和毁损及其处理情况，应设置“待处理财产损溢”账户。“待处理财产损溢”账户借方发生额反映待处理的各项财产物资的盘亏和毁损数，以及已批准处理的盘盈财产物资的结转数；贷方发生额反映待处理的各项财产物资的盘盈数，以及已批准的盘亏和毁损的财产物资结转数；其余额分别反映待处理的各项财产物资的净损失数（借方）或净溢余数（贷方）。企业清查的各种财产的损溢，应于期末前查明原因，并报有关部门批准，在期末结账前处理完毕。期末处理后“待处理财产损溢”账户应无余额。

“待处理财产损溢”账户结构如图6－1所示。

发生的待处理财产物资盘亏和毁损金额 结转已批准处理的财产物资盘盈金额	发生的待处理财产物资盘盈金额 结转已批准处理的财产物资盘亏和毁损金额
期末余额：尚未批准处理财产物资盘亏和毁损金额大于盘盈金额的差额	期末余额：尚待批准处理财产物资盘盈大于盘亏和毁损金额的差额

图6－1 待处理财产损溢账户结构图

为了分别反映和监督企业流动资产和固定资产的盘盈、盘亏及毁损情况，应在“待处理财产损溢”账户下，设“待处理流动资产损溢”和“待处理固定资产损溢”两个明细分类账户，进行明细分类核算。

下面就存货和固定资产清查结果的账务处理进行分别阐述。

一、存货清查结果的账务处理

造成存货账实不符的原因有多种，各单位根据不同情况做相应的账务处理。一般的处理方法是：定额内的盘亏，应计入“管理费用”；责任事故造成的损失，应由过失人负责赔偿的部分，以及发生自然灾害和不可预测事故按照保险条款应该由保险公司赔偿的部分，计入“其他应收款”；由于自然灾害等非常事故造成的损失，在扣除保险公司赔款和残料价值后，经批准列作“营业外支出”；如果发生存货盘盈，一般冲减“管理费用”。

（一）存货盘盈的账务处理

1. 盘盈存货时：

借：原材料

　　库存商品

　贷：待处理财产损溢——待处理流动资产损溢

2. 盘盈处理时：

借：待处理财产损溢——待处理流动资产损溢

　贷：管理费用

（二）存货盘亏的账务处理

1. 盘亏存货时：

借：待处理财产损溢——待处理流动资产损溢

贷：原材料

库存商品

2. 盘亏处理时：

（1）收回残料、过失人赔偿和保险赔偿：

借：原材料

其他应收款

贷：待处理财产损溢——待处理流动资产损溢

（2）剩余的净损失属于定额内损耗的损失部分：

借：管理费用

贷：待处理财产损溢——待处理流动资产损溢

（3）剩余的净损失属于非常损失部分：

借：营业外支出

贷：待处理财产损溢——待处理流动资产损溢

【例6－2】某企业在财产清查中，盘盈A材料2 800元。

（1）在批准前，根据“实存账存对比表”所确定的材料盘盈数，作如下会计分录：

借：原材料——A材料　2 800

贷：待处理财产损溢——待处理流动资产损溢　2 800

（2）上述材料盘盈，经查明原因，批准作冲减管理费用处理。根据批准处理意见，作如下会计分录：

借：待处理财产损溢——待处理流动资产损溢　2 800

贷：管理费用　2 800

【例6－3】某企业在财产清查中，盘亏B材料2 000元。

（1）在批准前，根据“实存账存对表”所确定的材料盘亏数，作如下会计分录：

借：待处理财产损溢——待处理流动资产损溢　2 000

贷：原材料——B材料　2 000

（2）上述盘亏材料经批准作如下处理：盘亏中有1 000元为定额内自然损耗，作为管理费用；有300元为保管不善所致，责成有关责任人赔偿。有700元属于自然灾害造成的非常损失，作为营业外支出处理。

根据批准的处理意见，作如下会计分录：

借：管理费用　1 000

其他应收款　300

营业外支出　700

贷：待处理财产损溢——待处理流动资产损溢　2 000

二、固定资产清查结果的账务处理

企业应定期对固定资产进行清查盘点，以保证固定资产核算的真实性，充分挖掘企业现有固定资产的潜力。在固定资产清查过程中，如果发现盘盈、盘亏的固定资产，应填制固定资产盘盈盘亏报告表。清查固定资产的损溢，应及时查明原因，并按照规定程序报批处理。

（一）固定资产盘盈的账务处理

企业在财产清查中盘盈的固定资产，作为前期差错处理。企业在财产清查中盘盈的固定资产，在按管理权限报经批准处理前应先通过“以前年度损益调整[①]”科目核算。盘盈的固定资产，应按重置成本确定其入账价值。

企业应按重置成本确定的入账价值，借记“固定资产”科目，贷记“以前年度损益调整”科目。其具体账务处理如下：

1. 盘盈固定资产时：

借：固定资产

　贷：以前年度损益调整

2. 计算应缴纳的所得税：

借：以前年度损益调整

　贷：应交税费——应交所得税

3. 结转盘存收益时：

借：以前度损益调整

　贷：盈余公积

【例6－4】丁公司在财产清查过程中，发现一台未入账的设备，重置成本为30 000元（假定与其计税基础不存在差异）。假定丁公司适用的所得税税率为25%，按净利润的10%计提法定盈余公积。丁公司应作如下会计处理：

（1）盘盈固定资产时：

借：固定资产　　30 000

　贷：以前年度损益调整　　30 000

（2）确定应交纳的所得税时：

借：以前年度损益调整　　7 500

　贷：应交税费——应交所得税　　7 500

（3）结转为留存收益时：

借：以前年度损益调整　　22 500

① 以前年度损益调整，主要核算企业本年度发生的调整以前年度损益的事项，以及本年度发现的重要前期差错更正涉及调整以前年度损益的事项。

贷：盈余公积——法定盈余公积　　2 250

　　利润分配——未分配利润　　20 250

（二）固定资产盘亏的账务处理

企业在财产清查中盘亏的固定资产，按盘亏固定资产的账面价值，借记“待处理财产损溢”科目，按已计提的累计折旧，借记“累计折旧”科目，按已计提的减值准备，借记“固定资产减值准备”科目，按固定资产的原价，贷记“固定资产”科目。按管理权限报经批准后处理时，按可收回的保险赔偿或过失人赔偿，借记“其他应收款”科目，按应计入营业外支出的金额，借记“营业外支出——盘亏损失”科目，贷记“待处理财产损溢”科目。

1. 盘亏固定资产时：

借：待处理财产损溢——待处理固定资产损溢

　　累计折旧

　贷：固定资产

2. 盘亏处理时：

借：营业外支出

　贷：待处理财产损溢——待处理固定资产损溢

【例6－5】某企业在财产清查中，盘亏机器一台，其账面原值为30 000元，已提折旧18 000元。

（1）在报经批准前，根据“实存账存对比表”所确定的固定资产盘亏数，作如下会计分录：

借：待处理财产损溢——待处理固定资产损溢　　12 000

　　累计折旧　　18 000

　贷：固定资产　　30 000

（2）上述盘亏固定资产经批准作营业外支出处理。根据批准处理意见，作如下会计分录：

借：营业外支出　　12 000

　贷：待处理财产损溢——待处理固定资产损溢　　12 000

本章小结

财产清查是指通对实物、现金的实地盘点和对银行存款、债权债务的核对，确定各项财产物资、货币资金、债权债务的实存数，以查明账存数与实存数是否相符的一种专门方法。

财产清查的方法主要涉及货币资金清查的方法和实物的清查法，对前者主要有现金的清查和银行存款清查。现金的清查是通过实地盘点的方法，确定库存现金的实存数，然后与现金日记账的账面余额核对，查明账款是否相符以及长余或短缺情况。盘点结束后，应根据现金盘点结果，编制“现金盘点报告表”；银行存款清查要编制银行存款余额调节表。

在实际成本核算方式下，企业可以采用的发出存货成本的计价方法包括个别计价法、先进先出法、月末一次加权平均法、移动加权平均法等。

对财产清查的结果要根据清查的对象做相应的账务处理，一般通过“待处理财产损溢”这个会计科目来进行，但是需要注意的是固定资产盘盈的处理是通过“以前年度损益调整”来进行处理的。

练习思考题

一、知识题

（一）名词概念

1. 财产清查　2. 全面清查　3. 局部清查
4. 定期清查　5. 不定期清查　6. 永续盘存制
7. 实地盘存制　8. 未达账项　9. 实地盘点

（二）单项选择题

1. 财产清查的内容不包括（　　）。
A. 实物资产清查　B. 货币资金清查
C. 结算资金清查　D. 递延资产清查

2. 对银行存款的清查一般采用（　　）法。
A. 实地盘点　B. 核对账目
C. 技术推算　D. 询证法

3. “待处理财产损溢”账户属于（　　）账户。
A. 损益类　B. 资产类
C. 成本类　D. 所有者权益类

4. “账存实存对比表”是调整账簿记录的（　　）。
A. 一次凭证　B. 累计凭证
C. 自制原始凭证　D. 记账凭证

5. 财产清查的盘盈是指（　　）。
A. 账存大于实存
B. 记账差错导致少记的数额
C. 实存大于账存
D. 财产物资的账面价值小于市场价值。

6. 技术推算法适用于（　　）
A. 固定资产清查
B. 现金的清查
C. 银行存款的清查
D. 大量成堆的，难以逐一清点过称度量的实物

7. 采用实地盘存制，平时对财产物资的记录（　　）
A. 只登记发出数，不登记收入数
B. 只登记收入数，不登记发出数

C. 先登记收入数，后登记发出数
D. 收入、支出都不登记。
8. 对各种应收款，应付款的清查方法一般采用（　　）
A. 实地盘点法　　B. 询证法
C. 核对账目　　D. 技术测定法
9. 属于自然损耗产生的财产物资定额内合理亏损，经批准即可转作（　　）入账。
A. 管理费用　　B. 营业外支出
C. 其他业务支出　　D. 财务费用
（三）多项选择题
1. 实地盘点法适用于（　　）。
A. 存货的清查　　B. 现金的清查
C. 银行存款的清查　　D. 往来款项的清查
2. 财产清查前的业务准备工作有（　　）。
A. 核对账目　　B. 组织人员
C. 整理财产　　D. 配备和校正计量工具
3. 不能用作原始凭证，调整账簿记录的是（　　）。
A. 未达账项　　B. 实存账存对比表
C. 现金盘点报告表　　D. 银行存款余额调节表
4. 未达账项中，使企业银行日记账余额大于银行对账单余额的账项有（　　）。
A. 企业已收，银行未收　　B. 企业已付，银行未付
C. 银行已收，企业未收　　D. 银行已付，企业未付
5. 全面清查一般是（　　）进行。
A. 月末　　B. 年末
C. 清产核资时　　D. 投资时
6. 财产物资清查中，常用方法有（　　）。
A. 全面清查　　B. 局部清查
C. 技术推算清查　　D. 实地盘点
7. 对于无法收回的应收款，应记入（　　）账户。
A. 管理费用　　B. 营业外支出
C. 坏账准备　　D. 待处理财产损溢
8. 存货盘存制度一般有（　　）。
A. 永续盘存制　　B. 定期盘点制
C. 不定期盘点制　　D. 实地盘存制

9. 财产清查的内容包括（ ）。

A. 实物的清查　　B. 现金的清查

C. 银行存款的清查　　D. 往来款项的清查

10. 将企业银行日记账与银行对账单进行核对的内容包括（ ）。

A. 收付的金额　　B. 收入来源、时间

C. 支出用途、时间　　D. 结算凭证的种类和号数

11. 不定期清查主要在（ ）情况下进行。

A. 资产更换保管人　　B. 价格调整

C. 发生非常事故　　D. 进行临时性清产核资

二、技能题

（一）练习财产清查结果的处理

资料：某工厂2010年末财产清查结果如下：

1. 出纳员短少现金100元，原因待查。
2. 发现账外机器一台，重置完全价值8 900元，原因待查。
3. A材料盘亏2 000元，B材料盘盈560元。
4. 盘亏甲设备，原价8 000元，已提折旧3 000元，原因待查。
5. 对现金短缺处理意见：出纳员责任，责令其赔偿。
6. 盘亏的材料属意外灾害造成的损失，盘盈材料属自然升溢。
7. 盘亏设备作营业外支出处理。
8. 长期无法支付的应付账款2 000元，经批准转作本单位收益处理。

要求：根据上述资料编制会计分录。

（二）练习银行存款余额调节表的编制

资料：A企业2010年10月“银行存款日记账”和“银行对账单”内容如下：

银行存款日记账

2010年	凭证号数	摘要	结算凭证	借方	贷方	余额
月　日			种类号数			
	1	承前页				19 600
	2	存入销货款	交款单116	4 300		23 900
	6	提现	现支310		8 946	14 954
	10	支付材料款	托收732		5 600	9 354
	14	存入销货款	交款单117	6 800		16 154
	17	支付运费	转支603		350	15 804
	21	支付水电费	转支604		875	14 929

续表

2010年	凭证号数	摘要	结算凭证	借方	贷方	余额
月 日			种类号数			
	23	支付材料款	委托421		6 380	8 549
	25	投资收益	交款单118	7 130		15 679
	29	存入销货款	交款单119	1 650		17 329
	30	垫付运费	转支605		866	16 463

银行对账单

户名：A企业　　2009年10月30日

2010年	摘要	结算凭证	借方	贷方	借或贷	余额
月 日		种类号数				
1	承前页				贷	19 600
2	存入	交款单116		4 300	贷	23 900
6	支出	现支310	8 946		贷	14 954
10	支出	托收732	5 600		贷	9 354
14	存入	交款单117		6 800	贷	16 154
17	支出	转支603	250		贷	15 904
21	支出	转支604	875		贷	15 029
23	支出	委托421	6 380		贷	8 649
25	存入	交款单118		7 130	贷	15 779
30	存入	委托427		10 600	贷	26 379
30	支出	利息凭证	1 600		贷	24 779

要求：将“银行存款日记账”与“银行对账单”逐步核对后，编制“银行存款余额调节表”。

三、案例讨论题

案例一

资料：李婷在服装公司实习一个星期了，通过实务操作，她对课堂上学到的专业知识有了更深的体会。这天，公司的开户银行寄来了8月份的银行存款对账单。李婷自告奋勇，要求财务部经理将清查银行存款的工作交给她。得到经理的同意后，李婷立即从出纳处拿来银行存款日记账，认真地开始逐笔核对银行存款日记账和银行对账单。

李婷看到：当天的银行存款日记账余额是32 000元，而银行对账单则显示公司当天有余额48 000元。通过检查，李婷发现了以下情况：

1. 8 月 9 日，公司银行存款日记账记录了一笔支付前欠购买布料的货款，金额65 000元，以银行汇票结算，而银行对账单上的数字是56 000元，查阅原始凭证，发现确系56 000元。

2. 8 月 28 日，银行对账单上记录有银行代公司支付本月电费3 000元，公司尚未收到委托收款结算凭证的付款通知。

3. 8 月 29 日，公司签发转账支票一张预付布料款，面值10 000元，但未见银行对账单记录该项业务。

4. 8 月 29 日，银行对账单上有一笔公司委托银行托收的货款50 000元，但公司尚未收到托收承付结算凭证的收款通知。

5. 8 月 30 日，公司银行存款日记账记录公司向洋都百货销售一批秋装，收到一张转账支票，面值50 000元，但银行对账单没有登记。

李婷认为，根据清查结果，公司有一笔错账必须先更正，然后再编制银行存款余额调节表调整未达账项。于是，李婷进行了以下处理：

1. 更正错账。采用红字更正法，冲销 8 月 9 日支付购买布料款多记的9 000元，

借：应付账款　　　　　　9 000

　贷：银行存款　　　　　　9 000

从而计算得到公司的银行存款日记账余额为41 000 元。

2. 编制银行存款余额调节表

银行存款余额调节表

2010 年 8 月 31 日

项目	金额	项目	金额
银行存款日记账余额	41 000	银行对账单余额	48 000
加：银行已收，企业未收	50 000	加：企业已收，银行未收	50 000
减：银行已付，企业未付	3 000	减：企业已付，银行未付	10 000
调节后企业银行存款的余额	88 000	调节后银行对账单的余额	88 000

3. 当即根据上述未达账项，将银行已入账，公司的银行存款日记账尚未登记的业务补充编制记账凭证并记录到银行存款日记账上。

讨论题：

1. 企业编制银行存款余额调节表的目的是什么？编制银行存款余额的方法有几种？银行存款余额调节表上调节后的余额有什么含义？

2. 李婷所做的处理是否完全正确？为什么？

案例二

资料：某企业的副总吴某，将企业在用的机器设备借给其亲属使用，但未

办理任何手续。年底清查人员盘点时发现盘亏了一台设备，原值500 000元，已提折旧100 000元，净值为400 000元。经调查得知是吴副经理所为，于是派人向其亲属索要。但借方称该设备已被偷走。当问及吴副经理对此的处理意见时，他建议按正常报废处理。

请问：盘亏的设备按正常报废处理是否符合规定？企业应该怎样正确处理盘亏的固定资产？

案例三

资料：某企业采购员王某利用到外地出差的机会，擅自将住宿旅馆的原发票的单价50元/人，期间10天，金额500元。改为单价150元/人，期间10天，金额1 500元，并在大写金额伍佰元整前补上壹仟，报销后，贪污金额1 000元。

请问：出纳员如何审核此类虚假业务？如果清查后发现此问题，应如何处理？

第七章

会计核算组织程序

学习目的与要求：

1. 理解合理建立会计核算组织程序的意义和基本要求；
2. 掌握各种会计核算组织程序的基本内容；
3. 掌握各种会计核算组织程序的适用范围；
4. 能够结合实际工作中的具体情况，合理地运用会计核算组织程序。

第一节　会计核算组织程序的概述

一、会计核算组织程序的含义及其意义

（一）会计核算组织程序的定义

从前面的学习中我们知道企业在经济业务发生以后，通过设置会计科目、复式记账、填制会计凭证、登记账簿、成本计算等一系列会计核算的专门方法取得了日常核算资料。特别是经过填制会计凭证、登记账簿，对经济业务进行不断地归类、加工整理、汇总综合，最后在账簿中形成比较系统的核算资料，再将这些分散在账簿中的日常核算资料通过编制会计报表的形式形成对外公布的企业经济信息。在对日常经济业务的逐层加工、汇总、综合的过程中，填制会计凭证是核算资料的收集及初步分类，登记账簿是核算资料的分类整理，编制会计报表是核算资料的再加工。

从上面的叙述中我们可以了解到所谓会计核算组织程序就是规定凭证、账簿的种类、格式和登记方法，各种凭证之间、账簿之间和各种凭证与账簿之间，以及各种报表之间、各种账簿与报表之间的相互联系及编制的程序。

（二）会计核算组织程序的意义

会计核算组织程序的意义在于可以保证会计数据的整个处理过程有条不紊地进行，保证会计记录正确、及时、完整；可以迅速编制报表，提高会计核算工作的效率；可以保证迅速形成财务信息，提高会计核算资料的质量，为企业的经营管理提供准确的财务资料；可以减少不必要的核算环节和手续，避免重

复，提高会计核算工作的效率。

二、会计核算程序的要求

企业在选用适合本单位会计核算组织程序时，一般应考虑以下几方面因素：

（一）要适应本单位的经济活动特点、规模的大小和业务的繁简情况，有利于会计核算的分工和建立岗位责任制。

（二）要适应本单位、主管部门以至国家管理经济的需要，全面、系统、及时、正确地提供反映本单位经济活动情况的会计核算资料。

（三）要在保证核算资料正确、及时和完整的前提条件下，尽可能地简化会计核算手续，提高会计工作效率，节约人力物力。

三、会计核算组织程序的种类

我国会计核算工作在长期实践中，形成了五种核算组织程序：

（一）记账凭证核算组织程序；

（二）科目汇总表核算组织程序；

（三）汇总记账凭证核算组织程序；

（四）日记总账核算组织程序；

（五）通用日记账核算组织程序。

以上五种会计核算组织程序有很多相同点，又有不同点，其各自的特点主要表现在登记总账的依据和方法不同。

第二节 记账凭证核算组织程序

一、记账凭证核算组织程序下应设置的凭证和账簿

（一）记账凭证核算组织程序设置的记账凭证

在记账凭证核算组织程序下，需设置收款凭证、付款凭证和转账凭证，作为登记总分类账的依据。

（二）记账凭证核算组织程序设置的账簿

在记账凭证核算组织程序下，需设置现金日记账和银行存款日记账、总分类账和明细分类账。

1. 现金日记账和银行存款日记账一般都采用三栏式，具体格式见本书第十章有关内容。

2. 总分类账采用三栏式，并按每一总分类账科目开设账页，具体格式见

本书第十章有关内容。

3. 明细分类账则可根据管理的需要，采用三栏式、数量金额式或者多栏式，具体格式见本书第十章的有关内容。

二、记账凭证核算组织程序的记账程序

（一）根据各种原始凭证或汇总原始凭证，编制记账凭证（包括收款凭证、付款凭证和转账凭证）。

（二）根据收款凭证、付款凭证逐笔登记现金日记账和银行存款日记账。

（三）根据原始凭证、汇总原始凭证和记账凭证，登记各种明细账。

（四）根据记账凭证逐笔登记总分类账。

（五）月终，将现金日记账、银行存款日记账的余额及各种明细分类账的余额合计数，分别与总分类账中有关账户余额核对相符。

（六）月终，根据核对无误的总分类账和各种明细分类账的记录，编制会计报表。记账凭证核算组织程序如图 7－1 所示。

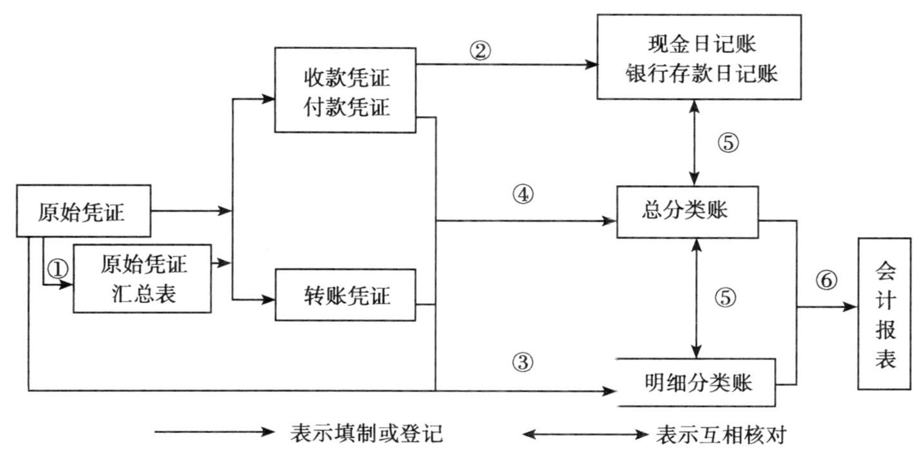

图 7－1　记账凭证核算组织程序图

三、记账凭证核算组织程序的优缺点和适用范围

（一）优点：记账凭证核算组织程序的优点在于比较简单明了，易于理解，总分类账能较详细地记录和反映经济业务动态。

（二）缺点：由于总分类账是直接根据记账凭证逐笔登记的，当记账凭证的数额较大时登记总分类账的工作量较大。

（三）适用范围：会计核算组织程序一般适用于规模小且经济业务量较少的经济单位。

第三节 科目汇总表核算组织程序

一、科目汇总表的概念

科目汇总表亦称记账凭证汇总表，是根据一定时期内的全部记账凭证，按照相同的会计科目进行归类汇总编制的一张汇总表格。

二、科目汇总表账务处理程序的特点

科目汇总表账务处理程序的特点是：定期地将所有记账凭证汇总编制成科目汇总表，然后再根据科目汇总表登记总分类账。采用这种核算程序，对凭证和账簿的要求及记账程序与记账凭证核算程序基本相同。

三、科目汇总表的编制方法

科目汇总表账务处理程序中，利用科目汇总表，分别计算出每一个总账科目的借方发生额合计数、贷方发生额合计数。然后根据借贷方的数额登记总分类账。由于借贷记账法的记账规则是“有借必有贷，借贷必相等”，所以在编制的科目汇总表内，全部总账科目的借方发生额合计数要与贷方发生额合计数相等。

科目汇总表可以每月汇总一次编制一张，其格式与内容如表 7－1 所示。也可以每旬汇总一次，每月编制一张，其格式与内容如表 7－2 所示。

表 7－1　　科目汇总表

借方金额	记账	会计科目	贷方金额	记账
		合　计		

表 7－2　　科目汇总表

会计科目	1—10 日		11—20 日		21—30 日		合计		总账页数
	借方	贷方	借方	贷方	借方	贷方	借方	贷方	
合　计									

四、科目汇总表账务处理程序

科目汇总表账务处理程序的主要处理程序如下：

（一）根据原始凭证或原始凭证汇总表，编制收款凭证、付款凭证和转账凭证等记账凭证。

（二）根据收款凭证和付款凭证，逐笔登记现金日记账和银行存款日记账。

（三）根据原始凭证、原始凭证汇总表和记账凭证登记各种明细账。

（四）根据一定时期内的全部记账凭证，汇总编制成科目汇总表。

（五）根据定期编制的科目汇总表，登记总分类账。

（六）月终，将现金日记账、银行存款日记账的余额，以及各种明细分类账户余额合计数，分别与总分类账中有关科目的余额核对相符。

（七）月终，根据核对无误的总分类账和各明细分类账的记录，编制会计报表。

科目汇总表账务处理程序如下图 7－2 所示。

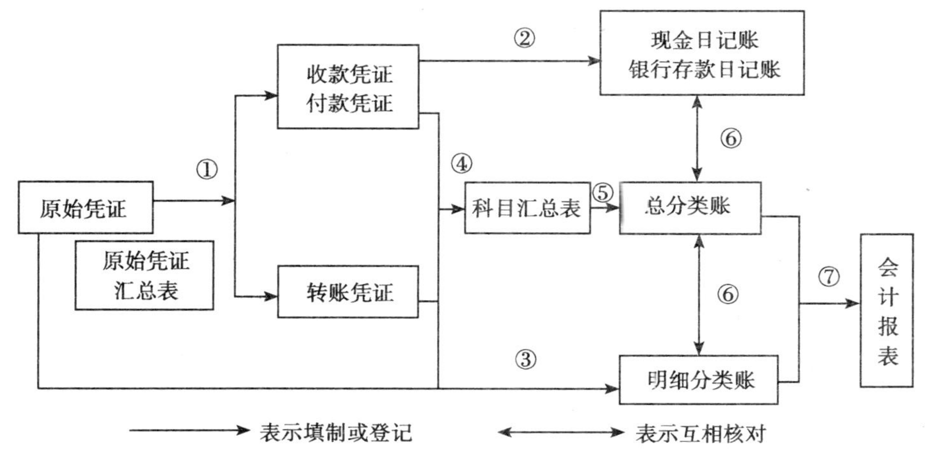

图 7－2　科目汇总表账务处理程序图

五、科目汇总表账务处理程序的优缺点及适用范围

科目汇总表账务处理程序与记账凭证账务处理程序相比，优点和缺点都比较突出。

（一）优点：由于总分类账是根据定期编制的科目汇总表登记的，大大减少了登记总账的工作量。

（二）缺点：科目汇总表是按相同的总账科目归类汇总编制的，不能反映账户之间的对应关系，不便于分析和检查经济业务的来龙去脉和查对账目，只能作为登记总账和试算平衡的依据。

（三）适用范围：科目汇总表账务处理程序适用于经济业务量较多的单位。

第四节 汇总记账凭证核算组织程序

一、汇总记账凭证核算组织程序概念和特点

（一）汇总记账凭证核算组织程序概念

汇总记账凭证核算组织程序是指登记总分类账的直接依据是汇总记账凭证，而不是分散记账凭证的一种会计核算组织程序。汇总记账凭证是根据各种记账凭证按科目对应关系进行归类汇总编制的，因而在汇总记账凭证及总分类账中，可以清晰地反映出科目的对应关系，便于账目的查对和分析，并克服了记账凭证汇总表会计核算形式的缺点；另外，汇总记账凭证会计核算形式相对于记账凭证会计核算形式而言，简化了登记总分类账的工作量。但是，由于汇总转账凭证按每一贷方科目分别设置，与会计实务中按经济业务的内容进行分类处理的方式不同，因而不利于日常会计核算工作的合理分工；同时，汇总记账凭证的编制也是一项业务量较大的工作。

（二）汇总记账凭证核算组织程序的特点

先定期将全部记账凭证按收、付款凭证和转账凭证分别归类编制成汇总记账凭证，再根据汇总记账凭证登记总分类账。

二、汇总记账凭证核算组织程序设置的记账凭证和账簿

在汇总记账凭证核算组织程序下，除设置收款凭证、付款凭证和转账凭证外，还应设置汇总收款凭证、汇总付款凭证和汇总转账凭证，作为登记总分类账的依据。账簿设置与前述两种会计核算组织程序基本相同，设置现金日记账和银行存款日记账，一般采用三栏式；设置总分类账，按每一总账科目设置。

三、汇总记账凭证及其编制方法

汇总记账凭证分为汇总收款凭证、汇总付款凭证和汇总转账凭证三种，分别介绍如下：

（一）汇总收款凭证及其编制方法

汇总收款凭证是指按“现金”和“银行存款”科目的借方分别设置的一

种汇总记账凭证，它汇总了一定时期内现金和银行存款的收款业务。其格式见表7－3。

汇总收款凭证的编制方法是：将需要进行汇总的收款凭证，按其对应的贷方科目进行归类，计算出每一个贷方科目发生额总计数，填入汇总收款凭证中。一般可5天或10天汇总一次，每月编制一次。月终计算出每个贷方科目发生额合计数，据以登记总分类账。

表7－3　　**汇总收款凭证**

借方科目：现金　　2010年×年×月　　编号：汇收1号

贷方科目	金额				贷方过账
	1日至10日 凭证1—30号	11日至20日 凭证31—60号	21日至30日 凭证61—90号	合计	
其他应收款					√
应收账款					√
财务费用					√
合计					

会计主管：×××　　记账：×××　　审核：×××　　填制：×××

（二）汇总付款凭证及其编制方法

汇总付款凭证是指按“现金”和“银行存款”科目的贷方分别设置的一种记账凭证，它汇总了一定时期内现金和银行存款的付款业务。其格式见表7－4。

表7－4　　**汇总付款凭证**

贷方科目：银行存款　　201×年×年×月　　编号：汇付1号

借方科目	金额				借方过账
	1日至10日 凭证1—30号	11日至20日 凭证31—60号	21日至30日 凭证61—90号	合计	
应付账款					√
原材料					√
固定资产					√
应付利息					√
管理费用					√
合计					

会计主管：×××　　记账：×××　　审核：×××　　填制：×××

汇总付款凭证的编制方法是：将需要进行汇总的付款凭证，按其对应的借方科目进行归类，计算出每一个借方科目的发生额合计数，填入汇总付款凭证中。一般可5天或10天汇总一次，每月编制一张，月终计算出每个借方科目发生额合计数，据以登记总账。

（三）汇总转账凭证及其编制方法

汇总转账凭证是指按每一贷方科目分别设置的，用来汇总一定期内转账业务的一种汇总记账凭证。其格式见表7－5。

表7－5 汇总转账凭证

贷方科目：原材料 编号：汇转1号

借方科目	金额				借方过账
	1日至10日 凭证1—30号	11日至20日 凭证31—60号	21日至30日 凭证61—90号	合计	
生产成本 制造费用 管理费用					√ √ √
合　计					

会计主管：××× 记账：××× 审核：××× 填制：×××

汇总转账凭证的编制方法是：将需要汇总的转账凭证，按其对应的借方科目进行归类，计算出每一个借方科目发生额总计数，填入汇总转账凭证。一般可以5天或10天汇总一次，每月编制一张。月终时计算出每个借方科目发生额合计数，据以登记总账。由于汇总转账凭证上的科目对应关系是，一个贷方科目与一个或几个借方科目相对应，因此，在汇总记账凭证核算组织程序下，为了便于编制汇总转账凭证，所有转账凭证也只能按一个贷方科目与一个或几个借方科目对应来填制，不能填制一个借方科目与几个贷方科目相对应的转账凭证，也就是可以填制一借一贷和一贷多借的转账凭证，而不能填制多借一贷的转账凭证。

四、汇总记账凭证核算组织程序总分类账的登记方法

在汇总记账凭证核算组织程序下，总分类账的登记，是在月终时，根据汇总收款凭证的合计数，记入总分类账中“现金”或“银行存款”科目的借方，以及有关科目的贷方；根据汇总付款凭证的合计数，记入库存总分类账中“现金”科目或“银行存款”科目的贷方，以及有关科目的借方；根据汇总转账凭证的合计数，记入库存总分类账中有关科目的贷方，以及有关科目的借方。

五、汇总记账凭证核算组织程序的一般处理程序

（一）根据原始凭证和汇总原始凭证、编制收款凭证、付款凭证和转账

凭证。

（二）根据收款凭证和付款凭证，登记现金日记账和银行存款日记账。

（三）根据原始凭证、汇总原始凭证和记账凭证，登记各种明细分类账。

（四）根据一定时期内的全部记账凭证，汇总编制汇总收款凭证、汇总付款凭证和汇总转账凭证。

（五）根据定期编制的汇总收款凭证、汇总付款凭证和汇总转账凭证，登记总分类账。

（六）月终，将现金日记账、银行存款日记账的余额，及各种明细分类账的余额合计数，分别与总分类账中有关账户的余额核对相符。

（七）月终，根据核对无误的总分类账和各种明细分类账的记录，编制会计报表。

汇总记账凭证核算组织程序如图 7－3 所示。

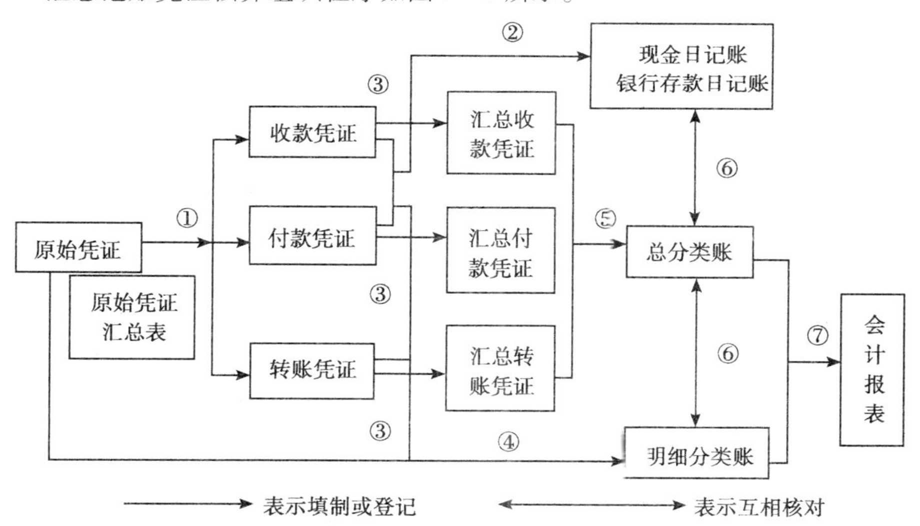

图 7－3　汇总记账凭证核算组织程序一般处理程序

六、汇总记账凭证核算组织程序的优缺点及适用范围

（一）优点：由于汇总记账凭证，是根据一定时期内全部记账凭证，按照科目对应关系进行归类、汇总编制的，便于通过有关科目之间的对应关系，了解经济业务的来龙去脉，这一点就克服了记账凭证汇总表的缺点；在汇总记账凭证核算组织程序下，总分类账根据汇总记账凭证，于月终时一次登记入账，减少了登记总分类账的工作量，这一点就克服了记账凭证核算组织程序的缺点。

（二）缺点：汇总转账凭证是按每一贷方科目，而不是按经济业务的性质归类、汇总的，因而不利于会计核算工作的分工，当转账凭证量多时，编制汇总转账凭证的工作量较大。

（三）适用范围：这种核算组织程序适用于规模大、经济业务较多的单位。

第五节 日记总账核算组织程序

一、日记总账核算组织程序的特点

日记总账核算组织程序的特点是根据记账凭证直接登记日记总账。把日记账与分类账结合在一起，使记账手续简化，并且便于检查记账的正确性；日记总账把全部会计科目都集中在一张账页上，可以反映每一经济业务所记录的账户对应关系，为检查分析经济业务提供了方便，而且根据日记总账编制会计报表可以简化编表工作。但是，如果企、事业单位的业务量较大，运用的会计科目较多时，账页过长，记账容易串行，也不便于会计人员分工。这种核算组织程序适用于规模小、业务简单、使用会计科目较少的单位。

二、日记总账核算组织程序设置的记账凭证和账簿

在日记总账核算组织程序的账务处理程序下，一般设置收款凭证、付款凭证和转账凭证，也可使用通用记账凭证；设置现金日记账和银行存款日记账，采用三栏式账页；设置总分类账，采用三栏式账页，也可以采用收、付栏设有对方科目的多栏式日记账簿。

在总分类账簿中按每一总账科目设置账页；设置各总账科目所属的明细分类账，根据所记录的经济业务内容，可采用三栏式账页、数量金额式账页或多栏式账页。

三、日记总账核算组织程序的记账程序

日记总账核算组织程序的账务处理程序下的记账基本程序可通过图 7 – 4 表示。

程序说明：

（一）根据原始凭证填制各种记账凭证。记账凭证多采用收款凭证、付款凭证、转账凭证的格式，也可以采用通用的格式。

（二）根据收、付款凭证登记现金日记账和银行存款日记账。现金日记账、银行存款日记账可以采用收、付、余三栏式的日记账簿，也可以采用收、付栏设有对方科目的多栏式日记账簿。

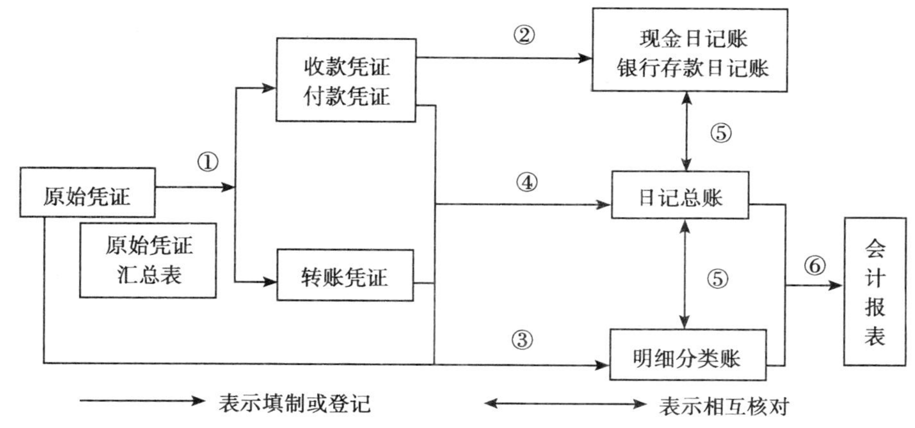

图 7－4　日记总账核算组织程序图

（三）根据原始凭证和各种记账凭证登记各种明细分类账。明细账的格式可根据各单位的实际情况及管理的要求，分别采用三栏式、多栏式和数量金额式等。

（四）根据各种记账凭证及现金日记账、银行存款日记账登记日记总账。日记总账的格式见表 7－6。

表 7－6　　日记总账　　年　月　日

年		凭证字号	摘要	发生额	固定资产		累计折旧		原材料		……			
月	日				借方	贷方	借方	贷方	借方	贷方	借方	贷方	借方	贷方
			本月合计											
			月末余额											

在采用三栏式现金日记账和银行存款日记账的情况下，根据收、付款凭证及转账凭证逐日逐笔登记日记总账；在采用多栏式现金日记账和银行存款日记账的情况下，平时根据收、付款凭证登记日记账，根据转账凭证逐笔登记日记总账。月末，将多栏式现金日记账和银行存款日记账各科目汇总的合计数一次登入日记总账。登记日记总账时，将每一笔经济业务的发生额分别登记在同一行有关科目的借方栏和贷方栏内，将其发生额登记在“发生额”栏内。月末结出各栏的合计数，计算各账户的余额。

（五）月末，将现金日记账、银行存款日记账和各明细分类账的余额与总分类账的有关账户余额核对。核对的内容包括：采用三栏式日记账的情况下，日记账月末的合计数与日记总账核对，日记总账有关账户余额与其所属明细分类账余额的合计数核对，日记总账“发生额”栏的本月合计数与全部科目的借、贷方发生额合计数核对，日记总账中各账户的借方余额合计数与贷方余额合计数核对。采用多栏式日记账的情况下，日记账月末的合计数过入日记总账，不必将日记账与日记总账进行核对。

（六）根据日记总账和各种明细分类账编制会计报表。

本章小结

会计核算组织程序是指会计凭证组织会计核算中，会计凭证组织、会计账簿组织、记账程序和方法相互结合的方式。会计账簿组织，是指各自的种类、格式及内部关系；记账程序是指从填制、整理、传递会计凭证，到登记账簿、编制会计报表整个过程的工作步骤和方法。

会计核算中，会计凭证、会计账簿和会计报表具有各自的功能。会计凭证、会计账簿、会计报表的种类、格式以及记账程序不同，产生了不同的会计核算形式。当前会计核算形式主要有七种，即：记账凭证核算形式、记账凭证汇总表核算形式、多栏式日记账核算形式、汇总记账凭证核算形式、日记总账核算形式、通用日记账核算形式和科目汇总表核算形式。各种会计核算形式特点各异，其共同点可以归纳为六个方面：（1）将同类经济业务的原始凭证汇总编制成汇总原始凭证；（2）根据原始凭证或汇总原始凭证编制记账凭证；（3）根据记账凭证中的收款凭证和付款凭证登记现金日记账和银行存款日记账；（4）根据原始凭证、汇总原始凭证和记账凭证登记有关的明细分类账；（5）定期将日记账和明细分类账同总分类账进行核对；（6）定期根据总分类账和明细分类账编制会计报表。

如何恰当地选择组织会计核算形式？遵循的原则是：适应业务特点、满足管理需要、简化核算手续。组织会计核算形式要与会计主体经济业务的性质、内容以及会计主体的规模相适应，应有利于会计工作的分工协作和岗位责任制的落实，并有利于内部控制制度的实施；组织的会计核算形式应能正确、及时、全面、系统地提供本单位财务状况和经营成果的会计信息，满足内部经营管理及外部有关各方进行宏观管理和经营决策的需要；组织的会计核算形式还应在保证会计工作质量的前提下，力求简化会计核算手续，节约人力、物力和财力，提高会计核算工作效率。

练习思考题

一、知识题

（一）思考题

1. 什么是会计核算程序？
2. 合理组织会计核算程序的要求是什么？
3. 目前我国企业常用的会计核算程序有哪几种？
4. 简要说明各种会计核算程序的特点、一般程序、优缺点及适用范围。

（二）单项选择题

1. 各种会计核算组织程序之间的主要区别是（　　）。

A. 凭证及账簿组织不同　　B. 记账方法不同

C. 记账程序不同　　D. 登记总账的依据和方法不同

2. 科目汇总表汇总的是（　　）。

A. 全部科目的借方发生额　　B. 全部科目的贷方发生额

C. 全部科目的借贷方余额　　D. 全部科目的借贷方发生额

3. 科目汇总表与汇总记账凭证都属于（　　）。

A. 原始凭证　　B. 汇总的原始凭证

C. 汇总的记账凭证　　D. 转账凭证

4. 汇总记账凭证核算组织程序的主要缺点是（　　）。

A. 登记总账的工作量太大

B. 编制汇总记账凭证工作量大，存在错误不易发现

C. 体现不了账户的对应关系

D. 明细账与总账无法核对

5. 付款凭证的贷方科目可能是（　　）。

A. 应收或应付账款　　B. 固定资产或实收资本

C. 管理费用　　D. 库存现金或银行存款

6. 核算组织程序主要解决的是会计核算工作的（　　）。

A. 记账程序问题　　B. 职责分工问题

C. 技术组织方式问题　　D. 信息质量问题

7. 在记账凭证组织程序下，记账凭证一般采用的格式是（　　）。

A. 通用格式　　B. 专用格式

C. 收付及转账两种格式　　D. 收、付、转三种格式

8. 汇总记账凭证核算程序下，总分类账账页格式一般用（　　）。

A. 三栏式
B. 多栏式
C. 设有“对应科目”栏的三栏式
D. 数量金额式

9. 编制科目汇总表的直接依据是（　　）。
A. 原始凭证　　B. 原始凭证汇总表
C. 记账凭证　　D. 汇总记账凭证

10. 在各种会计核算组织程序下，不能作为登记总账的直接依据是(　　)。
A. 原始凭证　　B. 记账凭证
C. 汇总记账凭证　　D. 科目汇总表

（三）多项选择题

1. 以记账凭证为依据，按科目贷方设置，将借方科目归类汇总的凭证编制方法有（　　）。
A. 汇总收款凭证编制法　　B. 汇总付款凭证编制法
C. 汇总转账凭证编制法　　D. 科目汇总表编制法

2. 在汇总记账凭证组织程序下，应设置的凭证及账簿有（　　）。
A. 收、付款凭证
B. 汇总的收、付款凭证
C. 转账凭证及汇总转账凭证
D. 现金日记账、银行存款日记账、总账及各种明细账

3. 在不同的会计核算组织程序下登记总账的依据是（　　）。
A. 记账凭证　　B. 汇总记账凭证
C. 科目汇总表　　D. 原始凭证

4. 规模大、业务多、使用会计科目多的单位，应该采用的核算组织程序是（　　）。
A. 记账凭证核算组织程序　　B. 科目汇总表核算组织程序
C. 汇总记账核算组织程序　　D. 日记总账核算组织程序

5. 科目汇总表核算组织程序下，月末应与总账核对的内容有（　　）。
A. 现金日记账　　B. 银行存款日记账
C. 科目汇总表　　D. 明细账

6. 会计核算组织程序是指下列（　　）内容的合理组织过程。
A. 会计凭证　　B. 会计科目
C. 会计账簿　　D. 会计报表

7. 日记总账核算程序的特点是（　　）。

A. 设置日记总账
B. 根据记账凭证逐笔登记日记账
C. 根据记账凭证逐笔登记总账
D. 根据记账凭证逐笔登记日记总账
8. 会计核算组织程序又可称为（　　）。
A. 会计核算组织形式　B. 凭证核算组织程序
C. 财务处理程序　D. 记账程序
9. 汇总记账凭证核算程序的优点（　　）。
A. 总账能反映账户对应关系，便于对经济业务的分析检查
B. 减少登记总账的工作量
C. 同一贷方科目的转账凭证不多时，可减少核算工作量
D. 有利于对全部账户的发生额进行试算平衡
10. 在采用汇总记账凭证核算程序时，编制记账凭证的要求是（　　）。
A. 收、付、转凭证均可一借一贷
B. 转账凭证可一借多贷
C. 转账凭证可一贷多借
D. 收款凭证可一借多贷

二、技能题

［资料］某工业企业 2010 年 9 月份发生下列经济业务：
1. 1 日，以银行存款 3 000元，支付 8 月份企业销售部门房屋维修金。
2. 1 日，从工商银行借入期限为九个月年利率为 6% 的借款 50 000元，款项已存入银行。
3. 2 日，从银行提取现金 2 000元备用。
4. 3 日，从 B 公司购甲材料一批，其采购成本的金额为 100 000元，增值税税率 17%，款项尚未支付。
5. 4 日，从 B 公司购进的甲材料已验收入库，结转其采购成本。
6. 4 日，接银行通知，C 公司汇来前欠货款 50 000元，已收妥入账。
7. 5 日，车间领用甲材料一批，其中用于 A 产品生产的 20 000元，用于 B 产品生产的为 15 000元，计 35 000元。
8. 6 日，厂部王明出差回厂，报销差旅费 500 元，不足部分的 100 元补给现金（王明上月出差时曾借支现金 400 元）。
9. 6 日，以银行存款 40 000元购进一台不需要安装的新设备。
10. 7 日，厂部王海出差，借支差旅费 600 元，以现金支付。
11. 8 日，销售给淮海公司 A 产品一批，其货款为 60 000元，增值税税率

为 17%，款项尚未收到。

12. 9 日，从向阳厂运回已预付货款的乙材料一批，其应计入采购成本的金额为 20 000元，增值税税率 17%。
13. 9 日，从向阳厂运回的乙材料已验收入库，结转其采购成本。
14. 10 日，销售给华运公司乙产品一批，其货款 10 000元，增值税税率 17%，款项用转账支票结算，收到的转账支票已存入银行。
15. 10 日，以银行存款支付前欠东风公司的货款 25 000元。
16. 10 日，车间领用甲材料 2 000元，用于车间的一般性消耗。
17. 11 日，以银行存款支付企业行政管理部门办公费 800 元。
18. 12 日，企业行政管理部门领用乙材料 1 000元。
19. 13 日，按合同预收光华厂购买 B 产品的货款 15 000元，收到的转账支票已送存银行。
20. 14 日，从银行提取现金 20 000元，备发工资。
21. 15 日，以现金 20 000元，发放工资。
22. 16 日，以银行存款 46 800元偿还前欠大明厂的购料款项。
23. 17 日，销售给大众厂 B 产品一批，其货款为 20 000元，增值税额 3 400元，计 23 400元，款项尚未收到。
24. 18 日，以现金 320 元支付企业行政管理部门零星开支。
25. 19 日，从银行提取现金 800 元备用，
26. 20 日，厂部王海出差回厂，报销差旅费 300 元，余款退回现金。
27. 21 日，从大华厂购进甲材料一批，其应计采购成本的金额为 10 000 元，增值税额为 1 700元，计 11 700元，款项尚未支付。
28. 22 日，从大华厂购进的甲材料已验入库，结转其采购成本 10 000元。
29. 23 日，销售给中远公司 A 产品一批，其货款为 15 000元，增值税额为 2 550元，计 17 550元，款项尚未收到。
30. 24 日，向光华厂销售 B 产品一批，其货款为 12 000元，增值税额 2 040元，计 14 040元，款项已预收。
31. 25 日，以银行存款支付产品广告费 1 500元。
32. 26 日，车间领用乙材料一批，其中用于 A 产品生产的为 5 000元，用于 B 产品生产的为 4 000元，计 9 000元。
33. 27 日，以银行存款支付企业行政管理部门办公费 1 200元。
34. 28 日，以银行存款支付产品展览费 1 200元。
35. 28 日，收到国家追加投资 10 000元，款项已存入银行。
36. 29 日，接银行通知，淮海公司汇来前欠购货款项 70 200元，已收妥入账。

37. 29 日，以银行存款支付电费，其价款为 4 000元，增值税额为 680 元，其中应由 A 产品负担的为 2 000元，应由 B 产品负担的为 1 500元，应由制造费用负担的为 100 元，应由管理费用负担的为 400 元。
38. 30 日，分配本月应付职工工资 21 000元，其中制造 A 产品的生产工人工资为 10 800元，制造 B 产品的生产工人工资为 7 200元，车间管理人员的工资为 1 000元，企业行政管理部门人员工资为 2 000元。
39. 30 日，按工资总额的 14%，提取福利费共计 2 940元，其中 A 产品应负担 1 512元，B 产品应负担 1 008元，制造费用应负担 140 元，管理费用应负担 280 元。
40. 30 日，计提本月份固定资产折旧 7 000元，其中车间用固定资产应提折旧 5 400元，企业行政管理部门用固定资产应提折旧 1 600元。
41. 30 日，摊销应由本月负担的企业管理部门房屋租金 600 元。
42. 30 日，预提应由本月负担的短期借款利息 300 元。
43. 30 日，分配结转本月发生的制造费用 8 640元，其中应由 A 产品负担 5 184元，应由 B 产品负担 3 456元。
44. 30 日，本月完工入库的产品实际成本为 77 000元，其中完工入库的 A 产品实际成本为 45 000元，完工入库的 B 产品实际成本为 32 000元，予以结转。
45. 30 日，本月已售产品实际成本为 85 000元，其中已售 A 产品的实际成本为 54 000元，已售 B 产品的实际成本为 31 000元，予以结转。
46. 30 日，登记本月应交城市维护建设税 1 170元。
47. 30 日，将本月实现的销售收入 117 000元，转至“本年利润”账户。
48. 30 日，将本月发生的成本、费用转到“本年利润”账户，其中：已售产品实际成本为 85 000元，管理费用为 9 000元，营业费用 2 700 元，销售税金为 1 170元，财务费用为 300 元，共计 98 170元。
49. 30 日，登记本月应交所得税 6 214元。
50. 30 日，计提盈余公积金 3 000元。
51. 30 日，登记本月应付利润 5 000元。

[要求]

1. 开设三栏式现金、银行存款日记账；开设各有关总分类账户和材料、生产成本、制造费用、产成品明细账户。将期初余额记入各有关账户。

2. 根据 9 月份发生的各项经济业务，分别编制收款凭证、付款凭证和转账凭证。

3. 月终，结计各账户的本期发生额及期末余额。

三、案例讨论题

案例一

资料：丁丁是一名大学生，他决定利用暑假期间勤工俭学，开办一家经营商品推销、少儿暑假寄托、教育等业务的服务公司。2009 年 7 月 1 日，丁丁成立了开心服务公司，利用自己的积蓄租了一套租赁期为两个月的房间，每月租金 300 元，先预付 500 元，同时，借来现金 2 000元。

该服务公司 7 月份发生以下业务：

（1）支付广告费 100 元；

（2）租用办公桌一张，月租金 50 元，预付 30 元，余款到 8 月 31 日租赁期满与 8 月份租金并付清；

（3）现款购入各种少儿读物 1 130套，共计 460 元；

（4）现款购入数把儿童椅子，总成本 1 000元；

（5）在丁丁外出联系业务时，请了一名临时工来帮忙，月薪为 300 元；

（6）支付各种杂费 50 元；

（7）推销商品佣金收入 1 640元；

（8）入托少儿的学杂费收入 1 500元；

（9）7 月份，丁丁个人支用服务所现金 300 元；

8 月份该所取得 3 100元的现金收入，均收到现金，其中托费收入 1 700 元，其余均为佣金收入，费用开支保持不变，丁丁个人支用服务所现金 300 元。

8 月 31 日暑假结束，丁丁将少儿读物全部送给孩子们，并将数把椅子出售得款 600 元。同时，归还借款。

请你帮丁丁设计一套合理的账务处理程序，完整地记录开心服务公司的全部经济业务，并计算确定丁丁的经营是否成功，简要评述开心服务所 7、8 月份月初与月末的现金变动状况。

案例二

孙林于今年 6 月，以每月 2 000元租用一间店面，投资创办了天山公司，主要经营各种服装的批发兼零售。6 月 1 日，孙林以公司名义在银行开立账户，存入 100 000元作为资本，用于经营，由于孙林不懂会计，他除了将所有的发票等单据都收集保存起来以外，没有作任何其他记录。到月底，孙林发现公司的存款反而减少，只剩下 58 987元外加 643 元现金。另外，尽管客户赊欠的 13 300元尚未收现，但公司也有 10 560元货款尚未支付。除此以外，实地盘点库存服装，价值 25 800元，孙林开始怀疑自己的经营能力，前来向你请教。

对孙林保存的所有单据进行检查分析，汇总一个月情况显示：

（1）投资银行存款 100 000 元；

（2）内部装修及必要的设施花费 20 000 元，均已用支票支付；

（3）购入服装两批，每批价值 35 200 元，其中第一批现金购入，第二批赊购全部款的 30%；

（4）1—31 日零售服装收入共计 38 800 元，全部收现，存入开户银行；

（5）1—31 日批发服装收入共计 25 870 元，其中赊销 13 300元，其余货款收入均存入开户银行；

（6）支票支付店面租金 2 000 元；

（7）本月份从存款户提取现金五次共计 10 000元，其中 4 000元支付雇员工资，5 000元用作个人生活费，其余备日常零星开支；

（8）本月水电费 543 元，用现金支票支付；

（9）电话费 220 元，用现金支付；

（10）其他各种杂费 137 元，用现金支付。

试根据你所掌握的会计知识，结合天山公司的具体业务，替孙林设计一套合理的账务处理程序，并帮他记账。

第三篇　基础会计记录篇

※　账户的分类

※　财产清查

※　会计核算组织程序

第八章

账户的分类

学习目的与要求：

1. 了解会计账户分类的意义及分类的主要标志；

2. 掌握会计账户经济内容的含义和会计账户按经济内容进行分类的具体类别和账户；

3. 掌握会计账户用途与结构的含义和会计账户按用途与结构进一步分类的小类名称，并掌握各类账户在提供核算指标方面的规律性。

第一节　账户分类的意义

一、账户分类的作用

现代管理理论认为，分类是一种基本的管理。科学地进行账户分类有助于进行科学的管理。按照不同的标准对账户进行分类，可以从不同的角度认识账户，并把全部账户划分为各种类别。一般来说，对会计账户进行分类有以下一些作用：

（一）便于设置完整的账户体系和全面反映企业的经营活动及资金运动情况；

（二）便于设计会计账簿的格式；

（三）便于编制会计报表。

二、账户分类的标志

账户的分类标志一般有两个：

（一）按经济内容分类；

（二）按用途和结构分类。

第二节 账户按经济内容的分类

账户的经济内容就是账户反映的会计对象的具体内容。账户最基本的分类是按经济内容分类，因为账户之间最根本的区别就在于其反映的经济内容不同。

企业会计对象的具体内容，按其经济特征可以归结为资产、负债、所有者权益、收入、费用和利润等会计要素。

账户按照经济内容可以分为五大类：资产类、负债类、所有者权益类、收益类、成本费用类。

一、资产类账户

资产类账户是用来反映企业资产的增减变动及结存情况的账户。按照资产的流动性，可以分为以下两类：

（一）反映流动资产的账户

主要包括："库存现金"、"银行存款"、"其他货币资金"、"交易性金融资产"、"应收票据"、"应收账款"、"其他应收款"、"预付账款"、"原材料"、"库存商品"等账户。

（二）反映非流动资产的账户

主要包括："长期股权投资"、"固定资产"、"累计折旧"、"在建工程"、"无形资产"、"长期待摊费用"等账户。

二、负债类账户

负债类账户是用来反映负债的增减变化及其实有数额情况的账户。按负债的偿还期限（即负债的流动性），可以分为以下两类：

（一）反映流动负债的账户

主要包括："短期借款"、"应付账款"、"预收账款"、"应付职工薪酬"、"应付股利"、"其他应付款"、"应交税费"等账户。

（二）反映长期负债的账户

主要包括："长期借款"、"应付债券"、"长期应付款"等账户。

三、所有者权益类账户

所有者权益类账户是用来反映投资者的投入资本和留存收益增减变动及结存情况的账户。包括"实收资本（或股本）"、"资本公积""盈余公积"、"利润分配"、"本年利润"、"库存股"等账户。

四、成本费用类账户

成本费用类账户是用来对生产经营过程中发生的费用进行归集，并计算成本的账户。按照成本费用与企业的生产经营活动是否有关，又可以分为营业性成本费用账户和非营业性成本费用账户，营业性成本费用账户主要包括“生产成本”、“制造费用”、“劳务成本”、“研发费用”、“管理费用”等账户，非营业性成本费用账户主要包括“营业外支出”、“所得税费用”等账户。

从某种意义上讲，成本费用类账户也是资产类账户，其期末借方余额属于企业的资产。如“生产成本”账户的借方余额为在产品，属于企业的流动资产。而企业的资产一经耗用便转化为成本、费用。

五、收益类账户

收益类账户是用来反映与收益直接相关的账户，按照收益与企业的生产经营活动是否有关，又分为营业性收益账户和非营业性收益账户，反映营业性收益的账户，如“营业收入”账户；反映非营业性收益的账户，如“营业外收入”账户。其核算内容主要为企业的收入和费用。该类账户可以分为以下三类：

（一）反映营业损益的账户

如“主营业务收入”、“主营业务成本”、“营业税金及附加”、“销售费用”、“管理费用”、“财务费用”、“其他业务收入”、“其他业务成本”等账户。

（二）反映营业外收支的账户

如“营业外收入”、“营业外支出”账户。

（三）反映扣减利润总额的账户

如“所得税费用”账户。

会计账户按经济内容的具体分类如图 8 - 1 所示。

第三节　账户按用途和结构的分类

账户的用途是指通过账户的记录，能够提供什么样的核算指标，也就是设置和运用账户的目的。例如，开设“原材料”账户的目的是为了提供库存材料的收、发、存情况，通过“原材料”账户的记录，可以提供一定期间内材料的收入、发出和结存指标。

账户的结构是指在账户中如何记录经济业务，以取得各种必要的核算指标。具体是指账户的借方核算什么内容，贷方核算什么内容，期末余额在哪一

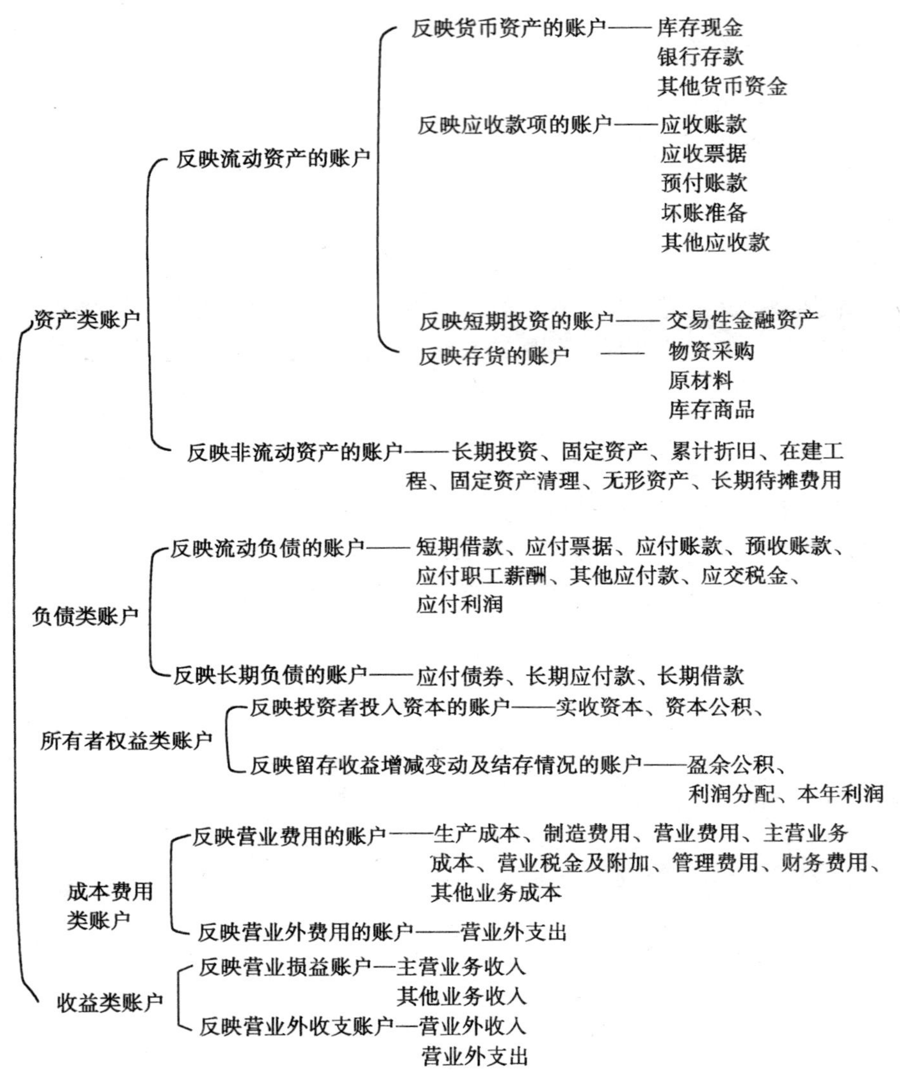

图 8－1 按经济内容分类的会计账户分类图

方，表示什么内容。

账户按用途和结构进行分类，可以分为盘存账户、资本账户（所有者投资账户）、结算账户、期间账户、跨期摊提账户、成本计算账户、计价对比账户、财务成果计算账户、调整账户等九类。现以企业常用的基本账户为例说明各类账户的特点。

一、盘存账户

（一）含义

盘存账户是用来核算、监督各项货币资金和实物资产的增减变动及其实存数额的账户。

（二）盘存账户的特点

1. 盘存类账户所反映的内容属于资产性质；

2. 盘存类账户的结构，其借方登记各项货币资金和实物资产的增加数，贷方登记各项货币资金和实物资产的减少数，期末余额总是在借方，表示期末各项货币资金和实物资产的结存数额。

3. 盘存类账户仅是资产类账户中的一部分，即表示有实物形体的资产部分，除货币资金账户外，其他可以通过设置和运用实物明细账，提供实物和货币两项指标。

（三）分类

盘存类账户具体包括“库存现金”、“银行存款”、“原材料”、“库存商品”、“固定资产”等。

（四）结构

盘存类账户的结构如图 8－2 所示。

借方　　　　盘存类账户	贷方
期初余额：期初财产物资及货币资金的结存额 本期发生额：本期财产物资或货币资金的增加额	本期发生额：本期财产物资或货币资金的本期减少额
期末余额：期末财产物资及货币资金的结存额	

图 8－2　盘存类账户结构示意图

盘存类账户都可以通过财产清查的方法，如实地盘点法、核对账目法等方法，核查实存的财产物资及其在经营管理上存在的问题。

二、资本类账户

（一）含义

资本类账户是用来反映和监督所有者取得资本及提取资金的增减变化及其实有情况的账户。

（二）资本类账户的特点

1. 反映的内容是所有者投入企业的资本或经营中形成的资本，即所有者权益的性质；

2. 账户的结构，其贷方登记所有者资本的增加数，借方登记所有者资本的减少数，期末余额总是在贷方，表示期末属于所有者资本的实有数。

（三）分类

资本类账户包括“实收资本”、“资本公积”、“盈余公积”等账户，这类账户的总分类账及其明细分类账只能提供货币指标。

（四）结构

资本类账户的结构如图 8－3 所示

资本类账户

借方	贷方
本期发生额：所有者资本的减少数	期初余额：期初所有者资本的实有数 本期发生额：本期所有者资本的增加数
	期末余额：期末所有者资本的实有数

图 8－3 资本类账户结构示意图

三、结算类账户

（一）含义

结算类账户是用来反映和监督本企业与其他单位或个人以及企业内部各单位之间发生的债权、债务结算情况的账户。

（二）结算类账户的特点

1. 反映的内容是企业的各种债权债务业务；

2. 由于结算业务的不同，结算类账户可分为债权结算类账户、债务结算类账户、债权债务结算类账户。

（三）分类

1. 债权结算账户

（1）含义

债权结算类账户，亦称资产结算类账户，用来反映和监督本企业与其他债务单位及个人的债权结算业务的账户。

（2）特点

①反映的内容均属于资产性质；

②账户的结构：借方登记债权的增加数，贷方登记债权的减少数，期末余额一般在借方，表示尚未收回债权的实有数。

（3）分类

债权结算类账户包括“应收账款”、“应收票据”、“预付账款”、“其他应收款”等账户。

（4）结构

债权结算类账户的结构如图 8－4 所示

借方　　债权类结算账户	贷方
期初余额：期初尚未收回的应收款项及未结算的预付款项 本期发生额：本期应收款项及预付款项的增加额	本期发生额：本期应收款项及预付款项的减少额
期末余额：期末尚未收回的应收款项及未结算的预付款项	

图 8－4　债权结算类账户结构示意图

2. 债务结算类账户

（1）含义

债务结算类账户，亦称负债结算类账户，用来反映和监督本企业与其他债权单位或个人之间的债务结算业务的账户。

（2）特点：

①反映的内容均属负债性质；

②账户的结构：贷方登记债务的增加数，借方登记债务的减少数，期末余额一般在贷方，表示尚未偿还的债务的实有数。

（3）分类

债务结算类账户包括“短期借款”、“应付账款”、“应付职工薪酬”、“应交税费”、“应付利润”、“预收账款”、“其他应付款”等账户。

（4）结构

债务类结算账户的结构如图 8－5 所示。

3. 债权债务结算类账户

（1）含义

债权债务结算类账户，亦称往来结算账户，是用来反映和监督同其他单位与个人之间的往来结算业务的账户。

（2）特点

①所反映的内容兼具资产、负债双重性质，余额可能在借方，也可能在

借方	债务结算类账户 贷方
本期发生额：本期应付款项及预收款项的减少额	期初余额：期初结欠的应付款项及未结算的预收款项 本期发生额：本期应付款项及预收款项的增加额
	期末余额：期末结欠的应付款项及未结算的预收款项的数额

图8－5 债务结算类账户结构示意图

贷方；

②借方余额反映的不是债权，贷方余额反映的也不是债务；

③从明细分类账的角度看，借方余额表示期末债权的实有数，贷方余额表示期末债务的实有数；

④从总分类账的角度看，借方余额表示期末债权大于债务的差额，贷方余额表示期末债务大于债权的差额。

账户的结构，借方登记债权的增加数和债务的减少数，贷方登记债务的增加数和债权的减少数，期末余额如在借方，表示尚未收回的债权净额（尚未收回的债权大于尚未偿还的债务的差额）；期末余额如在贷方，表示尚未偿还的债务净额（尚未偿还的债务大于尚未收回的债权的差额）。

（3）分类

该类账户根据核算需要，可以表现为“应收账款”、“应付账款”、“其他往来”等账户。

当企业不单独设置“预收账款”账户时，可以用“应收账款”账户同时反映销售产品或提供劳务的应收款项和预收款项，“应收账款”便是债权债务结算账户；当企业不单独设置“预付账款”账户时，可以用“应付账款”账户同时反映购进材料的应付款项和预付款项，“应付账款”便是债权债务结算账户；当本企业反映债权账户“其他应收款”与反映债务账户“其他应付款”账户同属于一个反映对象，即可合二为一，设置“其他往来”账户，这时，“其他往来”账户也属于债权债务结算账户。债权债务结算账户需要根据总分类账户所属明细分类账户的余额方向来分析判断其账户的性质。

结算类账户只能提供货币指标，都是按照发生结算业务的对应单位或个人开设明细账的，这样就可以及时地进行结算和核对账目。

（4）结构

债权债务类账户的结构如图8－6所示。

借方	债权债务结算账户　　贷方
期初余额：期初债权大于债务的差额 本期发生额：本期债权的增加额、本期债务的减少数	期初余额：期初债务大于债权的差额 本期发生额：本期债权的减少额、本期债务的增加额
期末余额：期末债权大于债务的差额	期末余额：期末债务大于债权的差额

图 8－6　债权债务结算账户结构示意图

四、期间类账户

期间类账户是用来归集企业生产经营过程中某个会计期间的收入和费用的账户。按照账户的用途和结构具体分类，期间账户又可分为期间收入账户和期间费用账户。

（一）期间收入账户

1. 含义

期间收入账户是专门用于归集在某个会计期间的经营过程中的各项收入的账户。这类账户的贷方登记一定会计期间发生的收入数；借方登记转入“本年利润”账户的数额。

2. 特点

（1）反映的内容是收入性质；

（2）期末需要将其贷方发生额结转到财务成果账户中；

（3）账户的结构：贷方登记取得的收入数，借方登记收入的减少数和期末转出数，由于当期实现的全部收入都已结转到有关账户中去，所以该类账户期末无余额。

3. 分类

属于期间收入的账户主要有“主营业务收入”、“营业外收入”等账户。

4. 结构

期间收入类账户的结构如图 8－7 所示。

借方	收入结转类账户　　贷方
本期发生额：本期收入或收益的减少数及期末结转到“本年利润”账户的收入或收益数	本期发生额：本期收入或收益的增加数

图 8－7　期间收入类账户结构示意图

（二）期间费用账户

1. 含义

期间费用类账户是用来归集企业在某一会计期间（月份、季度或年度）内所发生的各项费用、成本、支出的账户。

2. 特点

（1）该类账户所反映的发生额只与某一特定时期有关，且期末需将其借方发生额结转到财务成果账户，所以该类账户期末无余额；

（2）账户的结构：借方登记费用、成本、支出的增加额，贷方登记费用、成本、支出的减少额。

3. 分类

期间费用账户主要包括“主营业务成本”、“销售费用”、“管理费用”、“营业税金及附加”、“营业外支出”、“所得税费用”等账户。

4. 结构

期间费用类账户的结构如图8－8所示。

借方	费用结转类账户 贷方
本期发生额：本期费用、成本、支出的增加额	本期发生额：本期费用、成本、支出的减少额及期末转入“本年利润”账户的数额

图8－8 期间费用类账户结构示意图

期间费用账户期末一般都没有余额，其账户的一方归集本期发生的费用额，另一方将本期归集的数额全部转出，因此，这类账户具有明显的过渡性质。

五、跨期摊提类账户

（一）跨期摊提类账户的含义

跨期摊提类账户是用来反映和监督应由几个会计期间共同负担的费用，并将这些费用在各个会计期间进行分摊或者预提的账户，以便正确地确定属于各该会计期间的费用数额，从而正确地计算成本和盈亏的账户。

（二）跨期摊提类账户的特点

1. 反映费用的支付或使用比较集中，且数额较大，而费用的摊销或预提比较分散，分期计入各期成本。

2. 账户的结构：借方登记费用的实际支出数或发生数，贷方登记应由各期负担的费用摊提数，期末余额如在借方，表示期末尚未摊销的待摊费用数，期末余额如在贷方，表示期末尚未支付的预提费用数。

（三）跨期摊提类账户的分类

跨期摊提类账户包括："长期待摊费用"等账户。

（四）跨期摊提类账户的结构

跨期摊提类账户的结构如图 8－9 所示。

借方 跨期摊提类账户	贷方
期初余额：期初已经支付但尚未摊销的待摊费用数 本期发生额：本期待摊费用支出数或预提费用支付数	期初余额：期初已经预提但尚未支付的预提费用数 本期发生额：本期待摊费用摊销数或预提费用预提数
期末发生额：已经支出但尚待摊销的待摊费用	期末余额：已经预提但尚未支付的预提费用

图 8－9 跨期摊提类账户结构示意图

六、成本计算类账户

（一）含义

成本计算类账户是用来反映和监督生产经营过程中某一阶段所发生的全部费用，并确定该阶段各个成本计算对象实际成本的账户。

（二）成本计算类账户的特点

1. 既可提供某一计算对象的金额指标，又可提供其实物指标。

2. 账户的结构：借方登记生产经营过程中某一阶段所发生的应计入成本的全部费用，贷方登记转出的实际成本，期末余额在借方，表示尚未完成某一阶段的成本计算对象的实际成本。

（三）分类

成本计算类账户包括："材料采购"、"生产成本"等账户。

（四）结构

成本计算类账户的结构如图 8－10 所示。

借方 成本计算类账户	贷方
期初余额：期初尚未完成某个经营阶段的成本计算对象的实际成本 本期发生额：归集某个生产经营过程所发生的全部费用	本期发生额：结转已经完成某个生产经营阶段的成本计算对象的实际成本
期末余额：尚未完成该阶段的成本计算对象的实际成本	

图 8－10 成本计算类账户结构示意图

七、计价对比类账户

（一）含义

计价对比类账户是用来对某项经济业务按照两种不同的计价标准进行对比，借以确定其业务成果的账户。

（二）计价对比类账户的特点

该类账户借贷方采用两种计价，其差额反映业务成果。

（三）分类

计价对比类账户包括："本年利润"、"材料采购"（材料日常核算采用计划成本计价的企业使用）等账户。

（四）结构

计价对比类账户的结构如图8－11所示。

借方	计价对比类账户 贷方
本期发生额：外购材料的实际成本贷差	本期发生额：外购材料的计划成本借差

图8－11 计价对比类账户结构示意图

八、财务成果类账户

（一）含义

财务成果类账户是用来反映和监督企业在一定时期（月份、季度或年度）内全部生产经营活动最终财务成果的账户。

（二）财务成果类账户的特点

1. 反映的内容是从年初到报告期末累计实现的净利润或亏损；

2. 账户的结构：贷方登记期末从各收入或收益类账户转入的数额，借方登记期末从各费用、成本、支出类账户结转的数额。期末余额如在借方，表示企业发生的亏损总额；如在贷方，表示实现的净利润额。

（三）分类

财务成果类账户包括"本年利润"账户。

（四）结构

财务成果类账户的结构如图8－12所示。

九、调整类账户

调整类账户是为了调整某个账户的余额，以确定被调整账户的实际数额而

借方　财务成果类账户	贷方
本期发生额：应计入本期损益的各项费用、成本、支出	本期发生额：本期实现的各项收入和收益数
期末余额：发生的亏损总额	期末余额：实现的净利润额

图8－12　财务成果类账户结构示意图

开设的账户。

在会计核算中，由于经营管理上的需要或其他原因，要求某些账户反映该项经济活动的原始数据。但在实际工作中，该项经济活动的原始数据又往往会发生增减变化。例如，固定资产由于使用，其价值不断减少，但从经营管理的角度考虑，需要“固定资产”账户反映固定资产的原始价值，为反映固定资产不断减少的价值，需要开设“累计折旧”账户，通过“累计折旧”账户对“固定资产”账户进行调整，反映固定资产的净值。反映经济活动原始数据的账户，称为“被调整账户”，对“被调整账户”进行调整的账户，称为“调整账户”。调整账户按调整方式划分，可以分为抵减账户、附加账户和抵减附加账户三类。

（一）抵减账户

1. 含义

抵减账户亦称备抵账户，是用来抵减被调整账户的余额，以求得被调整账户实际余额的账户。

2. 特点

（1）抵减账户的性质与被调整账户的性质相反，余额方向也相反。

（2）抵减账户又可分为资产抵减账户和权益抵减账户。

其中，资产抵减账户是用来抵减某一资产账户（被调整账户）的余额，以求得该资产账户实际余额的账户，被调整账户的性质是资产类账户。调整账户是“累计折旧”、“坏账准备”、“存货跌价准备”等账户，被调整账户是“固定资产”、“存货”等账户。

收益抵减账户是用来抵减某一权益账户（被调整账户）的余额，以确定该权益类账户实际余额的账户，被调整账户的性质是权益类账户。调整账户“利润分配”账户，被调整的账户是“本年利润”账户。

（3）抵减账户调整方式通过以下公式表示：

被调整账户余额－抵减账户＝被调整账户实际余额

3. 分类

抵减账户主要包括“累计折旧”、“坏账准备”、“存货跌价准备”、“利润分配”等账户。

4. 结构

抵减账户的结构如图 8－13 所示。

借方	抵减账户 贷方
本期发生额：应计入本期的权益类抵减账户发生额	本期发生额：应计入本期的资产类抵减账户发生额
期末余额：累计权益类抵减账户发生额	期末余额：累计资产类抵减账户发生额

图 8－13 抵减账户结构示意图

（二）附加账户

1. 含义

附加账户是用来增加被调整账户的余额，以求得被调整账户实际余额的账户。

2. 特点

（1）附加账户与被调整账户的性质相同，余额方向也相同。

（2）附加账户的调整方式通过以下计算公式表示：

被调整账户借（贷）方余额＋附加账户的借（贷）方余额＝被调整账户的实际金额

（三）抵减附加账户

1. 含义

抵减附加账户是依据调整账户与被调整账户的余额方向，用来抵减被调整账户的余额，或者用来附加被调整账户的余额，以求得被调整账户实际余额的账户。

2. 特点

（1）当调整账户的余额与被调整账户的余额方向相反时，该类账户起抵减账户的作用，其调整方式与抵减账户相同；

（2）当调整账户的余额与被调整账户的余额方向一致时，该类账户起附加账户的作用，其调整方式与附加账户相同；

这类账户的具体运用将在财务会计学中阐述。

在本书中，属于调整账户的只有“累计折旧”和“利润分配”两个账户。调整账户不能离开被调整账户而独立存在，有调整账户就一定有被调整账户，它们是相互联系、相互结合在一起的一组账户。调整账户和被调整账户所反映的经济内容是相同的，被调整账户反映原始数据，调整账户反映对原始数据的调整数额，二者结合起来使用，提供经营管理上所需要的某些特定指标。

本章小结

本章主要阐述了会计账户分类的意义、会计账户按经济内容分类、会计账户按用途和结构分类的具体类别。

科学地进行账户的分类有助于科学地进行管理。按照不同的标准对账户进行分类，可以从不同的角度认识账户，并把全部账户划分为各种类别。一般来说，对会计账户进行分类有以下一些作用：（1）便于设置完整的账户体系和全面反映企业的经营活动和资金运动情况；（2）便于设计会计账簿的格式；（3）便于编制会计报表。

为了更好地理解和掌握会计账户，我们对会计账户进行了具体的分类。会计账户按照经济内容分类的话，可以分为资产类账户、负债类账户、所有者权益类账户、收益类账户和成本费用类账户；会计账户按照用途和结构进行分类的话，可以分为盘存账户、资本账户、结算账户、期间账户、跨期摊提账户、成本计算账户、计价对比账户、财务成果账户、调整账户等。

练习思考题

一、知识题

（一）名词解释

1. 资产类账户 2. 负债类账户 3. 所有者权益类账户
4. 收益类账户 5. 成本费用类账户 6. 结算账户
7. 计价对比账户 8. 跨期摊提账户 9. 资本账户
10. 财务成果账户 11. 盘存账户 12. 调整账户

（二）思考题

1. 备抵附加调整账户包括“材料成本差异”、“产品成本差异”等账户，其被调整账户分别为“原材料”和“库存商品”账户，“利润分配”账户也可视为备抵附加调整账户。账户按经济内容的分类与账户按用途和结构的分类有什么联系和区别？
2. 在资产类账户中，哪些是调整账户？举例说明其结构及其调整方法。
3. 调整账户有哪些特点？
4. 调整账户有哪几类？各类之间的区别有何不同？
5. 试述结算账户的用途、种类和结构。
6. 为什么要设置债权债务结算账户？其结构特点如何？
7. 什么叫跨期摊配账户？举例说明跨期摊配账户的用途和结构。
8. 集合分配账户和成本计算账户之间有何区别？
9. 账户按经济内容分类和按用途和结构分类之间是什么关系？
10. 如何理解账户按经济内容的分类？
11. 如何理解账户按用途和结构的分类？
12. 如何理解账户的结构？
13. 资产类账户的分类？
14. 成本类账户的分类？
15. 损益类账户的分类？

二、技能题

（一）单项选择题

1. （　　）是账户的作用及其所提供的指标。

A. 账户的结构 B. 账户的用途
C. 账户的经济内容 D. 账户的性质

2. 下列内容属于按账户所反映的经济内容分类的是（　　）。

A. 成本计算账户　B. 结算账户

C. 集合分配账户　D. 成本类账户

3. 下列属于按账户的用途和结构分类的是（　　）。

A. 成本类账户　B. 损益类账户

C. 资产类账户　D. 财务成果计算账户

4. 在下列所有者权益类账户中，反映所有者原始投资的账户是（　　）。

A. 实收资本　B. 盈余公积

C. 本年利润　D. 利润分配

5. 下列账户中，属于备抵附加调整账户的是（　　）。

A. 应收账款　B. 预收账款

C. 材料成本差异　D. 其他往来

6. “预提费用”账户按其经济内容分类应属于（　　）。

A. 负债类账户　B. 所有者权益类账户

C. 资产类账户　D. 费用类账户

7. “待摊费用”账户按经济内容分类，属于（　　）。

A. 费用类账户　B. 资产类账户

C. 负债类账户　D. 所有者权益类账户

8. “累计折旧”账户按其经济内容分类，属于（　　）。

A. 费用类账户　B. 备抵类账户

C. 资产类账户　D. 利润类账户

9. “主营业务税金及附加”账户按经济内容分类属于（　　）。

A. 负债类账户　B. 费用类账户

C. 资产类账户　D. 利润类账户

10. 生产成本账户如有借方余额，按其用途和结构分类，应属于（　　）。

A. 成本计算账户　B. 盘存账户

C. 集合分配账户　D. 跨期摊配账户

11. 下列账户中，属于成本结算账户的是（　　）。

A. “制造费用”账户　B. “预提费用”账户

C. “物资采购”账户　D. “主营业务成本”账户

12. 债权债务结算账户的借方登记（　　）。

A. 债权的增加　B. 债务的减少

C. 债权的减少　D. 债权的增加，债务的减少

13. “预提费用”账户按其用途和结构分类，应属于（　　）。

A. 集合分配账户　B. 成本计算账户

C. 计价对比账户　　D. 跨期摊配账户

14. 下列账户中，属于计价对比账户的是（　　）。

A. “固定资产清理”账户　　B. “本年利润”账户

C. “物资采购”账户　　D. “累计折旧”账户

（二）多项选择题

1. 账户分类的主要标志有（　　）。

A. 账户的经济内容　　B. 账户的名称

C. 账户的用途和结构　　D. 账户的统驭关系

2. 下列账户中，哪些账户一般没有期末余额（　　）。

A. 收入账户　　B. 费用账户

C. 盘存账户　　D. 结算账户

3. 账户的结构具体包括（　　）。

A. 账户期末余额的方向　　B. 账户余额所表示的内容

C. 账户借方核算的内容　　D. 账户贷方核算的内容

4. 下列账户中，属于所有者权益类账户的有（　　）。

A. “资本公积”账户　　B. “实收资本”账户

C. “利润们配”账户　　D. “盈余公积”账户

5. 下列账户中，属于成本类账户的有（　　）。

A. “物资采购”账户　　B. “制造费用”账户

C. “生产成本”账户　　D. “在建工程”账户

6. 损益类账户是指核算内容与损益的计算确定直接相关的账户，下列属于反映营业损益的账户有（　　）。

A. “主营业务收入”　　B. “营业外收入”

C. “营业税金及附加”　　D. “财务费用”

7. 下列账户属于成本计算账户的有（　　）。

A. “营业外支出”账户　　B. “制造费用”账户

C. “在建工程”账户　　D. “生产成本”账户

8. 下列账户中，属于盘存账户的有（　　）。

A. “长期投资”账户　　B. “库存商品”账户

C. “固定资产”账户　　D. “原材料”账户

9. 下列账户中，属于财务成果计算账户的有（　　）。

A. “营业外收入”账户　　B. “本年利润”账户

C. “利润分配”账户　　D. “其他业务收入”账户

10. （　　）的期末余额可能在借方，也可能在贷方。

A. 债权债务结算账户　　B. 备抵调整账户

C. 财务成果账户　　D. 备抵附加调整账户

11. 下列账户中，属于收入类账户的有（　　）。

A. “本年利润”账户　　B. “主营业务收入”账户

C. “营业外收入”账户　　D. “其他业务收入”账户

12. 以下账户属于资本账户的有（　　）。

A. “实收资本”账户　　B. “本年利润”账户

C. “资本公积”账户　　D. “盈余公积”账户

（三）判断题

1. 按账户的结构和用途分类是账户分类的基础。（　　）

2. “累计折旧”账户是费用类账户。（　　）

3. “材料成本差异”账户是备抵附加调整账户。（　　）

4. “制造费用”账户既属于成本类账户，又属于成本计算账户。（　　）

5. “待处理财产损益”账户属于资产－负债结算账户。（　　）

6. 反映营业损益的账户有“主营业务收入”、“营业外收入”等。（　　）

7. 对比账户是用来对某项经济业务按照不同的计价进行对比，借以确定业务成果的账户。（　　）

8. “坏账准备”账户是“应收账款”账户的附加调整账户。（　　）

四、计算与分析题

1. 某企业“固定资产”账户期末余额800 000元，“累计折旧”账户期末余额60 000元。

要求：

（1）计算固定资产净值。

（2）两个账户之间有何关系？

案例题

案例一

小孙同学在初学会计学时，总是在几个问题上搞不清楚，于是，他向老师提出了几个疑问：账户与会计科目到底是不是一回事？账户结构是否与不同的记账方法有关系？对于同一个账户来说，期末余额是不是永远固定在一方？每一个账户是不是都反映一种具体的经济业务？为什么还会有虚账户？

你能否回答小孙同学提出的问题呢？

案例二

欧阳老师在讲课时讲到，会计有实账户，比如“原材料”账户，它的期末余额表示材料占有的资金额，“银行存款”账户的期末余额表示银行存款的期末实存额；会计还有一种虚账户，一般期末没有余额，小赵同学恍然大悟，认为实账户都是有实际经济意义的，虚账户都没有实际的经济意义。

你认为小赵同学的看法是否正确？

案例三

小马同学学习了账户按照所反映的经济内容分类以及按照用途和结构的分类，非常得意地说，我懂了，凡是写着费用的会计科目除了没有期末余额之外都与资产类账户一样；凡是成本类账户一定没有期末余额；凡是应收款账户一定是资产类账户；凡是应付款账户一定是负债类账户，累计折旧也是资产类账户。

他的说法对吗？

第九章

会计凭证

学习目的与要求：

1. 掌握会计凭证的概念，理解会计凭证的作用和种类；
2. 了解原始凭证的类别，掌握原始凭证的内容、填制和审核的要求；
3. 了解记账凭证的类别，掌握记账凭证的内容、填制和审核的要求；
4. 熟悉会计凭证的传递与保管。

第一节　会计凭证概述

一、会计凭证的意义

会计凭证是在会计工作中记录经济业务、明确经济责任的书面证明，也是登记账簿的依据。

会计凭证的填制和审核，对于整个社会经济发展以及一个具体单位的发展都发挥着同样重要的作用。它不仅可以如实地反映经济业务的内容，有效地监督经济业务的合理性和合法性，还可以保证会计核算资料的真实性、可靠性和合理性，这对于发挥会计在经济管理中的作用，具有重要意义。

（一）提供经济信息和会计信息

会计人员可以根据会计凭证，对日常大量分散的经济业务，进行整理、分类和汇总，并经过会计处理，为经济管理提供有用的会计信息。

（二）监督、控制经济活动

通过会计凭证的审核，可以检查经济业务的发生是否符合有关的法令、制度，是否符合业务经营、财务收支的方针、计划和预算的规定，以确保经济业务的合理性、合法性和有效性。监督经济业务的发生、发展，控制经济业务的有效实施，是发挥会计管理职能的重要内容。

（三）提供记账依据

会计凭证是记账的依据，通过会计凭证的填制和审核，按一定的方法对会计凭证进行整理、分类和汇总，为会计记账提供真实可靠的依据，并通过会计凭证的及时传递，对经济业务适时地进行记录。

（四）加强内部控制，完善经济责任制

经济业务发生后，要取得或填制适当的会计凭证，证明经济业务已经发生和完成，同时，要由有关的经办人员，在凭证上签字盖章，明确业务责任人。通过会计凭证的填制和审核，使有关责任人在其职权范围内各司其职、各负其责、互相牵制，加强内部控制。因此，建立会计凭证的填制和审核制度是完善内部控制制度的重要方面。同时，利用凭证填制、审核的手续制度，还可以进一步完善经济责任制。

二、会计凭证的种类

会计凭证是多种多样的，可以按照不同的标志进行分类，但主要是按其来源、用途和填制程序进行分类，可以分为原始凭证和记账凭证。

会计凭证的分类见图 9－1

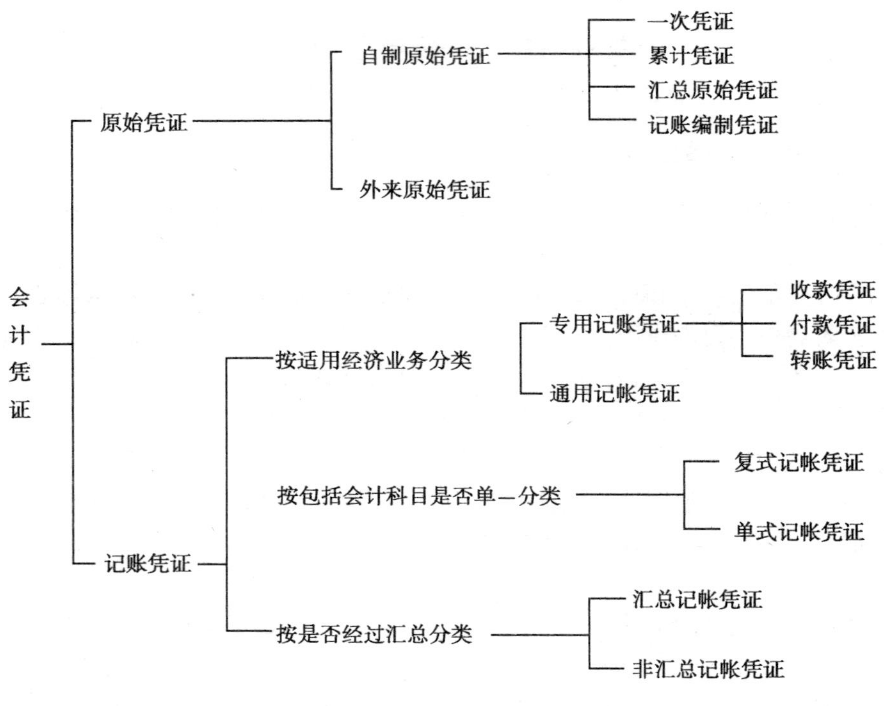

图 9－1

下面两节将详细介绍原始凭证和记账凭证。

第二节　原始凭证

一、原始凭证及其种类

原始凭证，又称原始单据，是在经济业务发生或完成时取得或填制的，用以记录、证明经济业务已经发生或者完成情况的原始证据，并作为记账原始依据的会计凭证。由于在原始凭证上记载着大量的经济信息，因此，它是证明经济业务发生的初始文件，与记账凭证相比，具有较强的法律效力，所以，原始凭证是一种很重要的凭证。

原始凭证按其取得的来源和形成原因不同，可以分为自制原始凭证和外来原始凭证两类。

（一）自制原始凭证

自制原始凭证，是指由本单位内部经办业务的部门或人员，在完成某项经济业务时自行填制的凭证。如商品、材料入库时，由仓库保管人员填制的入库单；商品销售时，由业务部门开出的提货单等。自制原始凭证按其填制手续和内容不同，又可分为一次凭证、累计凭证、汇总原始凭证和记账编制凭证四种。

1. 一次凭证。

一次凭证是指只反映一项经济业务，或者同时反映若干项同类性质的经济业务，其填制手续是一次完成的会计凭证。现实生活中，大部分凭证的填制手续是随着经济活动结束而一次完成的，已填列的凭证不能重复使用，这类自制的原始凭证称为一次性凭证。如“收料单”、“领料单”、“报销凭单”等。

2. 累计凭证。

累计凭证是指在一定时期内连续记载若干项同类经济业务的会计凭证。这类凭证的填制手续是随着经济业务发生而分次进行的。在一些特定单位，为了连续反映某一时期内不断重复发生而分次进行的特定业务，需要在一张凭证中连续、累计填列该项特定业务的具体情况，从而就形成累计凭证。如“限额领料单”，它属于一次审批额度，实际领用多次的凭证。

3. 汇总原始凭证。

汇总原始凭证亦称原始凭证汇总表，是指在会计核算工作中，为简化记账凭证的编制工作，将一定时期内若干份记录同类经济业务的原始凭证汇总编制一张汇总凭证，用以集中反映某项经济业务总括发生情况的会计凭证。如“发料凭证汇总表”、“收料凭证汇总表”、“现金收入汇总表”等。

汇总原始凭证只能将同类内容的经济业务汇总填列在一张汇总凭证中。在一张汇总凭证中不能将两类或两类以上的经济业务汇总填列。

4. 记账编制凭证。

记账编制凭证是根据账簿记录，把某一项经济业务加以归类、整理而重新编制的一种会计凭证。在企业自制的各种原始凭证中，一般都是以实际发生或完成的经济业务为依据，由经办人员填制并签章，但有些自制原始凭证则是由会计人员根据已经入账的结果，对某些特定事项进行归类整理而编制的，这种根据账簿记录而填制的原始凭证，就被称为记账编制凭证。如月末编制的“制造费用分配表”等。

表9－1 **领料单** 第 号

领料单位： 年 月 日 发料仓库：

材料类别	材料编号	材料名称	规格	计量单位	数量		单价	金额
					请领	实领		
备注				合计				

发料人： 领料人： 记账：

表9－2 **验收单（收料单）**

供应单位： 收料仓库：

发票号码： 年 月 日 第 号

材料编号	材料名称	规格	单位	数量		金额			
				应收	实收	单价	买价	运费	成本
合 计									

仓库负责人： 经办人： 收料人：

（二）外来原始凭证

外来原始凭证，是指在同外单位发生经济往来关系时，从外部单位取得的原始凭证。如企业购买材料、商品时，从供货单位取得的发货票，付款时取得的收据等。外来原始凭证都是一次凭证，外来原始凭证一般由税务局等部门统一印制，或经税务部门批准由经济单位印制，在填制时加盖出据凭证单位公章方可有效，对于一式多联的原始凭证必须用复写纸套写。

表 9－3　　辽宁增值税专用发票

开票日期：年　月　日　　发票联

购货单位	名称					纳税登记号		
	地址、电话					开户银行及账号		
货物或应税劳务名称		规格型号	计量单位	数量	单价	金额	税率（%）	税额
合计								
价税合计		佰 拾 万 仟 佰 拾 元 角 分　¥						
备注								
销货单位	名称					纳税登记号		
	地址、电话					开户银行及账号		

销货单位（章）：　收款人：　复核：　开票人：

表 9－4　　淮安市统一收款收据

年 月 日　　No. 005

交款单位或交款人	
款项内容	
人民币（大写）	¥

收款单位公章　会计　经办

二、原始凭证的填制

（一）原始凭证的基本内容

在会计实务中，由于各种经济业务的内容和经济管理的要求不同，原始凭证的名称、格式和内容多种多样，其填制与审核的具体内容也会因此而多种多样。但是，原始凭证作为反映经济业务已经发生或已经完成的原始证据，必须反映经济业务发生或完成的情况，并明确有关经手人的责任，所以，各种原始凭证都必须具备一些基本内容，具有一些基本要素，这些基本内容和要素主要包括以下七个方面：

1. 原始凭证的名称，表明所记载的经济业务内容的种类，反映原始凭证的内容，如“发货票”、“入库单”等。

2. 填制凭证的日期：填制原始凭证的日期一般是经济业务发生或完成的日期，如果在经济业务发生或完成时，因各种原因未能及时填制原始凭证的，应以实际填制日期为准，如销售商品时未能及时开出发票，补开发票的日期应为实际填制的日期。

3. 填制凭证单位或填制人姓名。

4. 数量、单价和金额：主要表明原始凭证的计量，这是原始凭证的核心。

5. 接受凭证的单位名称，接受凭证的单位与填制凭证的单位或填制人员相联系，表明经济业务的来龙去脉。

6. 经济业务的基本内容，主要表明经济业务的项目、名称及有关的附注说明。

7. 经办人员的签名或盖章，主要是为了通过该项内容明确经济责任。

（二）填制原始凭证的要求

1. 凭证所反映的经济业务必须合法，必须符合国家有关政策、法令、规章、制度的要求，不符合以上要求的，不得列入原始凭证。

2. 填制在凭证上的内容和数字，必须真实可靠，要符合有关经济业务的实际情况。

3. 各种凭证的内容必须逐项填写齐全，不得遗漏，必须符合手续完备的要求，经办业务的有关部门和人员要认真审查，签名盖章。

4. 各种凭证的书写要用蓝黑墨水，文字简要，字迹清楚，易于辨认。不得使用未经国务院公布的简化字；对阿拉伯数字要逐个写清楚，不得连写；在数字前应填写人民币符号“￥”，属于套写的凭证，一定要透，不要上面清楚，下面模糊。

5. 大小写金额数字要符合规格，正确填写。各种凭证不得随意涂改、刮擦、挖补，填写错误需要更正时，应用画线更正法，即将错误的文字和数字，用红色墨水画线注销，再将正确的数字和文字用蓝字写在画线部分的上面，并签字盖章。

6. 各种凭证必须连续编号，以便查考。各种凭证如果已预先印定编号，在写坏作废时，应当加盖“作废”戳记，全部保存，不得撕毁。

7. 各种凭证必须及时填制，一切原始凭证都应按照规定程序，及时送交财会部门，由财会部门加以审核，并据以编制记账凭证。

三、原始凭证的审核

（一）原始凭证审核的内容

1. 为了如实反映经济业务的发生和完成情况，充分发挥会计的监督职能，保证会计信息的真实性、可靠性和正确性，会计机构、会计人员必须对原始凭证进行严格审核。具体内容包括：

（1）审核原始凭证的真实性。按照内部控制的要求，必须对原始凭证进行审核，原始凭证的真实性关系到经济活动的真实性，对会计信息的质量具有至关重要的影响。对其真实性的审核包括凭证日期是否真实、业务内容是否真实、数据是否真实等内容。外来原始凭证，必须有填制单位公章和填制人员签章；自制原始凭证，必须由经办部门和经办人员的签名和盖章。此外，对通用原始凭证，还应审核凭证本身的真实性，以防假冒。

（2）审核原始凭证的合法性。审核原始凭证所记录的经济业务是否有违反国家法律法规的情况，是否履行了规定的凭证传递和审核程序，是否有贪污腐化等行为。

（3）审核原始凭证的合理性。审核原始凭证所记录的经济业务是否符合企业生产经营活动的需要，是否符合有关的计划和预算等。

（4）审核原始凭证的完整性。审核原始凭证各项基本要素是否齐全，是否有漏项情况，日期是否完整，数字是否清晰，文字是否工整，有关人员签章是否齐全，凭证联次是否正确等。

（5）审核原始凭证的正确性。审核原始凭证各项金额的计算及填写是否正确，包括阿拉伯数字分位填写，不得连写；大写金额和小写金额要相符；凭证中有书写错误的，应采用正确的方法更正，不能采用涂改、刮擦、挖补等不正确的方法。

（6）审核原始凭证的及时性。原始凭证的及时性是保证会计信息及时性的基础，因此，要求在经济业务发生或完成时及时地填制有关原始凭证，及时进行凭证的传递，审核时应该注意审查凭证的填制日期。

2. 原始凭证审核结果的处理

原始凭证的审核是一项十分重要、严肃的工作，它不仅是企业内部控制中的重要环节，而且对经济活动的真实性也进行控制，经审核的原始凭证应该根据不同情况进行处理：

（1）对于完全符合要求的原始凭证，应该及时据以编制记账凭证入账。

（2）对于真实、合法、合理但内容不够完整、填写有错误的原始凭证，应该退回给有关经办人员，由其负责将有关凭证补充完整、更正错误或重开后，再办理正式会计手续。

（3）对于不真实、不合法的原始凭证，经审核后，会计机构、会计人员有权不予接受，并向单位负责人报告。

第三节 记账凭证

一、记账凭证及其种类

记账凭证是会计人员根据审核无误的原始凭证或汇总原始凭证进行归类、整理，按照会计准则和记账规则，用来确定经济业务应借、应贷的会计科目和金额而填制的，作为登记账簿直接依据的会计凭证。

原始凭证上记载的是经济信息，记账凭证上记载的是会计信息，从原始凭证到记账凭证是经济信息转换成会计信息的过程，这个过程标志着经济信息进入了会计系统，可以说是一种质的飞跃。在登记账簿之前，应该按实际发生经济业务的内容编制会计分录，然后据以登记账簿，在实际工作中，会计分录是通过填制记账凭证来完成的。

记账凭证按照不同的标准有不同的分类，主要的分类有以下几种：

（一）收款凭证、付款凭证和转账凭证

记账凭证按其反映的经济业务是否与货币资金有关，可以分为收款凭证、付款凭证和转账凭证三类。

1. 收款凭证。

收款凭证是用来记录货币资金收入业务的记账凭证，它是根据货币资金收入业务的原始凭证填制而成的。

2. 付款凭证。

付款凭证是用来记录货币资金支出业务的记账凭证，它是根据货币资金支出业务的原始凭证填制而成的。

3. 转账凭证。

转账凭证是用来记录与货币资金收付业务无关的转账业务的记账凭证，它是根据有关转账业务的原始凭证填制而成的。

（二）复式记账凭证和单式记账凭证

记账凭证按其包括的会计科目是否单一，分为复式记账凭证和单式记账凭证两类。

1. 复式记账凭证。

复式凭证又叫做多科目记账凭证，要求将某项经济业务所涉及的全部会计科目集中填列在一张记账凭证上。

收款凭证、付款凭证和转账凭证的格式都是复式记账凭证的格式。

复式记账凭证可在一张记账凭证上反映一笔完整的经济业务，便于反映经济业务的全貌及会计科目之间的对应关系，可减少记账凭证的数量，但是，采用复式记账凭证，不便于同时汇总计算每一个会计科目的发生额，也不利于会计人员分工记账。

2. 单式记账凭证。

单式记账凭证又叫做单科目记账凭证、单项记账凭证，要求将某项经济业务所涉及的每个会计科目，分别填制记账凭证，每张记账凭证只填列一个会计科目。单式记账凭证将一项经济业务所涉及的会计科目及其对应关系，通过借项记账凭证、贷项记账凭证分别予以反映。也就是把某一项经济业务的会计分

录，按其所涉及的会计科目，分散填到两张或两张以上的记账凭证上。

采用单式记账凭证，便于同时汇总计算每一个会计科目的发生额，也便于分工记账，但是，不便于反映经济业务的全貌及会计科目之间的对应关系，一般适用于业务量较大、会计部门内部分工较细的会计主体。

（三）汇总记账凭证和非汇总记账凭证

记账凭证按其是否经过汇总，可以分为汇总记账凭证和非汇总记账凭证两类。

1. 非汇总记账凭证。

非汇总记账凭证，是没有经过汇总的记账凭证。收款凭证、付款凭证和转账凭证等都是非汇总记账凭证。

2. 汇总记账凭证。

汇总记账凭证是根据非汇总记账凭证按一定的方法汇总填制的记账凭证。汇总记账凭证按汇总方法不同，可分为分类汇总和全部汇总两种。

分类汇总记账凭证是根据一定期间的记账凭证按其种类分别汇总填制的。如"现金汇总收款凭证"和"银行存款汇总收款凭证"；"现金汇总付款凭证"和"银行存款汇总付款凭证"；"汇总转账凭证"都是分类汇总凭证。

全部汇总凭证是根据一定期间的记账凭证全部汇总填制的，如"科目汇总表"就是全部汇总凭证。

另外，为了简化凭证的填制手续，自制的原始凭证汇总表可用以代替记账凭证，作为记账依据，这种凭证实际上是原始凭证和记账凭证相结合的凭证，又称为联合凭证。以自制原始凭证代替记账凭证时，应当在凭证格式中预先印制应借、应贷科目专栏，或在凭证上为填列应借、应贷科目预留空白。

二、记账凭证的填制

（一）记账凭证的基本内容

记账凭证主要是用来将经济信息转换成会计信息，对经济业务进行分类核算的凭证。记账凭证有多种形式，但是，作为确定会计分录和进行款项收付、账簿记录的依据，必须反映经济业务归类核算的项目、填制依据以及有关人员的责任，所以，记账凭证必须具有一定的基本内容以及与基本内容相适应的一些基本要素，这些基本内容主要有以下八个方面：

1. 填制凭证的日期，是填制记账凭证的日期，将其与原始凭证进行核对，可以看出会计信息处理的及时性；

2. 记账凭证的编号，记账凭证应当按照顺序编号，以便于查找；

3. 记账的金额，表达了经济业务的货币计量；

4. 记账方向，通过记账方向可以反映经济业务的内容，并指示应记入账户的借方或者贷方；

5. 经济业务的内容摘要，简要记录记账凭证中的经济业务的内容；

6. 会计科目，包括一级、二级和明细科目的名称、金额，通过会计科目可以对经济业务进行分类，并指示应记入的账户；

7. 所附原始凭证的张数，将记账凭证和原始凭证进行核对，可以检验记账凭证编制的正确性；

8. 制证、审核、记账、会计主管等人员的签章，收款凭证和付款凭证还应由出纳人员签名或盖章，通过签名或者盖章可以明确经济责任，并且相互牵制。

（二）记账凭证的填制要求

填制记账凭证，就是要求会计人员将各项记账凭证的内容按照规定的方法填写齐全，便于账簿登记，记账凭证虽然有各种不同的格式，但是就记账凭证确定会计分录，便于保管和查阅会计资料来看，各种记账凭证除了严格按照原始凭证的填制要求填制外，还应注意以下填制要求：

1. 凭证摘要简明。记账凭证的摘要栏要用简练明确的语句概括经济业务内容的要点，这主要是为了便于查阅凭证和登记账簿。

2. 业务记录明确。在一张记账凭证上，不能把不同类型的经济业务合并填制，一张记账凭证只能反映某一项经济业务，或者是若干项同类的经济业务，这主要是为了明确经济业务的来龙去脉和账户的对应关系，所以，记账凭证可以根据每一张原始凭证填制，也可以根据若干张同类原始凭证汇总填制，以自制的原始凭证或者原始凭证汇总表代替记账凭证的，必须具备记账凭证应有的项目。

3. 科目运用准确。填制记账凭证时，必须按照相应的会计准则进行职业判断，运用规定的会计科目及记账方法确定记账内容，正确编制会计分录，确保会计科目的准确运用。

4. 附件数量完整。记账凭证所附的原始凭证必须完整无缺，并在记账凭证上注明原始凭证的张数，以便核对摘要及所编会计分录是否正确无误，对于同一张原始凭证需要填制两张记账凭证的，应在未附原始凭证的记账凭证上注明其原始凭证在哪张记账凭证下，以便查阅。如果一张原始凭证所列支出需要几个单位共同负担，应将其他单位负担的部分，开给对方原始凭证分割单，进行结算。对于结账和更正错账的记账凭证，可以不附原始凭证。

5. 填写内容齐全。记账凭证中的各项内容必须填写齐全，并按照规定程序办理签章手续，不得简化。

6. 凭证顺序编号。同一类记账凭证应该按照业务发生的顺序连续编号，如果一笔经济业务需要填制多张记账凭证的，可以按照该项经济业务的记账凭证数量编列分数顺序号的方法来编号。

如果记账之前发现记账凭证有错误，应该重新编制正确的记账凭证，并将错误的记账凭证作废或者撕毁。已经登记入账的记账凭证，在当年内发现填写错误时，应该用红字填写一张与原来内容相同的记账凭证，在摘要栏注明“注销某月某日某号凭证”，同时，再用蓝字重新填制一张正确的记账凭证，在摘要栏注明“订正某月某日某号凭证”。如果会计科目没有错误，只是金额错误，也可以将正确数字与错误数字之间的差额，另外编制一张调整的记账凭证。调增金额用蓝字，调减金额用红字。发现以前年度错误的，应该采用规定的方法填制更正的记账凭证。

（三）记账凭证的审核

为了保证会计信息的质量，在记账之前，应当由有关的稽核人员对记账凭证进行严格的审核。审核的主要内容有：

1. 内容是否真实。审核记账凭证是否有原始凭证作为依据，所附原始凭证的内容与记账凭证的内容是否一致，记账凭证汇总表的内容与其依据的记账凭证的内容是否一致等。

2. 项目是否齐全。审核记账凭证各项目的填写是否齐全，如日期、凭证编号、摘要、会计科目、金额、所附原始凭证张数及有关人员签章等。

3. 科目是否正确。审核记账凭证的应借、应贷科目是否正确，是否有明确的账户对应关系，所使用的会计科目是否符合相关会计准则和记账方法的规定等。

4. 金额是否正确。审核记账凭证所记录的金额与原始凭证的有关金额是否一致、计算是否正确，记账凭证汇总表的金额与记账凭证的金额合计数是否相符等。

5. 书写是否正确。审核记账凭证中的记录是否文字工整、数字清晰，是否按照规定进行更正等。

此外，出纳人员在办理收款或付款业务后，应在凭证上加盖“收讫”或“付讫”的戳记，以避免重收重付。

在审核中如果发现差错，应该查明原因，并且予以重填或者更正，并由更正人员在更正处签章。

三、记账凭证的编制方法

（一）专用记账凭证的编制方法

专用记账凭证包括收款凭证、付款凭证和转账凭证，不同的记账方法下其格式不同，现按借贷记账的要求介绍其填制方法。

1. 收款凭证的填制方法。

收款凭证是用来记录货币资金收款业务的凭证，它是由出纳人员根据审核无误的原始凭证收款后填制的。在借贷记账法下收款凭证的设证科目是借方科目。在收款凭证左上方所填列的借方科目，应是“现金”或“银行存款”科目。在凭证内所反映的贷方科目，应填列与“现金”或“银行存款”相对应的科目。金额栏填列经济业务实际发生的数额，在凭证的右侧填写附原始凭证张数，并在出纳及制单处签名或盖章。

2. 付款凭证的填制方法

付款凭证是用来记录货币资金付款业务的凭证。它是由出纳人员根据审核无误的原始凭证付款后填制的。在借贷记账法下，付款凭证的设证科目是贷方科目，在付款凭证左上方所填列的贷方科目，应是“现金”或“银行存款”科目。在凭证内所反映的借方科目，应填列与“现金”或“银行存款”相对应的科目。金额栏填列经济业务实际发生的数额，在凭证的右侧填写所附原始凭证的张数，并在出纳及制单处签名或盖章。

注：现金与银行存款之间的划转业务只编制付款凭证，如从银行提取现金只编制银行存款付款凭证。

3. 转账凭证的填制方法。

转账凭证是用以记录与货币资金收付无关的转账业务的凭证，它是由会计人员根据审核无误的转账业务原始凭证填制的。在借贷记账法下，将经济业务所涉及的会计科目全部填列在凭证内，借方科目在先，贷方科目在后，将各会计科目所记应借应贷的金额填列在“借方金额”或“贷方金额”栏内。借、贷方金额合计应该相等。制单人应在填制凭证后签名盖章，并在凭证的右侧填写所附原始凭证的张数。

（二）通用记账凭证的编制

通用记账凭证是用以记录各种经济业务的凭证。采用通用记账凭证的经济单位，不再根据经济业务的内容分别填制收款凭证、付款凭证和转账凭证，所以涉及货币资金收、付业务的记账凭证是由出纳员根据审核无误的原始凭证收、付款后填制的，涉及转账业务的记账凭证，是由有关会计人员根据审核无误的原始凭证填制的。在借贷记账法下，将经济业务所涉及的会计科目全部填列在凭证内，借方在先，贷方在后。将各会计科目所记应借应贷的金额填列在“借方金额”或“贷方金额”栏内，借、贷方金额合计数应相等。制单人应在填制凭证完毕后签名盖章，并在凭证右侧填写所附原始凭证的张数。

（三）单式记账凭证的填制方法

单式记账凭证按一项经济业务所涉及的每个会计科目单独填制一张记账凭证，每一张记账凭证中只登记一个会计科目。单式记账凭证为单独反映每项经济业务所涉及的会计科目及对应关系，又分为“借项记账凭证”和“贷项记账凭证”。

在借项记账凭证和贷项记账凭证中所列示的对应总账科目只起参考作用，不作为登记账簿的依据。

第四节　会计凭证的传递和保管

一、会计凭证的传递

（一）会计凭证传递的作用

会计凭证的传递，是指会计凭证从编制时起到归档时止，在单位内部各有关部门及人员之间传递的程序和时间。

为了能够利用会计凭证，及时反映各项经济业务，提供会计信息，发挥会计监督的作用，必须正确、及时地进行会计凭证的传递，不得积压。从一定意义上说，会计凭证的传递在单位内部经营管理各环节之间起着协调和组织的作用。

1. 有利于完善经济责任制度。

由于经济业务的发生、完成和记录经常是由不同部门、岗位的责任人共同负责、分工完成的，会计凭证作为记录经济业务、明确经济责任的书面证据，体现了内部控制系统的有效性和经济责任制度的执行情况。单位的内部控制系统可以通过各项管理制度规定会计凭证的传递程序、传递手续和传递时间，在保证效率的同时加强内部控制，将相关环节的岗位、责任和权力有机地结合起来，进一步完善经济责任制度，使各项业务的处理顺利进行，同时防止错弊的发生。

2. 有利于会计系统及时记录。

一般来说，从经济业务的发生到账簿登记有一定的时间间隔，通过会计凭证合理组织传递，使会计部门尽早了解业务部门经济业务的发生和完成情况，并通过会计部门内部的凭证传递，及时记录经济业务，进行会计核算，实行会计监督。

（二）会计凭证传递的组织

各单位在制定会计凭证的传递程序，规定其传递时间时，通常应该考虑以下两点内容：

1. 根据本单位经济业务的特点、内部机构组织、人员分工情况，以及经营管理的需要，从完善内部牵制制度的需要出发，规定各种会计凭证的联次及其流程，使经办业务的部门及其人员及时办理各种凭证手续，既符合内部牵制原则，又提高工作效率。

2. 根据有关部门和人员办理经济业务的必要时间，同相关的部门和人员协商制定会计凭证在各经办环节的停留时间，以便合理确定办理经济业务的最佳时间，及时地反映经济业务的发生和完成情况。

会计凭证在传递过程中，如果遇到不合理的环节，应该根据实际情况及时加以修改，确保会计凭证传递程序的合理化、制度化和传递时间的节约。

二、会计凭证的保管

会计凭证的保管，是指会计凭证登账后的整理、装订和归档存查。

会计凭证归档保管的主要方法和要求是：

（一）每月记账完毕，要将本月各种记账凭证加以整理，检查有无缺号和附件是否齐全。然后按顺序号排列，装订成册。为了便于事后查阅，应加具封面，封面上应注明单位的名称、所属的年度和月份、起讫的日期、记账凭证的种类、起讫号数、总计册数等，并由有关人员签章。为了防止任意拆装，在装订线上要加贴封签，并由会计主管人员盖章。

（二）如果在一个月内，凭证数量过多，可分装若干册，在封面上加注共几册字样。如果某些记账凭证所附原始凭证数量过多，也可以单独装订保管，但应在其封面及有关记账凭证上加注说明，对重要原始凭证，如合同、契约、押金收据以及需要随时查阅的收据等在单独保管时，应编制目录，并在原记账凭证上注明另行保管，以便查核。

（三）装订成册的会计凭证应集中保管，并指定专人负责。查阅时，要有一定的手续制度。

（四）会计凭证的保管期限和销毁手续，必须严格执行会计制度的规定。任何人无权自行随意销毁。

本章小结

本章主要阐述了设置、填制、审核会计凭证的意义，会计凭证的分类，各类会计凭证的填制、审核，会计凭证的传递。

填制和审核会计凭证是会计核算的专门方法之一。会计凭证的填制和审核，对于如实反映经济业务的内容，有效监督经济业务的合理性和合法性，保证会计资料的真实性、可靠性、合理性，发挥会计在经济管理中的作用，具有重要意义。会计凭证可以按照不同的标志进行分类，但主要是按其用途和填制程序进行分类，具体可以分为原始凭证和记账凭证两类。

原始凭证按其形成可以分为：（1）自制原始凭证；（2）外来原始凭证。

自制原始凭证可以按其内容分为：一次性凭证、累计凭证、记账编制凭证、汇总原始凭证。会计部门的经办人员为确保会计核算资料的真实、合法、准确，应该对各项原始凭证进行审核，原始凭证审核工作的主要内容是审核原始凭证的真实性、合法性、合理性、完整性、正确性、及时性。

记账凭证是登记会计账簿的直接依据，为了使会计核算真实、合法、准确，会计人员应该对记账凭证进行审核，记账凭证审核的主要内容是：内容是否真实、项目是否齐全、科目是否正确、金额是否正确、书写是否正确等。

正确组织会计凭证的传递，对于及时处理和登记经济业务，明确经济责任，实行会计监督，具有重要的作用。会计凭证传递的实质是在单位内部经营管理各部门之间、各环节之间起着协调和组织的作用。会计凭证传递程序是企业管理规章制度的重要组成部分，传递程序的科学与否，可以说明该企业经营管理的科学程度。组织会计凭证的传递，必须遵循内部牵制原则，力求做到及时反映并记录经济业务。内部牵制原则是建立内部牵制制度的基本准则，主要是指办理经济业务的各项手续制度要相互制约、相互监督。

练习思考题

一、知识题

（一）名词解释

1. 会计凭证 2. 原始凭证 3. 记账凭证 4. 外来凭证
5. 自制原始凭证 6. 记账编制凭证 7. 汇总记账凭证 8. 收款凭证
9. 付款凭证 10. 转账凭证

（二）思考题

1. 填制和审核会计凭证有何意义？
2. 原始凭证应具备哪些内容？
3. 填制原始凭证应遵循哪些要求？
4. 审核原始凭证的主要内容是什么？
5. 记账凭证应具备哪些内容？
6. 填制记账凭证应遵循哪些要求？
7. 如何审核记账凭证？
8. 合理组织会计凭证传递的意义是什么？

二、技能题

（一）单项选择题

1. 会计凭证按其来源和用途不同，分为（　　）。

A. 外来原始凭证和自制原始凭证 B. 专用凭证和通用凭证
C. 一次性凭证和累计凭证 D. 原始凭证和记账凭证

2. 原始凭证按照填制手续及内容不同，分为（　　）。

A. 收款凭证、付款凭证和转账凭证
B. 一次凭证、累计凭证和汇总凭证
C. 外来凭证和自制凭证
D. 通用凭证和专用凭证

3. 下列原始凭证中，属于累计原始凭证的是（　　）

A. 收料单计 B. 领料单中
C. 发货票 D. 限额领料单

4. 下列会计凭证中，属于汇总原始凭证的是（　　）

A. 差旅费报销单 B. 限额领料单
C. 增值税专用发票 D. 工资结算单

5. 下列原始凭证中，既可能是外来原始凭证，也可能是自制原始凭证的是（　　）。

A. 增值税专用发　　B. 商品入库单

C. 收料单　　D. 工资汇总表

6. 关于原始凭证的填制，下列说法中不正确的是（　　）。

A. 不得以虚假的交易、事项或资金往来为依据填制原始凭证

B. 从外单位取得的原始凭证，必须盖有填制单位的公章

C. 一式多联的原始凭证，只能以一联用作报销凭证

D. 收回职工借款时，可将原借款借据正联退还，不必另开收据

7. 下列各项中，不属于原始凭证审核内容的是（　　）。

A. 原始凭证的真实性

B. 原始凭证的合法性

C. 会计分录的正确性

D. 原始凭证的完整性和准确性

8. 下列各项中，属于原始凭证的是（　　）。

A. 银行对账单　　B. 购销合同书

C. 银行存款余额调节表　　D. 账存实存对比表

9. 对于从银行提取现金的业务，会计人员应填制的记账凭证是（　　）。

A. 现金收款凭证　　B. 银行付款凭证

C. 现金收款凭证和银行付款凭证　　D. 银行收款凭证

10. 下列凭证中，应在其左上方填写借方科目的是（　　）。

A. 原始凭证　　B. 收款凭证

C. 付款凭证　　D. 转账凭证

11. 为了分清会计事项处理的先后顺序，便于记账凭证与会计账簿之间的核对，确保记账凭证的完整无缺，填制记账凭证时，应当（　　）。

A. 依据真实　　B. 日期正确

C. 连续编号　　D. 简明扼要

12. 在已经装订好的记账凭证的封面上，应加盖印章的人员有（　　）。

A. 记账凭证填制人　　B. 记账凭证装订人

C. 会计主管　　D. 出纳

13. 记账凭证的填制，可以（　　）。

A. 根据每一张原始凭证填制

B. 根据若干张同类原始凭证汇总填制

C. 根据原始凭证汇总表填制

D. 根据账簿记录填制

14. 规定会计凭证的传递程序时，应考虑的因素有（　　）。

A. 经营管理上的需要　　B. 本单位交易或事项的特点

C. 本单位内部机构设置和人员分工情况中　　D. 会计人员的业务水平

15. 下列各项中，属于原始凭证的有（　　）。

A. 发票　　B. 提货单

C. 发出材料汇总表　　D. 产品成本计算单

（三）判断题

1. 原始凭证仅是填制记账凭证的依据，记账凭证才是登记账簿的依据。（　　）

2. 任何会计凭证都必须经过有关人员的严格审核并确认无误后，才能作为记账的依据。（　　）

3. 企业每项交易或事项的发生都必须从外部取得原始凭证。（　　）

4. 在证明交易或事项发生，据以填制记账凭证的作用方面，自制原始凭证与外来原始凭证具有同等的效力。（　　）

5. 只要是真实的原始凭证，就可以作为收付财物和记账的依据。（　　）

6. 从会计工作的程序来看，取得、填制和审核会计凭证是会计工作的开始环节。（　　）

7. 原始凭证不能表明交易或事项归类的会计科目和记账方向。（　　）

8. 自制原始凭证必须由单位会计人员自行填制。（　　）

9. 企业发生销售退回而退回货款时，应以退货发票作为付款的原始凭证。（　　）

10. 记账凭证编制时出现错误，可按要求更改。（　　）

11. 原始凭证金额出现错误的，应采用画线更正法进行更正。（　　）

12. 审核无误的原始凭证，是登记账簿的直接依据。（　　）

13. 收付款记账凭证既是出纳人员收付款项的依据，也是登记总账、现金日记账和银行存款日记账及有关明细账的依据。（　　）

14. 按单项交易或事项分别填制的记账凭证称为单式记账凭证。（　　）

15. 单式记账凭证便于分工记账，而复式记账凭证不便于分工记账。（　　）

16. 所有记账凭证都必须附有原始凭证并如实填写所附原始凭证的张数。（　　）

17. 为了避免重复记账，企业将现金存入银行或者从银行提取现金的事项，一般只编制收款凭证，不编制付款凭证。（　　）

18. 在填制记账凭证时，可以只填会计科目的编号，不填会计科目名称，以简化记账凭证的编制。（　　）

19. 实行会计电算化的单位，其记账凭证可由计算机自动编制，无需经会计人员确认。 ( )

20. 原始凭证不得外借，其他单位如因特殊需要使用原始凭证时，会计人员可以为其复制。 ( )

21. 一式几联的原始凭证，应当注明各联的用途，只能以一联作为报销凭证。 ( )

22. 保管期满的原始凭证，单位可以自行销毁。 ( )

23. 从外单位取得的原始凭证如有遗失，必须由开具单位重新开具。 ( )

24. 单式记账凭证包括借项记账凭证和贷项记账凭证两种。 ( )

25. 汇总记账凭证是根据汇总原始凭证填制的记账凭证。 ( )

（三）案例讨论题

案例一

明光公司为了加强管理，制定了一系列的规章制度，其中，规定一些会计凭证必须复写多份。例如，库存商品的售出单据必须复写4份，分别在财会部门、销售部门、仓库、门卫各留一份。因为填写、传递这些会计凭证比较麻烦，小薛认为这是繁琐哲学，建议应该取消，只需要复写2份就够了，一份留给财会部门，另一份对方带回去报销，你如何看待此事？

案例二

黄先生是某公司财务方面的主要负责人，有一次在复核时发现，会计小周不小心丢了三张记账凭证，黄先生经过审核原始凭证后，批评小周工作太马虎，同时让他重新编制三张记账凭证。另外一次，黄先生在复核时，发现小陈编制的银行存款付款凭证所附20万元的现金支票存根丢失，同时发现还有几张现金付款凭证所附的原始凭证与凭证所注张数不符，黄先生马上让小陈停止工作，并且与他一起回忆、追查这张支票的去向。小陈对此事非常不满，认为黄先生小题大做，故意整他，偏向小周。你如何看待这件事情？

本章小结

本章主要阐述了设置、填制、审核会计凭证的意义，会计凭证的分类，各类会计凭证的填制、审核，会计凭证的传递。填制和审核会计凭证是会计核算的专门方法之一。会计凭证的填制和审核，对于如实反映经济业务的内容，有效地监督经济业务的合理性和合法性，保证会计资料的真实性、可靠性、合理性，发挥会计在经济管理中的作用，具有重要意义。会计凭证可以按照不同的标志进行分类，但主要是按其用途和填制程序进行分类，具体可以分为原始凭证和记账凭证两大类。

原始凭证按其形成可以分为：（1）自制原始凭证；（2）外来原始凭证。自制原始凭证又可以按其内容分为：一次性凭证、累计凭证、记账编制凭证、汇总原始凭证。会计部门的经办人员为确保会计核算资料的真实、合法、准确，应该对各项原始凭证进行审核，原始凭证审核工作的主要内容是审核原始凭证的真实性、合法性、合理性、完整性、正确性、及时性。

记账凭证是登记会计账簿的直接依据，为了使会计核算真实、合法、准确，会计人员应该对记账凭证进行审核，记账凭证审核的主要内容是：内容是否真实、项目是否齐全、科目是否正确、金额是否正确、书写是否正确等。

正确组织会计凭证的传递，对于及时处理和登记经济业务，明确经济责任，实行会计监督，都具有重要的作用。会计凭证传递的实质是在单位内部经营管理各部门之间、各环节之间起着协调和组织的作用。

第十章

会计账簿

学习目的与要求：

1. 要求理解设置和登记账簿对于系统地提供经济信息、加强经济管理的作用；

2. 掌握日记账、总分类账、明细分类账的内容、格式、登记依据、登记方法以及结账和对账的方法；

3. 熟练掌握登记账簿的各种规则，包括错账更正的规则，达到正确地登记账簿和利用账簿的目的。

我们已经知道，会计是一个信息系统，通过这个系统能够提供给使用者一些有用的决策信息。尽管会计凭证也能够接收、确认各种含有会计信息的数据并将其输入复式簿记系统，但是会计凭证上所载的信息是零星分散的，无法系统地提供有用的决策信息。因此，利用一种工具对凭证上的原始数据作进一步的归类、加工和整理就显得非常有必要了。这种工具就是这一章我们要学习的主要内容——会计账簿。设置和登记账簿是会计核算的一种专门方法，也是会计核算工作的中心环节。

第一节　会计账簿的概念、作用与种类

一、会计账簿的概念

在现实的经济业务中，企业发生的经济业务非常复杂，尽管会计凭证能够比较全面地反映经济业务的发生和完成情况，所记录的业务内容也是非常详细、具体的。然而作为会计信息的使用者，我们希望在最短的时间，用最小的精力提炼出最有用的信息。比如一个公司的财务经理，他要想了解本月末银行存款、原材料等的具体余额是多少，从而为公司下一步决策提供有力的证据，那这个财务经理从会计凭证上是不能直接获得数据的，他还要对会计凭证进行分析，这样一来工作的效率就会大大降低。为了有效地解决这个问题，就必须采用一种新的工具——登记会计账簿的方法，把分散在会计凭证上的相对零散

的资料，加以集中和分类整理，在账簿这个重要的载体上得以综合，从而为会计信息使用者提供系统的会计信息资料。因而，设置和登记会计账簿就成为会计核算的一种重要的方法。

会计账簿是由具有专门格式而又联结在一起的由若干账页所组成的簿籍。在账簿中应按照会计科目开设有关账户，用来序时地、分类地记录和反映经济业务的增减变动及其结果，会计账簿是会计资料的主要载体之一。

二、会计账簿的作用

通过会计账簿的定义我们可以知道，会计账簿至少有如下几个方面的作用：

第一，会计账簿可以为企业管理部门提供系统、完整的会计信息。通过设置和登记账簿，可以对经济业务进行分类核算和序时核算，获得各种总括资料和明细分类核算资料，从而为经济管理和经济活动分析提供系统而完整的会计资料。

第二，会计账簿为编制会计报表提供真实准确的会计资料。会计账簿分门别类地对经济业务进行登记，积累了一定时期的会计资料，通过整理就可以成为编制会计报表的依据。

第三，会计账簿是考核经营成果，加强经济核算，分析经济活动情况的重要依据。因为会计账簿记录了一定时期资金运用和取得情况，能够提供费用、成本、销售收入和财务成果等资料。企业相关管理人员能够利用这些资料，进行经济活动分析，总结经验，提出措施，改进工作。

三、会计账簿的种类

会计账簿按照不同的标志可以划分为不同的类别。

（一）会计账簿按其用途不同可以分为序时账簿、分类账簿和备查账簿

1. 序时账簿。亦称日记账，是按照经济业务发生的时间先后顺序，逐日逐笔登记经济业务的账簿。按其记录内容不同又分为普通日记账和特种日记账两种。

普通日记账是用来登记全部经济业务发生情况的日记账。将每天所发生的全部经济业务，按照业务发生的先后顺序，编制成记账凭证，根据记账凭证逐笔登记到普通日记账中。

特种日记是用来登记某一类经济业务发生情况的日记账。将某一类经济业务，按其发生的先后顺序记入账簿中，反映某一特定项目的详细情况。如各经济单位为了对现金和银行存款加强管理，设置现金日记账和银行存款日记账，来记录现金和银行存款的收付业务。

2. 分类账簿。分类账簿是指对全部经济业务按照总分类账户和明细分类账户进行分类登记的账簿。在分类账簿中反映了资产、负债所有者权益、费用、收入和利润等会计要素的增减变化的情况，是企业经营管理的重要资料来源。分类账簿有总分类账簿和明细分类账簿两种：按照总分类账户分类登记的账簿叫总分类账簿，它是用来核算经济业务的总括内容的。按照明细分类账户分类登记的账簿叫明细分类账簿，它是用来核算经济业务的明细内容的。总分类账簿的总额与其有关的明细分类账簿的金额之和相等。它们的作用各不相同，但互为补充。

3. 联合账簿。总分类账簿和明细分类账簿的结合形式称之为联合账簿。日记总账账簿就是一种联合账簿。这种账簿既具有序时账簿的作用，同时又起着分类账簿的作用。它一般适用于规模较小的企业。

4. 备查账簿。备查账簿是指对某些在序时账簿和分类账簿中未能记载的经济业务事项进行的补充登记的账簿，该种账簿可以对某些经济业务的内容提供必要参考资料。如租入固定资产登记簿等。

（二）会计账簿按其外表形式的不同可以分为订本式账簿、活页式账簿和卡片式账簿

1. 订本式账簿。订本式账簿是指把账页装订成册的账簿。这种账簿，账页固定，不能增减抽换。既防止账页散失，又可防止抽账换页的现象。由于账页固定，使用起来欠灵活，在同一时间内只能由一人登记账簿，不便于分工记账。

2. 活页式账簿。活页式账簿是指账页数不固定、可随时增减账页的账簿。这种账簿，页数可根据需要确定；不足时，可随时增加账页；登记方便，可同时由数人分工记账。账簿的空白账页，在使用时要连续编号，装置在账夹中，并由有关人员盖章，以防散失。使用完毕，不再登记时，要将其装订成册，以便保管。

3. 卡片式账簿。卡片式账簿是指印有记账格式的卡片，登记各项经济业务的账簿。卡片不固定在一起，数量可根据经济业务增减。如材料卡片、固定资产卡片等。使用完毕，不再登账时，则将卡片穿孔固定保管。

以上三种账簿形式不同，作用也不尽相同。在实际工作中，可根据实际需要设置各类账簿。带有统驭性和比较重要的账簿，如总分类账、库存现金日记账、银行存款日记账，一般采用订本式账簿。作为对总分类账进行补充说明的明细分类账簿，通常采用活页式账簿或卡片式账簿。

第二节 会计账簿的设置格式与登记方法

一、会计账簿的基本内容

由于各个企业经济业务千差万别，会计信息使用者的要求也不尽相同，所以会计账簿也不尽相同。但按照会计基础规范的要求，会计账簿大致包含以下几个部分内容：

（一）封面。封面主要标明账簿名称，如总账、债权债务明细账等。

（二）扉页。扉页主要填明账簿启用的日期和截止的日期；页数；册次；经管账簿人员一览表和签章；会计主管签章，账户目录等。账簿扉页上的“账簿使用登记表”的格式见表10－1。

表10－1 账簿使用登记表

单位名称				
账簿名称				
册次及起讫页	自 起至 页止 共 页			
启用日期	年 月 日			
停用日期	年 月 日			
经管人员姓名	接管日期	交出日期	经管人员盖章	会计主管盖章
	年 月 日	年 月 日		
	年 月 日	年 月 日		
	年 月 日	年 月 日		
	年 月 日	年 月 日		
备注	单位公章			

（三）账页。账页的基本内容包括：账户的名称（一级科目、二级或明细科目）、记账日期、凭证种类和号数栏、摘要栏、金额栏、总页次和分户页次等。

不同的会计账簿由于反映的经济业务内容和详细程度不同，因而，其账页格式也有一定的区别。以下就序时账簿、总分类账簿和明细分类账簿的设置格式及登记方法分别进行介绍。

二、序时账簿的设置格式与登记方法

企业和事业单位应设置现金日记账和银行存款日记账，用于序时核算现金和银行存款的收入、付出和结存情况，以加强对货币资金的管理。现在对银行存款和现金日记账的结构和登记方法介绍如下。

（一）现金日记账的设置格式及登记方法

现金日记账是用来核算和监督现金日常收、付、结存情况的序时账簿。现金日记账的格式主要有三栏式和多栏式两种，通常最常用的是三栏账。

三栏式现金日记账，通常设置收入、付出、结余或借方、贷方、余额三个主要栏目，用来登记现金的增减变动及其结果。

三栏式现金日记账是由现金出纳员根据现金收款凭证、现金付款凭证以及银行存款的付款凭证（反映从银行提取现金业务），按照现金收、付款业务和银行存款付款业务发生时间的先后顺序逐日、逐笔登记。其一般格式见表10－2。

表10－2　　现金日记账

第　页

201×年		凭证号		摘要	对方科目	收入	付出	结余
月	日	收款	付款					

现金日记账的登记方法如下；

1. 日期和凭证栏：指现金实际收付款日期和凭证的种类，如："现金收（付）款凭证"，简写为"现收（付）"；"银行存款收（付）款凭证"，简写为"银收（付）"；对于从银行提取现金的收入数，根据银行存款付款凭证登记现金日记账。凭证栏还应登记凭证的编号数，以便于查账和核对。需要注意的是，这里所讲的收（付）款凭证、现收（付）凭证的确定原则是这样的：当借方有库存现金科目或者银行存款科目，贷方没有库存现金科目也没有银行存款科目时，对应做成现收或者银收凭证；当借方没有库存现金科目也没有银行存款科目，贷方有库存现金科目或者银行存款科目时，对应做成现付或者银付凭证；当借方没有库存现金科目也没有银行存款科目，贷方也没有库存现金科目也没有银行存款科目时，对应做转账凭证；当借方有库存现金科目或者银行存款科目，贷方也有库存现金科目或者银行存款科目时，对应做成现付或者银付凭证。

【例10－1】201×年2月15日，A公司张明预借差旅费2 000元，以现金付讫。

根据经济业务编制会计分录：

借：其他应收款 2 000

贷：库存现金 2 000

在这里由于贷方有库存现金而借方没有库存现金或者银行存款科目，所以做成现付凭证。

【例10-2】201×年2月16日，A公司从银行提取现金8 000元。

根据经济业务编制会计分录：

借：库存现金 8 000

贷：银行存款 2 000

在这里，由于贷方有库存现金并且借方也有银行存款科目，所以做成银付凭证。

【例10-3】201×年2月20日，A公司从B公司购入甲材料一批，同时取得B公司开出的增值税专用发票，其上注明价款10 000元，增值税进项税额1 700元，材料已验收入库，货款尚未支付。

根据经济业务编制会计分录：

借：原材料 10 000

应交税费——应交增值税（销项税额） 1 700

贷：应付账款 17 000

在这里，由于贷方没有库存现金或者银行存款科目，并且借方也没有库存现金或者银行存款科目，所以做成转账凭证。

【例10-4】201×年3月10日收到C公司赊欠的货款12 000元，款项存入银行。

根据经济业务编制会计分录：

借：银行存款 12 000

贷：应收账款 12 000

在这里，由于贷方没有库存现金和银行存款科目，而借方有银行存款科目，所以做成银收凭证。

2. 摘要栏：简要说明入账的经济业务的内容。文字要清楚简练。

3. 对方科目栏：系指现金收入的来源科目或支出的用途科目。如从银行提取现金，其来源科目（即对应科目）为“银行存款”。其作用在于了解经济业务的来龙去脉。

4. 收入、付出栏：指现金实际收付的金额。每日终了，应分别计算现金收入和付出的合计数，结出余额，同时将余额与出纳员的库存现金核对，即通常所说的“日清”。如果有账款不符情况应查明原因，并记录备案。月终同样要计算现金收、付和结存的合计数，通常称为“月结”。

【例10－5】A公司1月4日发生经济业务如下：支付购入原材料运费1 000元；从工商银行提取现金10 000元准备发工资；职工王海预借差旅费500元；职工李华退回多余预借差旅费200元。请把上述经济业务登记到现金日记账中。（为了讲述的方便，假定A公司1月只发生了这四笔与现金有关的业务。其他情况可以以此类推）

第一步：根据经济业务编制会计分录如下：

借：材料采购 1 000

贷：库存现金 1 000

借：库存现金 10 000

贷：银行存款 10 000

借：其他应收款 500

贷：库存现金 500

借：库存现金 200

贷：其他应收款 200

（注意：当借、贷方不仅有库存现金科目，又有银行存款科目时，做成付款凭证）

第二步：根据记账凭证登记现金日记账如下：

现金日记账

201×年		凭证		摘要	对方科目	收入	付出	结余
月	日	种类	编号					
1	1			上年结余				
	4	现付	1	付购入材料运费	材料采购		1 000	
	4	银付	1	提取现金备发工资	银行存款	10 000		
	4	现付	2	王海预借差旅费	其他应收款		500	
	4	现收	1	李华报销差旅费	其他应收教	200		
	4			本日合计		10 200	1 500	
	30			本日合计		10 200	1 500	
	30			本月合计		10 200	1 500	

（二）银行存款日记账的格式及登记方法

银行存款日记账，是由出纳员根据银行存款收付款凭证逐日逐笔按经济业务发生的先后顺序进行登记的序时账簿。其格式见表10－3。

表 10 - 3 银行存款日记账

201×年		凭证		摘要	现金支票号数	转账支票号数	对方科目	收入	支出	余额
月	日	种类	编号							
				上年结余						
				本日合计						
				本日合计						
				本月合计						

银行存款日记账的登记方法与现金日记账的登记方法和要求基本相同。对于现金存入银行的收入数，应根据现金付款凭证进行登记。每日终了和月终要进行“日清月结”工作，并与银行发送的账单进行核对，编出银行存款余额调节表①。

现金和银行存款日记账，一般采用三栏式的账簿。为了反映每一笔收支业务的来龙去脉，以便分析和汇总对应科目的发生额，也可采用多栏式日记账。这种账簿是把收入栏和付出栏分别按对方科目设专栏进行登记，把经济业务产生的原因或结果全部反映出来。其格式如表 10 - 4 和表 10 - 5 所示。

表 10 - 4 现金收入日记账

201×年		收款凭证编号	摘要	结算凭证		贷方科目				收入合计	余额
月	日			种类	编号	银行存款	…	…	合计		

表 10 - 5 现金支出日记账

201×年		付款凭证编号	摘要	结算凭证		借方科目				支出合计	余额
月	日			种类	编号	管理费用	…	…	合计		

若会计工作业务量不大，凭证不多，也可将上两种格式合并。银行存款日记账的多栏式基本上与现金日记账的格式相同。多栏式日记账的登记方法与三栏式的登记方法基本相同。所不同的是，每日终了需要把支出日记账中的“本日合计数”转记收入日记账中的本日“支出合计”栏内，并结出当日

① 银行存款余额调节表的编制的方法请参考第六章的有关内容。

余额。

【例10－6】A公司201×年1月2日发生经济业务如下：从工商银行提取现金10 000元准备发工资；采用开立银行转账支票的方式支付B公司原材料采购款6 000元；收到C公司上个月的赊欠的贷货款2 000元。假定本月月初银行存款的余额为20 000元，本月无其他涉及银行存款的经济业务。请把上述经济业务登记到银行存款日记账中。

第一步：根据经济业务编制会计分录

借：库存现金　　10 000
　贷：银行存款　　10 000
借：材料采购　　6 000
　贷：银行存款　　6 000
借：银行存款　　2 000
　贷：应收账款　　2 000

第二步：根据记账凭证登记银行存款日记账

银行存款日记账

201×年		凭证		摘要	现金支票号数	转账支票号数	对方科目	收入	支出	余额
月	日	种类	编号							
1	1			上年结余						20 000
	2	银付	1	提取现金	476		库存现金		10 000	
	2	银付	2	支付购料款		512	材料采购		6 000	
	2	银收	1	收到货款			应收账款	2 000		
	2			本日合计				2 000	16 000	6 000
	31			本日合计				2 000	16 000	6 000
	31			本月合计				2 000	16 000	6 000

三、总分类账的格式与登记方法

总分类账，是按一级科目分类，连续地记录和反映各会计要素增减变动情况的账簿。它能总括全面地反映企业和事业单位经济活动的情况，是编制会计报表的依据。一切企业、事业单位都要设置总分类账，其格式多为三栏式订本式账簿。其格式见表10－6。

表 10－6 总账

会计科目：

201×年		凭证		摘要	借方	贷方	核对号	借或贷	余额
月	日	种类	编号						

在实际工作中，根据需要可在借贷栏内设“对方科目”栏。其格式如表 10－7 所示。

表 10－7 总分类账

账户名称： 第 页

201×年		凭证		摘要	借方		贷方		借或贷	余额
月	日	种类	编号		金额	对方科目	金额	对方科目		

分类账的格式还有多栏式，如表 10－8 所示。

表 10－8 多栏式总分类账

201×年		凭证		摘要	发生额	××科目		××科目		××科目		××科目	
月	日	种类	编号			借	贷	借	贷	借	贷	借	贷

多栏式总分类账，把序时日记账和总分类账结合在一起，变成了一种联合账簿，故通常称它为“日记总账”。它具有序时日记账和总分类账的双重作用。采用这种账簿，可减少记账工作量，提高效率，并能较全面地反映资金运动的情况，便于分析，适用于经济业务较少的企业和单位。但这种账簿的篇幅较大，不便于保管。

总分类账的登记方法较多，究竟采用何种方法，要根据单位所采用的会计核算组织程序来确定。不管哪种格式的总分类账，每月都应将本月已完成的经济业务全部登记入账，并于月末结出总账中各总分类账户的本期发生额和期末余额，与其他有关账簿核对相符之后，作为编制会计报表的主要依据。

【例 10－7】A 公司 201×年 1 月发生经济业务如下：1 月 4 日归还银行短期借款 5 000元；1 月 13 日向银行借入六个月短期借款 30 000元。假定本月月初银行短期借款的余额为 20 000元，本月无其他涉及银行短期借款的经济业务。请把上述经济业务登记到短期借款的总分类账中。

第一步：根据经济业务编制会计分录

借：短期借款　　50 000
　贷：银行存款　　50 000
借：银行存款　　20 000
　贷：短期借款　　20 000
第二步：根据记账凭证登记短期借款总账

总分类账

账户名称：短期借款　　第　页

201×年		凭证		摘要	借方金额	贷方金额	借或贷	余额
月	日	种类	编号					
1	1			上年结余			贷	20 000
	4	银付	12	归还银行借款	5 000		贷	15 000
	13	银收	31	向银行借款		20 000	贷	35 000
	31			本月发生额及余额	5 000	20 000	贷	35 000

四、明细分类账的格式及登记方法

明细分类账是根据二级会计科目或明细科目设置账户，并根据审核无误后的会计凭证登记某一具体经济业务的账簿。各种明细账可以根据实际需要，分别按照二级科目或明细科目开设账户。明细分类账能反映经济活动的详细情况，提供比较全面的资料。

明细分类账反映的经济业务多种多样，因此其格式也各有不同。比较常用的有以下三种。

（一）三栏式明细分类账。三栏式明细分类账设有借方、贷方和余额三个栏目，没有数量栏。它适用于只需要反映金额的经济业务，如应收账款、应付账款等。三栏式明细分类账的格式与总分类账基本相同。所不同的是，总分类账簿为订本账，而三栏式明细分类账簿多为活页账。

（二）数量金额式明细分类账。数量金额式明细分类账设有收入、发出和结存的数量、单价和金额栏。它可以反映经济业务的数量和金额，适用于既要金额又要数量的经济业务的管理，如原材料、库存商品等的管理。其格式如表 10 -9 所示。

表 10 -9　　数量金额式明细分类账账簿名称

类别：　　编　号：
品名：　　存放地点：
储备定额：　　计量单位：

年		凭证		摘要	借方（收入）			贷方（发出）			余额（结存）		
月	日	种类	编号		数量	单价	金额	数量	单价	金额	数量	单价	金额

3. 多栏式明细账

多栏式明细分类账是根据经济业务的特点和经营管理的需要，在账页上设置若干栏次的账簿。它用于登记明细项目多、借贷方向单一的经济业务，如材料采购、生产成本、制造费用、管理费用、财务费用、营业外支出等科目的明细分类科目，一般采用借方多栏的明细账、贷方多栏式明细账和借贷方多栏式明细账。根据经济业务的特点和经营管理的需要，在一张账页内按有关明细登记。这里仅例举借方多栏式明细账（生产成本）的格式，见表10－10。

表10－10　　生产成本明细账

产品名称：

年		凭证号数	摘要	借方发生额					贷方	余额
月	日			直接材料	直接工资	其他直接支出	制造费用	合计		

对于借方多栏式明细账，由于只在借方设多栏，平时在借方登记费用、成本的发生额，贷方登记月末将借方发生额一次转出的数额，所以平时如发生贷方发生额（无法在贷方登记），应该用红字在借方多栏中登记。贷方多栏式明细账也存在同样问题。

五、备查账簿的格式及登记方法

备查账簿的主要用途是记录序时账簿和分类账簿未能或无法反映的特殊经济事项。它的种类和格式一般没有固定的模式，完全取决于特殊经济业务的种类、内容以及对该业务实施管理的具体要求。为此，备查账簿的格式及内容应讲求实用性、简单化。如工业企业为了对受托加工的材料加强实物管理，采用用来登记加工材料的增、减、结存情况的“受托加工材料登记簿”（见表10－11所示），以及为加强对经营租入固定资产的实物管理而设置的“租入固定资产登记簿”等。

表10－11　　受托加工材料登记簿

第　　页

收料凭证		材料名称	规格	计量单位	数量	加工后材料				余料	退料凭证		送料人	领料人
字	号					名称及规格	计量单位	数量	收取加工费		日期	编号		

第三节　会计账簿的启用与登记、规则

一、账簿的启用规则

在启用新账簿时，应在账簿启用和经管人员一览表记录相关信息。

（一）设置账簿的封面与封底。除订本账不另设封面以外，各种活页账都应设置封面和封底，并登记单位名称、账簿名称和所属会计年度。

（二）在启用新会计账簿时，应首先填写在扉页上印制的“账簿使用登记表”中的启用说明，其中包括单位名称、账簿名称、账簿编号、起止日期、单位负责人、主管会计、审核人员和记账人员等项目，并加盖单位公章。在会计人员工作发生变更时，应办理交接手续并填写“账簿使用登记表”中的有关交接栏目。

（三）填写账户目录，总账应按照会计科目顺序填写科目名称及启用页号。在启用活页式明细分类账时，应按照所属会计科目填写科目名称和页码，在年度结账后，撤去空白账页，填写使用页码。

（四）粘贴印花税票，应粘贴在账簿的右上角，并且画线注销；在使用缴款书缴纳印花税时，应在右上角注明“印花税已缴”[①] 及缴款金额。

账簿启用和经管人员一览表格式见表 10－12。

表 10－12　　账簿启用和经管人员一览表

账簿名称：　　单位名称：

账簿编号：　　账簿册数：

账簿页数：　　启用日期：

会计主管（签章）　　记账人员（签章）

移交日期	移交人		接管日期			接管人		会计主管	
年　月　日	姓名	盖章	年	月	日	姓名	盖章	姓名	盖章

二、账簿的登记规则

按照《会计基础工作规范》和《中华人民共和国会计法》的要求，账簿的登记至少要有如下要求：

（一）必须根据经过审核无误的会计凭证进行登记。《中华人民共和国会

① 根据税法的规定：新领用会计账簿时，必须缴纳印花税。把印花税完税票贴在账簿上的行为称为贴花。

计法》规定：会计账簿登记，必须以经过审核的会计凭证为依据，并符合有关法律、行政法规和国家统一的会计制度的规定。企事业单位每天发生的各种各样经济业务，都要记账，记账的依据是会计凭证。

（二）记账必须用蓝黑墨水钢笔书写。平时登记账簿时必须用蓝黑墨水笔书写，不得用铅笔或圆珠笔记账，除“结账画线”、“改错”、“冲销账簿记录”等外，不得用红色墨水笔书写，不许用铅笔或圆珠笔记账。这是因为，各种账簿归档保管年限，国家规定一般都在10年以上，有些关系到重要经济资料的账簿，则要长期保管，因此要求账簿记录保持清晰、耐久，以便长期查核使用，防止涂改。

（三）记账时应按账户页次顺序逐页登记，不得跳行、隔页。如果发生跳行、隔页时，应在空行、空白页处用红色墨水画对角线注销，注明“此行空白”或“此页空白”字样，并由记账人员签章。

（四）记账时，每一笔账都要记明日期、凭证号数、摘要和金额。记账后，要在记账凭证上注明所记账簿的页数，或画“√”，表示已经登记入账，避免重记、漏记。

（五）记账要保持清晰、整洁，记账文字和数字都要端正、清楚，严禁刮擦、挖补、涂改或用药水消除字迹。

（六）凡需结出余额栏的账户，结出余额后，应在“借”或“贷”栏内写明“借”或“贷”字样。没有余额的账户，应在该栏内写“平”字，并在余额栏“元”位上用“-0-”表示。现金日记账或银行存款日记账必须逐日结出余额。

（七）各账户在一张账页记满时，要在该账页的最末一行加计发生额合计数和结出余额，并在该行“摘要”栏注明“转次页”字样；然后，再把这个发生额合计数和余额填列下一页的第一行内，并在“摘要”栏内注明“承前页”，以保证账簿记录的连续性。

（八）订本式的账簿，都编有账页的顺序号，不得任意撕毁。活页账簿也不得随便抽换账页。

（九）记账时书写文字和数码字要符合规范。不要写怪体字、错别字，书写要整齐。

（十）会计账簿作为一种重要的会计档案，必须按照制度统一规定的保存年限妥善保管，不得丢失。保管期满后，按规定的审批程序报经批准后，再进行销毁。

三、错账的更正规则

（一）错账的基本类型

会计人员在记账过程中，由于种种原因可能会产生凭证的编制错误或账簿的登记错误，即发生错账。其错账的基本类型三要有以下几种：

1. 记账凭证正确，但依据正确的记账凭证登记账簿时发生过账错误。

2. 记账凭证错误，导致账簿登记也发生错误。这种类型的错误又包括三种情况：一是由于记账凭证上的会计科目用错而引发的错账；二是记账凭证上金额多写而引发的错账；三是记账凭证上金额少写而引发的错账。

（二）账簿错误的查找

会计账簿的日常登记是一项细致的工作，稍有不慎就会发生错误。为了及时更正这些错误，就需要对账簿记录进行检查以便发现错误。正常情况下，账簿记录错误有两种，一种是凭证错误而导致的账簿错误，另一种是账簿本身登记错误。账簿错误的查找方法主要有以下几种：

1. 顺查法，即按照会计核算程序，从经济业务→原始凭证→记账凭证→会计账簿→试算表，按顺序查找。在哪个环节发现错误，便分析错误的原因及性质，然后采取正确的方法进行更正。

2. 逆查法，即按照与会计核算程序相反的步骤，从试算表→会计账簿→记账凭证→原始凭证→经济业务，逐步缩小错误的范围，直到找出错误为止。

3. 技术方法，即根据错账的数字，结合数字之间的某些规律运用数学知识来查找错误的方法。技术方法又具体分为差数法、除 2 法和除 9 法三种。

差数法就是记账人员首先确定错账的差数（即借方和贷方的合计金额的差额），再根据差数去查找错误的方法。这种方法对于发现漏记账目比较有效，也很简便。

除 2 法，首先算出借方和贷方的差额，再将差额除以 2 得出商数，查找账户记录中有无与商数相同的金额的方法。

例如，企业会计编制的试算表上的借、贷双方的金额为：

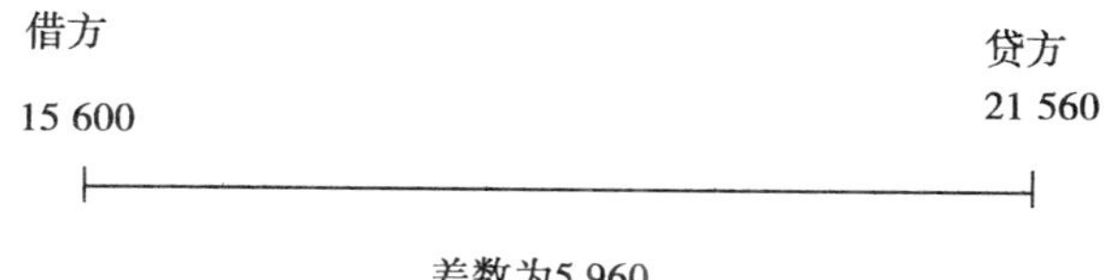

用 2 除得商数为 2 980，查找业务中有无 2 980的金额在账户中误记、漏记或重记。

除 9 法就是先算出借方与贷方的差额，再除以 9 来查找错误的方法，如能除尽，则可能有两种情况，即数字位移或数字颠倒。

数字位移，例如将 4 000误记成 400，差数为 3 600，用 9 除得 400，将位数前进一位即可。

数字颠倒，例如将 15 800误写为 18 500，差数为 2 700，用 9 除得 300，商数中的非零数字 3 即为被颠倒的相邻数字 8 和 5 的差额，而且，凡商数为百位数者，则是百位数与千位数的颠倒，凡商数为千位数者，则是千位数与万位数的颠倒，依此类推。

（三）错账的更正方法

如果账簿记录发生错误，不得任意使用刮擦、挖补、涂改等方法去更改字迹，而应该根据错误的具体情况，采用正确的方法予以更正。按照《会计基础工作规范》的要求，更正错账的方法一般有三种，即画线更正法、红字更正法和补充登记法。

1. 画线更正法

在结账前，如果发现账簿记录有错误，而记账凭证没有错误，即纯属账簿记录中的文字或数字的笔误，可用画线更正法予以更正。

更正的方法是：先将账页上错误的文字或数字划一条红线，以表示予以注销，然后，将正确的文字或数字用蓝字写在被注销的文字或数字的上方，并由记账人员在更正处盖章。应当注意的是：更正时，必须将错误数字全部划销，而不能只划销、更正其中个别错误的数码，并应保持原有字迹仍可辨认，以备查考。

【例 10－8】A 公司用银行存款 30 000元支付公司管理人员工资。会计人员在根据正确记账凭证登记账簿时，误将总账中银行存款贷方的30 000元误写成3 000元。采用画线更正法更正的具体办法是：应将总账中银行存款账户贷方的错误数字 3 000元全部用一条红线划销（注意：不能只划销个别错误的数字），然后在其上方写出正确的数字 30 000元，并在更正处盖章或签名，以明确责任。

2. 红字更正法

红字更正法，适用于以下两种错误的更正：

（1）根据记账凭证所记录的内容登记账簿以后，发现记账凭证的应借、应贷会计科目或记账方向有错误，但金额正确，应采用红字更正法。更正的具体办法是：先用红字填制一张与错误记账凭证内容完全相同的记账凭证，并据以红字登记入账，冲销原有错误的账簿记录；然后，再用蓝字填制一张正确的记账凭证，据以用蓝字或黑字登记入账。

【例 10－9】A 公司的管理人员出差预借差旅费 1 000元，款项以现金支付。这项经济业务编制的正确会计分录应为借记“其他应收款”科目，贷记“库存现金”科目。但会计人员在填制记账凭证时，误将“其他应收款”记为“应收账款”，并已登记入账。

更正时，先用红字（以下用□表示红字）填制一张会计分录与原错误记账凭证相同的记账凭证，并据以用红字登记入账，冲销原有错误的账簿记录：

借：应收账款　　　　　　　1 000

　贷：库存现金　　　　　　　1 000

然后，再用蓝字填制一张正确的记账凭证并据以登记入账：

借：其他应收款　　　　　　1 000

　贷：库存现金　　　　　　　1 000

（2）根据记账凭证所记录的内容记账以后，发现记账凭证中应借、应贷的会计科目、记账方向正确，只是金额发生错误，而且所记金额大于应记的正确金额，对于这种错误应采用红字更正法予以更正。更正的具体办法是将多记的金额用红字填制一张与原错误凭证中科目、借贷方向相同的记账凭证，其金额是错误金额与正确金额两者的差额，登记入账。

【例10－10】A公司用银行存款支付原欠B公司的购货款4 000元。会计人员在编制会计分录时，误将4 000元记为4 500元并已记账。这个错误应采用红字更正法进行更正。更正的具体办法是用红字编制一张与原错误凭证中科目、方向相同的记账凭证，其金额为（4 500－4 000）＝500元，据以用红字登记入账，以冲销多记的金额：

借：应付账款　　　　　　　500

　贷：银行存款　　　　　　　500

3. 补充登记法

记账以后，如果发现记账凭证和账簿的所记金额小于应记金额，而应借、应贷的会计科目并无错误时，那么应采用补充登记的方法予以更正。更正的具体办法是：按少记的金额用蓝字填制一张应借、应贷会计科目与原错误记账凭证相同的记账凭证，并据以登记入账，以补充少记的金额。

【例10－11】A公司开出一张六个月期的商业承兑汇票，用来偿付B公司的原材料购货款3 500元。会计人员在编制会计分录时，误将3 500元记为2 500元，即：

借：原材料　　　　　　　2 500

　贷：应付票据　　　　　　2 500

这属于金额少记的错误，应采用补充登记的方法予以更正。即用蓝字编制一张与原错误凭证应借科目、应贷科目、记账方向相同的记账凭证，其金额为（3 500－2 500）＝1 000元，据以蓝字登记入账即可：

借：原材料　　　　　　　1 000

　贷：应付票据　　　　　　1 000

需要注意的是：采用红字更正法和补充登记法更正错账时，都要在凭证的摘要栏注明原错误凭证号数、日期和错误原因，便于日后核对。

现将错账的改正方法总结如表 10－13。

表 10－13　　错账更正方法

错误性质	发现时间	更正方法名称	更正步骤要点
仅账簿记录有误	记账后 结账前	画线更正法	(1) 画红线注销 (2) 作出正确记录 (3) 在更正处盖章
记账凭证科目错误	记账后	红字更正法	(1) 用红字冲销原记录 (2) 重填记账凭证入账
记账凭证科目正确，金额多记	记账后或结账后	红字更正法	用红字冲销多记数
记账凭证科目正确，金额少记	记账后或结账后	补充登记法	将少记数补充登记入账

第四节　结账与对账

作为企业经营管理人员和其他会计信息使用者来说，我们希望了解企业一段时间来（通常为一个会计年度）企业的经营成果，比如一年来或者一个季度企业实现了多少利润等，为此必须总结出某一会计期间的经济活动情况和经营成果，并且以会计报表的形式公布出来。在这个过程当中必不可少的工作就是进行对账和结账工作。

一、结账

结账是指在将一定时期内发生的全部经济业务在登记入账的基础上，按照规定的方法对该期内的账簿记录进行小结，结算出本期发生额合计和余额，并将其余额结转下期或转入新账。各单位必须在会计期末进行结账，不得为编制会计报表而提前结账，更不得先编制会计报表后结账。结算时，应当据不同的账户记录，分别采用不同的方法。

结账工作主要包括以下几个步骤及具体内容：

（一）结账前，必须将本期内所发生的各项经济业务全部登记入账。

（二）结账时，应当结出每个账户的期末余额。需要结出当月发生额的，应当在摘要栏内注明“本月合计”字样，并在下面通栏划单红线。需要结出本年累计发生额的，应当在摘要栏内注明“本年累计”字样，并在下面通栏划单红线；十二月末的“本年累计”就是全年累计发生额。全年累计发生额下面应当通栏划双红线。年度终了结账时，所有总账账户都应当结出全年发生额和年末余额。

（三）年度终了，要把各账户的余额结转到下一会计年度，并在摘要栏注明“结转下年”字样；在下一会计年度新建有关会计账簿的第一行余额栏内填写上年结转的余额，并在摘要栏注明“上年结转”。做这一步时要注意下列问题：

第一，不需按月结计本月发生额的账户，如各种应收明细账、应付明细账、各种财产物资明细账等，每次记账后，都要随时结出余额，每月最后一笔余额即为月末余额。月末结账时，只需在最后一笔经济业务记录之下通栏画红单线，不需再结计一次余额。

第二，现金、存款日记账和需按月结计发生额的收入、费用等明细账，每月结账时，要在最后一笔经济业务记录下面通栏画红单线，结出本期发生额和余额，在“本月合计”摘要下面再通栏画红单线。

第三，需结计本年累计发生额的账户，每月结账时，应在“本月合计”行下结出自年初起至本月末止的累计数额，登记在月份发生额下面，在摘要“本年累计”下面通栏画红单线。十二月末的“本年累计”就是全年累计发生额，全年累计发生额下通栏画红双线。

第四，总账平时只需结出月末余额。年终结账时，要将所有总账结出全年发生额和年末余额；在摘要“本年合计”下画红双线。

年终结账时，有余额的账户，要将余额结转下年。

二、对账

（一）对账的概念

所谓对账是指各单位应当定期对会计账簿记录的有关数字与库存实物、货币资金、有价证券、往来单位或个人进行相互核对，保证账证相符、账账相符、账实相符。对账工作每年至少进行一次。

对账工作一般是在会计期末进行的，如果遇到特殊情况，如有关人员办理调动时或发生非常事件后，应随时进行对账。

（二）对账的内容

对账的内容，一般包括以下几个方面：

1. 账证核对，做到账证相等。

账证核对就是将各种账簿（包括总分类账、明细分类账以及现金和银行存款日记账等）记录与有关的会计凭证（包括记账凭证及其所附的原始凭证）进行核对，做到账证相符。主要核对账簿记录与原始凭证的时间、凭证字号、内容、金额是否一致，记账方向是否相符。

2. 账账核对，做到账账相符。

账账核对是在账证核对相符的基础上，对各种账簿记录的内容所进行的核对工作，做到账账相符。账账核对的具体内容包括：

（1）总分类账中各账户的本期借、贷方发生额合计数，期末借、贷方余额合计数，应当分别核对相符，以检查总分类账户的登记是否正确。其核对方法是通过编制“总分类账户发生额及余额试算表”来进行核对。

（2）现金日记账、银行存款日记账的本期发生额合计数以及期末余额合计数，分别与总账中的现金账户、银行存款账户的记录核对相符，以检查日记账的登记是否正确。

（3）总分类账户本期借、贷双方发生额及余额与所属明细分类账户本期借、贷方发生额合计数及余额合计数核对相符，以检查总分类账户和明细分类账户登记是否正确。其核对方法一般是通过编制“总分类账户与明细分类账户发生额及余额表”来进行核对。

（4）会计部门登记的各种财产物资明细分类账的结存数，与财产物资保管或使用部门的有关保管账的结存数核对相符，以检查双方登记是否正确。

3. 账实核对，做到账实相符

账实核对是在账账核对的基础上，将各种账簿记录余额与各项财产物资、现金、银行存款及各种往来款项的实存数核对，做到账实相符。其具体内容包括：

（1）现金日记账的余额与现金实际库存数核对相符。

（2）银行存款日记账的发生额及余额与银行对账单核对相符。

（3）财产物资明细账的结存数，分别与财产物资的实存数核对相符。

（4）各种债权、债务的账面记录应定期与有关债务、债权单位或个人核对相符。

第五节 会计账簿的更换与保管

一、账簿的更换

所谓账簿的更换是指在会计年度终了时，将上年度的账簿更换为次年度的新账簿的工作。做这些工作的主要目的是保证账簿资料的连续性，不同年度会计资料的独立性、可辨性、可检查性。

总分类账、日记账和大部分明细账应每年更换一次。有些财产物资明细账和债权债务明细账，由于材料品种、规格和往来单位较多，更换新账重抄一遍工作量较大，故可跨年使用，不必每年更换一次。各种备查账簿也可连续使用。

更换账簿时，应将上年度各账户的余额直接记入新年度相应的账簿中，并在旧账簿中各账户年终余额的摘要栏内加盖“结转下年”戳记。同时，在新账簿中相关账户的第一行摘要栏内加盖“上年结转”戳记，并在余额栏内记入上年余额。这里需要注意，进行年度之间的余额结转时，不需要编制记账凭证。

二、账簿的保管

按《会计档案管理办法》的规定会计账簿是属于会计档案的一部分，与会计凭证一样，必须妥善保管。

账簿的保管，应该明确责任，保证账簿的安全和会计资料的完整，防止交接手续不清和可能发生的舞弊行为。在账簿交接保管时，应将该账簿的页数、记账人员姓名、启用日期、交接日期等列表附在账簿的扉页上，并由有关方面签字盖章。账簿要定期（一般为年终）收集、审查核对，整理立卷，装订成册，专人保管，严防丢失和损坏。

账簿应按照《会计档案管理办法》规定的期限进行保管。各账簿的保管期限分别为：日记账一般为 15 年，其中现金日记账和银行存款日记账为 25 年；固定资产卡片在固定资产报废清理后应继续保存 5 年；其他总分类账、明细分类账和辅助账簿应保存 15 年。保管期满后，要按照会计档案管理办法的规定，由财会部门和档案部门共同鉴定，报经批准后进行处理。

合并、撤销单位的会计账簿，要根据不同情况，分别移交给并入单位、上级主管部门或主管部门指定的其他单位接受保管，并由交接双方在移交清册上签名盖章。

账簿日常应由各自分管的记账人员专门保管，未经领导和会计负责人或有关人员批准，不许非经管人员翻阅、查看、摘抄和复制。会计账簿除非特殊需要或司法介入要求，一般不允许携带外出。

新会计年度对更换下来的旧账簿应进行整理、分类，对有些缺少手续的账簿，应补办必要的手续，然后装订成册，并编制目录，办理移交手续，按期归档保管。对会计账簿的保管既是会计人员应尽的职责，又是会计工作的重要组成部分。

本章小结

会计账簿是由具有专门格式而又联结在一起的、由若干账页所组成的簿籍。在账簿中应按照会计科目开设有关账户，用来序时地、分类地记录和反映经济业务的增减变动及其结果，会计账簿是会计资料的主要载体之一。

账簿记录是会计记录程序的第二步，其提供的是分类信息，会计账簿根据审核无误的会计凭证登记，登记账簿的种类主要有日记账、总分类账、明细分类账。在登记账簿和对账的过程中，若发现账实不符，应进行相应的账务处理，对于发现的错账，则应根据具体情况，分别采用画线更正法、红字更正法和补充登记法进行更正。在会计期末，还需进行结账工作，结算出各账户的本期发生额合计数和期末余额。

按照《会计档案管理办法》的规定，会计账簿是属于会计档案的一部分，与会计凭证一样，必须妥善保管。账簿的保管，应该明确责任，保证账簿的安全和会计资料的完整，防止交接手续不清和可能发生的舞弊行为。

练习思考题

一、知识题

（一）思考题

1. 账簿按用途可分为哪几类？按外表形式可分为哪几类？
2. 日记账的登记依据是什么？
3. 明细分类账有哪几种格式？各种格式的明细分类账适用条件各是什么？
4. 三种错账的更正方法各适用的条件是什么？各怎样应用？
5. 什么是结账？结账包括哪些内容？
6. 什么是对账？对账包括哪些内容？

（二）单选题

1. 能够总括反映企业某一类经济业务增减变动的会计账簿是（ ）。

A. 总分类账　　B. 两栏式账
C. 备查账　　D. 序时账

2. 日记账的最大特点是（ ）。

A. 按现金和银行存款分别设置账户
B. 可以提供现金和银行存款的每日发生额
C. 可以提供现金和银行存款的每日静态、动态资料
D. 逐日逐笔顺序登记并随时结出当日余额

3. 用转账支票归还欠A公司货款50 000元，会计人员编制的记账凭证为：借：应收账款50 000元，贷：银行存款50 000元，审核并已入账。该记账凭证（ ）。

A. 没有错误　　B. 有错误，使用画线更正法更正
C. 有错误，使用红字冲销法更正　　D. 有错误，使用补充登记法更正

4. 下列项目中，（ ）是连接会计凭证和会计报表的中间环节。

A. 复式记账　　B. 设置会计科目和账户
C. 设置和登记账簿　　D. 编制会计分录

5. 会计账簿按（ ）分类，分为序时账、分类账、备查账。

A. 用途　　B. 性质
C. 格式　　D. 外形

（三）多项选择题

1. 下列项目中，可以采用数量金额式格式的是（ ）。

A. 银行存款日记账　　B. 应收账款明细分类账

C. 库存商品明细分类账　　D. 材料明细分类账

2. 下列项目中可以采用三栏式格式的是（　　）。

A. 应收账款明细分类账　　B. 长期借款明细分类账

C. 应收资本明细分类账　　D. 财务费用明细分类账

3. 对账的内容有（　　）。

A. 账实核对　　B. 账证核对

C. 账账核对　　D. 表表核对

4. 总分类账与明细分类账的平行登记要点，有（　　）。

A. 依据相同　　B. 期间相同

C. 金额相等　　D. 方向相同

5. 在会计账簿登记中，可以用红墨水记账的有（　　）。

A. 更正会计科目和金额同时错误的记账凭证

B. 登记减少数

C. 未印有余额方向的，在余额栏内登记相反方向数额

D. 更正会计科目正确但金额多记的记账凭证

二、技能题

（一）练习错账的更正方法

资料：某企业201×年5月份查账时发现下列错账：

（1）从银行提取现金20 000元准备发工资，会计员李某编制的记账凭证没有错误，但是在登记账簿时错将金额记为25 000元；

（2）购入原材料已经验收入库，价值50 000元，款项没有支付。查账时发现凭证与账簿均记为：

借：应付账款　　50 000

　贷：原材料　　50 000

（3）用银行存款40 000元一台固定资产，查账时发现凭证与账簿均记为：

借：固定资产　　4 000

　贷：银行存款　　4 000

（4）用银行存款2 400元支付公司销售人员工资，查账时发现凭证与账簿均将“销售费用”账户错记为“管理费用”账户；

要求：按正确的方法更正以上错账。

（二）练习相关账簿的登记工作

［资料］

1. “原材料”、“应付账款”总分类账户和明细分类账户的期初如下：

（1）四平工厂201×年3月1日“原材料”总分类账户及其所属明细分类

账户（按材料名称设）的月初余额如下：

名称	数量	单价	金额
甲材料	300 吨	500 元	150 000 元
乙材料	900 公斤	40 元	36 000 元

“原材料”借方余额 186 000 元

（2）该厂“应付账款”总分类账户及其所属明细分类账户（按付款单位名称设）的月初余额如下：

东方工厂	贷方余额	15 000 元
光辉工厂	贷方余额	8 000 元
“应付账款”贷方余额		23 000 元

2. 本月发生的各项经济业务：

（1）向沪光工厂购入以下材料，货款未付，材料已验收入库。

名称	数量	单价	金额
乙材料	400 公斤	40 元	16 000 元
丙材料	1 000 件	25 元	25 000 元
合 计			41 000 元

（2）以银行存款 10 000元偿还前欠东方工厂货款。

（3）向光辉工厂购入丙材料 200 件，单价为 25 元，货款暂欠，材料验收入库。

（4）仓库本月发出以下材料投入生产：

名称	数量	单价	金额
甲材料	200 吨	500 元	100 000 元
乙材料	500 公斤	40 元	20 000 元
丙材料	700 件	25 元	17 500 元
合 计			137 500 元

［要求］

（1）根据资料 1 开设“原材料”和“应付账款”总分类账及所属明细账户并填入期初余额。

（2）根据资料 2 编制会计分录，登记“原材料”和“应付账款”总分类账户及所属明细账户（其他账户从略）。

（3）结合各种账户的“本期发生额”和“期末余额”编制“原材料”和“应付账款”明细分类账户本期发生额、余额对照表。将“原材料”和“应付账款”总分类账户的本期发生额及期末余额分别与所属各明细分类账户的本期发生额和余额对照表核对，双方是否相符。

三、案例讨论题

资料：刘燕是会计专业二年级的学生，她想锻炼一下自己，提高专业能力，于是利用暑假到爸爸的一个朋友开办的服装公司实习。刘燕到公司实习的第一天，正赶上财务部忙着月末结账，感受到这种忙碌的工作气氛，刘燕也跃跃欲试。于是，财务部经理交给刘燕一项任务——编制试算平衡表。刘燕轻松地对财务部经理说："这太简单了，我保证完成任务。"

刘燕找齐公司的所有总账账簿之后，认真地工作起来了。很快，刘燕将本月的"总分类账户发生额及余额试算平衡表"完整地编制出来了。刘燕得意地将试算平衡表交到财务部经理手中，高兴地说："经理，这个月的总账发生额和余额都借贷平衡，说明这个月的总账记录完全正确。"财务部经理摇摇头说："那可不一定。"话音未落，负责稽核的会计张平走了过来，指着手上的凭证说："这个月的账核对完了，有一笔错账。有一笔招待费是5 000元，负责这笔账的李丽是这样登记的：

借：管理费用　　　　　　500

　贷：银行存款　　　　　500

显然，她少记了4 500元，需要进行错账更正。"

刘燕愣住了："试算平衡表不是已经平衡了吗？怎么还有错账呢？难道试算平衡表不能检验所有的错账吗？"

请你替财务经理向刘燕解释一下。

1. 试算平衡表能够检验所有的错账吗？如果不能，有哪些错账不会影响试算表的平衡？

2. 如果发生了错账该如何进行处理？

第四篇　基础会计报表篇

※　会计报表

※　会计报表分析

第十一章

会 计 报 表

学习目的与要求：

1. 了解会计报表的定义和作用；
2. 理解会计报表的种类及编制要求；
3. 掌握资产负债表和利润表的编制。

第一节　会计报表概述

一、编制会计报表的意义

（一）会计报表的概念

会计报表，亦称财务报表，是对企业会计状况、经营成果和现金流量的结构性表述。

（二）编制会计报表的意义

1. 编制会计报表是会计核算方法之一

账簿记录比较分散，不能集中且概括说明企业经济活动的全貌，不利于报表使用者了解企业经济活动的情况，评价经济效益。通过编制会计报表的核算方法，把账簿中分散的会计资料加以汇总、综合，按一定形式编制会计报表，形成简明、系统的会计信息。

2. 为报表使用者提供会计信息

通过会计报表提供的会计信息，满足企业管理者、投资人、债权人、政府有关部门等报表使用者管理与决策的需要。

二、会计报表的作用

从会计报表不同使用者的角度说明会计报表的作用。

（一）有助于企业管理者了解企业的经营成果，以便进一步改善经营管理，提高经济效益。

（二）有利于投资者评价企业的管理绩效，预测企业未来获利能力和投资者将取得的投资报酬。

（三）有助于债权人评价企业的偿债能力。

（四）有利于政府机构和主管部门考核与评价企业的经济资源的利用、资产增值保值、应缴税费等情况，以及企业遵守和执行国家有关政策、法规、法令的情况。

三、编制会计报表应遵循的原则

（一）完整性

按照《企业会计准则——应用指南》中规定的报表种类、格式和内容填报齐全，以保证会计报表的完整性。

（二）真实性

企业应当根据实际发生的交易和事项，按照会计准则的规定进行确认和计量。编制会计报表必须以核对无误的账簿记录为依据，所以，在编制会计报表前，必须按期结账，还必须进行对账和财产清查，切实做到账账相符、账证相符、账实相符。编制会计报表时，要依据账簿记录真实地填报数字，不得弄虚作假；编制会计报表后，检查报表之间有关数字的衔接，确保报表列示的数据正确、真实。

（三）一致性

会计报表项目的列报应当在各个会计期间保持一致，除特殊情况外，不得随意变更。为确保会计报表项目列报的数据正确、真实、可比，在会计计量、会计方法和填报方法上，应保持前后会计期间的一致性。

（四）及时性

在会计期间结束后，及时编制会计报表，并在规定的期限内将会计报表送交不同的报表使用者，以满足报表使用者对会计信息的需求。

四、会计报表列报的基本要求

《企业会计准则第 30 号——会计报表列报》中从以下几个方面对会计报表的列报作出了规定：

（一）以持续经营为基础编制会计报表

企业应当以持续经营为基础，根据实际发生的交易和事项，按照《企业会计准则——基本准则》和其他各项会计准则的规定进行确认和计量，在此基础上编制会计报表。

（二）会计报表列报要遵循一致性

会计报表项目的列报应当在各个会计期间保持一致，不得随意变更，但下列情况除外：

1. 会计准则要求改变会计报表项目的列报；

2. 企业经营业务的性质发生重大变化后，变更会计报表项目的列报能够提供更可靠、更相关的信息。

（三）会计报表列报要遵循重要性

重要性是指会计报表某项目的省略或错报会影响使用者据此所作出的经济决策，该项目具有重要性。重要性应当根据企业所处环境，从项目的性质和金额大小两方面予以判断。

（四）会计报表列报的信息要可比

当期会计报表的列报，至少应当提供所有列报项目上可用于会计期间的比较数据，以及与理解当期会计报表相关的说明，但其他会计准则另有规定的除外。会计报表项目的列报发生变更情况的，应当对上期比较数据按照当期的列报要求进行调整，并在附注中披露调整的原因和性质，以及调整的各项目金额。

（五）披露内容的要求

企业应当在会计报表的显著位置至少披露的内容为：

1. 编制报表企业的名称；

2. 资产负债表日或会计报表涵盖的会计期间；

3. 人民币金额单位；

4. 会计报表是合并会计报表的，应当予以标明。

五、会计报表组成

会计报表是对企业财务状况、经营成果和现金流量的结构性表述。一套完整的财务报表至少应当包括资产负债表、利润表、现金流量表、所有者权益（或股东权益，下同）变动表以及附注。

资产负债表、利润表和现金流量表分别从不同角度反映企业的财务状况、经营成果和现金流量。

所有者权益变动表反映构成所有者权益的各组成部分当期的增减变动情况。企业的净利润及其分配情况是所有者权益变动的组成部分，相关信息已经在所有者权益变动表及其附注中反映，企业不需要再单独编制利润分配表。

附注是财务报表不可或缺的组成部分，是对在资产负债表、利润表、现金流量表和所有者权益变动表等报表中列示项目的文字描述或明细资料，以及对未能在这些报表中列示项目的说明等。

六、会计报表的种类

（一）按反映的经济内容分类

1. 反映企业一定日期资产、负债及所有者权益等会计状况的报表，如资产负债表。

2. 反映企业一定时期收入、支出、利润等经营成果的报表，如利润表。

3. 反映企业一定时期资产、负债、所有者权益会计状况变动的报表，如所有者权益变动表。

（二）按反映企业资金运动状态分类

1. 静态会计报表，如资产负债表。

2. 动态会计报表，如利润表、现金流量表。

（三）按编表的时间分类

1. 中期会计报表，如月报、季报、半年报。

2. 年度会计报表，反映企业一年中全部经济活动及会计状况、经营成果的会计报表。

（四）按报表使用对象分类

1. 对外会计报表，如：资产负债表、利润表、现金流量表。

2. 对内会计报表，如：制造费用表、产品成本计算表等。

（五）按编制的主体分类

1. 个别会计报表，反映独立核算的基层企业会计和经营成果报表。

2. 汇总会计报表，即企业上级主管部门根据所属单位的会计报表连同本单位的会计报表汇总编制的会计报表，反映一个部门或地区的经济状况。

3. 合并会计报表，即由母公司编制的，包括子公司企业在内的整个企业集团的会计状况和经营成果等方面信息的会计报表。

第二节 资产负债表

一、资产负债表的概念

资产负债表是指反映企业在某一特定日期财务状况的会计报表。特定日期是指月末、季末、半年末、年末。财务状况是指在编制报表日，企业所拥有的资产、所承担的负债以及所拥有的权益等方面的状况。

资产负债表是静态报表，揭示了某一特定时间，企业拥有的经济资源和债权人与净资产的所有者对经济资源的求偿权和利益权。

二、资产负债表的作用

资产负债表是以会计恒等式“资产 = 负债 + 所有者权益”作为编制报表的理论依据，所提供的会计信息是企业一定日期的会计状况，因而其作用为：

（一）资产负债表给信息使用者提供了企业某一日期的资产总额及其分布情况，据此可以对企业经济资源的具体构成进行深入了解，分析和评价企业经济资源的构成是否合理。

（二）资产负债表提供了所有者权益的情况，可以使信息使用者了解所有者权益的构成情况和投资者在企业中所占的份额，分析企业资本结构的合理性和企业所面临的财务风险。

（三）资产负债表提供了某一日企业的负债总额及结构，可以使信息使用者了解企业的财务实力、偿债能力，有利于信息使用者做出正确的经营决策和投资决策。

（四）资产负债表前后期各项目数字是进行财务分析的基本资料，信息使用者可以据此了解企业资金结构的变化情况和变动趋势，以便掌握企业潜在的盈余能力和未来的发展前景。

三、资产负债表项目的分类列报

资产负债表应该按资产、负债和所有者权益分类列报，其中资产和负债应按流动性列报，资产分为流动资产和非流动资产，负债分为流动负债和非流动负债。在资产负债表中，资产类至少应当单独列示的项目有：货币资金、应收及预付款项、存货、持有至到期投资、长期股权投资、投资性房地产、固定资产、无形资产。在资产负债表中，负债类至少应当单独列示的项目有：短期借款、应付及预收款项、应交税费、应付职工薪酬、预计负债、长期借款、长期应付款、应付债券。在资产负债表中，所有者权益至少应当单独列示的项目有：实收资本（或股本）、资本公积、盈余公积、未分配利润。

四、资产负债表的格式

资产负债表有两种惯用的格式：账户式和报告式。资产负债表的格式，是指根据“资产 = 负债 + 所有者权益”的会计等式，将企业会计期末的所有资产、负债、所有者权益项目，按照一定的分类标准和顺序分项排列的一种表式。

我国企业的资产负债表采用账户式的结构。账户式资产负债表将资产、负债、所有者权益项目采用平行排列的形式，即资产项目列示在左方，负债与所有者权益项目列示在与资产项目平行的右方。左右两方的合计数相等。其格式见下表。

1. 报告式资产负债表简表

资产负债表

编制单位： ____年____月____日 单位：元

资产
流动资产
非流动资产
资产合计
负债
流动负债
非流动负债
负债合计
所有者权益
实收资本
盈余公积
未分配利润
所有者权益合计

2. 账户式资产负债表简表

资产负债表

编制单位： ____年____月____日 单位：元

资产	负债及所有者权益
流动资产 非流动资产	流动负债 非流动负债 实收资本 资本公积 盈余公积 未分配利润
资产总计	负债及所有者权益总计

五、资产负债表的编制方法

资产负债表中的各项目都列有“年初余额”和“期末余额”两栏。

（一）“年初余额”栏各项目的编制方法

“年初余额”栏内各项目的数字，应根据上年末资产负债表的“期末余额”栏内各项目所列数字填列。

（二）“期末余额”栏各项目的编制方法

“期末余额”栏，指月末、季末、半年末、年末的余额，“期末余额”栏各报表项目的数字原则上都可以直接根据有关总账账户的期末余额填列，但是有些项目需要根据总账账户及其所属明细的记录分账、计算填列。

资产负债表各项目的填列方法可归类为如下几种情况：

1. 根据有关总账账户期末余额直接填列

根据有关总账账户期末余额直接填列的项目有：交易性金融资产、应收票据、应收股利、应收利息、固定资产清理、短期借款、应付票据、应付职工薪酬、应交税费、应付利息、应付股利、长期借款、应付债券、长期应付款、实收资本、资本公积、盈余公积等。

2. 根据若干个总账账户期末余额分析计算填列

填列的项目有：货币资金、存货、未分配利润等。

（1）“货币资金”项目，应根据“现金”、“银行存款”、“其他货币资金”等账户的期末余额合计数填列。

（2）“存货”项目，应根据“材料采购”、“原材料”、“生产成本”、“产成品”等账户的合计数减去“存货跌价准备”账户的期末余额后的金额填列。

（3）“未分配利润”项目，1—11 月应根据“本年利润”、“利润分配”两个总账账户余额相减后的差额填列。如果两个总账账户余额相减后的差额为正数，表示为未分配利润，则直接填入报表；如果两个总账账户余额相减后的差额为负数，表示为未弥补亏损，以“－”号填入。12 月末利润结转后，“本年利润”账户结平，“未分配利润”项目则直接根据“利润分配——未分配利润”明细账的余额填列。

3. 根据有关总账所属明细账的余额分析计算填列

（1）“应收账款”项目

应根据“应收账款”账户的期末余额填列。

“应收账款”账户，既核算应收的款项，又核算预收的款项，那么，“应收账款”总账账户的期末余额是借贷方相抵后的差额，不能确定是应收账款，还是预收账款，在此情况下，“应收账款”项目应根据“应收账款”总账账户所属明细账期末借方余额的合计数填列。如果单独设置“预收账款”账户核算预收账款，当预收的货款小于发出预收货款的产品时，“预收账款”明细账为借方余额，具有应收款的性质，在此情况下，“应收账款”项目应根据“应收账款”、“预收账款”两个总账账户所属明细账期末借方余额的合计数填列。

（2）“预付账款”项目

应根据“预付账款”账户的期末余额填列。

如果将预付账款的内容合并到“应付账款”账户核算，“应付账款”账户既核算应付的款项，又核算预付的款项，那么，“应付账款”总账账户的期末余额是借贷方相抵后的差额，不能确定是应付账款，还是预付账款，在此情况下，“预付账款”项目应根据“应付账款”总账账户所属明细账期末借方余额的合计数填列。如果单独设置“预付账款”账户核算预付账款，当预付的货款小于收到预付货款的存货时，“预付账款”明细账为贷方余额，具有应付款的性质，在此情况下，“预付账款”项目应根据“应付账款”、“预付账款”两个总账账户所属明细账期末借方余额的合计数填列。

（3）“应付账款”项目

应根据“应付账款”账户的期末余额填列。

如果将预付账款的内容合并到“应付账款”账户核算，“应付账款”账户既核算应付的款项，又核算预付的款项，那么，“应付账款”总账账户的期末余额是借贷方相抵后的差额，不能确定是应付账款，还是预付账款，在此情况下，“应付账款”项目应根据“应付账款”总账账户所属明细账期末贷方余额的合计数填列。如果单独设置“预付账款”账户核算预付账款，当预付的货款小于收到预付货款的存货时，“预付账款”明细账为贷方余额，具有应付款的性质，在此情况下，“应付账款”项目应根据“应付账款”、“预付账款”两个总账账户所属明细账期末贷方余额的合计数填列。

（4）“预收账款”项目

如果将预收账款的内容合并到“应收账款”账户核算，“应收账款”账户既核算应收的款项，又核算预收的款项，那么，“应收账款”总账账户的期末余额是借贷方相抵后的差额，不能确定是应收账款，还是预收账款，在此情况下，“预收账款”项目应根据“应收账款”总账账户所属明细账期末贷方余额的合计数填列。如果单独设置“预收账款”账户核算预收账款，当预收的货款小于发出预收货款的产品时，“预收账款”明细账为借方余额，具有应收款的性质，在此情况下，“预收账款”项目应根据“应收账款”、“预收账款”两个总账账户所属明细账期末贷方余额的合计数填列。

4. 通过计算按净额填列的项目

（1）“应收账款”项目

根据所确定的“应收账款”项目的金额减去“坏账准备”总账账户余额的差额填列。

（2）“长期股权投资”项目

根据“长期股权投资”总账账户的余额减去“长期股权投资减值准备”总账账户余额的差额填列。

（3）“固定资产”项目

根据“固定资产”总账账户的余额减去“累计折旧”与“固定资产减值准备”总账账户余额的差额填列。

（4）“无形资产”项目

根据“无形资产”总账账户的余额减去“累计摊销”与“无形资产减值准备”总账账户余额的差额填列。

六、业务举例

【例题 11－1】某企业 201×年 12 月 31 日结账后的"库存现金"科目余额为 10 000元，"银行存款"科目余额为 4 000 000元，"其他货币资金"科目余额为 1 000 000元。

该企业 201×年 12 月 31 日资产负债表中的"货币资金"项目金额为：

10 000＋4 000 000＋1 000 000＝5 010 000（元）

本例中，企业应当按照"库存现金"、"银行存款"和"其他货币资金"三个总账科目余额加总后的金额，作为资产负债表中"货币资金"项目的金额。

【例题 11－2】某企业 201×年 12 月 31 日结账后的"交易性金融资产"科目余额为 100 000 元。

该企业 201×年 12 月 31 日资产负债表中的"交易性金融资产"项目金额为 100 000元。

本例中，由于企业是以公允价值计量交易性金融资产，每期交易性金融资产价值的变动，无论上升还是下降，均已直接调整"交易性金融资产"科目金额，因此，企业应当直接以"交易性金融资产"总账科目余额填列在资产负债表中。

【例题 11－3】某企业 201×年 12 月 31 日结账后有关科目所属明细科目借贷方余额，如表 11－1 所示：

表 11－1　　单位：元

科目名称	明细科目借方余额合计	明细科目贷方余额合计
应收账款	1 600 000	100 000
预付账款	800 000	60 000
应付账款	400 000	1 800 000
预收账款	600 000	1 400 000

该企业 2009 年 12 月 31 日资产负债表中相关项目的金额为：

（1）"应收账款"项目金额为：1 600 000＋600 000＝2 200 000（元）

（2）"预付账款"项目金额为：800 000＋400 000＝1 200 000（元）

（3）"应付账款"项目金额为：60 000＋1 800 000＝1 860 000（元）

（4）"预收账款"项目金额为：1 400 000＋100 000＝1 500 000（元）

本例中，应收账款项目，应当根据"应收账款"科目所属明细科目借方余额 1 600 000元和"预收账款"科目所属明细科目借方余额 600 000元加总，作为资产负债表中“应收账款”的项目金额，即2 200 000元。

预付账款项目，应当根据“预付账款”科目所属明细科目借方余额800 000元和“应付账款”科目所属明细科目借方余额400 000元加总，作为资产负债表中“预付账款”的项目金额，即1 200 000元。

应付账款项目，应当根据“应付账款”科目所属明细科目贷方余额1 800 000元和“预付账款”科目所属明细科目贷方余额60 000元加总，作为资产负债表中“应付账款”的项目金额，即1 860 000元。

预收账款项目，应当根据“预收账款”科目所属明细科目贷方余额1 400 000元和“应收账款”科目所属明细科目贷方余额100 000元加总，作为资产负债表中“预收账款”的项目金额，即1 500 000元。

【例题11－4】某企业201×年12月31日结账后的“固定资产”科目余额为1 000 000元，“累计折旧”科目余额为90 000元，“固定资产减值准备”科目余额为200 000元。

该企业2010年12月31日资产负债表中的“固定资产”项目金额为：

1 000 000－90 000－200 000＝710 000（元）

本例中，企业应当以“固定资产”总账科目余额，减去“累计折旧”和“固定资产减值准备”两个备抵类总账科目余额后的净额，作为资产负债表中“固定资产”项目的金额。

表11－2　　　　**资产负债表**　　　　会企01表

编制单位：　　　　年　　月　　日　　　　单位：元

资产	年初数	期末数	负债和所有者权益	年初数	期末数
流动资产：			流动负债：		
货币资金			短期借款		
交易性金融资产			交易性金融负债		
应收票据			应付票据		
应收账款			应付账款		
预付账款			预收账款		
应收利息			应付职工薪酬		
其他应收款			应交税费		
存货			应付利息		
一年内到期的非流动资产			其他应付款		
其他流动资产			一年内到期的非流动负债		
流动资产合计			其他流动负债		
非流动资产：			流动负债合计		

续表

资产	年初数	期末数	负债和所有者权益	年初数	期末数
可供出售的金融资产			非流动负债：		
持有到期投资			长期借款		
长期应收款			应付债券		
长期股权投资			长期应付款		
投资性房地产			其他非流动负债		
固定资产原价			非流动负债合计		
减：累计折旧			负债合计		
在建工程			所有者权益（股东权益）：		
固定资产清理			实收资本（或股本）		
无形资产			资本公积		
开发支出			盈余公积		
长期待摊费用			未分配利润		
非流动资产合计			所有者权益合计		
资产总计			负债和所有者权益总计		

第三节　利润表

一、利润表的概念

利润表是指反映企业在一定会计期间的经营成果的会计报表。利润表是动态报表。所谓动态报表，是指反映一定时期内资金耗费和资金收回的会计报表。

二、利润表的作用

（一）反映企业的成本耗费和生产经营的收益情况。

（二）反映企业的经营管理水平、经营效率和效果。

（三）反映企业利润分配情况和资本保全情况。

（四）将本企业同期的资产负债表和利润表相关指标结合分析，可以评价并判断企业的资金运营能力、盈利能力和资金的运用效果。

三、利润表的编制方法

对于月度利润表，利润表的“本月金额”栏反映各项目的本月实际发生数；在编报中期财务报表时，填列上年同期累计实际发生数；在编报年度会计报表时，填列上年全年累计实际发生数。在编制中期和年度会计报表时，还要将“本月金额”栏改成“上年金额”栏。如果上年度利润表与本年度利润表的项目名称和内容不相一致，则按编报当年的口径对上年度利润表项目的名称和数字进行调整，填入本表“上年金额”栏。本表“本年累计金额”栏反映各项目自年初起至报告期末止的累计实际发生数。

年度利润表中“上年金额”栏内各项数字，应根据上年度利润表“本年金额”栏内所列数字填列。如果上年度利润表规定的各个项目的名称和内容同本年度不相一致，应对上年度利润表各项目的名称和数字按本年度的规定进行调整，填入本表“上年金额”栏内。

四、利润表的格式

利润表常见的格式有两种，即单步式利润表和多步式利润表。

（一）单步式利润表

在单步式利润表中，将本期所有的收入总额减去本期所有的成本与费用总额而直接计算出本期利润。单步式利润表其优点为：各项收入和费用无须分类，所以编制程序简明；表式简单，便于理解。缺点在于：由于其格式的限制，有些重要信息隐含在收入和费用总额中，无法直接揭示，致使信息披露不详尽。

（二）多步式利润表

在多步式利润表中，利润总额经过多步中间性的计算过程，产生一些中间性信息。多步式利润表将企业的收入、费用区分为日常经营活动过程的收入、费用与日常经营活动以外的收入、费用，并以不同组合形式在利润表中列项，提供企业的经营成果指标。多步式利润表克服了单步式利润表的缺陷，不但能够提供给报表使用者利润形成的详尽信息，而且为编制现金流量表和预测未来现金流量提供了基础。

我国企业的利润表采用的是多步式格式。

五、利润表的编制方法

（一）利润表的编制步骤

企业的利润表分以下三个步骤编制：

第一步，以营业收入为基础，减去营业成本、营业税金及附加、销售费用、管理费用、财务费用、资产减值损失，加上公允价值变动净收益，加上投资净收益，计算出营业利润加上公允价值变动净收益、投资净收益，计算得出营业利润。

营业利润 =（营业收入 + 公允价值变动损益 + 投资净收益）－（营业成本 + 营业税费 + 期间费用十资产减值损失）

第二步，以营业利润为基础，加上营业外收入，减去营业外支出，计算出利润总额。

利润总额 =（营业利润 + 营业外收入）－营业外支出

第三步，以利润总额为基础，减去所得税费用，计算出净利润或净亏损。

净利润 = 利润总额－所得税费用

普通股或潜在普通股已公开交易的企业以及正处于公开发行普通股或潜在普通股过程中的企业，还应当在利润表中列示每股收益信息。

（二）利润表各项目的填列方法

1. 营业收入项目反映企业经营主要业务和其他业务所确认的收入总额，本项目应根据“主营业务收入”和“其他业务收入”科目的发生额分析填列。

2. 营业成本项目反映企业经营主要业务和其他业务所发生的成本总额，本项目应根据“主营业务成本”和“其他业务成本”科目的发生额分析填列。

3. 营业税金及附加项目反映企业经营业务应负担的消费税、营业税、城市建设维护税、资源税、土地增值税和教育费附加等，本项目应根据“营业税金及附加”科目的发生额分析填列。

4. 销售费用项目反映企业在销售商品过程中发生的包装费、广告费等费用，以及为销售本企业商品而专设的销售机构的职工薪酬等经营费用，本项目应根据销售费用科目的发生额分析填列。

5. 管理费用项目反映企业为组织和管理生产经营发生的管理费用，本项目应根据“管理费用”的发生额分析填列。

6. 财务费用项目反映企业筹集生产经营所需资金等而发生的筹资费用，本项目应根据“财务费用”科目的发生额分析填列。

7. 资产减值损失项目反映企业各项资产发生的减值损失，本项目应根据“资产减值损失”科目的发生额分析填列。

8. 公允价值变动收益项目反映企业应当计入当期损益的资产或负债公允价值变动收益，本项目应根据“公允价值变动损益”科目的发生额分析填列，如为净损失本项目以负号填列。

9. 投资收益项目反映企业以各种方式对外投资所取得的收益，本项目应根据“投资收益”科目的发生额分析填列，如为投资损失本项目以负号填列。

10. 营业利润项目反映企业实现的营业利润，如为亏损本项目以负号填列。

11. 营业外收入项目反映企业发生的与经营业务无直接关系的各项收入，本项目应根据“营业外收入”科目的发生额分析填列。

12. 营业外支出项目反映企业发生的与经营业务无直接关系的各项支出，本项目应根据“营业外支出”科目的发生额分析填列。

13. 利润总额项目反映企业实现的利润，如为亏损本项目以负号填列。

14. 所得税费用项目反映企业应从当期利润总额中扣除的所得税费用，本项目应根据“所得税费用”科目的发生额分析填列。

15. 净利润项目反映企业实现的净利润，如为亏损本项目以负号填列。

我国利润表主体部分的各项目都列有“上期金额”和“本期金额”两个栏目。

在编制中期利润表时，“本期金额”栏应分为“本期金额”和“年初至本期末累计发生额”两栏，分别填列各项目本中期、月、季或半年各项目实际发生额以及自年初起至本中期月、季或半年末止的累计实际发生额；“上期金额”栏应分为“上年可比本中期金额”和“上年初至可比本中期末累计发生额”两栏，应根据上年可比中期利润表“本期金额”下对应的两栏数字分别填列。上年度利润表与本年度利润表的项目名称和内容不一致的，应对上年度利润表项目的名称和数字按本年度的规定进行调整，年终结账时，由于全年的收入和支出已全部转入本年利润科目并且通过收支对比结出本年净利润的数额，因此应将年度利润表中的净利润数字与本年利润科目结转到利润分配——未分配利润科目的数字相核对，以检查账簿记录和报表编制的正确性。

利润表“本期金额”“上期金额”栏内各项数字除每股收益项目外，应当按照相关科目的发生额分析填列。

多步式利润表如下表：

利润表

会企 02 表

编制单位： ____年____月 单位：元

项目	本期金额	上期金额
一、营业收入		
减：营业成本		
营业税金及附加		
销售费用		
管理费用		
财务费用		
资产减值损失		
加：公允价值变动收益（损失以“－”号填列）		
投资收益（损失以“－”号填列）		
其中：对联营企业和合营企业的投资收益		

续表

项目	本期金额	上期金额
二、营业利润（亏损以“－”号填列）		
加：营业外收入		
减：营业外支出		
其中：非流动资产处置损失		
三、利润总额（亏损总额以“－”号填列）		
减：所得税费用		
四、净利润（净亏损以“－”号填列）		
五、每股收益：		
（一）基本每股收益		
（二）稀释每股收益		

【例题11－5】截至201×年12月31日，某企业“主营业务收入”科目发生额为1 990 000元，“主营业务成本”科目发生额为630 000元，“其他业务收入”科目发生额为500 000元，“其他业务成本”科目发生额为150 000元，“营业税金及附加”科目发生额为780 000元，“销售费用”科目发生额为60 000元，“管理费用”科目发生额为50 000元，“财务费用”科目发生额为170 000元，“资产减值损失”科目借方发生额为50 000元（无贷方发生额），“公允价值变动损益”科目为借方发生额为450 000元（无贷方发生额），“投资收益”科目贷方发生额为850 000元（无借方发生额），“营业外收入”科目发生额为100 000元，“营业外支出”科目发生额为40 000元，“所得税费用”科目发生额为171 600元。

该企业201×年度利润表中营业利润、利润总额和净利润的计算过程如下：

营业利润＝1 990 000＋500 000－630 000－150 000－780 000－60 000－50 000－170 000－50 000－450 000＋850 000＝1 000 000（元）

利润总额＝1 000 000＋100 000－40 000＝1 060 000（元）

净利润＝1 060 000－171 600＝888 400（元）

本例中，企业应当根据编制利润表的多步式步骤，确定利润表中各主要项目的金额，相关计算公式如下：

（1）营业利润＝营业收入－营业成本－营业税金及附加－销售费用－管理费用－财务费用－资产减值准备＋公允价值变动收益

（或－公允价值变动损失）＋投资收益（或－投资损失）

其中，营业收入＝主营业务收入＋其他业务收入

营业成本＝主营业务成本＋其他业务成本

（2）利润总额＝营业利润＋营业外收入－营业外支出

（3）净利润＝利润总额－所得税费用

第四节 现金流量表的编制

一、基本概念

（一）现金流量表

现金流量表是反映企业在一定会计期间现金及现金等价物流入和流出的报表。

（二）现金流量

现金流量是某一段时期内企业现金流入和流出的数量。如企业销售商品、提供劳务、出售固定资产、向银行借款等取得现金，形成企业的现金流入；购买原材料、接受劳务、购建固定资产、对外投资、偿还债务等而支付现金等，形成企业的现金流出。现金流量信息能够表明企业经营状况是否良好，资金是否紧缺，企业偿付能力大小。

（三）现金

现金是指企业的库存现金以及可以随时用于支付的存款。会计上所说的现金通常指企业的库存现金。而现金流量表中的“现金”不仅包括“现金”账户核算的库存现金，还包括企业“银行存款”账户核算的存入金融企业、随时可以用于支付的存款，也包括“其他货币资金”账户核算的外埠存款、银行汇票存款、银行本票存款和在途货币资金等其他货币资金。

（四）现金等价物

现金等价物是指企业持有的期限短、流动性强、易于转换为已知金额现金、价值变动风险很小的投资。现金等价物虽然不是现金，但其支付能力与现金的差别不大，可视为现金。

二、现金流量表的作用

（一）揭示企业的资金来源和用途。

（二）直接揭示企业的偿债能力和变现能力。

（三）通过当期现金流量信息评定企业收益的质量。

（四）现金流量表是连接资产负债表和利润表的桥梁。

三、现金流量的分类

（一）现金流量的分类

现金流量分为三类，即经营活动产生的现金流量、投资活动产生的现金流量、筹资活动产生的现金流量。

1. 经营活动

经营活动是指企业投资活动和筹资活动以外的所有交易和事项。

2. 投资活动

投资活动是指企业长期资产的购建和不包括在现金等价物范围内的投资及其处置活动。投资活动主要包括：取得和收回投资、购建和处置固定资产、无形资产和其他长期资产等。

3. 筹资活动

筹资活动是指导致企业资本及债务规模和构成发生变化的活动。

（二）经营活动产生的现金流量

1. 销售商品、提供劳务收到的现金指企业销售商品或提供劳务等经营活动收到的现金。
2. 收到的租金反映企业收到的经营租赁的租金收入。
3. 收到的增值税项税额和退回的增值税款。
4. 收到的除增值税以外的其他税费返还。
5. 购买商品、接受劳务支付的现金。
6. 经营租赁所支付的现金。
7. 支付给职工以及为职工支付的现金。
8. 支付的增值税款。
9. 支付的所得税款。
10. 支付的除增值税、所得税以外的其他税费。
11. 支付的其他与经营活动有关的现金。

（三）投资活动产生的现金流量

1. 收回投资所收到的现金。
2. 分得股利或利润所收到的现金。
3. 取得债券利息收入所收到的现金。
4. 处置固定资产、无形资产和其他长期资产而收到的现金净额。
5. 购建固定资产、无形资产和其他长期资产所支付的现金。
6. 权益性投资所支付的现金。
7. 债权性投资所支付的现金。
8. 其他与投资活动有关的现金收入与支出。

（四）筹资活动产生的现金流量

1. 吸收权益性投资所收到的现金。
2. 发行债券所收到的现金。
3. 借款收到的现金。
4. 偿还债务所支付的现金。
5. 发生筹资费用所支付的现金。
6. 分配股利或利润所支付的现金。
7. 偿付利息所支付的现金。
8. 融资租赁所支付的现金。
9. 减少注册资本所支付的现金。
10. 与筹资活动有关的其他现金收入与支出。

四、现金流量表的结构

现金流量表分正表和补充资料两部分。

现金流量表正表部分是以“现金流入－现金流出＝现金流量净额”为基础，采取多步式，分经营活动、投资活动和筹资活动，分项报告企业的现金流入量和流出量。

现金流量表补充资料部分又细分为三部分，第一部分是不涉及现金收支的投资和筹资活动；第二部分是将净利润调节为经营活动的现金流量，即所谓现金流量表编制的净额法；第三部分是现金及现金等价物净增加情况。

五、现金流量表正文的编制方法

企业应当采用直接法列示经营活动产生的现金流量。直接法，是指通过现金收入和现金支出的主要类别列示经营活动的现金流量。采用直接法编制经营活动的现金流量时，一般以利润表中的营业收入为起算点，调整与经营活动有关的项目的增减变动，然后计算出经营活动的现金流量。采用直接法具体编制现金流量表时，可以采用工作底稿法或T型账户法，也可以根据有关科目记录分析填列。

现金流量表

会企03表

编制单位： ____年____月 单位：元

项目	本期金额	上期金额
一、经营活动产生的现金流量：		
销售商品、提供劳务收到的现金		
收到的税费返还		

续表

项目	本期金额	上期金额
收到其他与经营活动有关的现金		
经营活动现金流入小计		
购买商品、接受劳务支付的现金		
支付给职工以及为职工支付的现金		
支付的各项税费		
支付其他与经营活动有关的现金		
经营活动现金流出小计		
经营活动产生的现金流量净额		
二、投资活动产生的现金流量：		
收回投资收到的现金		
取得投资收益收到的现金		
处置固定资产、无形资产和其他长期资产收回的现金净额		
处置子公司及其他营业单位收到的现金净额		
收到其他与投资活动有关的现金		
投资活动现金流入小计		
构建固定资产、无形资产和其他长期资产支付的现金		
投资支付的现金		
取得子公司及其他营业单位支付的现金净额		
支付其他与投资活动有关的现金		
投资活动现金流出小计		
投资活动产生的现金流量净额		
三、筹资活动产生的现金流量：		
吸收投资收到的现金		
取得借款收到的现金		
收到其他与筹资活动有关的现金		
筹资活动现金流入小计		
偿还债务支付的现金		
分配股利、利润或偿付利息支付的现金		
支付其他与筹资活动有关的现金		
筹资活动现金流出小计		
筹资活动产生的现金流量净额		
四、汇率变动对现金及现金等价物的影响		
五、现金及现金等价物净增加额		
加：期初现金及现金等价物余额		
六、期末现金及现金等价物余额		

本章小结

编制会计报表是财务会计工作的一项重要内容。会计报表主要包括对外报送的财务会计报表、报表附注和其他需要披露的资料。

资产负债表是反映企业在某一特定日期财务状况的报表。某一特定日期是指编制报表这一天，因此说资产负债表是静态报表。财务状况主要是指企业资产、负债、所有者权益的总额、构成。它根据“资产 = 负债 + 所有者权益”这一基本公式，依照一定的分类标准和一定的次序，把企业在某一特定日期的资产、负债和所有者权益项目予以适当排列编制而成。

利润表，又称损益表，是反映企业在一定会计期间的经营成果的报表。一定会计期间可以是一个月、一个季度、半年，也可以是一年，因此将利润表称为动态报表；经营成果是指企业进行经营活动产生的结果，主要由利润及其构成表示。它根据“收入 - 费用 = 利润”这一平衡公式，依照一定的标准和次序，把企业一定时期内的收入、费用和利润项目予以适当排列编制而成。利润表可以有单步式利润表和多步式利润表。

现金流量表是反映企业在一定会计期间现金及现金等价物流入和流出的报表。

练习思考题

一、知识题

（一）单项选择题

1. 会计报表编制的依据是（　　）。

A. 原始凭证　　B. 记账凭证

C. 账簿记录　　D. 汇总记账凭证

2. 我国企业利润表的格式为（　　）。

A. 账户式　　B. 单步式

C. 报告式　　D. 多步式

3. 下列属于静态报表的是（　　）。

A. 资产负债表　　B. 利润表

C. 利润分配表　　D. 现金流量表

4. 编制利润表的主要依据是（　　）。

A. 资产负债及所有者权益各账户的本期发生额

B. 损益类各账户的本期发生额

C. 资产负债及所有者权益各账户的期末余额

D. 损益类各账户的期末余额

5. 下列一般只要求编制年度报表的是（　　）。

A. 资产负债表　　B. 利润表

C. 现金流量表　　D. 试算平衡表

6. 下列属于现金等价物的是（　　）。

A. 银行存款

B. 库存现金

C. 从购入至变现不超过 3 个月的债券投资

D. 从购入至变现不超过 9 个月的股票投资

7. 某企业“应付账款”总账科目月末贷方余额 50 000元，其中“应付账款——A 公司”明细科目贷方余额 70 000元，“应付账款——B 公司”明细科目借方余额 20 000元；“预付账款”总账科目为贷方余额 22 000元，其中“预付账款——C 公司”明细科目贷方余额 47 000元；“预付账款——D 公司”明细科目借方余额 25 000元。该企业月末资产负债表中“应付账款”项目的金额为(　　)元。

A. 62 000　　B. 117 000

C. 50 000　　D. 45 000

8. 某企业“应收账款”有三个明细分类账，其中“应收账款——甲企业”明细分类账月末借方余额为300 000元，“应收账款——乙企业”明细分类账月末借方余额为400 000元，“应收账款——丙企业”明细分类账月末贷方余额为100 000元，“预收账款”有两个明细分类账，其中“预收账款——丁公司”明细分类账月末借方余额45 000元，“预收账款——戊公司”明细分类账月末贷方余额为20 000元；坏账准备月末贷方余额为3 000元，则该企业月末资产负债表的“应收账款净额”项目应为（　　）元。

A. 697 000　　B. 717 000

C. 742 000　　D. 745 000

9. 如果企业本月利润表中的主营业务利润为1 000元，其他业务利润为500元，管理费用为100元，财务费用为50元，营业费用为50元，则其营业利润应填（　　）。

A. 1 000　　B. 1 500

C. 1 400　　D. 1 300

10. “应收账款”科目所属明细科目期末有贷方余额，应在资产负债表中的“（　　）”项目中反映。

A. 应收账款　　B. 应付账款

C. 预收账款　　D. 预付账款

11. 下列资产负债表项目，需要根据相关总账所属明细账户的期末余额分析填列的是（　　）账户。

A. 应收账款　　B. 应收票据

C. 应付票据　　D. 应付工资

12. 利润表中各项目的“本年累计数”栏反映的是各损益类账户（　　）。

A. 期末余额　　B. 截至本月末的年内累计数

C. 本期实际发生额　　D. 期初余额加本期实际发生额

13. 下列不属于财务会计报告构成内容的是（　　）。

A. 会计报表　　B. 会计报表附注

C. 财务状况说明书　　D. 财务会计报告的编制要求

14. 现金流量表中，关于现金的分类方法正确的是（　　）。

A. 经营活动、投资活动和筹资活动

B. 现金流入、现金流出和非现金活动

C. 直接现金流量及间接现金流量

D. 营业活动现金流量和非营业活动现金流量

（二）多项选择题

1. 按现行会计制度规定，企业对外报送的会计报表有（　　）。

A. 资产负债表　　B. 利润表

C. 成本报表　　D. 现金流量表

2. 按会计报表的主体不同可分为（　　）。

A. 个别会计报表　　B. 合并会计报表

C. 静态会计报表　　D. 汇总会计报表

3. 下列属于资产负债表中“货币资金”项目内容的有（　　）。

A. 备用金　　B. 现金

C. 银行存款　　D. 其他货币资金

4. 下列属于会计报表的编制要求的有（　　）。

A. 数字真实　　B. 编报及时

C. 内容完整　　D. 计算准确

5. 资产负债表的主要作用有（　　）。

A. 掌握企业的资源及其结构与分布状况

B. 了解企业资金来源渠道及资本结构

C. 了解企业的偿债能力

D. 了解企业的盈利能力

6. 按资金运动状态不同，下列属于动态会计报表的有（　　）。

A. 资产负债表　　B. 利润表

C. 现金流量表　　D. 成本报表

7. 多步式利润表的好处有（　　）。

A. 表式简单、易于理解

B. 能提供不同层次的利润指标

C. 有利于同行业企业盈利状况的分析

D. 对收入、费用无需进行不同层次的配比

8. 下列需要根据有关总账账户余额相加计算填列的资产负债表项目有（　　）。

A. 货币资金　　B. 存货

C. 固定资产净值　　D. 预收账款

9. 下列账户余额中，可能影响资产负债表中“应收账款”项目金额的有（　　）。

A. 应收账款　　B. 预收账款

C. 应付账款　　D. 坏账准备

10. 下列账户余额中，可能影响资产负债表中“存货”项目金额的

有(　　)。

A. 物资采购　　B. 库存商品

C. 生产成本　　D. 周转材料

11. 资产负债表的资料主要来源于（　　）。

A. 总分类账户期末余额　　B. 各明细分类账户期末余额

C. 有关账户余额减备抵账户余额后的净额

D. 备查登记簿

12. 会计报表的使用者一般包括（　　）。

A. 企业管理者　　B. 政府有关部门

C. 债权人　　D. 投资者

13. 利润表中的“主营业务利润”是由（　　）项目构成。

A. 主营业务收入　　B. 管理费用

C. 主营业务成本　　D. 主营业务税金及附加

14. 现金流量表中的现金是指（　　）。

A. 库存现金　　B. 银行存款

C. 现金等价物　　D. 其他货币资金

二、技能题

习题一

(一) 目的：练习资产负债表的编制。

(二) 资料：A 公司 201×年 11 月 30 日有关账户的余额资料如下：

A 公司总分类账户期末余额表

201×年 11 月 30 日　　单位：元

账户名称	借方余额	科目名称	贷方余额
库存现金	2 300	短期借款	100 000
银行存款	866 135	应付票据	50 000
其他货币资金	7 500	应付账款	936 000
交易性金融资产	60 000	其他应付款	50 000
应收票据	64 000	应付职工薪酬	100 000
应收账款	580 000	应付福利费	82 000
应收股利	5 000	应交税费	100 134
预付账款	100 000	其他应交款	106 900
其他应收款	10 000	应付股利	42 215
物资采购	75 000	累计折旧	190 000

续表

账户名称	借方余额	科目名称	贷方余额
原材料	245 000	坏账准备	2 900
包装物	38 750	长期借款	1 140 000
低值易耗品	21 449	其中：一年内到期的长期负债	600 000
材料成本差异	4 250	实收资本	5 000 000
库存商品	1 417 750	盈余公积	131 485
长期股权投资	280 000	其中：法定公益金	43 828
固定资产	3 461 000	资本公积	200 000
工程物资	160 000	利润分配（未分配利润）	194 500
在建工程	378 000		
无形资产	450 000		
其他长期资产	200 000		
合　　计	8 426 134	合　　计	8 426 134

（三）要求：根据上表资料编制资产负债表。

资产负债表

会企 01 表

编制单位：　　　　　　　　　　年　　月　　日　　　　　　　　　　单位：元

资产	年初数	期末数	负债和所有者权益	年初数	期末数
流动资产：			流动负债：		
货币资金			短期借款		
交易性金融资产			交易性金融负债		
应收票据			应付票据		
应收账款			应付账款		
预付账款			预收账款		
应收股利			应付职工薪酬		
其他应收款			应交税费		
存货			应付利息		
一年内到期的非流动资产			其他应付款		
其他流动资产			一年内到期的非流动负债		
流动资产合计			其他流动负债		
非流动资产：			流动负债合计		
可供出售的金融资产			非流动负债：		

续表

资产	年初数	期末数	负债和所有者权益	年初数	期末数
持有到期投资			长期借款		
长期应收款			应付债券		
长期股权投资			长期应付款		
投资性房地产			其他非流动负债		
固定资产原价			非流动负债合计		
减：累计折旧			负债合计		
在建工程			所有者权益（股东权益）：		
固定资产清理			实收资本（或股本）		
无形资产			资本公积		
开发支出			盈余公积		
长期待摊费用			未分配利润		
非流动资产合计			所有者权益合计		
资产总计			负债和所有者权益总计		

习题二

B 公司 201×年 12 月 31 日部分总分类账户及明细分类账户的期末余额如下：

（单位：元）

总分类账户	借方余额	贷方余额	总分类账户	借方余额	贷方余额
库存现金	2 000		生产成本	21 800	
银行存款	12 500		应付职工薪酬	3 000	
应收账款	4 000		利润分配		16 400
预付账款	7 500		预收账款		8 500
材料采购	4 150		短期借款		40 000
原材料	18 450		应付账款		5 800
库存商品	9 200		长期账款		200 000

（单位：元）

账户	借或贷	金额	账户	借或贷	金额
应收账款	借	4 000	应付账款	贷	5 800
——A 公司	借	5 500	——甲公司	贷	6 200
——B 公司	贷	1 500	——乙公司	借	400
预收账款	贷	8 500	预付账款	借	7 500
——C 公司	贷	9 000	——丙公司	借	8 000
——D 公司	借	500	——丁公司	贷	500

补充资料：长期借款中将于 1 年内到期归还的长期借款为 60 000元

要求：根据上述资料计算资产负债表中下列项目的金额。

（1）货币资金 =

（2）应收账款 =

（3）预付款项 =

（4）预收款项 =

（5）应付账款 =

（6）短期借款 =

（7）长期借款 =

（8）存货 =

（9）应付职工薪酬 =

（10）未分配利润 =

习题三

C 公司 201 × 年 10 月各损益类账户月底结账前发生额见下表：（所得税税率为 25%）。

损益类账户发生额

账户名称	本月发生额		账户名称	本月发生额	
	借方	贷方		借方	贷方
主营业务收入		1 520 000	其他业务成本	90 000	
其他业务收入		150 000	销售费用	60 000	
投资收益		9 000	管理费用	84 000	
营业外收入		6 000	财务费用	4 000	
主营业务成本	420 000		营业外支出	12 000	
营业税金及附加	6 000				

要求：根据以上资料编制 C 公司 201 × 年 10 月的利润表。

利润表

会企 02 表

编制单位： ____年____月 （单位：元）

项目	本期金额	上期金额
一、营业收入		
减：营业成本		
营业税金及附加		
销售费用		
管理费用		
财务费用		
资产减值损失		
加：公允价值变动收益（损失以“－”填列）		
投资收益（亏损以“－”号填列）		
其中：对联营企业和合营企业的投资收益		
二、营业利润（亏损以“－”号填列）		
加：营业外收入		
减：营业外支出		
其中：非流动资产处置损失		
三、利润总额（亏损总额以“－”号填列）		
减：所得税费用		
四、净利润（净亏损以“－”号填列）		
五、每股收益		
（一）基本每股收益		
（二）稀释每股收益		

三、案例题

案例一

审计人员在查阅甲企业的 201×年 10 月份的会计报表时，发现利润表中的“主营业务收入”项目较以前月份的发生额有较大的增加，资产负债表中的“应收账款”项目本期与前几期比较也发生了较大的变动。于是，审计人员查阅该企业的账簿，发现“应收账款”总账与明细账金额之和不相等，对总账所记载的一些“应收账款”数额，明细账中并未作登记。审计人员根据账簿记录调阅有关记账凭证，发现 3 张记账凭证后未附有原始凭证。

经审查，甲企业在上述 10 月份的三张会计凭证中虚列当期收入 600 000 元，三笔业务中在“库存商品”明细账和“主营业务成本”明细账均未作登记，准备于下年年初作销货退回处理。

案例要求：

（1）甲企业此举的目的是什么？说出你认为企业所为的几种可能性。

（2）上述问题在年终结账前发现，甲企业应如何调账？

案例二

张先生在2010年6月份成立的光辉实业股份有限公司中担任财务总监。在2011年1月25日召开的董事会上提交了资产负债表和利润表，董事会对张先生的工作非常不满意，批评他的地方主要有以下几点：（1）编制会计报表前没有编制工作底稿；（2）年底在编制会计报表前没有进行存货盘点；（3）会计报表的实际截止日是12月25日；（4）没有报表附注和财务状况说明书；（5）没有编制现金流量表；（6）利润表与资产负债表中的“未分配利润”数字不相符。张先生非常不服气。

案例要求：

你认为董事会对张先生的批评是否都对？为什么？

案例三

王先生大学毕业到一家公司应聘，分配到会计部。会计部经理为了培养他，在6月底编制半年报表时让他自己也练习编制资产负债表，第一遍他编制的表不平，第二遍他编制的资产负债表平衡了，但是与经理编制的资产负债表总额相差500多万元。经理问他怎么编制的，他说都是根据总分类账的账户余额填制的。

案例要求：

你认为王先生可能在什么地方出现了差错？

第十二章

会计报表的分析

学习目的与要求：

1. 通过会计报表分析，可以系统、全面地了解企业整体的财务状况；

2. 通过对本章的学习，应主要掌握报表间的关系及三种综合分析方法的基本原理以及分析的具体步骤和方法。

第一节　会计报表分析的基本方法

一、会计报表分析的意义

会计报表分析的重点是资产负债表、利润表。会计报表分析的意义是：

（一）评价企业的获利能力

（二）分析企业的偿债能力

（三）评价企业的经营业绩

（四）预测企业未来的财务状况和盈利能力。

二、会计报表分析的方法

（一）比较分析法

1. 概念

比较分析法，是通过对会计报表中的会计指标进行比较，来确定会计指标绝对数差异的分析方法。

2. 比较的形式

（1）本期实际指标与本期计划指标比较。通过此项比较，了解各项指标计划的完成情况。

（2）本期实际指标与上期实际指标或本企业历史最高水平比较。通过此项比较，了解企业经济活动的发展趋势，为改进管理工作指明方向。

（3）本期实际指标与国内外同行业先进水平比较。通过此项比较，找出与先进水平之间的差距，促使企业加强经营管理，提高经济效益。

【例题 12－1】某企业 2010 年产品销售收入与产品销售成本、产品销售毛利的相关资料如下表所示：

单位：元

项目＼年份	2010 年实际	2010 年计划	2010 年实际
产品销售收入	1 200 000	1 100 000	1 050 000
产品销售成本	900 000	750 000	800 000
产品销售毛利	300 000	350 000	250 000

（1）产品销售收入

2010 年产品销售收入实际比计划增加 100 000元，完成了销售计划。

1 200 000 − 1 100 000 = 100 000（元）

2010 年产品销售收入比 2009 年增加了 150 000 元，具体原因有待分析。

1 200 000 − 1 050 000 = 150 000（元）

（2）产品销售成本

2010 年产品销售成本实际比计划上升了 150 000 元，具体原因有待分析。

900 000 − 750 000 = 150 000（元）

2010 年产品销售成本比 2009 年上升了 100 000 元，具体原因有待分析。

900 000 − 800 000 = 100 000（元）

（3）产品销售毛利

2010 年产品销售毛利实际比计划减少 50 000 元，未完成利润计划。

300 000 − 350 000 = −50 000（元）

2010 年产品销售毛利比 2009 年增加了 50 000 元，具体原因有待分析。

300 000 − 250 000 = 50 000（元）

（二）比率分析法

1. 概念

比率分析法，是对会计报表中某些会计指标之间计算后确定的比率，来揭示会计指标相对数差异的分析方法。

2. 比较的形式

（1）相关指标比率。将两个性质不同，但相互关联的会计指标对比求出比率，然后再进行比较，以此来评价企业的经济效益。如：资产负债率、流动比率、速动比率、存货周转率、应收账款周转率等。

（2）构成比率。

用来计算某项会计指标的各个组成部分占总体的比重。

$$构成比率 = \frac{总体各个组成部分的数额}{某总体总额} \times 100\%$$

【例题 12－2】某企业 2010 年、2011 年产品成本资料如下：

项目 年份	直接材料费	比重	直接人工费	比重	制造费用	比重	制造成本合计
2010 年	100 000	50%	60 000	30%	40 000	20%	200 000
2011 年	120 000	52%	80 000	35%	30 000	13%	230 000

分析如下：

以 2010 年为例

直接材料费在制造成本中所占比重

＝（100 000 ÷ 200 000）×100% ＝50%

直接人工费在制造成本中所占比重

＝（60 000 ÷ 200 000）×100% ＝30%

制造费用在制造成本中所占比重

＝（40 000 ÷ 200 000）×100% ＝20%

（三）趋势分析法

1. 概念

是根据企业几个年度会计报表中某一相同指标，以某一年为基期计算变动百分比，以此来预测企业未来发展趋势的分析方法。

2. 计算方式

（1）定比比率：是以某一时期的某指标数额为基数计算的变动百分比。

$$定比比率=\frac{比较期某指标数据}{基期某指标数据}\times100\%$$

（2）环比比率：是以某一比较期的前期某指标数额为基数计算的变动百分比。

$$环比比率=\frac{比较期某指标数据}{前期某指标数据}\times100\%$$

【例题 12－3】某企业连续四年的销售收入数额如下，利用趋势分析法其分析结果如表所示：

年度 项目	2008 年	2009 年	2010 年	2011 年
销售收入	100 000	120 000	150 000	180 000
定比比率	100%	120%	150%	180%
环比比率	—	120%	125%	120%

注：以 2008 年为基年，销售收入的计量单位为“元”。

计算说明：

定比比率：

2009 年销售收入定比比率 =（120 000 ÷ 100 000）×100% = 120%

2010 年销售收入定比比率 =（150 000 ÷ 100 000）×100% = 150%

2011 年销售收入定比比率 =（180 000 ÷ 100 000）×100% = 180%

环比比率：

2009 年销售收入环比比率 =（120 000 ÷ 100 000）×100% = 120%

2010 年销售收入环比比率 =（150 000 ÷ 120 000）×100% = 125%

2011 年销售收入环比比率 =（180 000 ÷ 150 000）×100% = 120%

（四）因素替换法

1. 概念

因素替换法又称为连环代替法，是通过计算结果来揭示几个相互联系的因素对某一项经济指标的影响程度的分析方法。

2. 分析程序

（1）确定影响某项经济指标的有关因素；

（2）根据某项经济指标与有关因素的联系，建立起数学公式；

（3）按照一定顺序逐个替换每一个因素，并计算出各个因素变动对某项经济指标的影响程度。

3. 注意事项

（1）应用前提是假定一个因素变动时，其他因素不变；

（2）按顺序连环替代，不可随意更换顺序；

（3）按顺序替换时，先数量指标，后价值指标。

【例题 12－4】某企业销售收入的资料如下：

项目 年份	单价（元）	数量（件）	销售收入（元）
2010 年	100	1 200	120 000
2011 年	120	1 300	156 000

（1）计算销售收入差异额：

2010 年销售收入 = 100 × 1 200 = 120 000（元）

2011 年销售收入 = 120 × 1 300 = 156 000（元）

销售收入差异额 = 156 000 － 120 000 = 36 000（元）

（2）分析数量和价格变动对销售收入的影响程度：

数量变动对销售收入影响的金额

=（1 300 － 1 200）×100 = 10 000（元）

价格变动对销售收入的影响的金额

= （120－100）×1 300＝26 000（元）

两个因素对销售收入影响的金额

＝10 000＋26 000＝36 000（元）

三、对企业偿债能力的分析

（一）反映企业短期偿债能力的比率

1. 流动比率

概念：是指企业流动资产与流动负债的比率。

公式：

流动比率＝流动资产÷流动负债

流动比率表明每1元流动负债有多少流动资产作为支付的保证。

该指标的意义：是衡量企业在短期债务到期前，以流动资产偿还流动负债的能力。指标评价：对债权人而言，债务人的流动比率越高，其偿债能力越强，但流动比率应有一个适度的范围，一般认为2∶1的比率较为合理，该指标过高，说明资金的利用效率低，资金未得到合理的利用；该指标过低，说明企业的偿债能力差。

2. 速动比率

概念：是指企业速动资产与流动负债的比率。

公式：

速动比率＝速动资产÷流动负债

速动资产＝流动资产－存货－预付账款－预付费用

速动资产具有高度变现性，它包括货币资金、交易性金融资产、应收款项等。指标的意义：是衡量企业在短期债务到期前，以速动资产偿还流动负债的能力。指标评价：对债权人而言，债务人的速动比率越高，其偿债能力越强，但速动比率也应有一个适度的范围，一般认为1∶1的比率较为合理，则流动负债的偿还有保证，企业经营比较安全。

（二）反映企业长期偿债能力的比率

1. 资产负债率

概念：是指企业负债总额与资产总额的比率。

公式：

资产负债率＝负债总额÷资产总额

指标的意义：既是衡量企业利用债权人的资金进行经营活动的能力，也反映了企业资产对债权人权益的保障程度。指标评价：对债权人而言，资产负债率越低，偿债能力越强，从而保证所提供的贷款能到期收回。具体比率多少为宜，应视企业具体情况而定。

四、对企业获利能力的分析

（一）销售利润率

概念：是企业实现的利润总额与销售收入净额的比例。

公式：

$$销售利润率 = （利润总额 \div 销售收入净额） \times 100\%$$

销售利润率是衡量企业销售收入收益水平的指标，销售利润率越高，说明企业经营活动的盈利水平越高。

（二）总资产报酬率

概念：是评价企业管理者运用不同来源的资金获取报酬的能力，是评价企业经营管理效率的重要指标。

公式：

$$总资产报酬率 = \frac{净利润 + 利息费用}{平均资产总额} \times 100\%$$

企业总资产有两个来源渠道，一是通过举债向债权人取得款项后购置；二是由所有者提供。净利润是所有者提供资产的报酬，利息费用是债权人提供资产的报酬，所以在计算该指标时，分子上是净利润与利息费用之和，以此来评价企业资产的运用效率。

（三）所有者权益报酬率

所有者权益报酬率，又称为净资产报酬率、净资产收益率，是指企业净利润与净资产平均余额的比率，是评价企业所有者权益的获利水平及其变动趋势。

公式：

$$所有者权益报酬率 = \frac{净利润}{平均所有者权益总额}$$

$$平均所有者权益总额 = \frac{期初净资产总额 + 期末净资产总额}{2}$$

五、企业营运能力的分析

企业营运能力的分析是通过计算流动资金周转的速度来判断企业管理资产的能力。

（一）应收账款周转率

概念：是指企业赊销收入净额与平均应收账款余额的比率。

公式：

$$应收账款周转率（次数） = \frac{赊销收入净额}{平均应收账款余额}$$

$$平均应收账款余额 = (期初应收账款 + 期末应收账款) \div 2$$

$$应收账款平均周转期(天数) = \frac{360}{应收账款周转率}$$

指标意义：应收账款周转率越大或每次平均周转期越短，说明收款效率越高，应收账款收回变现的速度越快；反之，说明收款效率低，应收账款变现速度慢。

（二）存货周转率

概念：是指销货成本与平均存货的比率。

公式：

$$存货周转率(次数) = \frac{销货成本}{平均存货}$$

$$平均存货 = (期初存货 + 期末存货) \div 2$$

$$存货平均周转期(天数) = \frac{360}{存货周转率}$$

指标意义：存货周转率越大或每次平均存货周转期越短，说明存货周转速度越快；反之，存货流动缓慢。

【例题 12－5】假定某公司资产负债表、利润表是年报，根据两张报表所列的有关资料汇总如下：

项目	金额	项目	金额
货币资金	205 000	流动负债	276 000
应收账款	138 400	长期负债	150 000
预付账款	33 000	所有者权益总额	920 400
存货	320 000	营业收入	150 000
流动资产合计	696 400	营业成本	121 670
非流动资产	650 000	利润总额	15 530
资产总额	1 346 400	净利润	10 450. 10

附注：

（1）应收账款年初余额为 13 1600 元；

（2）存货年初余额为 280 000 元；

（3）营业收入中现销数额为 50 000 元；

（4）所有者权益年初余额为 879 600 元。

根据以上资料，有关指标的计算如下：

1. 流动比率

流动比率 = 流动资产 ÷ 流动负债

= 696 400 ÷ 276 000

=2.52

2. 速动比率

速动资产=流动资产-存货-预付账款

=696 400-320 000-33 000

=343 000（元）

速动比率=速动资产÷流动负债

=343 000÷276 000

=1.24

3. 资产负债率

资产负债率=负债总额÷资产总额

=（276 000+150 000）÷1 346 400

=426 000÷1 346 400

=0.3164

4. 销售利润率

销售利润率=（利润总额÷销售收入净额）×100%

=（15 530÷100 000）×100%

=15.53%

销售收入净额=销售收入额-现销收入

150 000-50 000

=100 000（元）

5. 所有者报酬率

$$所有者权益报酬率=\frac{净利润}{平均所有者权益总额}$$

=10 450.10÷900 000

=0.01156

平均所有者权益总额=（920 400+879 600）÷2

=900 000

6. 应收账款周转率

$$应收账款周转率（次数）=\frac{赊销收入净额}{平均应收账款余额}$$

=100 000÷135 000=0.74（次）

平均应收账款余额=（期初应收账款+期末应收账款）÷2

=（138 400+131 600）÷2

=135 000（元）

7. 存货周转率

$$存货周转率（次数）=\frac{销货成本}{平均存货}$$

=121 670 ÷ 300 000

=0.41（次）

平均存货 =（期初存货 + 期末存货）÷2

=（280 000 + 320 000）÷2

=300 000（元）

第二节 三大会计报表的分析

一、三大财务报表的分析及联系

（一）资产负债表及其分析

资产负债表是反映会计主体在某一特定时点上的财务状况的报表。它是根据资产、负债和所有者权益之间的相互关系，按照一定的分类标准和顺序，把企业在特定日期的资产、负债、所有者权益项目予以适当排列，并对日常工作中形成的大量数据进行高度浓缩、整理后编制而成的。

通过资产负债表，可以反映企业某一日期资产的总额，表明企业拥有或控制的经济资源及其分布情况，是分析企业生产经营能力的重要资料；可以反映企业某一日期的负债总额及其结构，表明企业未来需要多少资产或劳务来清偿债务；可以反映企业某一日期的所有者权益总额，表明投资者在企业总资本中所占的份额，了解权益的结构状况，而有关企业资本状况的信息，对于评价企业利润和提供投资收益的能力是至关重要的。因而，资产负债表能够提供财务分析的基本资料，通过资产负债表可以计算流动比率、速动比率等财务指标，了解企业偿债能力等基本财务状况，从而对企业某一时点上的静态财务状况的合理性、有效性做出分析判断。

（二）利润表及其分析

利润表是总括反映会计主体在一定时期（一般是月份、年度）内的经营成果的会计报表，它由企业收入、费用和利润三大会计要素构成，是动态反映企业资金运动的会计报表。

通过利润表，可以了解企业在正常经营状况下的收支情况以判断企业的盈利能力。在市场经济体制下，企业作为独立经济实体，其主要目的是为了最大限度地获取利润。企业只有在净资产或所有者权益得到保全和维护的前提下，才能得到真实收益，可以评估投资的价值和报酬，以确定该项投资是否有利以及是否要进行投资，可以用来评估企业的盈利能力。

利润表按照企业利润的形成过程，对营业利润、投资净收益和营业外收支进行分项反映，这不仅反映了企业利润的形成过程和结果，还反映了企业利润的构成情况，为进行企业利润结构和盈利能力的分析提供了第一手资料。同时，通过分别对前后期营业利润、投资净收益和营业外收支的对比分析，还可以分析和测定企业利润的发展变化趋势，以预测企业未来的盈利能力。

（三）现金流量表及其分析

现金流量表以收付实现制为编制基础，详细地说明企业在某一特定时期内的现金流入与流出情况，可以让使用者了解、评价和预测企业目前和未来获取现金的能力、偿债能力和支付能力，评估、判断企业所获得利润的质量。

现金流量表、资产负债表与利润表结合在一起，可以从不同侧面反映企业的财务状况和经营成果，形成一个相辅相成、功能完整的报表体系，使会计信息能公正、合理、客观、真实和全面地反映企业的财务状况和经营成果。财务报表使用者在掌握资产负债表和利润表信息的同时，再阅读不受会计准则左右的现金流量表，可以完整地把握企业的财务状况和经营成果，更准确地对企业的经营业绩进行评判。

二、财务报表的综合分析

所谓综合分析（The Comprehensive Analysis），就是将各项财务指标作为一个整体，系统、全面、综合地对企业财务状况和经营情况进行剖析、解释和评价，说明企业整体财务状况和效益的好坏。这是财务分析的最终目的。因此，只有将企业偿债能力、营运能力、盈利能力及发展趋势等各项分析指标有机地联系起来，相互配合使用，才能对企业的财务状况做出系统的综合评价。

综合分析的特点：

1. 分析问题的方法不同。单项分析是把企业财务活动的总体分解为每个具体部分，逐一加以分析考察；而综合分析是通过归纳综合，在分析的基础上从总体上把握企业的财务状况。

2. 单项分析具有实务性和实证性，能够真切地认识每一具体的财务现象；而综合分析具有高度的抽象性和概括性，着重从整体上概括财务状况的本质特征。

3. 单项分析的重点和比较基准是财务计划、财务理论标准；而综合分析的重点和比较基准是企业的整体发展趋势，两者考察的角度是有区别的。

4. 单项分析把每个分析的指标视为同等重要的角色来处理，它不太考虑各种指标之间的相互关系；而综合分析的各种指标有主辅之分，要抓住主要指标，在对主要指标分析的基础上，再对其他辅助指标进行分析，才能分析透彻，把握准确、详尽。

通过以上的对比分析不难看出，综合分析更有利于财务报表分析者把握企业财务的全面状况。对会计报表进行综合分析的方法有很多，其中主要有杜邦分析体系、沃尔分析法、国有资本金效绩评价等。

第三节 会计报告附注及财务情况说明书

一、会计报表附注

（一）会计报表附注的概念

企业的财务报告由会计报表、会计报表附注和财务情况说明书组成（不要求编制和提供财务情况说明书的企业除外）。因此，会计报表附注是对会计报表本身无法或难以充分表述的内容和项目所做的补充说明与详情解释。

（二）会计报表附注的内容

在会计报表附注中，各种影响财务状况和经营成果的重要事项应尽可能充分、合理地予以披露。会计报表附注至少应当包括下列内容：不符合会计核算前提的说明；重要会计政策和会计估计的说明：重要会计政策和会计估计变更的说明；或有事项和资产负债表日后事项说明；关联方关系及其交易的披露；重要资产转让及其出售的说明；企业合并、分立的说明会计报表中重要项目的明细资料；有助于理解和分析会计报表需要说明的其他事项等。

（三）会计报表附注的方式

为使会计报表信息便于理解，企业对会计报表附注可以采取多种方式，常用的有下列几种：尾注法，也就是在会计报表之后所加的注释。尾注一般适用于需说明内容较好的项目，尾注在会计报表注释中占有相当多的内容。括弧法：常用于在报表主体内提供补充信息，前后参考；资产与负债项目之间存在直接联系时，可通过前后参照的方法引起读者注意。备抵与附加账户法，设立备抵或附加账户，并在报表中单独列示，调整其所备抵或附加的账户，能够为报表用户提供更多有意义的信息，因而这也可视为注释的一种方式。

二、会计政策变更

（一）会计政策概念

会计政策是指会计核算时所应遵循的具体原则及其企业所采纳的具体会计处理方法。会计政策的特点：一是会计政策包括不同层次，涉及具体会计原则和会计处理方法。二是会计政策是在允许的会计原则和会计方法中作出具体选择。三是会计政策是会计核算的直接依据。

（二）会计政策的变更

会计政策变更是指企业对相同的交易或事项由原来采用的会计政策改用另一种政策的行为。也就是说，在不同会计期间采用不同的会计政策。

变更会计政策并不意味着以前会计政策是错误的，只是由于企业实际情况发生了变化，或掌握了更多的新信息、累计了更多的新经验，更新会计政策能使变更后的会计政策更好地反映企业的财务状况、经营成果和现金流量。如果以前的会计政策运用是错误的，现在需要更正则属于会计差错，则应按会计差错更正的会计处理方法进行会计处理。

（三）会计政策的变更的条件

只有符合以下条件之一的企业才可以进行会计政策变更：

1. 法律或会计准则等要求变更。这种情况是指按照《企业会计准则》、全国统一会计制度以及其他法规、规章的规定，要求企业采用新的会计政策，则应按照法规、规章的规定改变原会计政策执行。

2. 变更会计政策后，能够使所提供的企业财务状况、经营成果和现金流量信息更加可靠、更为相关。企业选择会计政策，总是根据企业当时所处的特定经济环境以及某类业务的实际情况作出的选择，但是随着经济环境和客观情况发生变化，继续采用原来的会计政策不能保证会计信息的可靠性和相关性时，就需要改变会计政策。

三、财务情况说明书

财务情况说明书是对企业一定会计期间内生产经营、资金周转和利润实现及分配情况的综合性说明，是财务会计报告的组成部分。它全面系统地提供企业和其他单位生产经营情况、财务活动情况，分析总结经营业绩和存在的不足，是财务会计报告使用者了解和考核有关单位生产经营和业务活动开展情况的重要资料。

根据我国《企业会计制度》中规定，财务情况说明书中至少应当对下列情况作出说明：

（一）企业生产经营的基本情况；

（二）利润实现和分配的情况；

（三）资金增减和周转情况；

（四）对企业财务状况、经营成果和现金流量有重大影响的其他事项。

《企业会计制度》规定的财务情况说明书是对会计报表及其附注未披露的、对企业经营影响大的，以及虽然在会计报表及其附注中披露、但需要以文字做进一步说明以便使用者理解的事项，作进一步解释说明与分析、提炼和归纳总结。

本章小结

会计报表分析是以报表为主要依据，对经济活动与财务收支进行全面系统的分析，它是会计分析的重要组成部分。会计报表分析的方法：比较分析法；比率分析法；趋势分析法；因素替换法。对企业偿债能力的分析主要包括：反映企业短期偿债能力的比率；反映企业长期偿债能力的比率；对企业获利能力的分析。对企业获利能力的分析：销售利润率；总资产报酬率；所有者权益报酬率。企业营运能力的分析主要包括：应收账款周转率；存货周转率。三大会计报表的分析主要包括：三大财务报表的分析及联系和财务报表的综合分析。会计报告附注及财务情况说明书主要包括：会计报表附注；会计政策变更；财务情况说明书。

练习思考题

一、知识题

（一）单项选择题

1. 流动资产和流动负债的比值被称为（　　）。

A. 流动比率　　B. 速动比率
C. 营运比率　　D. 资产负债比率

2. 会计政策和会计估计变更一般会影响到公司的（　　）。

A. 长期盈利能力　　B. 偿债能力
C. 现金流量　　D. 市场占有率

3. 某公司 2011 年 2 月 1 日因自然灾害导致一条价值 6 000万元生产线报废，这一事件的发生将降低企业的（　　）。

A. 盈利能力　　B. 流动比率
C. 资本结构　　D. 速动比率

4. 减少企业流动资产变现能力的因素是（　　）。

A. 取得商业承兑汇票　　B. 未决诉讼、仲裁形成的或有负债
C. 有可动用的银行贷款指标　　D. 长期投资到期收回

5. 可以分析评价长期偿债能力的指标是（　　）。

A. 存货周转率　　B. 流动比率
C. 保守速动比率　　D. 固定支出偿付倍数

6. 要想取得财务杠杆效应，应当使全部资本利润率（　　）借款利息率。

A. 大于　　B. 小于
C. 等于　　D. 无关系

7. 计算应收账款周转率时应使用的收入指标是（　　）。

A. 主营业务收入　　B. 赊销净额
C. 销售收入　　D. 营业利润

8. 当销售利润率一定时，投资报酬率的高低直接取决于（　　）。

A. 销售收入的多少　　B. 营业利润的高低
C. 投资收益的大小　　D. 资产周转率的快慢

9. 投资报酬分析的最主要分析主体是（　　）。

A. 短期债权人　　B. 长期债权人
C. 上级主管部门　　D. 企业所有者

10. 在企业编制的会计报表中，反映财务状况变动的报表是（　　）。

A. 现金流量表　　B. 资产负债表

C. 利润表　　D. 股东权益变动表

（二）多项选择题

1. 财务报表分析具有广泛的用途，一般包括（　　）。

A. 寻找投资对象和兼并对象　　B. 预测企业未来的财务状况

C. 预测企业未来的经营成果　　D. 评价公司管理业绩和企业决策

E. 判断投资、筹资和经营活动的成效

2. 财务报表分析的主体是（　　）。

A. 债权人　　B. 投资人

C. 经理人员　　D. 审计师

E. 职工和工会

3. 财务报表分析的原则可以概括为（　　）。

A. 目的明确原则　　B. 动态分析原则

C. 系统分析原则　　D. 成本效益原则

E. 实事求是原则

4. 企业持有货币资金的目的主要是为了（　　）。

A. 投机的需要　　B. 经营的需要

C. 投资的需要　　D. 获利的需要

E. 预防的需要

5. 资产负债表的初步分析可以分为（　　）三部分。

A. 所有者权益分析　　B. 负债分析

C. 现金流动分析　　D. 资产分析

E. 资本结构分析

6. 造成流动比率不能正确反映偿债能力的原因有（　　）。

A. 季节性经营的企业，销售不均衡

B. 大量使用分期付款结算方式

C. 年末销售大幅度上升或下降

D. 大量的销售为现销

E. 存货计价方式发生改变

7. 在计算速动比率时要把存货从流动资产中剔除是因为（　　）。

A. 存货估价成本与合理市价相差悬殊

B. 存货中可能含有已损失报废但还没作处理的不能变现的存货

C. 存货种类繁多，难以综合计算其价值

D. 存货的变现速度最慢

E. 部分存货可能已抵押给某债权人

8. 资产负债率公式中的资产总额指（　　）。

A. 长期投资　　B. 递延资产

C. 固定资产　　D. 流动资产

E. 无形资产

9. 在财务报表附注中应披露的会计政策有（　　）。

A. 坏账的数额　　B. 收入确认的原则

C. 所得税的处理方法　　D. 存货的计价方法

E. 固定资产的使用年限

10. 在财务报表附注中应披露的会计估计有（　　）。

A. 长期待摊费用的摊销期　　B. 存货的毁损和过时损失

C. 借款费用的处理　　D. 所得税的处理方法

E. 坏账损失的核算

二、技能题

习题一

甲公司部分资产负债表资料如下：

项目	2011 年	2010 年	行业标准
现金	20 000	26 000	24 000
银行存款	2 010 000	1 800 000	2 200 000
交易性金融资产—债券投资	63 000	50 000	45 000
其中：短期投资跌价准备	2 500	1 840	630
应收票据	150 000	60 000	84 000
应收账款	500 800	484 000	160 000
其中：坏账准备	15 024	1 936	10 800
原材料	187 050	124 000	134 000
应付票据	480 000	450 000	290 000
应付账款	982 400	730 000	643 800
应交税金	35 000	90 000	140 000
预收账款	54 000	32 000	80 000

要求：（1）计算流动比率、速动比率、现金比率，进行同业比较分析，并作出评价。

（2）进行多期比较分析，并简要评价。

三、案例题

案例一　安然事件

安然公司曾是美国最大的天然气采购商及零售商，2000 年排名《财富》世界 500 强第 16 位。安然公司在 1985 年成立时只是一家天然气分销商，而且债务累累，公司债券曾一度被评为垃圾债券。公司管理层从那时起开始采取扩大公司规模、利用金融市场的策略，通过控股 50% 的方式控制了约 3 000家“特殊目的实体”和子公司，不断扩大公司规模。1996 年公司的收入是 133 亿美元，到 2000 年时总收入为 1 008亿美元。它的年收入几乎是美国最多的一家公司，但它的利润增长幅度却远远没有收入增长得快。1996 年它的总利润是 5. 84 亿美元，1998 年是 7. 03 亿美元，2000 年是 9. 79 亿美元。可见其利润并没有太多的增长。通过分析可以发现，安然公司的销售利润率每年都在大幅度下降，而这一点也早已引起了华尔街许多投资管理公司的质疑。2001 年 10 月，安然公司突然传出接近 6 亿美元亏损的季度财务报告。随后，美国证券交易委员会介入调查，11 月 28 日曾经每股高达 96 美元的安然公司股票一天之内暴跌 75%，11 月 30 日又跌至每股 0. 26 美元，股价缩水到不足高峰时期的 0. 3%。2001 年 12 月 2 日，拥有 498 亿美元、曾位列《财富》杂志世界 500 强第七位的安然公司向纽约破产法院申请破产保护，创下美国历史上一宗最大的公司破产案记录。

案例思考：

安然事件中折射出什么样的会计问题?

案例二　洪湖水冲垮了蓝田股份的大堤

蓝田股份自 1996 年 6 月上市以来，母公司主业年年亏损。1996 年、1997 年、1998 年、1999 年每年翻番的利润主要来自水产公司，这 4 年公司累计实现利润 12. 56 亿元，而来自水产公司的就达 10. 88 亿元，比例为 86. 63%；2000 年和 2001 年利润分别为 5. 02 亿元和 1. 9 亿元，其中母公司的投资收益（主要为水产公司利润上缴）为 4. 59 亿元和 1. 88 亿元，比例更高达 92. 27% 和 99. 13%。1996 年蓝田股份上市时对水产公司的投资仅 0. 16 亿元，到 2000 年年报投资已增至 6. 335 亿元，而当年的利润就达 4. 59 亿元，投资回报率高达 72%。由于蓝田股份从不披露水产公司报表，人们对水产公司怎么会有这么高的收益一直心存疑虑。

根据蓝田股份原总经理瞿兆玉介绍，蓝田股份的业绩基于以下两项主要业务：鱼塘水产和饮料。蓝田股份有 30 万亩洪湖水面，另外还有 70 万亩水面尚未开发。据称，蓝田股份由于开发精养鱼塘、推行高密度鱼鸭配套养殖技术，每亩平均产成鱼由 350 公斤提高到 1 000公斤。加上养鸭收入，每亩平均收入由 1 400元提高到了近万元，养殖成本却反而降低了 20%。与水产品相比，蓝田股份的野藕汁、野莲汁更是大名鼎鼎。1999 年、2000 年的收入分别达到了 5.08 亿元和 5.29 亿元。假如按照这样的一份报表来看，蓝田股份的水产品的营业毛利是 2.26 亿元，毛利率大约有 32%；饮料的营业毛利是 0.9 亿元，毛利率高达 46%左右。而相比之下，同行的深深宝的毛利率只有 20%，承德露露的毛利率也不足 30%。这种可能性究竟有多大？根据当地的鱼类批发价每公斤 3 元左右推算，要达到报表上这个水平，蓝田股份的每亩水面鱼产量，至少应达到 3 000—4 000公斤。也就是说，在不到一米深的水塘里，每平方米水面下要有 50—60 公斤的鱼。再说，同样是养鱼企业，湖北武昌鱼股份有限公司在 2000 年的招股说明书中称，该企业 6.5 万亩鱼塘，养殖收入每年五六千万元。算下来，亩产值不足 1 000元。况且，洪湖的水面总面积只有 103 万亩，其中洪湖市仅拥有 60 万亩的管辖权，分别属于 5 个乡镇。蓝田股份所在的洪湖市瞿家湾最多不过 10 万亩水面（而当地渔民反映蓝田股份围养面积最多不过 2 万亩）。

另外，蓝田股份的总经理年薪将近 40 万元，普通员工的月工资水平在 600—900 元。照这样计算，13 000名员工的工资支出应该在 1 亿元以上。可是，该企业 2000 年的会计报表上反映，工资总额只有 2 256万元，人均月工资只有 140 元。显然这是不正常的。

蓝田股份野藕汁、野莲汁、野鸭蛋近两年的销售收入达 18 亿多元，奇怪的是，该股份集团遍布全国的销售网点的总销售额只有几千万元。2000 年的销售收入达到 18.4 亿元，应收账款却低得让人不敢相信，只有 857 万元。虽然蓝田股份的解释是企业地处偏僻，客户群主要是农民和个体商贩，支付的都是现金，这种解释肯定是无法令人信服的。规模这样大的一个企业，将近 20 亿元的年销售额，主要客户群是“农民和个体商贩”，谁都不敢相信。既然蓝田股份的应收款项那么少，就必然会有充足的自有资金，更不用说账面上还有 11.4 亿元的未分配利润了。可是，2001 年的中报显示，流动资金借款增加了 1.93 亿元，增长幅度达到 200%，这就令人想不通了。

案例思考：

蓝田股份假在何处？这种数字游戏给报表使用者带来什么样的警示？

第五篇　基础会计实验篇

※　手工会计模拟实验

※　计算机会计模拟实验

会计是融理论与实践为一体的管理活动。学习会计学理论，必须通过会计实务操作，增加感性认识，进一步理解会计的基本理论、基本方法和基本技能。会计实践教学是会计教学必不可少的重要组成部分，其目的是通过实践教学使学生熟悉各种会计资料；理论联系实际；掌握会计工作的技能；熟练掌握各种会计业务的处理。我们依照《会计法》、《会计基础工作规范》、《企业会计制度》、《企业会计准则》、《会计档案管理办法》等会计职业标准对会计机构、会计人员、会计凭证、会计账簿、会计报表、会计监督、会计管理制度的要求，结合本教材体系，设计了手工会计模拟实验和计算机会计模拟实验，以培养学生会计技能为核心，提高实际操作能力的要求，编制了本实验，为后续课程奠定会计实践基础。

实验目的：

1. 理论联系实际。通过实践操作，加深理解、掌握、巩固所学基础会计理论知识，了解会计业务，熟悉会计方法。

2. 加强基本技能训练，培养实际动手能力，增强思维能力，提高分析水平。

3. 体验会计工作，陶冶职业道德。通过会计实验，使每个实验者进入会计角色，行使会计人员的权限，履行会计职责。

实验要求：

1. 进行实验操作时，每位实验者必须清楚目的、要求，按照目的及层次的不同，做好预习、复习，准备好相关实验资料。

2. 实验操作时，采用企业财会部门实际使用的会计凭证、账簿及有关结算单据，从实战出发，严肃认真地进行实验操作。

3. 手工会计模拟实验时，实验操作者要按规定的要求书写文字、数字，填制有关凭证，登记账簿。

4. 计算机会计模拟实验时，实验操作者要有必备的计算机常识，并在教师指导下，在会计软件中完成建账，凭证处理等。

第一部分

手工会计模拟实验

实验一 会计大小写金额的书写

一、实验目的

掌握阿拉伯数字、汉字大写和小写金额的标准写法，做到书写规范和流利；掌握货币符号的书写要求。

二、实验流程

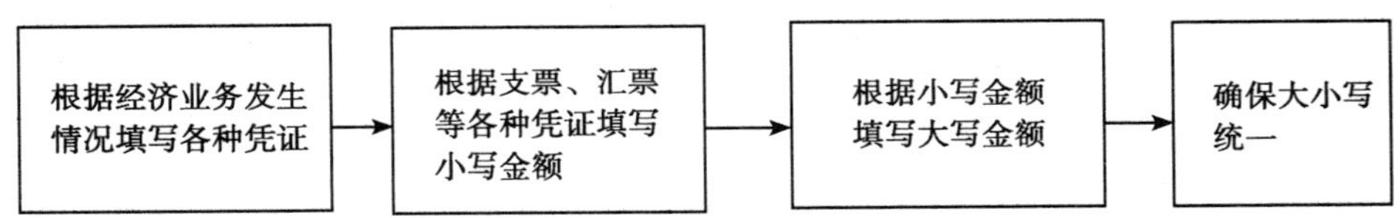

三、实验要求

1. 小写数字标准与要求

（1）字迹清晰。阿拉伯数字应当一个一个地写，不得连写。

（2）位置适当。阿拉伯数字应当有高度标准，一般要求数字的高度占格高度的1/2为宜。书写时还要注意紧靠横格底线，数字向右倾斜度，一般可掌握在60度左右，即数码的中心斜线与底平线为60度的夹角。

（3）数字标准。为了防止涂改，对有竖画的数字的写法应有明显区别。如“6”的竖画应偏左，“4”、“7”、“9”的竖画应偏右，“1”应写在中间，此外，“6”的竖画应为一般数字的1/4；“7”、“9”的竖画可以下拉出格至一般数字的1/4。

2. 大写数字的标准与要求

（1）大写数字标准

壹、贰、叁、肆、伍、陆、柒、捌、玖、拾、佰、仟、万、亿、零、元、角、分、零。

（2）大写数字要求

大写金额数字到元或角为止的，在“元”或者“角”字之后应当写“整”字；大写金额数字有“分”的，“分”字后面不写“整”字。

例如：人民币5 820.6元，大写金额数字应为，“伍仟捌佰贰拾元陆角整”；再如，人民币30 004.21元，大写金额数字应为，“叁万零肆元贰角壹分”。

3. 货币符号的书写要求

阿拉伯金额数字前面应当书写货币币种符号或者货币名称简写和币种符号。例如：人民币￥。币种符号与阿拉伯金额数字之间不得留有空白。凡阿拉伯金额数字前写有币种符号的，数字后面不再写货币单位。

所有以元为单位的阿拉伯金额数字，除表示单价等情况外，一律填写到角分；无角分的，角位分位可写“00”，或者符号“－”；有角无分的，分位应当写“0”，不得用符号“－”代替。

四、实验资料

将下列小写金额写成大写：￥5 686 005.07　￥2 680.5　￥78 946.2　￥230 678.56　￥60 940 210　￥9 801 426.83。

要求：

（1）熟悉会计数字书写的基本要求和书写规范；

（2）按照给出的资料，学生独立完成会计数字大小写金额的书写。

实验二　对会计恒等式成立的验证

一、实验目的

能从动态和静态两个方面理解会计要素之间的数量平衡关系。熟悉企业经济业务事项对会计等式的影响。

二、实验流程

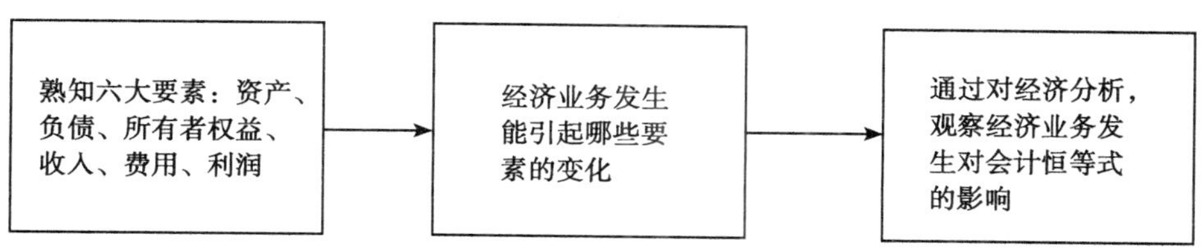

三、实验要求

1. 准确计算资产合计数和负债及所有者权益合计数；

2. 验证会计恒等式在任何情况下都是相等的。

四、实验资料

资料：某企业201×年6月30日的资产和权益如下：

库存现金　10 000　短期借款　50 000

银行存款　100 000　应付账款　40 000

应收账款	40 000	应付工资	10 000
原材料	50 000	长期借款	100 000
库存商品	20 000	实收资本	250 000
固定资产	280 000	资本公积	50 000

该企业 7 月份发生了如下经济业务：

1. 4 日，收回应收账款 10 000 元存入银行。（ ）
2. 5 日，用银行存款偿还前欠货款 20 000 元。（ ）
3. 6 日，开出应付票据 20 000 元，用以抵付应付账款。（ ）
4. 8 日，购买原材料 50 000 元，款未付。（ ）
5. 10 日，购买固定资产一台，价值 100 000 元，款未付。（ ）
6. 12 日，经批准将资本公积 20 000 元，转作实收资本。（ ）
7. 13 日，发行债券 100 000 元，期限 3 年，款已收讫。（ ）
8. 14 日，销售库存商品 10 000 元，款已存入银行。（ ）
9. 15 日，销售库存原材料 15 000 元，款已存入银行。（ ）
10. 16 日，预收其他单位购货款 30 000 元，款已存入银行。（ ）
11. 17 日，为购买原材料预付货款 20 000 元，以银行存款支付。（ ）
12. 18 日，收到投资者投入资金 50 000 元，存入银行。（ ）
13. 19 日，接受外商投入设备一台，价值 500 000 元。（ ）
14. 20 日，以银行存款 50 000 元偿还短期借款。（ ）
15. 21 日，接受其他单位捐赠专利权一项，价值 150 000 元。（ ）
16. 22 日，企业从银行借入 3 年期借款 150 000 元。（ ）
17. 23 日，用银行存款 100 000 元抵付赊购固定资产的款项。（ ）
18. 24 日，企业出售库存商品 10 000 元，款尚未收到。（ ）
19. 25 日，转让专利权，获得银行存款 150 000 元。（ ）
20. 26 日，以现金 10 000 元发放工资。（ ）
21. 28 日，以银行存款 20 000 元购入设备一台。（ ）
22. 30 日，经协商，将应付债券 100 000 元转为实收资本。（ ）

要求：说明上述各项经济业务对资产和权益的影响，填在后面的括号内，并编制 7 月末的资产权益变化表。

资产权益变化表

资产项目	月初余额	本期增加	本期减少	月末余额	负债及所有者权益项目	月初余额	本期增加	本期减少	月末余额
资产合计					权益合计				

实验三 会计分录的书写

一、实验目的

能分析经济业务的内容所涉及的会计科目，并会运用借贷记账法编写会计分录。

二、实验流程

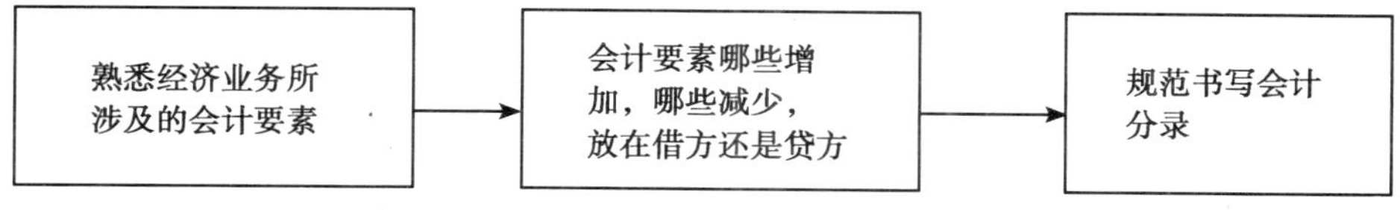

三、实验要求

1. 确定记入哪个（哪些）账户的借方，哪个（哪些）账户的贷方；
2. 确定应借应贷账户是否正确，借贷方金额是否相等；
3. 根据会计分录登记“生产成本”、“制造费用”和“管理费用”总账账户；

4. 登记“生产成本”明细账账户。

四、实验资料

某企业201×年8月份发生以下经济业务：

1. 仓库发出甲材料100 000元，其中80 000元用于A生产产品，20 000元用于生产B产品；发出乙材料80 000元，其中75 000元用于生产B产品，3 000元用于车间一般耗用，2 000元用于行政管理部门维修耗用。

2. 以现金支付车间机器维修费300元。

3. 以现金购买办公用品600元，其中车间领用100元，行政管理部门领用500元。

4. 以银行存款支付本月水电费5 000元，其中车间耗用4 000元，行政管理部门耗用1 000元。

5. 分配本月工资：生产工人工资25 000元，其中A产品10 000元，B产品15 000元；车间管理人员工资3 000元；行政管理人员工资8 000元。

6. 按职工工资总额的14%计提职工福利费。

7. 从银行提取现金36 000元，备发工资。

8. 发放本月职工工资。

9. 以银行存款支付本月电话费3 900元，其中车间1 300元，管理部门2 600元。

10. 职工李冰报销医药费86元，支付现金。

11. 计提本月固定资产折旧15 000元，其中车间10 000元，行政管理部门5 000元。

12. 按计划预提应由本月车间负担的修理费500元。

13. 以银行存款预付下半年的报纸杂志费2 400元。

14. 摊销应由本月行政管理部门负担的报纸杂志费400元。

15. 根据本月“制造费用”账户发生额，按A、B产品生产工时比例，计算分配A、B产品成本应负担的制造费用并进行结转（设生产A产品3 000工时，生产B产品2 000工时）。

16. 设A、B产品月初均无在产品，月末全部完工，结转本月完工产品成本。

序号	摘要	会计分录
1		
2		
3		
4		
5		
6		
7		
8		
9		
10		
11		
12		
13		
14		
15		
16		

2. 登记总账：

生产成本

制造费用

管理费用

3. 登记明细账：

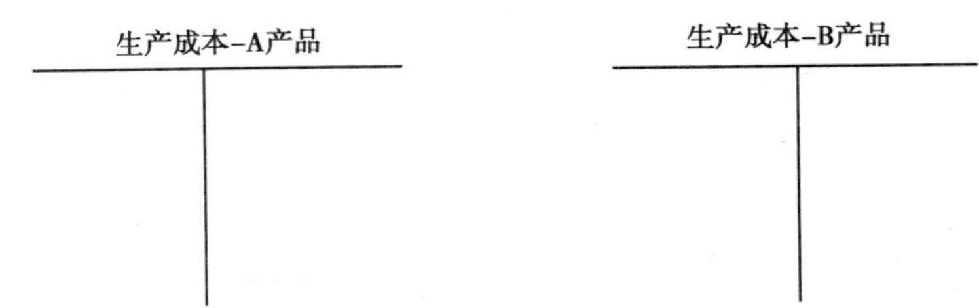

实验四 建账

一、实验目的

通过设置各种会计账簿把单位发生的经济活动按照经济业务的不同性质和详细程度进行分类，为反映和核算会计信息、提供经济管理所需要的核算指标做准备。熟悉会计账簿体系，直观地了解和掌握各种账簿的外在形式，掌握账簿启用表的填写规定及方法。

二、实验流程

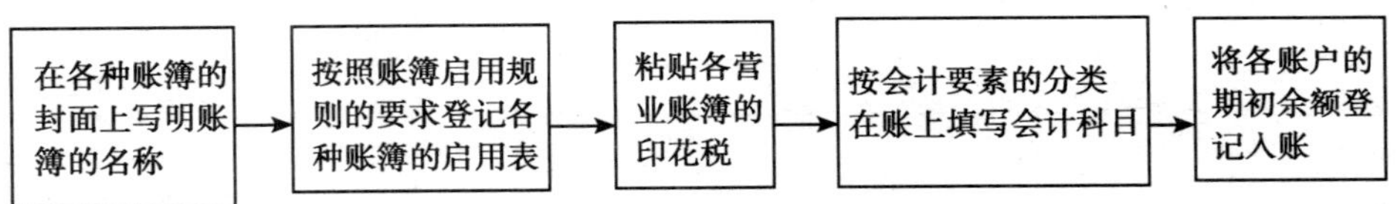

三、实验要求

1. 按照会计制度的规定建立日记账、分类账；
2. 总账外在形式应采用订本式，其账页格式一般选用三栏式；
3. 现金日记账、银行存款日记账、总分类账、明细分类账。

四、实验资料

企业概况

（1）企业名称：海通有限责任公司

（2）企业性质：国有独资企业（一般纳税人企业）

（3）开户银行：建设银行基本存款账户账号 14567

（4）纳税人登记号：12355558882223451

（5）企业地址：江苏省淮安市开发区×××号

（6）经营范围：主营台秤的生产与销售，主要产品：甲产品、乙产品

（7）所需主要材料：甲材料、乙材料、丙产品

（8）主要供应商：淮通公司、大通公司、新科公司。

海通有限责任公司201×年1月份各账户期初余额

现金	1 500	应付账款	30 000
银行存款	150 000	应付工资	122 000
应收账款	40 000	其他应付款	6 000
其他应收款	1 500	应交税金	15 000
应收股利	3 000	应付利润	45 000
原材料	600 000	应付福利费	800
产成品	164 000	银行借款	540 000
对外投资	200 000	预提费用	1 200
固定资产	2 500 000	实收资本	2 000 000
累计折旧	500 000	资本公积	12 000
利润分配	600 000	盈余公积	80 000
		本年利润	800 000
合计	3 760 000	合计	3 760 000

原材料——甲种材料300吨　单价1 030元　计309 000
原材料——乙种材料1 000吨　单价173元　计173 000
原材料——丙种材料590吨　单价200元　计118 000
产成品——甲产品10件　单价8 200元　计82 000
产成品——乙产品20件　单价4 100元　计82 000
应付账款——淮通公司　30 000元
应收账款——大通公司　30 000元
应收账款——新科公司　10 000元

现金日记账

第　　页

年		凭证号	摘要	对方科目	借方									贷方									余额								
月	日				百	十	万	千	百	十	元	角	分	百	十	万	千	百	十	元	角	分	百	十	万	千	百	十	元	角	分

银行存款日记账

第　　页

年		凭证号	摘要	对方科目	借方									贷方									余额								
月	日				百	十	万	千	百	十	元	角	分	百	十	万	千	百	十	元	角	分	百	十	万	千	百	十	元	角	分

总　　账

会计科目＿＿＿＿＿＿＿＿　　　　第　　页

年		凭证号	摘要	借方									贷方									借或贷	余额								
月	日			百	十	万	千	百	十	元	角	分	百	十	万	千	百	十	元	角	分		百	十	万	千	百	十	元	角	分

总　　账

会计科目＿＿＿＿＿＿＿＿　　　　第　　页

年		凭证号	摘要	借方									贷方									借或贷	余额								
月	日			百	十	万	千	百	十	元	角	分	百	十	万	千	百	十	元	角	分		百	十	万	千	百	十	元	角	分

三栏式明细账

本账页数	
本户页数	

______科目______

年		记账凭证号数	摘要	对方科目	页数	借方												贷方												借或贷	余额											
月	日					十	亿	千	百	十	万	千	百	十	元	角	分	十	亿	千	百	十	万	千	百	十	元	角	分		十	亿	千	百	十	万	千	百	十	元	角	分

多栏式明细账

本账页数	
本户页数	

科目名称______

年		凭单号	摘要	借方								贷方									余额								借																	
月	日			百	十	万	千	百	十	角	分	百	十	万	千	百	十	角	分		百	十	万	千	百	十	角	分	千	百	十	万	千	百	十	角	分	千	百	十	万	千	百	十	角	分

数量金额式明细账

最高存量________
最低存量________
编号____ 规格____

本账页数	
本户页数	

单位（　）名称____________

年		凭证号数	摘要	账页	页数	借方												贷方												余额											
月	日					数量	单价	金额										数量	单价	金额										数量	单价	金额									
								千	百	十	万	千	百	十	元	角	分			千	百	十	万	千	百	十	元	角	分			千	百	十	万	千	百	十	元	角	分

明　细　账

年		凭证号	摘要	借方									贷方									借或贷	余额								
月	日			百	十	万	千	百	十	元	角	分	百	十	万	千	百	十	元	角	分		百	十	万	千	百	十	元	角	分

实验五　原始凭证的填制与审核

一、实验目的

掌握原始凭证的基本内容、常用原始凭证的填制方法及审核。了解原始凭证的种类及传递程序，掌握审核原始凭证的要求与方法。

二、实验流程

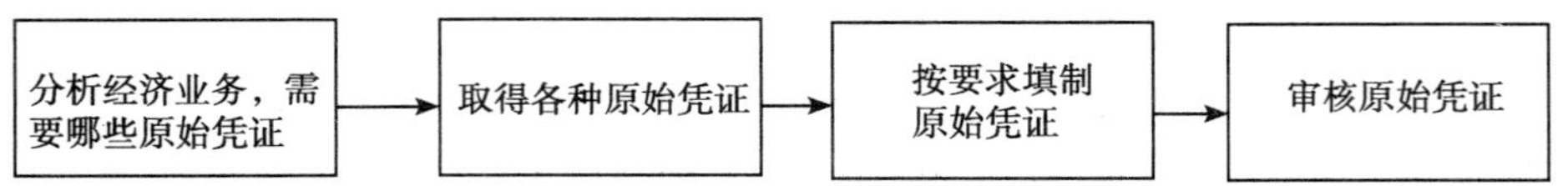

三、实验要求

填制原始凭证应做到内容真实，书写规范完整、字迹清晰正确。

1. 原始凭证的基本要求

（1）原始凭证的内容必须具备：凭证的名称；填制凭证的日期；填制凭证单位名称或者填制人姓名；经办人员的签名或者盖章；接受凭证单位名称；经济业务内容；数量、单位和金额。

（2）从外单位取得的原始凭证，必须盖有填制单位的公章；从个人取得的原始凭证，必须有填制人员的签名或者盖章。自制原始凭证，必须有经办单位领导人或者其指定的人员签名或者盖章。对外开出的原始凭证，必须加盖本单位公章。

（3）凡填写大写和小写金额的原始凭证，大写与小写金额必须相符。购买实物的原始凭证，必须有验收证明。支付款项的原始凭证，必须有收款单位和收款人的收款证明。

（4）一式几联的原始凭证，应当注明各联的用途，只能以一联作为报销凭证。一式几联的发票和收据，必须用双面复写纸（发票和收据本身具备复写功能的除外）套写，并连续编号。作废时应当加盖“作废”戳记，连同存根一起保存，不得撕毁。

（5）发生销货退回的，除填制退货发票外，还必须有退货验收证明；退款时，必须取得对方的收款收据或者汇款银行的凭证，不得以退货发票代替收据。

（6）职工公出借款凭据，必须附在记账凭证之后。收回借款时，应当另开收据或者退还借据副本，不得退还原借收据。

（7）经上级有关部门批准的经济业务，应当将批准文件作为原始凭证附件。如果批准文件需要单独归档的，应当在凭证上注明批准机关名称、日期和文件字号。

（8）原始凭证不得涂改、挖补。发现原始凭证有错误的，应当由开出单位重开或者更正，更正处应加盖开出单位公章。如果金额错误，只能重开，不得更正。

2. 填制原始凭证注意事项

（1）在填制原始凭证时，还应当遵守以下的技术要求：阿拉伯数字应逐个书写清楚，不可连笔书写。阿拉伯数字金额数字的最高位前面应写人民币符号“￥”，在人民币符号“￥”与阿拉伯数字之间，不得留有空白。

（2）以元为单位的金额数字一律填写到角分，无角分的，角位和分位填写“0”，不得空格。

（3）汉字大写金额数字，应符合规定要求，应使用既容易辨认，又不容易涂改的正楷字书写，如壹、贰、叁、肆、伍、陆、柒、捌、玖、拾、佰、仟、万、亿、元、角、分、零、整等。不得用二、二（两）、三、四、五、六、七、八、九、十、块、毛、另（0）等字样代替。大写金额前应有“人民币”字样，中间不得留有空白。

（4）阿拉伯金额数字中间有“0”或连续有几个“0”时，汉字大写金额只写一个“零”字即可，如9005元，汉字大写金额应为“人民币玖仟零伍元整”。

（5）凡是规定填写大写金额的各种凭证，如银行结算凭证、发票、运单、提货单、合同、契约等，都必须在填写小写金额的同时，也填写大写金额。

（6）大写金额数字前未印有货币名称的，应当加填货币名称，货币名称与金额数字之间不得留有空白。

填制常用原始凭证，正确填写现金支票、转账支票。

（1）根据下列经济业务填写原始凭证。

（2）同学之间交换审核原始凭证。

四、实验资料

资料：宏伟公司地址：上海市白石路30号，开户行是本市工商银行白石路办事处，银行账号09876521；该企业为增值税一般人，税务登记号0887766，增值税税率17%。出纳员：蒋红；材料仓库保管员：王天；成品仓库保管员：张青。

1. 支票

（1）201×年8月3日出纳蒋红提取现金28 000元备用。

工商银行现金支票存根

支票号码 VX 01172600
科 目
对方科目
出票日期

收款人：
金 额：
用 途：

单位主管 会计

中国工商银行 现金支票 VX 01172600

出票日期（大写） 年 月 日 付款行名称： 工商行白石路办事处
收款人： 出票人账号：09876521

本支票付款期限十天

人民币（大写）	千	百	十	万	千	百	十	元	角	分

用途
上列款项请从
我账户内支付
出票人签章

科目（借）
对方科目（贷）
付讫日期 年 月 日
出纳 复核 记账

（2）201×年8月4日，蒋红签发转账支票，支付上月欠红林木材厂购买木材款237 000元。

工商银行转账支票存根

支票号码 VX 01172601
附加信息

出票日期

收款人：
金 额：
用 途：

单位主管 会计

（3）201×年8月12日出纳蒋红提取现金960 000元备发工资。

中国工商银行 转账支票 VX 01172601

本支票付款期限十天

出票日期（大写） 年 月 日 付款行名称：工商银行白石路办事处
收款人： 出票人账号：09876521

人民币（大写）	千	百	十	万	千	百	十	元	角	分

用途________ 科目（借）
上列款项请从 对方科目（贷）
我账户内支付 转账日期 年 月 日
出票人签章 出纳 复核 记账

工商银行现金支票存根

支票号码 VX 01172602
附加信息

出票日期

收款人：
金 额：
用 途：

单位主管 会计

中国工商银行 现金支票 VX 01172602

本支票付款期限十天

出票日期（大写） 年 月 日 付款行名称：工商银行白石路办事处
收款人： 出票人账号：09876521

人民币（大写）	千	百	十	万	千	百	十	元	角	分

用途________ 科目（借）
上列款项请从 对方科目（贷）
我账户内支付 付讫日期 年 月 日
出票人签章 出纳 复核 记账

（4）201×年8月15日，蒋红签发转账支票，向市供电公司支付车间用电费5 000元。

中国工商银行 转账支票 VX 01172603

出票日期（大写） 年 月 日 付款行名称：工商银行白石路办事处

收款人： 出票人账号：09876521

本支票付款期限十天

人民币（大写）	千	百	十	万	千	百	十	元	角	分

用途________ 科目（借）

上列款项请从 对方科目（贷）

我账户内支付 转账日期 年 月 日

出票人签章 出纳 复核 记账

工商银行转账支票存根

支票号码 VX 01172603

附加信息________________

出票日期

收款人：
金 额：
用 途：

单位主管 会计

2. 进账单

（1）201×年8月21日，收到北良公司（账号：135790，开户行：工商行铁岭办事处）货款35 000元的转账支票一张。填制银行进账单存入该货款。

中国工商银行进账单（加单或收账通知）

年 月 日 第01号

收款人	全称		付款人	全称											
	账号			账号											
	开户银行			开户银行											
人民币（大写）：						千	百	十	万	千	百	十	元	角	分
票据种类			收款人开户行盖章												
票据张数															
单位主管 会计 复核 记账															

此联是收款人开户行交给收款人回单或收账通知

（2）201×年8月23日，收到天星商场（账号：644012，开户行：工商行辽阳办事处）货款23 400元的转账支票一张。填制银行进账单存入该货款。

中国工商银行进账单（加单或收账通知）

年 月 日 第02号

<table>
<tr><td rowspan="3">收款人</td><td>全称</td><td></td><td rowspan="3">付款人</td><td>全称</td><td colspan="10"></td></tr>
<tr><td>账号</td><td></td><td>账号</td><td colspan="10"></td></tr>
<tr><td>开户银行</td><td></td><td>开户银行</td><td colspan="10"></td></tr>
<tr><td colspan="5" rowspan="2">人民币（大写）：</td><td>千</td><td>百</td><td>十</td><td>万</td><td>千</td><td>百</td><td>十</td><td>元</td><td>角</td><td>分</td></tr>
<tr><td></td><td></td><td></td><td></td><td></td><td></td><td></td><td></td><td></td><td></td></tr>
<tr><td colspan="2">票据种类</td><td></td><td colspan="12" rowspan="3">收款人开户行盖章</td></tr>
<tr><td colspan="2">票据张数</td><td></td></tr>
<tr><td colspan="3">单位主管 会计 复核 记账</td></tr>
</table>

此联是收款人开户行交给收款人回单或收账通知

3. 现金缴款单

201×年8月27日，收到辉煌公司押金3 000元和李佳个人还款560.4元，共计现金3 560.4元（百元面额35张，十元面额6张，一角面额4张）。

收 据

年 月 日 第001号

交款单位或姓名	
款项内容	
金额	人民币（大写） ¥________

收款单位公章 收款 交款

收 据

年 月 日 第002号

交款单位或姓名	
款项内容	
金额	人民币（大写） ¥________

收款单位公章 收款 交款

出纳将当日收到押金3 000元和李佳个人还款560.4元，共计现金3 560.4

元（百元面额 35 张，十元面额 6 张，一角面额 4 张），交存银行。

中国工商银行现金交款章（回章） ③NO.435011

年 月 日

款项来源			收款单位	全称									
解款部门				账号									
人民币（大写）：						十	万	千	百	十	元	角	分
种类	张数	种类	张数	种类	张数	种类	张数	（银行盖章）					
一百元		五元		五角		五分							
五十元		二元		二角		二分		收款					
十元		一元		一角		一分		复核					

此联由银行盖章退回单位

4. 发票

（1）201×年 8 月 9 日，销售给辽宁大学桌椅一批，每套单价 180 元，数量 500 套，金额 90 000元。收到转账支票一张。

上海市商业零售统一发票

税务局监印章

购货单位： 年 月 日 第06665号

商品品名及规格	计量单位	数量	单价	金额								
				百	十	万	千	百	十	元	角	分
金额	人民币（大写）											

销售单位公章 收款 制票

（2）201×年 8 月 12 日，销售给大冷公司（地址：抚顺市红旗路 8 号，税务登记号 0548962，开户银行：工商行红旗路办事处，账号 6554422）甲—1 商品 300 件，单价 282 元，增值税税率 17%，货款尚未收到。

增 值 税 专 用 发 票　　　　NO.0071133

开票日期：　　　　年　　月　　日　　　　发 票 联

购货单位	名称		纳税人登记号	
	地址、电话		开户银行及账号	

货物或劳务名称	规格型号	计量单位	数量	单价	金额									税率%	税额								
					百	十	万	千	百	十	元	角	分		百	十	万	千	百	十	元	角	分
合计																							
价税合计	佰　拾　万　仟　佰　拾　元　角　分　¥______																						
备注																							

销货单位	名称		税务登记号	
	地址、电话		开户银行及账号	

销货单位（章）：　　　收款人：　　　复核：　　　开票人

（3）201×年8月26日，销售给兴龙公司（大理市，泉水街11号，税务登记号1230077，账号：工商行泉水办事处，0417302）乙—2商品100件，单价410元，增值税税率17%，货款已收到入账。

（4）201×年8月30日，销售给明花工厂（永明市，和平路25号，税务登记号0778880，账号：工商行和平办事处，0220415）丙商品2 000个，单价33元，增值税税率17%，现已收到银行收账通知。

增值税专用发票

NO.0071134

开票日期： 年 月 日 发票联

购货单位	名称		纳税人登记号	
	地址、电话		开户银行及账号	

货物或劳务名称	规格型号	计量单位	数量	单价	金额									税率%	税额								
					百	十	万	千	百	十	元	角	分		百	十	万	千	百	十	元	角	分
合计																							

价税合计	佰 拾 万 仟 佰 拾 元 角 分 ￥_______
备注	

销货单位	名称		税务登记号	
	地址、电话		开户银行及账号	

销货单位（章）： 收款人： 复核： 开票人

增值税专用发票

NO.0071135

开票日期： 年 月 日 发票联

购货单位	名称		纳税人登记号	
	地址、电话		开户银行及账号	

货物或劳务名称	规格型号	计量单位	数量	单价	金额									税率%	税额								
					百	十	万	千	百	十	元	角	分		百	十	万	千	百	十	元	角	分
合计																							

价税合计	佰 拾 万 仟 佰 拾 元 角 分 ￥_______
备注	

销货单位	名称		税务登记号	
	地址、电话		开户银行及账号	

销货单位（章）： 收款人： 复核： 开票人

实验六 记账凭证的填制与审核

一、实验目的

通过本实验操作，使学生能够区分各种记账凭证，熟练掌握各种记账凭证的凭证要素以及记账凭证的填制与审核的要求与方法，并熟练运用借贷记账法。

二、实验流程

三、实验要求

记账凭证分为收、付、转账凭证，会计人员要根据审核无误的原始凭证填制记账凭证。

（一）记账凭证填制的基本要求：

1. 记账凭证的内容

必须具备填制凭证的日期；凭证编号；经济业务摘要；会计科目；金额；所附原始凭证张数；填制凭证人员、稽核人员、记账人员、会计机构负责人、会计主管人员签名或者盖章。收款和付款记账凭证还应当由出纳人员签名或者盖章。

以自制的原始凭证或者原始凭证汇总表代替记账凭证的，也必须具备记账凭证应有的项目。

2. 记账凭证填制的基本要求

填制记账凭证时，应当对记账凭证进行连续编号。一笔经济业务需要填制两张以上记账凭证的，可以采用分数编号法编号。记账凭证可以根据每一张原始凭证填制，或者根据若干张同类原始凭证汇总填制，也可以根据原始凭证汇总表填制，但不得将不同内容和类别的原始凭证汇总填制在一张记账凭证上。一张原始凭证所列支出需要几个单位共同负担的，应当将其他单位负担的部分，开给对方原始凭证分割单，进行结算。原始凭证分割单必须具备原始凭证的基本内容：凭证名称、填制凭证日期、填制凭证单位名称或者填制人姓名、经办人的签名或者盖章、接受凭证单位名称、经济业务内容、数量、单价、金额和费用分摊情况等。

如果在填制记账凭证时发生错误，应当重新填制。

（二）填制记账凭证应注意的问题

1. 记账凭证日期、编号、摘要的填写应规范。

2. 记账凭证科目应填写准确完整。

3. 记账凭证金额应填写正确。

4. 记账凭证张数要准确。

5. 记账凭证签章应完备。

（三）审核记账凭证

1. 按凭证内容的填制顺序，逐项审核记账凭证。

2. 审核中发现填制有误，退给填制人予以更正。

3. 签审核人姓名或盖章。

另外，出纳人员在办理收款或付款业务后，应在凭证上加盖“收讫”或“付讫”的戳记，以免重复收付。对于记账凭证的审核，凡符合规定要求的记账凭证，才能作为登记账簿的依据；凡不符合规定要求的记账凭证，不能作为登记账簿的依据，应视不同的情况处理：如项目不全应补齐；错误的凭证，要采用规范的方法更正或重新填制，经再次审核无误后，才能据此登记账簿。

四、实验资料

1. 201×年6月3日天马公司销售产品一批，计30 000元，货款尚未收回。

转　账　凭　证

年　　月　　日　　　　　　　　字第　　号

摘要	总账科目	明细科目	借方金额											贷方金额										
			✓	千	百	十	万	千	百	十	元	角	分	✓	千	百	十	万	千	百	十	元	角	分
合计																								

附单据　　张

财务主管　　　　记账　　　　出纳　　　　审核　　　　制单

2. 天马公司201×年6月5日从银行提取现金20 000元。

付　款　凭　证

贷方科目＿＿＿＿＿＿　　　　年　　月　　日　　　　　　　　字第　　号

摘要	借方总账科目	明细科目	借或贷	金额									
				千	百	十	万	千	百	十	元	角	分

附单据　　张

财务主管　　　　记账　　　　出纳　　　　审核　　　　制单

3. 201×年6月18日天马公司从甲公司收到以前的赊销款100 000元，款已存入银行。

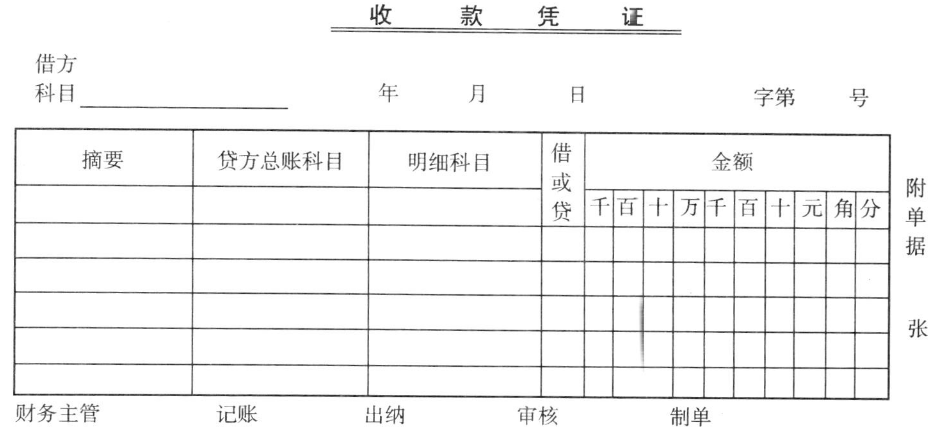

收 款 凭 证

借方科目＿＿＿＿＿＿ 年 月 日 字第 号

摘要	贷方总账科目	明细科目	借或贷	金额									
				千	百	十	万	千	百	十	元	角	分

附单据 张

财务主管 记账 出纳 审核 制单

实验七 账簿登记与错账的更正

一、实验目的

通过登账，熟悉各种总账及明细分类账的种类、格式及登账要求，掌握编制科目汇总表的要求和方法，熟练地运用记账凭证、汇总记账凭证或科目汇总表登记账簿，能够正确地运用会计更正方法更正错误。

二、实验流程

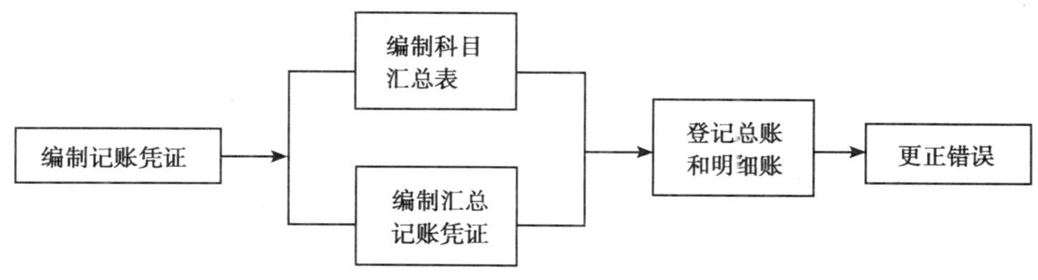

三、实验要求

（一）编制汇总记账凭证和科目汇总表的注意事项

1. 编制汇总表都必须以审核无误的记账凭证为依据。

2. 在汇总表中要注明汇总的起止时间，且汇总的时间间隔不要随意更改。

3. 在编制汇总的记账凭证时，为了防止漏编、重编的现象出现，应在已经汇总的记账凭证上画“√”，表示已经编制完成。

4. 在编制完科目汇总表后，应检查所有会计科目的借方本期发生额是否等于贷方发生额，若不相等，则说明汇总有错，需查明原因并更正后方可据此登账。

5. 汇总转账凭证应按每个会计科目的贷方编制，一个会计科目一张。

（二）会计账簿登记的注意事项

1. 账簿的“时间”栏要依据记账凭证的填制日期登记，“金额”栏要依据记账凭证相应记账方向的金额栏的金额登记。

2. 红笔用于改错、冲账、结账等用途，不得使用铅笔、圆珠笔。

3. 不得书写错字、别字和自选字；数码不得连笔书写。

4. 要保持账面整洁、完整，以备长期查阅使用。

（三）错账更正的注意事项

1. 会计人员记账发生错误之后，不许任意涂改、挖补、刮擦及用修改液更正，若整页字迹模糊不清，可在会计主管人员批准之后重抄，但是原账页必须保留，不得销毁，而记账凭证中发生的错误，会计人员应根据具体原因，选用正确的技术方法更正错误。

2. 在使用画线更正法时，不得只更正局部错数，应将全部数字勾掉重新填写。

3. 若记账凭证中记录的文字、金额与账簿记录的文字、金额不符，应先采用画线更正法更正，然后用补充登记法更正。

四、实验资料

企业201×年1月1日有关账户的余额情况如下：银行存款借方余额为10万，现金余额为3 500元，固定资产余额为3.7万，生产成本余额为2.5万，应付账款为4.05万，实收资本为12.5万。企业在200×年1月发生如下业务：

1. 企业将现金2 300元存入银行。

2. 企业接受甲公司的投资10万元，其中银行存款4万元，新机器一台3.5万元，专利权一项作价2.5万元。

3. 企业购买新机器一台，已用存款支付8万元，余款2万尚未支付。

4. 企业用存款430 000元购买专利技术一项。

5. 厂部李涛出差预借差旅费300元，出纳以现金支付。

6. 企业所生产的产品完工入库，结转其生产成本19 000元。

7. 企业以存款1万元支付以前的赊购款。

8. 企业销售，取得收入20 000元，产品成本为12 000元。

9. 企业以存款2 000元购买办公用品。

要求：

①编制会计分录（即编记账凭证）

②编制科目汇总表

③登记账簿

银行存款日记账

第　　页

年		凭证		摘要	对方科目	类页	增加										减少										余额									
月	日	类别	号数				千	百	十	万	千	百	十	元	角	分	千	百	十	万	千	百	十	元	角	分	千	百	十	万	千	百	十	元	角	分

现金日记账

第　　页

年		凭证		摘要	对方科目	类页	增加										减少										余额									
月	日	类别	号数				千	百	十	万	千	百	十	元	角	分	千	百	十	万	千	百	十	元	角	分	千	百	十	万	千	百	十	元	角	分

总账

本账页数	
本户页数	

______科目______

年		记账凭证号数	摘要	对方科目	页数	借方												贷方												借或贷	余额											
月	日					十	亿	千	百	十	万	千	百	十	元	角	分	十	亿	千	百	十	万	千	百	十	元	角	分		十	亿	千	百	十	万	千	百	十	元	角	分

三栏式明细账

本账页数	
本户页数	

______科目______

年		记账凭证号数	摘要	对方科目	页数	借方												贷方												借或贷	余额											
月	日					十	亿	千	百	十	万	千	百	十	元	角	分	十	亿	千	百	十	万	千	百	十	元	角	分		十	亿	千	百	十	万	千	百	十	元	角	分

多栏式明细账

本账页数	
本户页数	

科目名称__________

年		凭单号	摘要	借方								贷方									余额								借																	
月	日			百	十	万	千	百	十	角	分	百	十	万	千	百	十	角	分		百	十	万	千	百	十	角	分	千	百	十	万	千	百	十	角	分	千	百	十	万	千	百	十	角	分

数量金额式明细账

最高存量　　　　本账页数

最低存量　　　　本户页数

编号　　规格　　单位（ ）名称

年		凭证号数	摘要	账页	页数	借方												贷方												余额											
						数量	单价	金额										数量	单价	金额										数量	单价	金额									
月	日							千	百	十	万	千	百	十	元	角	分			千	百	十	万	千	百	十	元	角	分			千	百	十	万	千	百	十	元	角	分

科目汇总表

年　月　日

借方金额											✓	会计科目												✓
亿	千	百	十	万	千	百	十	元	角	分			亿	千	百	十	万	千	百	十	元	角	分	

实验八　对账、结账与试算平衡

一、实验目的

通过结账，熟悉结账的步骤和规定，掌握结账的具体操作方法，并且熟练地编制试算平衡表，掌握编制试算平衡表的方法。

二、实验流程

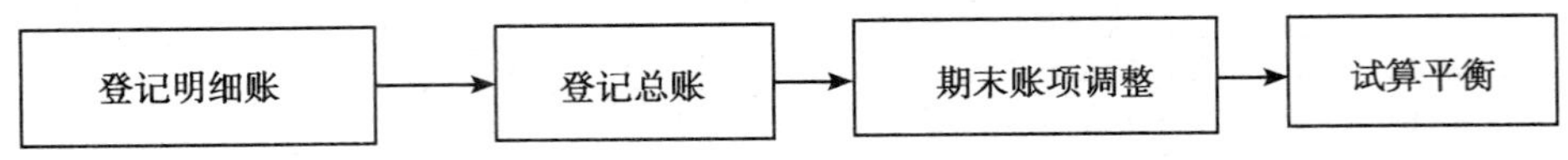

三、实验要求

（一）对账的要求与方法

对账就是有关经济业务入账以后，进行账页记录的核对。主要包括：账证核对、账账核对、账实核对三种。

（二）结账的要求与方法

1. 结账的要求

（1）本期所发生的经济业务需全部登记入账，经检查无错误及遗漏之后才能结账。

（2）为了确保正确，本期的经济业务不能延至下期入账。

（3）结账时，在最后一笔业务下面画一条红线，并在红线下注明“本月合计”字样，结出本月余额。全年累计数需画两条红线以区别各月累计数。

（4）若没有余额，需在借或贷栏内写“平”字，并在余额栏内用符号“0”表示。

（5）年度终了，凡是有余额的账户需要转入下年各账簿栏内，在新账一页第一行的摘要栏内注明“上年结转”字样。

2. 结账的方法

结账分为：日结、月结、季结、年结四种。

（1）日结：对于现金、银行存款日记账当日终了，需结出借方本期发生额、贷方本期发生额及余额。

（2）月结：现金、银行存款日记账和需要按月计结发生额的收入、费用等明细账，每月结账时，在最后一笔经济业务记录下面通栏画红单线，并结出本月借方本期发生额、贷方本期发生额及期末余额，在摘要栏内注明“本月合计”字样，在下面通栏画红单线。

（3）季结：需要季结的单位，在本季度最后一个月份“本月合计”记录下面通栏画红单线，表示季节结束。同时，在红线下结出本季借方本期发生额、贷方本期发生额及期末余额，在摘要栏内注明“本季合计”字样，在下面通栏画红单线。

（4）年结：各账户需在年度终了结出本年度发生额及年末额。在本年12月“本月合计”记录下面通栏画红单线，表示年度结束。同时，在红线下结出本年借方本年发生额、贷方本年发生额及期末余额，在摘要栏内注明“本年合计”字样，最后在年度合计下面画双红线，表示全年工作完成，需要更换新账。

（三）平衡表的要求与方法

1. 应将各账户的期初余额和本期发生额填入试算平衡表，并检查期初余额和本期发生额是否平衡。

2. 算出期末余额，并检查期末余额是否平衡。

3. 如有一项不等则说明计算或记录有问题，需查明原因，及时调整。

四、实验资料

请结合实验七所给资料编制试算平衡表。

企业账户发生额和余额试算平衡表

年　　月份　　　　单位：元

账户名称	期初余额		本期发生额		期末余额	
	借方	贷方	借方	贷方	借方	贷方

实验九　资产负债表的编制

一、实训目的

明确资产负债表的理论基础，熟悉资产负债表的基本结构和填制资料来源，能根据有关资料编制资产负债表，掌握资产负债表报送的基本操作技能。

二、实验流程

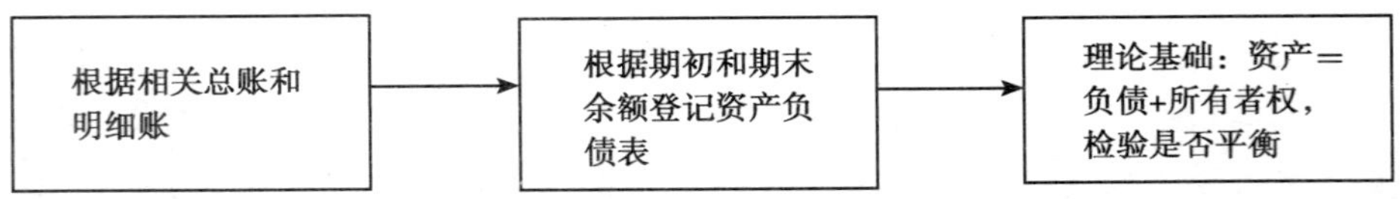

三、实验要求

资产负债表是企业会计报表体系中的主要报表。它是以货币形式和规定格式总括反映企业在一定日期全部资产、负债和所有者权益的会计报表。每月末定期编报一次。

资产负债表的编制

要真正掌握资产负债表的编制方法必须着重把握该表的理论依据、基本结构和填列数字来源渠道三个主要方面。

1. 资产负债表的理论依据

"资产 = 负债 + 所有者权益" 这一会计恒等式所包含的经济内容和数学上的等量关系，是建立资产负债表的理论依据。

2. 资产负债表基本结构

一张完整的资产负债表的结构由三部分组成：一是表首；二是正表；三是附注及附列资料。

表首，亦称表头。它有五方面内容：一是编制单位名称，说明责任"法人"是谁；二是报表名称，说明报表的性质和主题；三是编报日期，说明该表反映内容的时效性，要注意是某一日期，而不是时期；四是报表编号；五是货币计量单位"人民币：元"。

正表，即该表的主体部分或称基本部分，它是该表的核心内容所在。主体部分的格式我国采用账户式，即分为左右两方来排列全部反映项目。其中左方列示资产项目，并按资产流动性或变现能力强弱依次有序排列。左方列示负债和所有者权益项目，先列示负债，并按到期日期有序排列，后列示所有者权益，并按永久性程序排列。左方合计金额与右方合计金额保持平衡。这种结构直观清晰，便于对比分析，充分体现了"资产 = 负债 + 所有者权益"这一建表依据的基本要求。

3. 资产负债表编制方法

由于资产负债表是反映企业某一时期期末，即特定日期的财务状况，提供某一时点的静态指标，而这种静态资料又表现为账簿中各个账户一定时期的期末余额。因此，编制资产负债表的数字来源渠道是该报告期账簿中各个账户的期末余额。企业、单位的资产负债表编制完毕，应当由本单位会计主管人员和企业领导人进行复核后，才能上报。

四、实验资料

红星公司201×年11月30日有关账户的余额资料如下：

1. 熟悉资产负债表的内容和格式，掌握资产负债表的编制原理与方法。

2. 根据总账及有关明细账期末余额计算填列资产负债表各项目金额，完成资产负债表的编制工作。

红星公司总分类账户期末余额表

201×年11月30日　　单位：元

账户名称	借方余额	科目名称	贷方余额
现金	2 300	短期借款	100 000
银行存款	866 135	应付票据	50 000
其他货币资金	7 500	应付账款	936 000
短期投资	60 000	其他应付款	50 000
应收票据	64 000	应付工资	100 000
应收账款	580 000	应付福利费	82 000
预提费用	5 000	应交税金	100 134
预付账款	100 000	其他应交款	106 900
其他应收款	10 000	应付股利	42 215
物资采购	75 000	累计折旧	190 000
原材料	245 000	坏账准备	2 900
包装物	38 750	长期借款	1 140 000
低值易耗品	21 449	其中：一年内到期的长期负责	600 000
材料成本差异	4 250	实收资本	5 000 000
库存商品	1417 750	盈余公积	131 485
长期股权投资	280 000	其中：法定公益金	43 828
固定资产	3 461 000	资本公积	200 000
工程物资	160 000	利润分配（未分配利润）	194 500
在建工程	378 000		
无形资产	450 000		
其他长期资产	200 000		
合　　计	8 426 134	合　　计	8 426 134

资产负债表

会企01表

编制单位：　　　　年　　月　　日　　　　单位：元

资　　产	年初数	期末数	负债和所有者权益	年初数	期末数
流动资产：			流动负债：		
货币资金			短期借款		
交易性金融资产			交易性金融负债		
应收票据			应付票据		
应收账款			应付账款		
预付账款			预收账款		
应收利息			应付职工薪酬		
其他应收款			应交税费		
存货			应付利息		
一年内到期的非流动资产			其他应付款		
其他流动资产			一年内到期的非流动负债		
流动资产合计			其他流动负债		
非流动资产：			流动负债合计		
可供出售的金融资产			非流动负债：		
持有到期投资			长期借款		
长期应收款			应付债券		
长期股权投资			长期应付款		
投资性房地产			其他非流动负债		
固定资产原价			非流动负债合计		
减：累计折旧			负债合计		
在建工程			所有者权益（股东权益）：		
固定资产清理			实收资本（或股本）		
无形资产			资本公积		
开发支出			盈余公积		
长期待摊费用			未分配利润		
非流动资产合计			所有者权益合计		
资产总计			负债和所有者权益总计		

实验十　会计凭证装订与会计资料保管

一、实验目的

通过会计凭证的装订与保管的操作，掌握会计凭证的装订与保管的要求与方法、保管期限以及档案的调阅手续。

二、实验流程

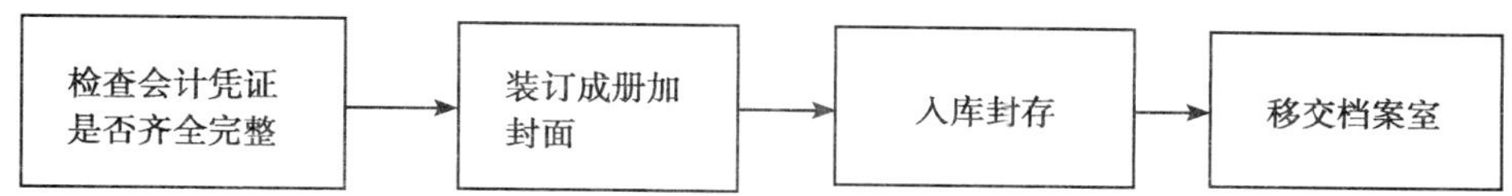

三、实验要求

（一）会计凭证的装订要求

会计凭证的装订是会计工作的内容之一，在会计实务中则是一项经常性的工作。会计凭证的装订应符合以下要求：

第一，会计凭证装订之前，要检查每张记账凭证所附原始凭证的张数是否齐全，并且要对附件进行必要的外形加工。凡是超过记账凭证宽度和长度的原始凭证，都要整齐地折叠进去；凡是过窄、过短的附件，不能直接装订时，应先粘贴于专制的原始凭证粘贴纸上，然后再装订粘贴纸。

第二，装订之前要检查记账凭证是否分月按自然数 1. 2. 3. 4. 5……顺序连续编号，是否有跳号或重号现象。

第三，装订之前要设计一下，看看一个月的会计凭证装订几册为好。每册的厚薄在 2 厘米—3 厘米为宜，且不能把几张一份的记账凭证拆开装订在两册之中，要做到易于翻阅而且美观。

第四，所有会计凭证每册都要用较结实的牛皮纸加具封面，并在封面上注明会计单位名称、会计凭证名称；此外，封面上还要填写凭证所反映的经济业务发生的年、月份，凭证的起止号码，本扎凭证为几分之几册或本月几册，本册为第几册。为慎重起见，还应在记账凭证封面上加盖单位负责人、财务负责人和装订人的印章，由装订人在装订线封签处签名或盖章。

（二）会计凭证的装订方法

目前，会计凭证的装订分手工装订和机器装订。机器装订如同装订图书，一般单位不用。下面我们介绍手工装订的两种单位方法与程序：

1. 加具封面

将科目汇总表附在凭证封面之下、会计凭证之前，磕叠整齐，用铁夹夹紧。

2. 具体装订方法图示

第一方法

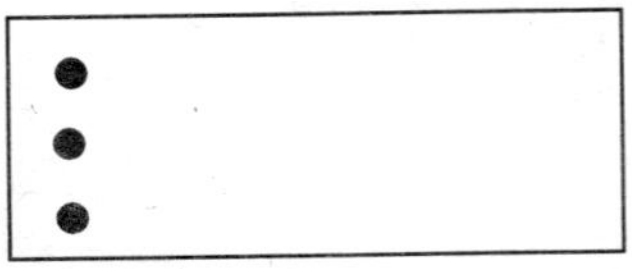

图A　将凭证向左上角磕齐后打孔

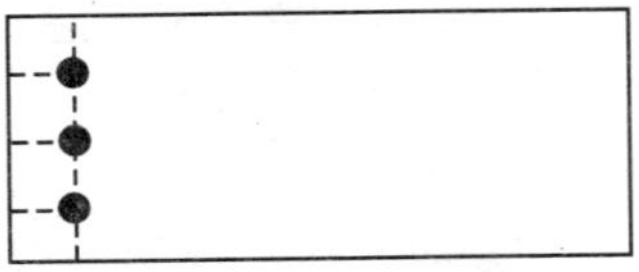

图B　用线绳订好

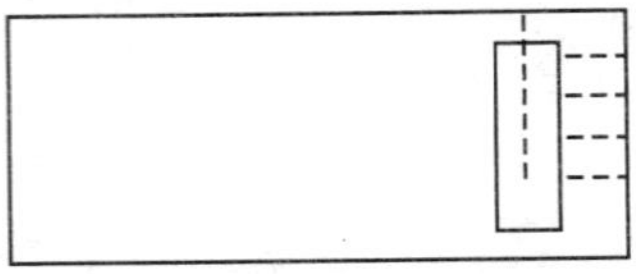

图C　将结打在背面，用纸条封好盖章

第二种方法

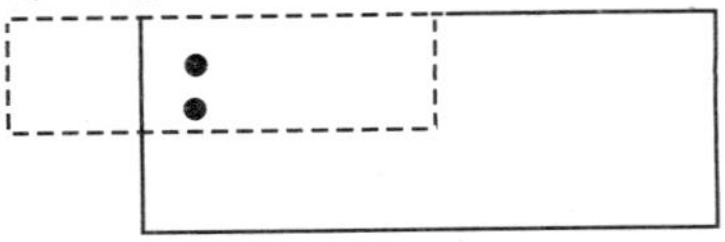

图A　虚线部分是附在凭证上的宽约50厘米—60厘米的牛皮纸条，其长度视凭证薄厚而定，所折向背后段，以可以打上孔，以能订上为宜

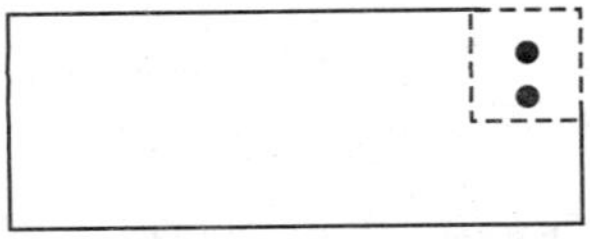

图B　将所订线绳结打在此面。

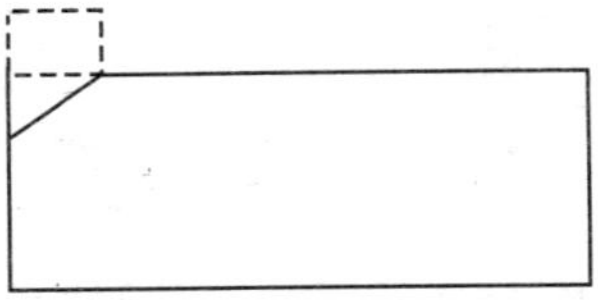

图C　将纸条向后折，用胶水粘好并盖章

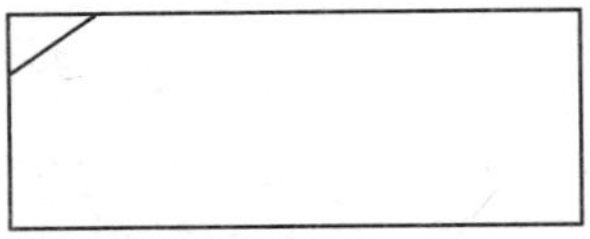

图D　装订好的会计凭证

（三）会计凭证装订应注意的问题

在进行会计凭证装订时，要特别注意装订线眼处的折叠方法，防止装订以后不能翻开。

（四）会计凭证的保管

1. 保管要求与方法

会计机构、会计人员应对会计凭证妥善保管，应按照《会计基础工作规范》进行。会计凭证的保管应遵循以下条例：

（1）会计凭证应当及时传递，不得积压。

（2）会计凭证登记完毕后，应当按照分类和编号顺序保管，不得散乱丢失。

（3）记账凭证应当连同所附的原始凭证或者原始凭证汇总表，按照编号顺序折叠整齐，按期装订成册，并加具封面，注明单位名称、年度、月份和起讫日期、凭证种类、起讫号码，由装订人在装订线封签处签名或者盖章。

（4）原始凭证不得外借，其他单位如因特殊原因需要使用原始凭证时，经本单位会计机构负责人、会计主管人员批准，可以复制。向外单位提供的原始凭证复制件，应当在专设的登记簿上登记，并由提供人员和收取人员共同签名或者盖章。

（5）从外单位取得的原始凭证如有遗失，应当取得原开出单位盖有公章的证明，并注明原来凭证的号码、金额和内容等，由经办单位会计机构负责人、会计主管人员和单位领导人批准后，才能代作原始凭证。如果确实无法取得证明的，如火车、轮船、飞机票等凭证，由当事人写出详细情况，由经办单位会计机构负责人、会计主管人员和单位领导人批准后，代作原始凭证。

（6）当年的会计档案在会计年度终了后，可暂由本单位财会部门保管一年。期满后，原则上应由财会部门编造清册移交本单位档案部门。

2. 保管期限

会计凭证的保管期限应符合 1998 年 8 月 21 日颁布的《会计档案管理办法》中的有关规定：会计档案的保管期限分为永久、定期两大类。定期保管分为 3 年、5 年、10 年、15 年、25 年五类。

（五）会计档案的调阅

1. 调阅原则

会计档案的调阅工作，应本着既方便使用、满足工作上的需要，又符合安全保密、防止资料丢失和泄密为原则进行。

2. 调阅手续

各单位保存的会计档案一般不得外借。如有特殊需要，经本单位负责人批准，可以提供查阅或复制，但要办理严格的登记手续。具体如下：

（1）本单位人员调阅会计档案，要经过会计主管人同意；外单位人员调阅会计档案，应有单位的正式介绍信，并经会计主管人员或单位领导人批准。

（2）对批准调阅的会计档案，要详细登记调阅的档案名称、调阅日期、调阅人员的姓名和工作单位、调阅理由、归还日期等等调阅的档案应在档案管理部门指定或同意的地点阅卷，不得带出单位。

（3）查阅会计档案时，不准在案卷上添加或做任何记录，不得抽换或删改、涂写和拆卷，未经档案所有单位的批准，阅卷人不得擅自摘录档案内容。

（4）会计档案原件一律不得外借，调卷单位如有特殊需要，应报档案所有单位领导批准，并在专设的登记簿上登记，由档案管理人员和阅卷人共同签章后方可复制。

四、实验资料

请根据前述几项实验提供的全部原始凭证、记账凭证和记账凭证汇总表进行。

第二部分

计算机会计模拟实验

本实验给出一个企业的背景资料，然后通过会计软件的实施，实现企业会计核算与管理。实验共分四部分，实验室提供国内主要的会计软件系统，学生可以选择一个系统逐一进行案例实验。

实验目的要求

一、实验目的

会计学是一门实践性很强的课程，实验课的目的是通过实验让学生真正掌握课堂教学的基本原理与方法，学会如何实现和管理在电算化条件下的企事业单位会计工作。

二、实验要求

给出一个企业的背景资料，然后通过会计软件的实施，实现企业会计核算与管理工作。为此要求：

（1）学生通过实验学会国内一个主要的会计软件或 ERP 软件中与财务相关的功能模块，包括凭证处理 、出纳管理等功能模块的功能与结构，以及模块之间的相互关系。

（2）学生按照背景资料，在选定的会计软件上独立完成一个模拟企业的会计核算以及基本的管理工作，过程必须完整，包括初始设置、日常处理等环节。

（3）学生建立自己的账套，在实验室内独立完成实验要求的内容，可以互相讨论，但不得复制他人的实验成果。

三、实验内容

实验分四个专题，主要包括以下内容：

（1）建账与初始设置；

（2）凭证处理；

（3）出纳管理；

（4）账簿管理。

四、实验准备

（1）了解会计软件的运行环境，包括计算机软件、硬件以及网络环境。

（2）全面复习《基础会计理论与实务》教材内容，熟悉《企业会计准则》、《企业会计制度》的规定。

（3）选择一种前沿的会计软件或 ERP 系统，通过学习软件操作手册，掌握其业务流程以及基本操作方法。

实验背景资料

一、企业基本资料

企业名称：红星电子集团公司

企业地址：上海市天河开发区

法人代表：王立

记账本位币：人民币

企业类型：股份制制造企业

开户银行：1. 工商银行天河支行，账号：36028-19011-25637

2. 建设银行天河支行，账号：33240-0378-134910

凭证类型：收款、付款、转账

主要结算方式：现金支票、转账支票、银行汇票、委托收款

账套启用日期：2011 年 1 月 1 日

二、人员分工

（1）姜亚：会计主管兼电算主管，并负责建立账套和系统初始化设置、期末结账，以及监督、维护系统的正常进行。

（2）张清：会计员兼软件操作员，具体负责日常录入会计凭证，查询与打印输出记账凭证、会计账簿、会计报表。

（3）王宏：审核记账员，具体负责对录入凭证的审核与记账，定义、输出、确认会计报表和转账凭证，数据备份与恢复。

三、会计科目与年初余额

会计科目以及 1 月 1 日的年初余额如表 1 所示，其中，标志为“＊”的科目为本次实验中要用到的科目。

表 1　　会计科目以及 1 月 1 日的年初余额

序　号	科目代码	科目名称	方向	余　额	标志
一、资　产					
1	1001	现金	借	2 000.00	*
2	1002	银行存款	借	1 280 000.00	*
3	1009	其他货币资金			*
	100901	外埠存款	借	7 300.00	*
	100902	银行本票			

续表

序 号	科目代码	科目名称	方向	余 额	标志
	100903	银行汇票	借	117 000.00	*
	100904	信用卡			
	100905	信用证保证金			
	100906	存出投资款			
4	1101	短期投资			*
	110101	股票	借	15 000.00	*
	110102	债券			*
	110103	基金			
	110110	其他			
5	1102	短期投资跌价准备			
6	1111	应收票据	借	246 000.00	*
7	1121	应收股利			*
8	1122	应收利息			*
9	1131	应收账款	借	300 000.00	*
10	1133	其他应收款	借	5 000.00	*
11	1141	坏账准备	贷	900.00	*
12	1151	预付账款	借	100 000.00	*
13	1161	应收补贴款			
14	1201	物资采购			*
	120101	物资采购——A	借	192 000.00	*
	120102	物资采购——B	借	33 000.00	*
15	1211	原材料			*
	121101	原材料——A	借	250 000.00	*
	121102	原材料——B	借	300 000.00	*
16	1221	包装物	借	38 050.00	*
17	1231	低值易耗品	借	50 000.00	*
18	1232	材料成本差异			*
	123201	材料成本差异——A	借	15 000.00	*
	123202	材料成本差异——B	借	21 950.00	*
19	1241	自制半成品			
20	1243	库存商品			*
	124301	库存商品——甲	借	680 000.00	*

续表

序　号	科目代码	科目名称	方向	余　额	标志
	124302	库存商品--乙	借	1 000 000. 00	*
21	1244	商品进销差价			
22	1251	委托加工物资			
23	1261	委托代销商品			
24	1271	受托代销商品			
25	1281	存货跌价准备			
26	1291	分期收款发出商品			*
27	1301	待摊费用	借	100 000. 00	*
28	1401	长期股权投资			*
	140101	股票投资	借	250 000. 00	*
	140102	其他股权投资			*
29	1402	长期债权投资			*
	140201	债券投资			*
	140202	其他债权投资			*
30	1421	长期投资减值准备			
31	1431	委托贷款			
	143101	本金			
	143102	利息			
	143103	减值准备			
32	1501	固定资产	借	1 500 000. 00	*
33	1502	累计折旧	贷	400 000. 00	*
34	1505	固定资产减值准备			*
35	1601	工程物资			*
	160101	专用材料			*
	160102	专用设备			
	160103	预付大型设备款			
	160104	为生产准备的工具及器具			
36	1603	在建工程	借	1 500 000. 00	*
37	1605	在建工程减值准备			
38	1701	固定资产清理			*
39	1801	无形资产	借	600 000. 00	*

续表

序 号	科目代码	科目名称	方向	余 额	标志
40	1805	无形资产减值准备			
41	1815	未确认融资费用			
42	1901	长期待摊费用	借	200 000.00	*
43	1911	待处理财产损溢			*
	191101	待处理流动资产损溢			*
	191102	待处理固定资产损溢			*
二、负 债					
44	2101	短期借款	贷	300，000.00	*
45	2111	应付票据	贷	200 000.00	*
46	2121	应付账款	贷	953 800.00	*
47	2131	预收账款			*
48	2141	代销商品款			*
49	2151	应付工资	贷	100 000.00	*
50	2153	应付福利费	贷	10 000.00	*
51	2161	应付股利			*
52	2171	应交税金			*
	217101	应交增值税			*
	21710101	进项税额			*
	21710102	已交税金			*
	21710103	转出未交增值税			*
	21710104	减免税款			*
	21710105	销项税额			*
	21710106	出口退税			*
	21710107	进项税额转出			*
	21710108	出口抵减内销产品应纳税额			*
	21710109	转出多交增值税			*
	21710110	未交增值税	贷	30 000.00	*
	217102	应交营业税			*
	217103	应交消费税			*
	217104	应交资源税			
	217105	应交所得税			*

续表

序 号	科目代码	科目名称	方向	余　额	标志
	217106	应交土地增值税			
	217107	应交城市维护建设税			*
	217108	应交房产税			
	217109	应交土地使用税			
	217110	应交车船使用税			
	217111	应交个人所得税			*
53	2176	其他应交款	贷	6 600.00	*
54	2181	其他应付款	贷	50 000.00	*
55	2191	预提费用	贷	1 000.00	*
56	2201	待转资产价值			
57	2211	预计负债			
58	2301	长期借款	贷	1 600 000.00	*
59	2311	应付债券			*
	231101	债券面值			*
	231102	债券溢价			*
	231103	债券折价			*
	231104	应计利息			*
60	2321	长期应付款			
61	2331	专项应付款			
62	2341	递延税款			
		三、权　　益			
63	3101	股本	贷	5 000 000.00	*
64	3103	已归还投资			*
65	3111	资本公积			*
	311101	股本溢价			*
	311102	接受捐赠非现金资产准备			
	311103	接受现金捐赠			
	311104	股权投资准备			
	311105	拨款转入			
	311106	外币资本折算差额			
	311107	其他资本公积			

续表

序 号	科目代码	科目名称	方向	余 额	标志
66	3121	盈余公积			*
	312101	法定盈余公积	贷	100 000.00	*
	312102	任意盈余公积			*
	312103	法定公益金			*
	312104	储备基金			
	312105	企业发展基金			
	312106	利润归还投资			
67	3131	本年利润			*
68	3141	利润分配			*
	314101	其他转入			*
	314102	提取法定盈余公积			*
	314103	提取法定公益金			*
	314104	提取储备基金			
	314105	提取企业发展基金			
	314106	提取职工奖励及福利基金			
	314107	利润归还投资			
	314108	应付优先股股利			
	314109	提取任意盈余公积			*
	314110	应付普通股股利			*
	314111	转作股本的普通股股利			
	314115	未分配利润	贷	50 000.00	*
四、生产成本					
69	4101	生产成本			*
	410101	基本生产成本			*
	41010101	生产成本-基-甲			*
	41010102	生产成本-基-乙			*
	410102	辅助生产成本			*
70	4105	制造费用			*
71	4107	劳务成本			
五、损 益					
72	5101	主营业务收入			*

续表

序　号	科目代码	科目名称	方向	余　额	标志
73	5102	其他业务收入			*
74	5201	投资收益			*
75	5203	补贴收入			*
76	5301	营业外收入			*
77	5401	主营业务成本			*
78	5402	主营业务税金及附加			*
79	5405	其他业务支出			*
80	5501	营业费用			*
81	5502	管理费用			*
82	5503	财务费用			*
83	5601	营业外支出			*
84	5701	所得税			*
85	5801	以前年度损益调整			*

实验一　建账与初始设置

账务处理系统一般都是通用系统，它提供强大而全面的功能以适合于所有企业，所以使用账务处理软件的第一步就是根据企业的实际需要通过初始化对系统进行设置，将一个通用账务处理系统转化为满足企业需求的专用系统。

一、实验目的

通过实验理解会计软件初始设置的作用、原理与具体功能，并具体掌握建立账套以及初始设置的方法。

二、实验内容

为“红星电子集团公司”建立一个代号为＊＊＊的账套（代号取自学号的最后三位数字），并按照背景资料设置账套参数以及完成其他初始化设置工作。

三、实验步骤

启动会计账务系统之后，按以下步骤完成建账和初始设置工作：

1. 建立账套

账套是用于存放会计数据的账簿文件，一个会计软件通常允许同时建立多套账，分别代表不同的会计核算单位。企业使用账务处理系统首先要做的就是建立套账并设置账套参数。账套参数用于控制业务处理，不同账套可以设置不同的参数。建账功能一般设计成一个向导，系统将引导用户逐一输入以下账套参数并选择存放路径之后结束。

（1）账套代码与名称

账套代码一般可设置为数字码，如001、105等，它是账套的标识。账套名称一般为使用该账套的企业或单位名称，该名称将会在会计报表、账簿和其他有关资料打印输出时使用。例如，本实验的账套名为："红星电子集团公司"。

（2）所属行业

不同行业都有一些特定的核算方式，不少系统可能为不同行业预设一套科目和报表，这就要求在建立账套时指定自己所属的行业。例如工业企业、商品流通企业，等等。

（3）记账本位币

在账套中必须指定一种货币作为记账本位币，其他币别都必须以此本位币为基础进行折算。外币折算提供了直接汇率和间接汇率两种汇率折算方法。

（4）会计科目代码结构

在会计软件系统中科目代码一般采用分组码，呈现树形结构，从一级开始，逐级明细，以便于分级管理。例如，具有三级的科目代码可设计成如下形式：

××××　××　×××

一级　二级　三级

其中一级科目用财政部规定的代码体系，共4位数字表示。会计科目代码结构就是指代码分多少级以及各级代码的长度。科目代码结构一经设定，在账套正式启用之后即不允许修改。例如，银行存款科目的代码结构如图1所示。

银行存款科目结构说明

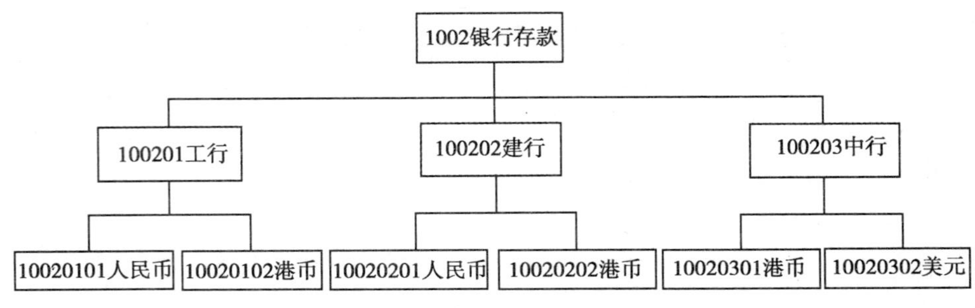

图1　会计科目的树形结构

（5）会计分期

会计核算必须分会计期间进行。我国会计制度规定是以公历年度作为企业的会计年度，自然月份作为会计分期，但有些国家则不同。因此在建立账套时必须按照实际需要进行选择会计期间的界定方式。

（6）其他账套参数

除上述账套参数之外还有账套启用期间等参数，一套系统从什么时候开始使用，需要定义相应的账套启用期间。

2. 设置会计科目

（1）会计科目体系的设置，第一要满足会计核算的要求，使全部经济业务在所设的科目中都能得到反映。第二，要满足报表的要求，因为在会计软件中报表数据主要应该从账上自动生成。第三，科目设置要满足会计管理的需要。第四，科目设置要便于计算机的分类、合并、更新等处理。

（2）系统一般提供科目的增加、删除、修改、打印输出等功能，在系统预设总账科目的基础上，一般要逐个增加各级明细科目，错误的科目可以修改，多余的科目也可以删除。

（3）不管总账科目还是明细科目，除了定义其科目代码和名称之外，还必须定义它的类别、余额方向，以及是否核算币别、数量、辅助账等属性。

科目代码：会计科目代码应该按照科目代码结构定义的规则进行编制。

科目名称：科目名称是科目的文字标识，可用汉字或英文字符表示，只在输出时使用。

科目类别共分五大类，即：资产类、负债类、所有者权益类、成本类、损益类。

余额方向：余额方向用于指科目余额的计算方法，一般资产类科目的余额方向在借方，负债类科目的余额方向在贷方。余额方向对账簿或报表输出的数据有直接影响。

币别核算：指定科目是否需要进行外币核算以及用何种货币核算。

辅助核算：包括往来、部门、项目核算等。辅助核算功能是针对科目的，所以在设置科目时必须对这些功能作出正确选择。

3. 设置辅助核算项目

辅助核算是对总账的一种补充，辅助总账系统实现更广泛的账务处理。辅助核算一般通过核算项目来实现。核算项目是会计科目的一种延伸，一个会计科目可以设置单一核算项目，也可以选择多个核算项目，例如可以同时设置为往来单位、部门等核算。

常用的核算项目包括往来单位、部门、职员等类项目。例如，往来科目可以考虑设置往来单位辅助核算，需按部门　职员进行核算的科目一般有收入或费用科目。一些财务软件还提供自定义项目类别供用户自行设置。

本实验要求利用核算项目实现现金流量表的编制，因此必须先定义“现金流量”项目类别，然后按表2设置具体的现金流量项目。

表2 “现金流量”项目

项目编码	项　　目
01	销售商品、提供劳务收到的现金
02	收到的税费返还
03	收到的其他与经营活动有关的现金
04	购买商品、接受劳务支付的现金
05	支付给职工以及为职工支付的现金
06	支付的各项税费
07	支付的其他与经营活动有关的现金
08	收回投资所收到的现金
09	取得投资收益所收到的现金
10	处置固定资产、无形资产和其他长期资产所收回的现金净额
11	收到的其他与投资活动有关的现金
12	购建固定资产、无形资产和其他长期资产所支付的现金
13	投资所支付的现金
14	支付的其他与投资活动有关的现金
15	吸收投资所收到的现金
16	借款所收到的现金
17	收到的其他与筹资活动有关的现金
18	偿还债务所支付的现金
19	分配股利、利润和偿付利息所支付的现金
20	支付的其他与筹资活动有关的现金
21	汇率变动对现金的影响
22	非现金流量

4. 设置凭证类型

手工会计一般对会计凭证进行分类管理，账务处理系统为满足这种需求提供有设置凭证类型即俗称凭证字的功能。企业可以根据管理的需求自行设置，例如可以为凭证设置现收、现付、银收、银付、转账等五类凭证字，也可以不分类即统称记账凭证。

5. 录入科目余额与发生额

在会计科目、核算项目、货币的初始设置完成之后，即可开始录入初始数据。初始余额设置窗口如图2所示。在此窗口中可以进行初始账务数据及其他有关业务资料的录入工作。例如可以选择录入外币、本位币、数量、试算平衡等。在初始数据输入窗口中，要求录入的内容主要包括：期初余额、累计借方、累计贷方。

金蝶2000-标准版V7.0 - init01.AIS - [初始数据录入]

文件(F)　编辑(E)　查看(V)　工具(T)　窗口(W)　帮助(H)

人民币

	科目代码	科目名称	累计借方	累计贷方		期初余额	本年累计损益实
1	101	现金			借		
2	102	银行存款			借		
3	109	其他货币资金			借		
4	111	短期投资			借		
5	112	应收票据			借		
6	113	应收帐款			借		
7	114	坏帐准备			贷		
8	115	预付帐款			借		
9	118	应收补贴款			借		
10	119	其他应收款			借		
11	121	材料采购			借		
12	123	原材料			借		
13	128	包装物			借		
14	129	低值易耗品			借		
15	131	材料成本差异			借		
16	133	委托加工材料			借		
17	135	自制半成品			借		
18	137	产成品			借		
19	138	分期收款发出商品			借		
20	139	待摊费用			借		
21	151	长期投资			借		
22	161	固定资产			借		
23	165	累计折旧			贷		
24	166	固定资产清理			借		

图 2　录入科目余额与发生额

6. 定义常用摘要

摘要是凭证中的一项必不可少的内容，为了提高录入速度，一般财务系统都设有常用摘要库，在录入凭证过程中当光标定位于摘要栏时，单击设定的按钮即可调出摘要库供操作员选择。为此，在系统初始化时，要从以往凭证中整理出若干个常用摘要，并将它们输入系统。由于摘要条目较多，一般可以将其分为若干类，所以摘要处理窗口分为两部分，其中左边用于定义摘要类别，而窗口右边则用于定义某一类的具体摘要。

7. 设置货币

目前流行的财务软件都具有外币核算的功能，而且一般要求在初始化时设置相应的货币信息。即显示一个录入窗口供用户输入货币代码和名称，其中代码一般用缩写表示如 USD、HKD，货币名称则一般用中文表示。

8. 用户管理

用户一般指具体的操作员，会计软件一般对用户进行分组管理，例如可以分为系统管理组和一般用户组。用户设置必须而且只能由担当系统管理员的电算主管进行。

(1) 设置用户组和操作员。软件一般有新增和删除用户组的功能，在执行“新增”操作员的功能时，一般先选择一个用户组，然后输入用户的名称和设置初始密码。

(2) 为操作员分配操作权限。分配操作权限是电算主管的职责，在初始化时要逐一为每一个操作员分配权限，进入日常处理之后也可以随时对操作员增加权限或取消某些权限。操作权限一般按子系统和功能模块分为若干组，例如，有关账务处理的操作就可分为凭证处理、账簿输出、报表处理、结账等几组权限，其中，凭证处理又进一步分为录入、修改、删除、审核、过账、汇总、打印、查询等。

(3) 设置和更改密码。密码由操作员自己设置。设置和改变用户密码一般用相同的界面进行，即进入该窗口后系统将要求依次输入原密码、新密码以及确认新密码，其中新密码与确认新密码必须一致。

实验二 凭证处理

凭证处理主要包括凭证录入、审核、查询及修改、记账、汇总以及其他与凭证相关的操作。会计凭证是整个会计核算的主要数据来源，也是整个核算系统的基础，会计凭证的正确性直接影响到整个会计信息系统的真实性、可靠性。

一、实验目的

通过实验掌握凭证输入、修改、审核、记账、汇总以及其他有关操作的方法，了解整个凭证处理过程中由系统实现的内部控制以及由制度确定的岗位责任制。

二、实验内容

本实验要求在账套中完成1月和2月会计凭证的输入、审核、记账等日常处理，以及执行查询、修改、汇总、打印等操作。

三、实验资料

1. 一月份经济业务

红星电子设备厂201×年1月发生的经济业务如下：

(1) 收到银行通知，用银行存款支付到期的商业承兑汇票100 000元。

(2) 购入原材料A一批，用银行存款支付货款150 000元，以及购入材料支付的增值税额为25 500元，款项已付，材料未到。

(3) 收到原材料A一批，实际成本100 000元，计划成本95 000元，材料已验收入库，货款已于上月支付。

(4) 用银行汇票支付B材料采购价款，公司收到开户银行转来银行汇票余款收账通知，通知上填写的多余款 234 元，购入材料及运费 99 800元，支付的增值税额 16 966元。

（5）上述原材料已验收入库，该批 B 原材料计划价格 100 000元。

（6）销售产品一批，销售价款 300 000元（不含应收取的增值税），该批产品实际成本 180 000元，产品已发出，价款未收到。

（7）公司将短期投资（全部为股票投资）15 000元兑现，收到本金 15 000元，投资收益 1 500元，均存入银行。

（8）购入不需安装的设备 1 台，价款 85 470元，支付增值税 14 530元，支付包装费、运费 1 000元。价款及包装费、运费均以银行存款支付。设备已交付使用。

（9）购入工程专用物资一批，价款 150 000元（含已交纳的增值税），已用银行存款支付。

（10）工程应付工资 200 000元，应付职工福利费 28 000元，其他应交款 100 000元。

（11）工程完工，计算应负担的长期借款利息 150 000元，该项借款本息未付。

（12）一项工程完工，交付生产使用，已办理竣工手续，固定资产价值 1 400 000元。

（13）基本生产车间一台机床报废，原价 200 000元，已提折旧 180 000元。

（14）上述固定资产清理发生清理费用 500 元，存入银行。

（15）上述固定资产清理发生清理残值收入 800 元，通过银行存款收支。

（16）上述固定资产已清理完毕。

（17）从银行借入 3 年期借款 400 000元，借款已入银行账户，该项借款用于购建固定资产。

（18）销售产品一批，销售价款 700 000元，应收的增值税额 119 000元，销售产品的实际成本 420 000元，货款银行已收妥。

（19）公司将要到期的一张面值为 200 000元的无息银行承兑汇票（不含增值税），连同解讫通知和进账单交银行办理转账。收到银行盖章退回的进账单一联。款项银行已收妥。

（20）收到现金股利 30 000元（该项投资为成本法核算，对方税率和本企业一致，均为 33%），已存入银行。

（21）公司出售一台不需用设备，收到价款 300 000元。

（22）上述设备原价 400 000元，已提折旧 150 000元。

（23）上述设备清理完毕，已由购入单位运走。

（24）归还短期借款本金250 000元，利息12 500元，已预提。

（25）提取现金500 000元，准备发放工资。

（26）支付工资500 000元，其中包括支付给在建工程人员的工资200 000元。

（27）采购A材料，价款为106 700元，进项税为18 139元，均未付款。

（28）上述A材料入库，计划成本100 000元。

（29）采购B材料，价款为103 250元，进项税额为17 552.5元，均未付款。

（30）上述材料入库，计划成本为100 000元。

（31）分配应支付的职工工资300 000元（不包括在建工程应负担的工资），其中生产人员工资275 000元（甲产品计175 000元，B产品计100 000元），车间管理人员工资10 000元，行政管理部门人员工资15 000元。

（32）提取职工福利费42 000元（不包括在建工程应负担的福利费28 000元），其中生产工人福利费38 500元（甲产品计24500元，已产品计14 000元），车间管理人员福利费1 400元，行政管理部门福利费2 100元。

（33）提取应计入本期损益的借款利息共21 500元，其中，短期借款利息11 500元，长期借款利息共10 000元。

（34）基本生产领用原材料（其中A种原材料250 000元，B种原材料450 000元），计划成本共700 000元（其中甲产品领用250 000元，乙产品领用450 000元）。

（35）领用低值易耗品，计划成本50 000元，采用一次摊销法摊销。

（36）结转领用原材料应分摊的材料成本差异共37 500元，其中A材料差异为15 000元，B材料差异为22 500元，该差异分别由甲产品分摊15 000元，乙产品分摊22 500元。

（37）摊销无形资产60 000元

（38）摊销印花税10 000元；基本生产车间固定资产修理费（已列入待摊费用）90 000元。

（39）计提固定资产折旧100 000元，其中计入制造费用80 000元，管理费用20 000元。

（40）收到应收账款51 000元（不含增值税），存入银行。

2. 一月份会计凭证

表3　　一月份会计凭证

编号	日期	科目代码	科目名称	摘　要	借方金额	贷方金额
1	1/1	2111	应付票据	兑付票据	100 000.00	

续表

编号	日期	科目代码	科目名称	摘　要	借方金额	贷方金额
		1002	银行存款	兑付票据		100 000.00
2	1/1	120101	物资采购——A	采购材料	150 000.00	
		21710101	应交税金——应交增值税（进项税额）	采购材料	25 500.00	
		1002	银行存款	采购材料		175 500.00
3	1/1	121101	原材料——A	材料入库	95 000.00	
		123201	材料成本差异——A	材料入库	5 000.00	
		120101	物资采购——A	材料入库		100 000.00
4	1/2	120102	物资采购——B	材料采购	99 800.00	
		1002	银行存款	材料采购	234.00	
		21710101	应交税金——应交增值税（进项税额）	材料采购	16 966.00	
		100903	其他货币资金——银行汇票	材料采购		117 000.00
5	1/2	121102	原材料——B	材料入库	100 000.00	
		120102	物资采购——B	材料入库		99 800.00
		123202	材料成本差异——B	材料入库		200.00
6	1/3	1131	应收账款	销售商品	351 000.00	
		5101	主营业务收入	销售商品		300 000.00
		21710105	应交税金——应交增值税（销项税额）	销售商品		51 000.00
7	1/3	1002	银行存款	兑现股票	16 500.00	
		110101	短期投资——股票	兑现股票		15 000.00
		5201	投资收益	兑现股票		1 500.00
8	1/3	1501	固定资产	购入设备	101 000.00	
		1002	银行存款	购入设备		101 000.00
9	1/3	160101	工程物资——专用材料	购入工程物资	150 000.00	
		1002	银行存款	购入工程物资		150 000.00
10	1/3	1603	在建工程	分配工资	328 000.00	
		2151	应付工资	分配工资		200 000.00
		2153	应付福利费	分配工资		28 000.00
		2176	其他应交款	分配工资		100 000.00
11	1/3	1603	在建工程	分配利息	150 000.00	
		2301	长期借款	分配利息		150 000.00

续表

编号	日期	科目代码	科目名称	摘　要	借方金额	贷方金额
12	1/3	1501	固定资产	工程交付使用	1 400 000	
		1603	在建工程	工程交付使用		1 400 000. 00
13	1/4	1701	固定资产清理	机床报废	20 000. 00	
		1502	累计折旧	机床报废	180 000. 00	
		1501	固定资产	机床报废		200 000. 00
14	1/4	1701	固定资产清理	机床报废	500. 00	
		1002	银行存款	机床报废		500. 00
15	1/4	1002	银行存款	机床报废	800. 00	
		1701	固定资产清理	机床报废		800. 00
16	1/4	5601	营业外支出—处置固定资产净损失	机床报废	19 700. 00	
		1701	固定资产清理	机床报废		19 700. 00
17	1/5	1002	银行存款	借入银行款项	400 000. 00	
		2301	长期借款	借入银行款项		400 000. 00
18	1/6	1002	银行存款	销售商品	819 000. 00	
		5101	主营业务收入	销售商品		700 000. 00
		21710105	应交税金——应交增值税（销项税额）	销售商品		119 000. 00
19	1/7	1002	银行存款	兑现票据	200 000. 00	
		1111	应收票据	兑现票据		200 000. 00
20	1/8	1002	银行存款	收到股利	30 000. 00	
		5201	投资收益	收到股利		30 000. 00
21	1月9日	1701	固定资产清理出售设备	250 000		
21	1502	累计折旧	出售设备	150 000		
21	1501	固定资产	出售设备	400 000		
21	1/9	1002	银行存款	出售设备	300 000. 00	
		1701	固定资产清理	出售设备		300 000. 00
22	1/9	1701	固定资产清理	出售设备	250 000. 00	
		1502	累计折旧	出售设备	150 000. 00	
		1501	固定资产	出售设备		400 000. 00
23	1/9	1701	固定资产清理	出售设备	50 000. 00	
		5301	营业外收入——处置固定资产净收益	出售设备		50 000. 00

续表

编号	日期	科目代码	科目名称	摘　要	借方金额	贷方金额
24	1/10	2101	短期借款	归还短期借款	250 000.00	
		2191	预提费用	归还短期借款	12 500.00	
		1002	银行存款	归还短期借款		262 500.00
25	1/11	1001	现金	提现	500 000.00	
		1002	银行存款	提现		500 000.00
26	1/12	2151	应付工资	发放工资	500 000.00	
		1001	现金	发放工资		500 000.00
27	1/12	120101	物资采购——A	采购材料	106 700.00	
		21710101	应交税金——应交增值税（进项税额）	采购材料	18 139.00	
		2121	应付账款	采购材料		124 839.00
28	1/12	121101	原材料——A	材料入库	100 000.00	
		123201	材料成本差异——A	材料入库	6 700.00	
		120101	物资采购——A	材料入库		106 700.00
29	1/12	120102	物资采购——B	采购材料	103 250.00	
		21710101	应交税金——应交增值税（进项税额）	采购材料	17 552.50	
		2121	应付账款	采购材料		120 802.50
30	1/12	121102	原材料——B	材料入库	100 000.00	
		123202	材料成本差异——B	材料入库	3 250.00	
		120102	物资采购——B	材料入库		103 250.00
31	1/12	41010101	生产成本——基——甲	分配工资费用	175 000.00	
		41010102	生产成本——基——乙	分配工资费用	100 000.00	
		4105	制造费用	分配工资费用	10 000.00	
		5502	管理费用	分配工资费用	15 000.00	
		2151	应付工资	分配工资费用		300 000.00
32	1/12	41010101	生产成本——基——甲	分配福利费用	24 500.00	
		41010102	生产成本——基——乙	分配福利费用	14 000.00	
		4105	制造费用	分配福利费用	1 400.00	
		5502	管理费用	分配福利费用	2 100.00	
		2153	应付福利费	分配福利费用		42 000.00
33	1/12	5503	财务费用	计息	21 500.00	
		2191	预提费用	计息		11 500.00

续表

编号	日期	科目代码	科目名称	摘　要	借方金额	贷方金额
		2301	长期借款	计息		10 000.00
34	1/13	41010101	生产成本——基——甲	生产领用材料	250 000.00	
		41010102	生产成本——基——乙	生产领用材料	450 000.00	
		121101	原材料——A	生产领用材料		250 000.00
		121102	原材料——B	生产领用材料		450 000.00
35	1/13	4105	制造费用	摊销低值易耗品	50 000.00	
		1231	低值易耗品	摊销低值易耗品		50 000.00
36	1/13	41010101	生产成本——基——甲	结转差异	15 000.00	
		41010102	生产成本——基——乙	结转差异	22 500.00	
		123201	材料成本差异——A	结转差异		15 000.00
		123202	材料成本差异——B	结转差异		22 500.00
37	1/14	5502	管理费用	摊销费用	60 000.00	
		1801	无形资产	摊销费用		60 000.00
38	1/14	5502	管理费用	摊销费用	10 000.00	
		4105	制造费用	摊销费用	90 000.00	
		1301	待摊费用	摊销费用		100 000.00
39	1/14	4105	制造费用	计提折旧	80 000.00	
		5502	管理费用	计提折旧	20 000.00	
		1502	累计折旧	计提折旧		100 000.00
40	1/15	1002	银行存款	收到账款	51 000.00	
		1131	应收账款	收到账款		51 000.00

3. 二月份经济业务

红星电子集团公司201×年2月份发生的经济业务如下：

（1）收到银行通知用银行存款支付到期的商业承兑汇票10 000元。

（2）购入原材料A一批，用银行存款支付货款15 000元，以及购入材料支付的增值税额为2 550元，款项已付，材料未到。

（3）上述材料经验收入库，计划成本为18 000元。

（4）收到原材料B一批，实际成本500 000元，计划成本492 181元，材料已验收入库。

（5）用银行存款支付上述原材料B价款500 000元，进项税额85 000元。

（6）销售产品一批，销售价款500 000元（不含应收取的增值税），产品已发出，价款未收到。

（7）结转上批产品实际成本 280 000元，其中甲产品 80 000元，乙产品 200 000元。

（8）以银行存款 883 700元购入股票作为短期投资。

（9）购入不需安装的设备 1 台，价款 15 470元，支付的增值税 2 630元，支付包装费、运费 1 000元。价款、包装费、运费均以银行存款支付。设备已交付使用。

（10）购入工程专用材料物资一批，价款 250 000元（含已交纳的增值税），已用银行存款支付。

（11）工程应付工资 200 000元，应付职工福利费 28 000元，其他应交款 100 000元。

（12）工程完工，计算应负担的长期借款利息 15 000元，该项借款本息未付。

（13）一项工程完工，交付生产使用，已办理竣工手续，固定资产价值 240 000元。

（14）发行 5 年期面值为 500 万元的债券，票面利率为年率 10%，企业按 510 万元的价格出售（债券发行费用略）。

（15）发出分期收款方式销售乙商品 10 件，成本共计 50 000元。

（16）收到分期收款销售价款 30 000元，税款 5 100元。

（17）结转分期收款销售成本 12 500元。

（18）乙产品生产领用原材料 B 200 000元。

（19）提取现金 500 000 元，准备发放工资。

（20）支付工资 500 000 元，其中包括支付给在建工程人员的工资 200 000元。

（21）分配应支付的职工工资 300 000 元（不包括在建工程应负担的工资），其中生产人员工资 275 000元（全部由乙产品分担），车间管理人员工资 10 000元，行政管理部门人员工资 15 000元。

（22）提取职工福利费 42 000元（不包括在建工程应负担的福利费 28 000 元），其中生产工人福利费 38 500元（全部由乙产品分担），车间管理人员福利费 1 400元，行政管理部门福利费 2 100元。

（23）提取应计入本期损益的借款利息共 11 150元，其中，短期借款利息 1 150元，长期借款利息共 10 000元。

（24）生产乙产品领用原材料 B，计划成本 70 000元。

（25）当期生产乙产品领用 B 原材料应负担的材料成本差异为 5 139元。

（26）摊销无形资产 60 000元。

(27) 计提固定资产折旧100 000元，其中计入制造费用80 000元，管理费用20 000元。

(28) 收到应收账款50 000元（不含增值税），存入银行。

(29) 按应收账款余额的3‰计提坏账准备共1 605元。

(30) 用银行存款支付业务招待费10 000元。

(31) 没有期初在产品，本期生产的乙产品全部完工入库，结转制造费用共91 400元。

(32) 计算并结转乙产品生产成本共680 039元。

(33) 广告费10 000元，已用银行存款支付。

(34) 销售乙产品一批，价款计2 000 000元，销项税计340 000元。款项由银行收取。

(35) 结转上述销售成本计1 000 000元。

(36) 公司本期产品销售应交纳的教育费附加为2 000元。

(37) 用银行存款交纳增值税100 000元，教育费附加2 000元。

(38) 将各收入科目结转本年利润。

(39) 将成本费用科目结转本年利润。

(40) 计算本年应交所得税364 862.9元。

4. 二月份会计凭证

表4　　**二月份会计凭证**

编号	日期	科目代码	科目名称	摘　要	借方金额	贷方金额
1	2/1	2111	应付票据	承兑票据	10 000.00	
		1002	银行存款	承兑票据		10 000.00
2	2/1	120101	物资采购——A	采购	15 000.00	
		21710101	应交税金——应交增值税（进项税额）	采购	2 550.00	
		1002	银行存款	采购		17 550.00
3	2/1	121101	原材料——A	材料入库	18 000.00	
		120101	物资采购——A	材料入库		15 000.00
		123201	材料成本差异——A	材料入库		3 000.00
4	2/2	121102	原材料——B	材料入库	492 181.00	
		123202	材料成本差异——B	材料入库	7 819.00	
		120102	物资采购-B	材料入库		500 000.00
5	2/2	120102	物资采购——B	采购	500 000.00	
		21710101	应交税金——应交增值税（进项税额）	采购	85 000.00	

续表

编号	日期	科目代码	科目名称	摘　要	借方金额	贷方金额
		1002	银行存款	采购		585 000.00
6	2/3	1131	应收账款	销售	585 000.00	
		5101	主营业务收入	销售		500 000.00
		21710105	应交税金——应交增值税（销项税额）	销售		85 000.00
7	2/3	5401	主营业务成本	结转成本	280 000.00	
		124301	库存商品——甲	结转成本		80 000.00
		124302	库存商品——乙	结转成本		200 000.00
8	2/3	110101	短期投资——股票	投资	883 700.00	
		1002	银行存款	投资		883 700.00
9	2/3	1501	固定资产	买固定资产	191 00.00	
		1002	银行存款	买固定资产		19 100.00
10	2/4	160101	工程物资——专用材料	买工程物资	250 000.00	
		1002	银行存款	买工程物资		250 000.00
11	2/4	1603	在建工程	分配工资	328 000.00	
		2151	应付工资	分配工资		200 000.00
		2153	应付福利费	分配工资		28 000.00
		2176	其他应交款	分配工资		100 000.00
12	2/5	1603	在建工程	计提利息费月	15 000.00	
		2301	长期借款	计提利息费用		15 000.00
13	2/5	1501	固定资产	结转工程款	240 000.00	
		1603	在建工程	结转工程款		240 000.00
14	2/5	1002	银行存款	发行长期债券	5 100 000.00	
		231101	应付债券——债券面值	发行长期债券		5 000 000.00
		231102	应付债券——债券溢价	发行长期债券		100 000.00
15	2/5	1291	分期收款发出商品	发出商品	50 000.00	
		124302	库存商品——乙	发出商品		50 000.00
16	2/6	1002	银行存款	商品销售	35 100.00	
		5101	主营业务收入	商品销售		30 000.00
		21710105	应交税金——应交增值税（销项税额）	商品销售		5 100.00
17	2/6	5401	主营业务成本	结转成本	12 500.00	
		1291	分期收款发出商品	结转成本		12 500.00

续表

编号	日期	科目代码	科目名称	摘 要	借方金额	贷方金额
18	2/6	41010102	生产成本——基本生产成本——乙	领用原材料	200 000.00	
		121102	原材料——B	领用原材料		200 000.00
19	2/11	1001	现金	提现	500 000.00	
		1002	银行存款	提现		500 000.00
20	2/11	2151	应付工资	发放工资	500 000.00	
		1001	现金	发放工资		500 000.00
21	2/12	41010102	生产成本——基本生产成本——乙	分配工资	275 000.00	
		4105	制造费用	分配工资	10 000.00	
		5502	管理费用	分配工资	15 000.00	
		2151	应付工资	分配工资		300 000.00
22	2/12	41010102	生产成本——基本生产成本——乙	分配福利费	38 500.00	
		4105	制造费用	分配福利费	1 400.00	
		5502	管理费用	分配福利费	2 100.00	
		2153	应付福利费	分配福利费		42 000.00
23	2/13	5503	财务费用	计提利息费用	11 150.00	
		2191	预提费用	计提利息费用		1 150.00
		2301	长期借款	计提利息费用		10 000.00
24	2/14	41010102	生产成本——基本生产成本——乙	领用原材料	70 000.00	
		121102	原材料——B	领用原材料		70 000.00
25	2/14	41010102	生产成本——基本生产成本——乙	结转材料差异	5 139.00	
		123202	材料成本差异——B	结转材料差异		5 139.00
26	2/14	5502	管理费用	摊销费用	60 000.00	
		1801	无形资产	摊销费用		60 000.00
27	2/15	4105	制造费用	摊销折旧	80 000.00	
		5502	管理费用	摊销折旧	20 000.00	
		1502	累计折旧	摊销折旧		100 000.00
28	2/15	1002	银行存款	收回款项	50 000.00	
		1131	应收账款	收回款项		50 000.00
29	2/16	5502	管理费用	计提坏账准备	1 605.00	

续表

编号	日期	科目代码	科目名称	摘　要	借方金额	贷方金额
		1141	坏账准备	计提坏账准备		1 605.00
30	2/16	5502	管理费用	支付招待费	10 000.00	
		1002	银行存款	支付招待费		10 000.00
31	2/17	41010102	生产成本——基本生产成本——乙	结转制造费用	91 400.00	
		4105	制造费用	结转制造费用		91 400.00
32	2/17	124302	库存商品——乙	在产品入库	680 039.00	
		41010102	生产成本——基本生产成本——乙	在产品入库		680 039.00
33	2/17	5501	营业费用	支付广告费	10 000.00	
		1002	银行存款	支付广告费		10 000.00
34	2/18	1002	银行存款	销售	2 340 000.00	
		5101	主营业务收入	销售		2 000 000.00
		21710101	应交税金——应交增值税(进项税额)	销售		340 000.00
35	2/18	5401	主营业务成本	结转成本	1 000 000.00	
		124302	库存商品	结转成本		1 000 000.00
36	2/18	5402	主营业务税金及附加	计提教育费附加	2 000.00	
		2176	其他应交款	计提教育费附加		2 000.00
37	2/18	21710102	应交税金——应交增值税(已交税金)	交纳税、费	100 000.00	
		2176	其他应交款	交纳税、费	2 000.00	
		1002	银行存款	交纳税、费		102 000.00
38	2/18	5101	主营业务收入	结转收入	2 530 000.00	
		3131	本年利润	结转收入		2 530 000.00
39	2/19	3131	本年利润	结转成本费用	1 424 355.00	
		5401	主营业务成本	结转成本费用		1 292 500.00
		5503	财务费用	结转成本费用		11 150.00
		5502	管理费用	结转成本费用		108 705.00
		5501	营业费用	结转成本费用		10 000.00
		5402	主营业务税金及附加	结转成本费用		2 000.00
40	2/20	5701	所得税	计提所得税	364 862.90	
		217105	应交税金——应交所得税	计提所得税		364 862.90

四、实验步骤

1. 填制凭证

填制凭证指的是向计算机系统输入凭证。系统一般不直接处理原始凭证，因此在采用后台处理方式时首先要根据原始凭证和其他有关业务资料手工填制凭证，然后统一交录入人员输入系统；而如果采用前台方式则由会计员根据原始凭证直接在电脑上制作记账凭证。填制凭证的一般过程是：

（1）进入系统并选择填制凭证功能

进入填制凭证功能后，系统显示一张空白记账凭证供操作员录入。这个界面一般统一了收、付、转三种凭证为一种格式。图 3 是某软件的凭证录入界面。

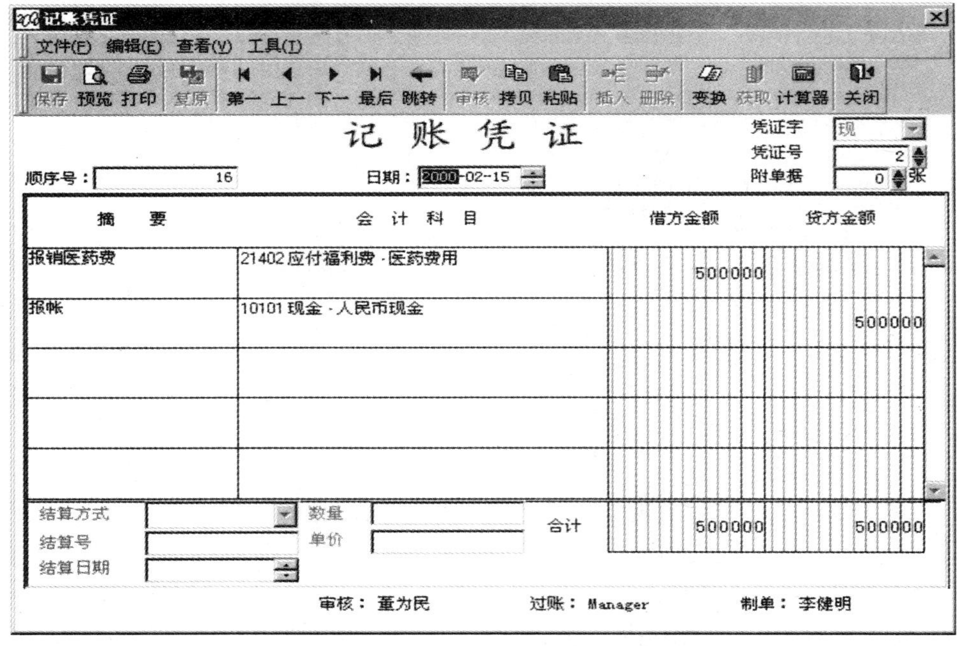

图 3 凭证录入界面

（2）输入凭证的基本内容

凭证基本输入内容包括日期、凭证号、凭证类型、摘要、科目、金额、附件等。其中，日期、凭证号由系统自动给出，而且凭证必须连续编号，但不少软件允许操作员根据需要进行修改。所有会计软件的科目都使用代码输入，而且要求输入最明细一级的科目代码，然后由系统自动显示相应的各级科目名称。为了提高输入速度，软件普遍提供参照输入功能，如常用摘要、科目代码、往来客户等。有些软件还提供有模式凭证功能，当录入类似凭证时就可以调出某一张模式凭证，只需输入金额即可。

（3）辅助核算数据的输入

当输入的一个会计科目定义有辅助核算属性，系统将提示用户输入相应数据。例如，当录入的科目下设“现金流量”核算项目时，系统弹出核算项目输入窗口要求输入具体的现金流量项目代码。

（4）保存凭证

每输入一张凭证，都必须单击“保存”按钮将凭证存入磁盘文件。

在凭证输入过程中系统一般对凭证日期、凭证号、摘要、科目代码、金额等数据进行自动检验，尽可能发现错误并提示改正。

2. 凭证的审核

凭证审核不能由凭证录入人员担任，具体工作是通过核对手工制作的凭证与输入凭证的一致性，以确保输入数据的正确性。如果采用前台工作方式直接在机器上制单，则还应该审核凭证业务的合法性。凭证审核的方法一般是逐一显示输入的凭证，认真核对之后如果没有发现错误，则作确认签名，其实就是在凭证的审核员字段中写入操作员的姓名。一般方法是通过热键或按钮来通知系统签名。但如果软件有取消签名功能，则按下热键或按钮后，如果凭证已经审核过，则消去签名使它成为未审核凭证。

3. 凭证汇总

账务处理系统在凭证处理功能中提供有凭证汇总功能，凭证汇总就是将记账凭证按照指定的范围和条件汇总其借贷方发生额。按不同条件对会计凭证进行汇总，可以提供各种所需的会计信息。

4. 凭证查询

可以按日期、凭证字、凭证号、摘要、会计科目、币别、原币金额、汇率、数量、单价、业务编号、结算方式、结算号、借方金额、贷方金额等项目设置条件对未过账、已过账、未审核、已审核或全部凭证进行查询。设置完查询过滤条件后按“确定”按钮，系统即按过滤条件显示会计分录序时簿。有些会计软件在会计分录序时簿界面上，允许对凭证进行新增、删除、修改、审核、销章等操作。

5. 凭证记账

记账又称登账或过账，计算机记账就是将已审核凭证的信息记入永久性凭证文件以及各种总账文件。记账的一般过程是：

（1）账套数据备份，以便登账失败时恢复到登账前的状态。

（2）选择记账凭证，通过日期、凭证号来设置范围，确定本次需要记账的凭证。

（3）合法性检查，即检查凭证是否经过审核、凭证号是否连续，借贷金额是否平衡，若发现问题则提示并终止登账过程。

（4）正式开始记账，即从凭证文件中取出已审核的凭证记录，用其内容更新总账文件以及各种辅助核算文件的借方或贷方发生额。

实验三 出纳管理

出纳主要负责对现金和银行存款的管理，主要包括对凭证的签字、支票管理、银行对账、输出日记账和资金日报表等等功能。

一、实验目的

通过实验掌握现金与银行存款日记账、资金日报表的输出方法，以及了解支票管理、银行对账的原理与操作过程。

二、实验内容

查询现金、银行存款日记账，执行银行对账的全过程，包括对账初始化、输入银行对账单、自动对账、手工对账以及编制银行存款余额调节表等。

三、实验步骤

1. 查询资金日报表

资金日报表及时反映每日现金和银行存款的收支及余额情况，不仅是企业财务管理的重要基础，也为出纳人员管理现金和银行存款提供了方便。资金日报表其实是对现金和银行存款科目的一张汇总表，系统一般提供查询和打印输出功能。

2. 查询日记账

账务处理系统通常设现金日记账和银行日记账以加强货币资金的管理，两种日记账的格式、查询、打印输出方法基本是相同的。

（1）日记账的格式

日记账有借贷三栏式、多栏式、复币式日记账等多种格式，不过计算机账务系统一般只提供查询与打印借贷三栏式和复币式日记账。三栏式现金日记账的格式如表5所示。

表5 **现金日记账**

科目：1001 现金 2011年 第1页

月	日	凭证号	摘 要	对方科目	借方金额	贷方金额	借贷	余 额
1	1		上年结转				借	2 300.00
1	1							
1	1							
			本日小计					

续表

月	日	凭证号	摘　要	对方科目	借方金额	贷方金额	借贷	余　额
1	31							
1	31							
			本月合计					
			本年累计					

（2）日记账的输出

一般将查询与打印功能合并在一起，即先查询然后在需要时打印输出。操作方法较简单，例如打印 2011 年 1 月的现金日记账的方法是：

（1）选择“现金日记账”菜单；

（2）选择现金科目，如 1001；

（3）指定输出范围，如 2011 年 1 月；

（4）按“确定”按钮即在屏幕上显示现金日记账，此时按“凭证”按钮可以看到某记录对应的凭证，按“总账”按钮可以看到现金科目的总账，按“打印”按钮即打印输出。

3. 银行对账

银行对账是在企业银行存款日记账和银行对账单两个文件之间进行的，其中企业的银行存款日记账文件由凭证记账时产生，而在未联网的条件下银行对账单记录即由企业根据开户行送来的对账单录入。银行对账一般包括银行对账初始化、输入银行对账单、自动对账、手工对账以及编制银行存款余额调节表等功能。一般执行次序是：对账初始化→输入对账单→自动对账→手工对账→输出银行存款余额调节表。

（1）银行对账初始化。初始化分系统初始化与月份初始化两种，前者主要是将系统启用时刻的未达账项输入到计算机，后者负责输入本期账面余额以及删除双方的已达账项。

（2）输入银行对账单。用于输入银行送来的对账单，如果银行方面提供对账单软盘，则企业只需将软盘文件读入对账单文件。

（3）对账。包括自动对账和手工对账两种。前者启动之后系统自动核对企业与银行双方的存取款记录，以找出不能匹配的未达账。手工对账是自动对账的补充，具体方法是由人工核对两个机器文件，对自动对账没有对出的一些已达账项用手工勾对来进行调整。

（4）输出余额调节表。对账完毕之后可以显示或打印输出余额调节表。银行存款余额调节表一般包括余额调整结果，有些软件甚至给出双方的未达账项。银行存款余额调节表如表6所示。

（5）其他操作。对账模块一般还提供查询双方勾对情况、查询双方未达账项，以及查询长期未达账项等功能，实验时可以注意执行。

表6 银行存款余额调节表

银行账户代码：100201

银行账户名称：工商银行 对账截止日期：2011

企业日记账		银行对账单	
日记账账面余额	14 492 290.00	银行对账单账面余额	15 330 400.00
+银行已收单位未收	800 250.00	+单位已收银行未收	75 100.00
-银行已付单位未付	12 540.00	-单位已付银行未付	125 500.00
调整后的存款余额	15 280 000.00	调整后的存款余额	15 280 000.00

实验四 账簿管理

账簿是账务系统的主要输出，主要包括总账、余额表、明细账、日记账，以及各种辅助核算的账簿。系统一般提供对账簿的查询、打印以及向磁盘输出等功能。其中查询和打印输出的原理是基本相同的，所以有些软件甚至将两者设计为一个模块。

一、实验目的

通过实验掌握对各种账簿的查询与打印等基本操作，以及对多栏式明细账的设置和输出方法。

二、实验内容

查询或打印总账、余额表、普通三栏式明细账，以及设置与输出多栏式明细账。

三、实验步骤

1. 查询与打印总分类账、余额表

总账包括传统三栏式总账、科目汇总式总账、核算项目总账等。由于《会计核算软件基本功能规范》和《会计电算化工作规范》均提出总账可以用总分类账户本期发生额及余额对照表代替，所以不少会计软件不再提供传统三栏式的总账。

总账一般包括总账科目的本期借方发生额、本期贷方发生额、本年借方累计、本年贷方累计、期初余额、期末余额等数据项，如表7所示。显然，总账

与余额表基本是相同的。一般操作方法是在选择查询总账之后，系统即弹出一个查询条件窗口，在该窗口中用户可以设置查询和显示的条件，例如指定会计期间、科目级别、是否包括核算项目、币别、无发生额是否显示等。

2. 查询与打印明细分类账

明细分类账一般按科目进行查询。操作方法一般是在选择明细账查询功能后，系统弹出查询条件录入窗口。在该窗口可以设置会计期间、科目范围、币别、无发生额不显示等查询条件。有些软件允许指定包括未过账凭证，在输出明细账时将未过账的凭证也一同包含在明细账中输出。

输入查询条件并确认之后，系统即按所设置的条件显示生成的明细分类账。在显示窗口中通过记录移动可以查看“上一科目”、“下一科目”、“最末科目”的明细分类账。同样，也可以使用账证一体化查询功能，只要将光标定位于要查询的那一笔业务上，选择查看“记账凭证”，系统即调出相应的记账凭证供用户查看，而且退出记账凭证即可返回到明细分类账窗口。此外，点击“打印”按钮可以将看到的查询结果打印出来。

表 7　　总　账

编制单位：×××××××　　2011 年 1 月 31 日

科目代码	科目名称	期初余额	本期发生额		本年累计		期末余额
			借方合计	贷方合计	借方累计	贷方累计	
1001	现金	300.00					
1002	银行存款	1656 000.00					
1101	短期投资	15 000.00					
1111	应收票据	246 000.00					
1131	应收账款	300 000.00					
1141	坏账准备	900.00					
2101	短期借款	300 000.00					
2111	应付票据	200 000.00					
……							
3121	盈余公积	150 000.00					
3131	本年利润						
3141	利润分配						
……							
4101	生产成本	30 725.00					
4105	制造费用						

3. 多栏账查询

软件一般不预设多栏账的格式，用户要通过系统提供的多栏账格式生成器去设置，同时对已经存在的多栏账，还可以利用“查询条件”、“过滤条件”去查询。

一般操作方法是先进入多栏账设置窗口，然后设置多栏式明细账的格式、查询条件或凭证过滤条件。在定义多栏式明细账格式时，用户必须设置的项目一般有：

（1）多栏账科目：即指定需要设置多栏账格式的会计科目代码。

（2）科目代码：设置多栏账科目的下属明细科目代码。

（3）栏目名称：为每个下属明细科目设置其在多栏式明细账中输出的栏目名称。

（4）借或贷方：指明明细科目的借方还是贷方发生额输出到所定义的栏目之中。

多栏账查询时可以设定查询条件，例如可以设定多栏账的期间范围、货币币别、是否包括未过账凭证等。系统根据所设定的条件生成多栏式明细账。对于已存在的多栏账，可以进行修改或删除。

4. 核算项目总账查询

本实验要求设置“现金流量”核算项目，学生可以查询或打印输出它的总账。会计软件为查询项目总账设置有一个条件选择窗口，在该窗口中可以输入各项查询条件，例如：

（1）会计期间：选择要查询的会计期间。

（2）项目类别：一般通过单击下拉箭头，从弹出的核算项目类别中进行选择。

（3）项目代码范围：在选定核算项目类别中选择核算项目的范围。

（4）币别：选择输出何种货币的核算项目总账。

（5）会计科目范围：选择核算项目总账输出的会计科目的范围。

查询条件设定之后系统即根据所设条件生成核算项目总账，用户同样可以通过账表一体化查询功能进行浏览。

实验报告书

实验日期：　　　年　　月　　日

实验程序与结果

实验体会及成绩评定

<table>
<tr><td colspan="2">实验体会：</td></tr>
<tr><td colspan="2">教师评语：</td></tr>
<tr><td>成绩：</td><td>教师签字：</td></tr>
</table>

主要参考文献

1. 杨德利主编：《会计学基础教程》，哈尔滨地图出版社 2008 年版。

2. 中华人民共和国财政部制定：《企业会计准则 2006》，经济科学出版社 2006 年版。

3. 中华人民共和国财政部制定：《企业会计准则——应用指南 2006》，人民出版社 2006 年版。

4. 财政部会计司编写组：《企业会计准则讲解·2006》，中国财经出版社 2007 年版。

5. 张文贤主编：《会计学原理（第三版）》，复旦大学出版社 2007 年版。

6. 葛军主编：《会计学原理（第三版）》，高等教育出版社 2007 年版。

7. 赵玉霞主编：《会计学原理》，科学出版社 2007 年版。

8. 孙铮主编：《基础会计》，上海财经大学出版社 2007 年版。

9. 师萍主编：《基础会计学》，华南理工大学出版社 2007 年版。

10. 李海波主编：《新编会计学原理》（第 13 版），立信会计出版社 2007 年版。

11. 徐晔等编著：《会计学原理》（第 3 版），复旦大学出版社 2007 年版。

12. 陈国辉、迟旭升主编：《基础会计》，东北财经大学出版社 2007 年版。

13. 徐金仙、陈引主编：《基础会计》，立信会计出版社 2007 年版。

14. 龚菊明主编：《基础会计》，复旦大学出版社 2007 年版。

15. 许秀敏主编：《基础会计》，厦门大学出版社 2008 年版。

16. 杨月梅主编：《基础会计》，清华大学出版社 2007 年版。

17. 徐泓主编：《基础会计学》，人民大学出版社 2007 年版。

18. 柳延峥主编：《会计学基础》，东北财经大学出版社 2007 年版。

19. 刘晓民、赵捷主编：《会计学基础》，清华大学出版社 2008 年版。

20. 瞿灿鑫、王珏编：《会计学基础》，复旦大学出版社 2007 年版。

21. 李宗民、张欣主编：《基础会计学》，清华大学出版社 2008 年版。

22. 毛波军、何珍珠主编：《会计学原理》，上海交通大学出版社 2008 年版。

23. 陈国辉、陈文铭、孙光国编著：《基础会计（第 2 版）》，清华大学出版社 2007 年版。

24. 沃论等：《会计学》，杜兴强等译，人民大学出版社 2008 年版。